「創世記」に学ぶ

――族長たちの人間的成熟――

下

加納 貞彦［著］

早稲田大学出版部

神によって生かされた人たち

――「創世記」に学ぶ（下）によせて

東京大学名誉教授　西永　頌

本『「創世記」に学ぶ』下巻は、上巻最後一〇章のアブラハム物語を引き継ぎ、一一章イサク物語から一二―一四章ヤコブ物語を経て一五―一八章のヨセフ物語までの族長物語を解説している。著者の意図は、これらの族長の生き方を通して下巻の副題である〝族長たちの人間的成熟〟を読み解くことにある。

族長物語はヤハウェ資料、エロヒム資料および祭司資料から構成されていると説明されている。この資料仮説には最近批判があることを認めつつそれを踏まえて著者は伝統的な資料仮説に立ち族長物語を分析している。三資料の中で族長物語への寄与が最も大きいのはヤハウェ資料であるが、その作者であるヤハウィストの人間観察は非常に鋭い。ヤハウィストは人間の悪と、それをも用いてご自分のご計画を進め給うヤハウェの驚くべきみ業を描く。著者は、族長物語の主人公たちの生涯を通して浮かび上がるこの神の導きを生き生きとまたわかりやすくわれわれに示している。

われわれの周囲にはいろいろな人がいるが賢明で誠実な人に出会うときわれわれは様々な良い感化を受ける。外国には日本ではめったに出会えないような優れた人がいる。日本を越えて世界に目を向けると知的レベルの非常に高い人たちがたくさんいることを経験する。いっぽう、古典はじめ様々な書物を読むとき、そこでも素晴らしい人々に出あう。すなわち、現在を越えて過去にさかのぼる時、同様に優れた人に出あう。そのような意味で、聖書は優れた人材の宝庫である。イザヤ、第二イザヤ、第三イザヤも卓越した人物であるが、族長物語で描かれるアブラハム、イサク、ヤコブ、ユダ、ヨセフなども素晴らしい人たちである。もともとつまらない唯の人であったこれらの人物が、神によって変えられ、神のご計画に用いられ神の栄光を現わすようになることが著者の筆により実に鮮明にわれわれに提示される。

本書の特徴は、非常に読みやすいということである。読みやすい文章で書かれていることはもちろんであるが、それ以外にいくつかの理由がある。第一に挙げられるのは、ふんだんに置かれているコラムによる説明である。族長物語と、そのなかの意味が必ずしも明らかでない事項を分離し、物語はそのまま流れに沿って記述し、理解困難な、あるいは説明が必要な事柄をコラムとして分けて解説している。このため、物語は中断されずスムースに流れ、いっぽう読者が疑問に感じるであろう事項はコラムで丁寧に説明されている。コラムには、これに加えて登場人物の心の動きや彼らが受ける苦難の意味など著者の考え方が述べられている。第二は、技術的なことになるが、引用文献がすぐ近くのページに置かれていることである。通常は、引用文献の番号が文中に記載され、その文献は巻末に番号順におかれている。その場合いちいち巻末を見てその文献を確認しなければならない。

旧約聖書はヘブライ語で書かれているので物語の文章を正しく理解するにはヘブライ語の知識が欠かせない。しかし、本書は、全くヘブライ語に触れた経験が無い読者にも理解できるように工夫されており、重要な箇所で使われているヘブライ語の発音や意味を分かりやすく記述している。したがって、読者は、特にヘブライ語の知識がなくてもヘブライ語で書かれている聖書本文の本当の意味をつかむことが出来る。これは本書の大きな特徴と言えよう。本書は旧約聖書をよく読んでいる人にも新しい視点での学びを与えてくれるが、初めて聖書に接するような人に創世記のそして聖書の面白さを教えてくれる。特に多くの若者に是非勧めたい書物である。

刊行によせて

上智大学神学部特任教授　月本昭男

加納貞彦氏の『創世記に学ぶ』の下巻が「族長たちの人間的成熟」という副題のもとに刊行される。「族長たち」とは、この場合、アブラハムに続く古代イスラエルの民の遠い父祖たち、イサク、ヤコブ、ヨセフのことである。著者は、創世記の後半部に展開する彼らの物語を丹念にあとづけながら、彼らが人間として成長を遂げ、成熟するにいたる人生の歩みに着目する。そこに著者の着眼が据えられる。

旧約聖書は、後のキリスト教神学がいう「原罪」を思想として提示することはない。だが、パウロも引用する「善を行う者はいない、一人もいない」（詩篇一四・三ほか）との表現に示唆されるように、透徹した人間理解をその特色とする。それゆえ、イスラエルの民の父祖たちでさえも、むやみにこれを美化し、理想化することはない。彼らは、むしろ、未熟さゆえに虚偽にはしり、他者を傷つけ、自らもつまずく「生身」の人間として描き出される。人間的な弱さや醜さを引きずりながら、つまずき転びながら、それでもなお、神からの約束に導かれて、彼らはそれぞれの道を歩んでゆく。著者はそこに着目して、父祖たちの姿を生き生きと読み解いてゆく。

たとえば、伯父ラバンのもとにたどり着いたヤコブについて、著者は「今のヤコブは無一文です」とさりげなく記している。この簡潔な一文は筆者に、トーマス・マンが同じようにヤコブを「無一文の身になって」と形容した『ヨセフとその兄弟たち』の一節を想起させずにはおかなかった。知られるように、ナチスが台頭し、反ユダヤ主義が掲げられた時代、トーマス・マンは一七年という歳月をかけて、第一部「ヤコブの物語」にはじまるこの大作を書き上げた。ナチスに共鳴する「ドイツ・キリスト者たち」が旧約聖書を「ユダヤ的」とみて排除するなかで、旧約聖書の物語のなかに人類共通の普遍的な主題がさまざまにちりばめられていることを洞察したトーマス・マンは、それをみごとな作品に仕立て上げたのである。

もっとも、同じ父祖たちの物語を取り上げるとはいえ、かたや、聖書を素材にした文豪の手になる長編小説、かたや、若き日より聖書に親しんでこられた著者による聖書本文読解である。両者は比較すべくもない。にもかかわらず、聖書自体が明示しない、ラバンの前に立つヤコブの姿が共鳴しあうことに、筆者は心地よい驚きを禁じえなかった。

旧約聖書に収められた物語は、ゲーテもいうように、「典雅（anmutig）」ではあっても、しばしば「簡潔に過ぎる（zu kurz）」。登場人物のとる行動の動機や背景は、多くの場合、説明されない。物語上の矛盾さえもいとわない。注意深い読者ならば、立ち止まらざるをえない箇所がそこには少なくない。電子情報通信の専門研究者であられる著者は、そうした点を見逃さない。聖書物語の読者が疑問を抱くであろう語句は、逐一、丁寧に説明され、背景については、各章ごとに複数の「コラム」を設け、読者と同じ視点に立って、著者ならではの広い視野から解説がほどこされる。それが本書のもう一つのきわだつ特色となっている。

将来の不透明さが増しつつあるこの時代、古代イスラエルの民が、後のユダヤ教徒が、そして聖書に学ぶキリスト者たちが、それぞれに自らの人生と重ね合わせてきた父祖たちの物語を、本書をひもときながら、一度、じっくり読んでみようではないか。

まえがき

本書は、先に出版された拙著『創世記に学ぶ（上）21世紀の共生』（早稲田大学出版部、二〇二〇年四月）の下巻です。タイトルを『創世記に学ぶ（下）族長たちの人間的成熟』としました。

創世記全体は、その内容から次の三つの部分に分けられます[1]。

第一部　原初史（一章―一一章二六節）

天地創造からバベルの塔の話にいたる神話風の物語群と原初の人類の系譜

第二部　父祖たちの物語（一一章二七節―三六章）

アブラハムからイサクを経てヤコブに至るイスラエルの父祖三代の物語

第三部　ヨセフ物語（三七章―五〇章）

ヤコブの息子ヨセフの話を軸とし、最後にはヤコブとその一族がエジプトに下る物語

（1）創世記の内容の区分法は複数あります。本書では月本昭男訳『創世記』の二頁にある区分法に従います。

上巻では『創世記』のよりよい理解のために（序論）」と題した第一章で、創世記の理解に役立つと思われる聖書文献学や創世記成立の歴史的な背景などについて述べました。続く第二章以降では、創世記の「第一部　原初史」の一章から「第二部　父祖の物語」のうちアブラハムについて述べた二五章一八節までを取り上げました。

下巻ではイサクについて述べた二五章一九節から、「第三部　ヨセフ物語」の終わりの五〇章までを取り上げます。アブラハムの息子イサクの物語、その子ヤコブの物語、さらにヤコブの子ヨセフとその兄弟たちの物語が含まれます。アブラハムは親族や父の家を離れて、一族の長となったので族長と呼ばれます。その子イサク、また孫ヤコブも一族の長となり、さらにヤコブの一二人の息子たちも、それぞれイスラエルの一二部族の祖となったので、彼らもまた族長たち（the Patriarchs）と呼ばれます。

下巻ではイサク、ヤコブ、ヨセフの人間的成長および成熟がかなり詳しく語られます。ここで私が人間的成長というのは、人が生まれたあと、親を初めとする周囲からの、広い意味での教育や徳育により、さらに自分自身の人生体験により、この世で生きて行くための知識と知恵を身に付けて成長してゆくことを指します。この人間的成長過程で、人は、自分を超えた「真理」、あるいは「偉大な者（サムワン・グレイト）」の存在について、聞いたり、考えたりします。創世記ではこのような存在を、「神」と言います。

次に人間的成熟と私が言うのは、人間的成長の過程で知識として知った神の存在を、人生の体験を通して何度か実感し、ついには神に全幅の信頼を置いて生きて行くようになることを指します。それは、多くの場合、自分を捨てることを意味します。すなわち自分がこの世で執着しているものから離れて、いわば「城を明け渡して」、神に全面的に頼る生活に入ることです。

創世記の後半の族長たちの物語の目的は、どのようにして彼らが、自分の人間的成長の過程で知識として知った神に、ついには全幅の信頼を置き、一切を神に任せて生きて行くようになったかを述べる点にあると思います。たとえばその一例は、アブラハムが、愛する独り子イサクを、神に言われるままに、焼き尽くすいけにえとして献げることを決心し行動したことに見ることができます（創世記二二章）。そこで本書の副題を「族長たちの人間的成熟」としました。

下巻でも、アブラハムの息子イサクを始めとする族長たちの人間的な成長と成熟の物語が、展開されます。その詳細を、創世記の本文に従って読んでいきます。物語は、まず彼らが一人の弱く脆く、そして欠点を持った人間として生きて行く様子を具体的に語ります。私たちは、弱くて脆く、欠点を持った人間としての彼らに自分を重ねて読むことができます。次に、そのような彼らが、どのようにして神と出会い、すべてを神に任せて生きるようになったか、という人間的な成熟の様子が描かれます。私たちは、人はどのようにして神と出会い、人間的に成熟するかを考えさせられます。あるいはすでにそういう経験を持っている人なら、自分の場合と比較しながら読むこともできるでしょう。

下巻の執筆にあたっては上巻が一〇章で終わっていたので、その続きとして、一一章からとしました。聖書のテキストとしては、「聖書協会共同訳」（日本聖書協会発行、二〇一八年）を使いました。しかし必要に応じて、他の日本語訳聖書や英語訳聖書も引用しています。

本書で参照した文献は、目次の後の「参照文献」に掲げています。本文中では、「参照文献」の表の中の太字表記にしたがって出典を示しています。なお、聖書テキストの原資料が何であるかは、すべて本文中で断りのない限り、『旧約聖書創世記』関根正雄訳（岩波書店、ワイド版岩波文庫、一九九一年六月二六日発行第一刷（なお同書の文庫本版の第一刷発行は一九六七年））の巻末の註釈にもとづいています。

本書の執筆にあたって最も参考になったのが、上巻の「まえがき」でも述べましたが、旧約聖書に関する学問的な研究成果です。

その意味で、月本昭男先生には、本書の本文中の引用欄で示した複数のご著書をとおして、また上智大学公開講座、無教会研修所聖書講座の創世記の講座およびヘブライ語原典講読（創世記）などの場で、さまざまなご教示をいただきました。さらに大変光栄なことに、本書の推薦文までいただきました。日頃のご指導を含めて心から感謝します。

また私の専門の電気工学の先達である西永頌東京大学名誉教授からも、本書の推薦文をいただきました。西永頌名誉教授は若いときから無教会キリスト者として聖書を読んでこられた方です。現在は、ＮＰＯ法人「今井館教友会」の理事長として重責を果たされています。「今井館教友会」は内村鑑三と彼につらなる人々の思想と活動を広く社会一般に普及すること目的とする特定非営利（ＮＰＯ）法人です。私もその会員の一人です。

長年一緒に聖書を勉強してきた国立聖書研究会の皆様、ＮＴＴ研究所聖書研究会の皆様、そしてバイリンガル聖書研究会（早稲田大学ＹＭＣＡ・早稲田奉仕園共催）の皆様に感謝します。

最後に妻、加納孝代に感謝します。彼女は、上巻と同様に下巻についても、再び私の原稿のすべてに目を通して、内容に関する意見の他、日本語の観点から読みやすい文章とするために厳しいコメントをくれました。

加納　貞彦

目次

【凡例】　本書で略号で引用した書は次のとおりです

旧約聖書

創	創世記	**イザヤ**	イザヤ書
出エ	出エジプト記	**エゼ**	エゼキエル書
申命	申命記		
レビ	レビ記		
ヨシュア	ヨシュア記		
サム上	サムエル記上		
ルツ	ルツ記		
サム下	サムエル記下		
歴代上	歴代誌上		
歴代下	歴代誌下		

新約聖書

マタイ	マタイによる福音書	**一テモテ**	テモテへの手紙一
マルコ	マルコによる福音書	**二テモテ**	テモテへの手紙二
ルカ	ルカによる福音書	**ヘブライ**	ヘブライ人への手紙
ヨハネ	ヨハネによる福音書	**一ペトロ**	ペトロの手紙一
使徒	使徒言行録	**黙示録**	ヨハネの黙示録
ローマ	ローマの信徒への手紙		
一コリ	コリントの信徒への手紙一		
ガラテヤ	ガラテヤの信徒への手紙		
エフェソ	エフェソの信徒への手紙		
フィリピ	フィリピの信徒への手紙		

参照文献　ゴシック体は、本文中の表記方法です

1. 日本語訳聖書

『口語訳聖書』日本聖書協会『聖書』一九五五年

『新共同訳聖書』日本聖書協会『聖書　新共同訳』一九八七年

『聖書協会共同訳聖書』日本聖書協会『聖書　聖書協会共同訳』二〇一八年

2. 日本語聖書（註解付き）

関根正雄訳『創世記』ワイド版岩波文庫、一九九一年（第一刷　岩波書店、一九六七年）

関根正雄訳『出エジプト記』岩波文庫、二〇一六年（第五〇刷）、一九六九年（第一刷）

月本昭男訳『創世記』（旧約聖書Ⅰ）、岩波書店、一九九七年

フランシスコ会聖書研究所訳『聖書　原文校訂による口語訳注』サンパウロ、二〇一一年

3. 日本語註解書

月本昭男『物語としての旧約聖書上　人間とは何か』NHK宗教の時間テキスト、NHK出版、二〇一八年

木田献一「序章　旧約聖書とは」日本基督教団版局『新共同訳旧約聖書略解』所収、一三―一九頁、二〇〇一年

大野恵正「創世記」日本基督教団出版局『新共同訳旧約聖書略解』所収、二〇―八七頁、二〇〇一年

矢内原忠雄「聖書講義創世記」『矢内原忠雄全集第十巻　聖書講義「創世記」』岩波書店、一九六三年

加納貞彦『創世記に学ぶ（上）　21世紀の共生』早稲田大学出版部、二〇二〇年

4. 英語訳聖書

『KJV』King James Version, 1611

『RSV』Revised Standard Version, 1946（新約聖書）、1952（旧約聖書）

『NIV』New International Version, 2011

5. ヘブライ語聖書

Biblia Hebraica Stuttgartensia. A Reader's Edition. Deutsche Bibelgesellschaft. Hendrickson Publishers. 2014

6. 英語註解書

Wenham. Word Biblical Commentary Genesis 16–50. Gordon J. Wenham. World Biblical Commentary Genesis 16–50. Zondervan. 2000

Fretheim. The New Interpreter's Bible Vol. I. The New Interpreter's Bible Vol. 1. Genesis. Abingdon Press. 1994

Berlin. The New Interpreter's Bible Vol. IV Introduction to Hebrew Poetry. The New Interpreter's Bible Vol. IV . Introduction to Hebrew Poetry. Abingdon Press. 1996.

Rabbi Sacks. Covenant & Conversation. Rabbi Jonathan Sacks. Covenant and Conversation-GENESIS : THE BOOK OF BEGINNINGS. Maggid Books & The Orthodox Union. 2009

Nahum Sarna. Understanding Genesis. Nahum M. Sarna. Understanding Genesis- The World of the Bible in the Light of History. Shocken Books. New York. 1966

The Hebrew English Concordance to the Old Testament. John R. Kohlenberger III, James A. Swanson. Zondervan Publishing House 1998

7. そのほか

月本昭男「旧約聖書原典講読　創世記」講義資料、無教会研修所主催聖書学習講座、二〇一八年度（東京都目黒区　今井館聖書講堂）

聖書事典　日本キリスト教団出版局、一九六一年

笈川博一『古代エジプト』副題「失われた世界の解読」講談社学術文庫、二〇一八年（第三刷）

岩波キリスト教辞典　岩波書店、二〇〇二年

井筒俊彦訳『コーラン上』岩波書店、一九五七年

井筒俊彦訳『コーラン中』岩波書店、一九五八年

井筒俊彦訳『コーラン下』岩波書店、一九五八年

第一一章　イサク物語（創世記二五章一九節—二六章）

イサク物語は、祭司資料が新しい物語を始める定型的な言い方である、二五章一九節の「アブラハムの子イサクの系図は次のとおりである」という宣言で始まります。本書ではイサク物語を二五章一九節から二六章の終わりまでとします。そして二七章からは、イサクの子ヤコブが主役となりますので、二七章から三六章までをヤコブ物語としました。

なお、イサク物語を、イサクが死んで、二人の息子たちエサウとヤコブに葬られる三五章終わりまでとする区分法もあります[1]。それによると、イサクのもう一人の息子であるエサウの家族の系図を三六章でまとめた後、三七章から最後の五〇章までが、ヨセフ物語とされます。そうするとイサク物語の中にその子ヤコブの物語も含まれてしまうという問題が出てきます。そこで本書では創世記の中で、そして後のイスラエルの歴史の中でも重要な役割を果たすヤコブが前面に出る区分法に従うこととしました[2]。

11・1 エサウとヤコブの誕生（二五章一九―二六節）

二五章一九―二〇節は、次のとおりです。

「一九アブラハムの子イサクの系図は次のとおりである。アブラハムはイサクをもうけ、二〇イサクは四十歳の時、パダン・アラムのアラム人ベトエルの娘リベカをめとった。彼女はアラム人ラバンの妹であった。」（二五・一九―二〇）

この二節の原資料は祭司資料だとされます。それは「系図」（原語のヘブライ語で「トーレドート」）という言葉を使って、新しい物語を始めているからです。この「トーレドート」は、系図、次第、由来などと訳される言葉で、祭司資料では一つの物語が一段落ついたところで区切りとして使われたり、新しい物語を始めるときに使われる言葉です（上巻2・1・2を参照）。

祭司資料は、イサクとリベカの結婚を、この二五章二〇節の一節に事実を記すのみです。一方、ヤハウェ資料では、二四章一―六七節までの六七節をも使って、美しい牧歌的な物語として描き出しました（上巻10・1を参照）。祭司資料とヤハウェ資料の特徴の違いがよく分かります。

二〇節（祭司資料）に「パダン・アラム」とありますが、二四章一〇節（ヤハウェ資料）では、「アラム・ナハライムのナホルの町」とあります。祭司資料とヤハウェ資料では異なる伝承によるせいか、地名に違いがあります。いずれにしてもメソポタミアのハランのあったところで（上巻図6-1を参照）、アラム地方と呼ばれた地域にあった町です。ここからアブラハムは、ヤハウェに「父の家を離れ、私が示す地に行け」と言われて出てきました。したがってアブラハムも、もとはアラム人であった、ということができます。

イサクの妻となったリベカについては、父ベトエルの名とともに、兄ラバンの名が出てきます。二四章のヤハウェ資料では、リベカの父ベトエルの影が薄く、兄ラバンが取り仕切っていました。兄ラバンは、後に二九章以降でも出てくるので、ここで祭司資料が名前をあげたのでしょう。

続く二五章二一―三四節はヤハウェ資料です。まず二一―二二節は次のとおりです。

「[21]彼女は不妊であったので、イサクは妻のために主に祈った。主はその祈りを聞き入れられ、妻リベカは身ごもった。[22]ところが、胎内で子どもたちが押し合うので、『こんなことでは、一体私はどうなるので

（1）Wenham. Word Biblical Commentary Genesis 16-50, p. 167.
（2）なお、月本昭男訳『創世記』では、下巻の「まえがき」で述べたように、創世記全体を三部に分けた上、第二部　父祖たちの物語を、次のように分けています。アブラハム（一一・二七―二五・一八）、イサク（二五・一九―二六、二六章）、ヤコブ（二五・二七―三四、二七章―三三章、三五章）、［ディナと二人の兄］（三四章）、［エサウの系譜］（三六章）。

しょう』と言って、主に伺いを立てるために出かけた。二三主は彼女に言われた。『二つの国民があなたの胎内に宿っており二つの民があなたの腹の中から分かれ出る。一方の民は他方の民より強くなり兄は弟に仕えるようになる。』」（二五・二一―二三）

二一節に、「彼女は不妊であったので」とあります。イサクは四〇歳のときにリベカと結婚し（二〇節）、子どもたちが生まれたのは六〇歳でした（二六節）。つまり結婚後、ほぼ二〇年間、子どもに恵まれなかったのです。先代のアブラハムの妻サラにもやはりなかなか子どもが与えられませんでした。アブラハム・サラ夫妻の場合と違うのは、「イサクは妻のために主に祈った」と書いてあるところです。アブラハムも同じように、妻サラのために祈ったのかも知れませんが、少なくとも創世記には書いてありません。イサクは父アブラハムおよび子ヤコブに比べて、おとなしく創世記での記述も少ないのですが、彼は「祈りの人」であったと言えるでしょう。イサクは妻リベカのために、二〇年間祈り続けたのではないでしょうか。二一節の最後に、「主はその祈りを聞き入れられ、妻リベカは身ごもった」とあり、ここだけ読むとただ一回の祈りで、主は聞かれたようにも読めます、しかし私は、イサクは結婚以来、二〇年間祈り続けたのだろうと思います。祈りとはそういうものだろうと思います。

しかし、双子が胎内にいて押し合う上に、おそらくは高齢妊娠のためもあったのでしょう、この妊娠はリベカにとって辛いものでした。そこで、リベカは、「こんなことでは、一体私はどうなるのでしょう」と妊娠の苦しさを訴えました。胎内で押し合う双子は、この双子間の将来の争いを暗示しています。そこで、リベカは、「主に伺いをたてるために出かけた」（二五・二二）とあります。この表現は、リベカは神殿に行って、そこで祈った結果、主の言葉を彼女が聞いたのか[3]、あるいは預言者のところに行って、話を聞いたかの、いずれかだろうとされます[4]。

与えられた主の言葉にある「国民」と訳された原語のヘブライ語は、「ゴーイ」の複数形で、英語ではnationsと訳されています。現代的な意味での「国民」というよりは「民族」と訳した方が良い言葉です。次に出てくる「民」の原語のヘブライ語は、「アム」（人々）の複数形で、英語ではpeoplesです。いずれにせよ、リベカの胎内には、将来二つの民族となる双子が宿っていて、後に兄は弟に仕えるようになるということが告げられたのでした。

コラム 11-1

リベカに与えられた主の言葉について

主が彼女に言われた言葉である、「一方の民は他方の民よりつよくなり、兄は弟に仕えるようになる」（二五・二三）は、後の紀元前一〇世紀のダビデ・ソロモンの時代に、弟ヤコブの子孫であるイスラエルが、兄エサウの子孫と考えられたエドムを従えたことで、「強くなる」、「仕える」を文字通りに読む限りは、一時期実現しました。しかし、その前も、その後も、この言葉は実現していません。兄の子孫と弟の子孫は並立して存在しています。

兄エサウと弟ヤコブが生きていた時代には、後の物語に見るように、むしろ弟ヤコブが兄エサウに仕えた形で書かれています。たとえば、ヤコブはエサウに会う前に、七度地にひれ伏しています（三

（3）The New Interpreter's Bible Vol. 1, p. 521.
（4）Wenham. Word Biblical Commentary Genesis 16–50, p. 175.

三・三）。またヤコブは、エサウに対して、「あなたの僕である私」と、自分をエサウの僕としています（三三・五）。さらにヤコブはエサウを「ご主人様」と呼んでいます（三三・八）。
ということで、私はこの言葉は、兄エサウでなく弟ヤコブが、祖父アブラハム、父イサクの信仰を継ぐことを表していると解釈したいと思います。すなわち、世界史の中では、ヤコブの精神的な（すなわち、信仰的な）影響が、エサウより大きかった、ということを意味していると思います。単にイスラエルの伝承の中で伝えられたイスラエル中心主義を表した言葉であるとは思われません。エドムの人々の伝承が残っていれば、このようには伝えられなかったであろう、と思います。

なお、私をもっとも納得させたのは、ユダヤ教のラビであるジョナサン・サックス氏の次のような解釈でした[5]（原文英語。日本語抄訳筆者）。

「後の物語を読んでから、二五章二三節でリベカに語られた主の言葉である。『兄は弟に仕えるようになる』と訳されたヘブライ語の文章を読むと、いくつかのあいまいな点がある。

動詞「仕える（ヘブライ語「アーバド」）」には、仕える対象を示す「エト」（英語ではtoに相当する）が必要だが、この文章にはない。もしここを「兄は弟に仕えるようになる」と訳すと、同じ形をしているヨブ記一四章一九節は、「石は水をすり減らす」と訳されてしまう。これは不自然である。このヨブ記の場合は、「水が石をすり減らす」と訳すべきである。そうすると、創世記二五章二三節の最後の文章も、「弟は兄に仕えるようになる」と訳すのが適当である。

次のあいまいな点は、「弟」と訳されたヘブライ語「ツァイール」は、比較形なので（英語で言えば、younger）、その対となる「兄」も比較形（英語でいえば、older or firstborn）にあたる言葉（ヘブライ語で「ベヒール」）でなければならないのに、単に「ラーヴ」が使われている。「ラーヴ」は、

「偉大な」、あるいは、「指導者」という意味である。

一般的に、託宣（Oracle）は、意味があいまいなことが多いが、預言（Prophesy）は意味が明瞭である。リベカに与えられた主の言葉は、旧約聖書では珍しい託宣（Oracle）である。だからリベカは、その意味を知ろうと、「主に伺いを立てるために出かけた」という解釈が、ユダヤ教の一部のラビたちの間でなされている。

結論として言えるのは、将来のことは、「兄が弟に仕えるようになる」のか、逆に「弟が兄に仕えるようになる」のか、その託宣が与えられた時点ではわからないということである。つまり、現在の時点で与えられた言葉によって、将来が決まることは決してない。現在から過去を振り返ってはじめて、過去の言葉や出来事の意味が分かるのだ。だから、あいまいな言葉を、自分が希望する方に解釈して、信仰をもってリスクを取って自分の人生を歩むことが大切なのだ。生きることにはリスクが必ず伴う。だから、信仰によってあえてリスクを取って、それが実現するように、努力して自分の人生を切り開いていくことが大切なのである。」

このユダヤ教ラビのサックス氏の解釈から言えることは、母リベカは与えられた託宣を自分が希望する仕方で解釈して、後に自分でリスクを取って、夫イサクをだまして、次男のヤコブに祝福が与えられるようにした、ということになります（二七章）。リベカがリスクを取ったとは、夫イサクをだました結果の呪いは、自分が引き受ける、と息子ヤコブに言ったことです。それで結果的には、アブラハム、イサクと継承されてきた信仰を、ヤコブが継承することになりました。

（5）Rabbi Sacks. Covenant & Conversation, pp. 155-157.

続く二四—二六節は次のとおりです。

「二四 出産の時が満ちると、胎内には、果たして双子がいた。二五 初めに出て来た子は赤くて、全身、毛の衣のようであった。それでその子をエサウと名付けた。二六 その後で弟が出て来たが、その手はエサウのかかとをつかんでいた。それでその子をヤコブと名付けた。彼らをもうけたとき、イサクは六十歳であった。」（二五・二四—二六）

二四—二六節前半まではヤハウェ資料で、二六節後半の「彼らをもうけたとき、イサクは六十歳であった」は祭司資料です、祭司資料らしく、エサウとヤコブが生まれたときのイサクの年令をきちんと記します。

双子のうちに初めに出てきたのは、エサウでした。エサウという名前は古代オリエントの他のところでも使われていない名前で、その由来は分からないそうです[6]。「赤くて」というヘブライ語「アドモニ」は、彼から出た民であるエドムと関連しています。また「毛の衣」に出てくる「毛深い」のヘブライ語は、「セアル」で、エドム人が住んでいた「セイル」という地方の名前に関連しています[7]。これらは後に、エサウが住んだ土地の名前に関連しています。たとえば、「ヤコブは自分より先に、セイルの地、エドムの野にいる兄のエサウに使いの者を送り」（三二・四）とあるとおり、エサウが住んだのは、セイル地方のエドムの野でした。

次に出てきた弟のヤコブの名前の由来ですが、ここではヤハウェ資料の特徴である言葉遊びで、「かかと」を意味するヘブライ語「アーケブ」と関連付けています[8]。

コラム 11-2

ヤコブの名前の由来

ヤコブの名前は、聖書本文中では、ヘブライ語で「かかと」を意味する「アーケブ」に由来するとしています。ここに、ヤハウェ資料の特徴である民間伝承に基づく言葉遊びが見られます。

しかし、実際には、「ヤーコブエル」（神が守ってくださいますように）の短縮形であろうとされます(9)。すでに創世記一六章一一節に出てきた「イシュマエル」という名前が、「神が聞いてくださるように」という意味であるのと同じ形です。

11・2　長子の権利（二五章二七―三一節）

この部分のテキストはヤハウェ資料です。次のように始まります。

「二七やがて子どもたちは成長し、エサウは狩りが巧みな野の人となったが、ヤコブは穏やかな人で、天幕に住んでいた。二八イサクは狩りの獲物が好物であったのでエサウを愛していたが、リベカはヤコブを愛していた。」（二五・二七―二八）

（6）Wenham. Word Biblical Commentary Genesis 16–50, p. 176.
（7）月本昭男訳『創世記』七七頁、注八。
（8）同右注九。
（9）Wenham. Word Biblical Commentary Genesis 16–50, p. 176.

双子の兄弟は成長し、兄エサウは狩りが巧みな野の人となり、弟ヤコブは穏やかな人で、野に出て行くよりは天幕の中に住むことを好んだ、とあります。ここで、「穏やかな」と訳された原語のヘブライ語は「ターム」であり、月本昭男訳『創世記』では、「非のうちどころのない」と訳されています。さらに月本昭男訳には、ここに注が付けられていて、「『この非の打ちどころのない』ヤコブがエサウをだます。民間伝承風のユーモアか」とあります。[10] 英語では、plain（ＫＪＶ）、quiet（ＲＳＶ）、content to stay at home（ＮＩＶ：家にいることで満足している）と訳されています。

父親のイサクは、自分の食の好みでエサウを愛したとあり、母リベカがヤコブを愛した理由は書いてありません。リベカの心の中には、二三節で述べられた「一方の民は他方の民より強くなり、兄は弟に仕えるようになる」という主の言葉があったからだと推測されます。なお、リベカは、この主の言葉を自分の心の中にしまっていて、夫イサクには話さなかったようです。

続いて二九節からは次のとおりです。

「二九あるとき、ヤコブが煮物をしていると、エサウが疲れ切って野から帰ってきた。三〇エサウはヤコブに言った。『その赤いものを食べさせてくれ。私は疲れ切っているのだ。』彼がエドムと呼ばれたのはこのためである。三一ヤコブが、『それでは今すぐ、兄さんの長子の権利を私に売ってください』と言うと、三二エサウは、『ああ、もう死にそうだ。長子の権利などどうでもよい』と答えた。三三ヤコブが、『今すぐ、誓ってください』と言ったので、彼は誓って、長子の権利をヤコブに売り渡した。三四ヤコブがエサウにパンとレンズ豆の煮物を出したので、彼は食べて飲み、そして立ち去って行った。エサウは長子の権利を軽んじた。」（二五・二九―三四）

ここに双子とは言え、二人の日頃の生活や性格の違いがはっきりと表れています。まずエサウは、野で狩りをして疲れ切って帰ってきました。一方、ヤコブは天幕の中にいて、煮物をしていました。エサウは、長子の権利を、一時的な空腹のために売り渡す、という思慮のない軽率な人間として描かれています。一方ヤコブは、兄エサウの疲労と空腹、さらにエサウの思慮のなさを利用して、長子の権利を料理していた煮物だけで買った、抜け目のない人間として描かれています。なお長子の権利とは、家を代表する権利であると同時に、他の子の二倍の遺産を相続できるという権利です。この遺産相続の規定は、申命記に次のように記されています。

「疎んじられている妻の息子を長子と認め、自分の全財産を分けるときに、二倍の分け前を与えなければならない。この息子が父の力の初めであり、長子の権利は彼のものだからである。」（申命二一・一七）

なお、この後の創世記のエサウとヤコブの物語を読むと、イサクがヤコブにエサウの二倍の財産を与えたという記述はありません。イサクが長子としてのヤコブに与えたのは、死の床にあって目の見えなくなったイサクが、妻リベカの策略によって、エサウだと思って、ヤコブを祝福したことです。つまり、イサクは父アブラハムから受けた信仰の継承者として、結果的にヤコブを選んだということになります。この意味で、エサウとヤコブの物語の中での長子の権利とは、実際には、信仰を継承することだと言えます。

新約聖書で使徒パウロは、この話を神の選びの不思議さ、すなわち神が選ぶのは、人の行いによってではなく、神の一方的な選びによるのだ、ということを具体的に示す例として、次のように挙げています。

「まだ子どもたちが生まれもせず、善いことも悪いこともしていないのに、『兄は弟に仕えるようになる』とリベカに告げられました。それは、神の選びの計画が行いによってではなく、お召しになる方によって、進められるためでした」。（ローマ九・一一―一二）

(10) 月本昭男訳『創世記』七八頁、注一。

一方、同じ新約聖書でも、ヘブライ人への手紙の著者[11]は、次のようにエサウを非難する言葉を述べています。「誰も、エサウのように、淫らな者や俗悪な者とならないように気をつけなさい。エサウは一杯の食物と引き換えに長子の権利を売ったのです。」(ヘブライ一二・一六)

このように、新約聖書の中でも異なる解釈があるので、私も次の「コラム11―3 ヤコブの人となりについて(その1)」で私の考えを述べます。

コラム 11-3

ヤコブの人となりについて(その1)

二五章二七節で、ヤコブを形容して「穏やかな人」と聖書協会共同訳が訳した「穏やかな」の原語のヘブライ語は、本文でも述べたように、「ターム」です。ヨブ記でも、信仰の人ヨブを形容する言葉として用いられています。そこでは「完全な」あるいは「全き」という意味で使われています(ヨブ記一・一、一・八、二・三など)他に詩編三七・三七、箴言二九・一〇でも人を形容するのに使われており、「全き」「完全な」(聖書協会共同訳)、「無垢な」(新共同訳)と訳されています。これらの例から、この創世記二五章二七節で、ヤハウィストがヤコブを表すのに、「ターム」という言葉を使ったのは、単に「穏やかな人」というだけではなく、月本昭男訳『創世記』が訳しているように、「非の打ちどころのない」、あるいは聖書協会共同訳がヨブ記で訳しているように「完全な(あるいは全き)」という、人柄を肯定的に表した意味を持たせたのだと思います。その彼があとでエサウをだますのですから、これを月本昭男訳『創世記』では、注で「民間伝承風のユーモアか」と説明したのです。[12]

私は、ヤハウィストは、真面目にヤコブ的な生き方を「全き」、「非の打ちどころのない」生き方だ、と言っているような気がします。それは次のような理由からです。まず軽率なエサウに比べて、ヤコブは思慮深く、自分の人生を考えて、長子の権利をなんとかして手に入れたいと日頃から考えていたのだと思います。ですからエサウが狩りから疲れ切って空腹で帰って来て、ヤコブが煮ていた煮物を見て、その煮物を食べさせてくれ、と言ったときに、すぐ、「それでは今すぐ兄さんの長子の権利を私の売ってください」と言えたのだと思います。ヤコブは、別にエサウをだましたわけではなく、前から、エサウの長子の権利を手に入れる機会を待っていたのだと思います。

ヤコブはそのときは、長子の権利とは、財産を二倍継承できる権利だと考えていたのではないかと思います。しかし実際には、アブラハム、イサクと続いた信仰を継承する役目が長子の権利に伴う義務でした。そこに、主の大きなご計画があったと考えます。このように、人間のそのときどきの思いを利用しつつ、主はご自分の計画を成就していかれるように思います。ヤコブはきっと後に次第にそのことに気付いていったのではないでしょうか。私たちにも同じように、自分の思いで動いていたことが、後になって主のご計画のもとで動いていたのだと気付くことがあります。

以上のように、人生に目的を持って、その目的を計画的に達成していくというヤコブの性格をヤハウィストは前向きに評価して、ヤコブの人柄をヘブライ語で「ターム」（全き）と言ったということもできるように思います。このようなヤコブの性格を肯定的に評価していることから、後のユダヤ人に

(11) 新約聖書のヘブライ人への手紙の著者は不明とされています。
(12) 月本昭男訳『創世記』七八頁、注一。

もヤコブのように、人生に目的をもって、その目的を計画的に、外目には抜け目のない方法で、達成していくタイプの人物が多く出た、と言えなくもないと思います。

コラム 11-4

主の選びの不思議さ

主は、イサクの長子エサウを選ばず、次男ヤコブを選びました。同じようにアブラハムの跡継ぎについても、長子イシュマエルを選ばずに、次男イサクを選びました。長子を後継者とするという伝統があるのに（申命二一・一七）、それを無視して、あるいは破ってまで、このように話を展開する創世記の記者（ヤハウィスト、エロヒスト、そしてそれらを編纂した前六世紀の祭司）の構想力は注目に値いします。それは、後に二七章で見るように、老年で目が見えなくなったイサクをだまして、父イサクの祝福を次男ヤコブに与えた母リベカの用意周到さ（ずる賢さとも言える）という話を入れてまで、次男ヤコブの選びの正当性を裏付けています。

なぜ創世記の記者は、最初からヤコブを長子として、信仰を長男ヤコブに継がせるという話にしなかったのか、という疑問が私の内に起こります。私の推測では、神の選びが、人の世の常のとおりではないことを伝えたかったためではないだろうか、と思います。この構造は、同じように主の選びである、主の新しい約束（新約）の担い手として、主は、首都エルサレムの神殿関係者や旧約聖書の内容をよく知っていた律法学者や律法を守ることに熱心だったパリサイ人の中から選ばず、当時の片田舎であるガリラヤのナザレの大工の息子イエスを選んだことにも通じるものだと思います。

11・3　イサクのゲラル滞在（二六章一―一四節）

この部分は、ヤハウェ資料です。初めの一―六節は、次のとおりです。

「一さて、この地に飢饉が起こった。アブラハムの時代にあった先の飢饉とは別の飢饉である。そこで、イ
サクはゲラルにいるペリシテ人の王アビメレクのもとへ行った。二その時、主がイサクに現れて言われた。
『エジプトに下って行ってはならない。私があなたに示す地に住み、三その地に滞在しなさい。私はあなた
と共にいて、あなたを祝福する。私はこれらの地をすべて、あなたとその子孫に与え、あなたの父アブラハ
ムに誓った私の誓いを果たす。四私はあなたの子孫を空の星のように増やし、これらの地をすべてあなたの
子孫に与える。地上のすべての国民はあなたの子孫によって祝福を受けるであろう。五アブラハムが私の声
に聞き従い、私に対して守るべきこと、すなわち、私の戒め、掟、律法を守ったからである。』六そこでイ
サクはゲラルに住むようになった。」（二六・一―六）

一節の「この地に」とあるのは、この時点で、イサクが住んでいたネゲブ地方北部のベエル・シェバです[13]。一節に続いて、「アブラハムの時代にあった先の飢饉とは別の飢饉である」とあるように、この地は主から与えられた約束の地であるとはいえ、決して実り豊かな土地ではありませんでした。この地に飢饉があったときにアブラハムは、食料を求めてエジプトに下りましたが（一二・一〇）、イサクは「ゲラルにいるペリシテ人の王アビメレクのもとへ行った」とあります。そして主から「その地に滞在しなさい」（二六・三前半）と言われました。イサクは、おそらく父アブラハムにならって、さらにエジプトまで行こうとしたのではないでしょうか。それを主

(13) イサクがこのときベエル・シェバに住んでいたことは、創二二・一九から分かります。

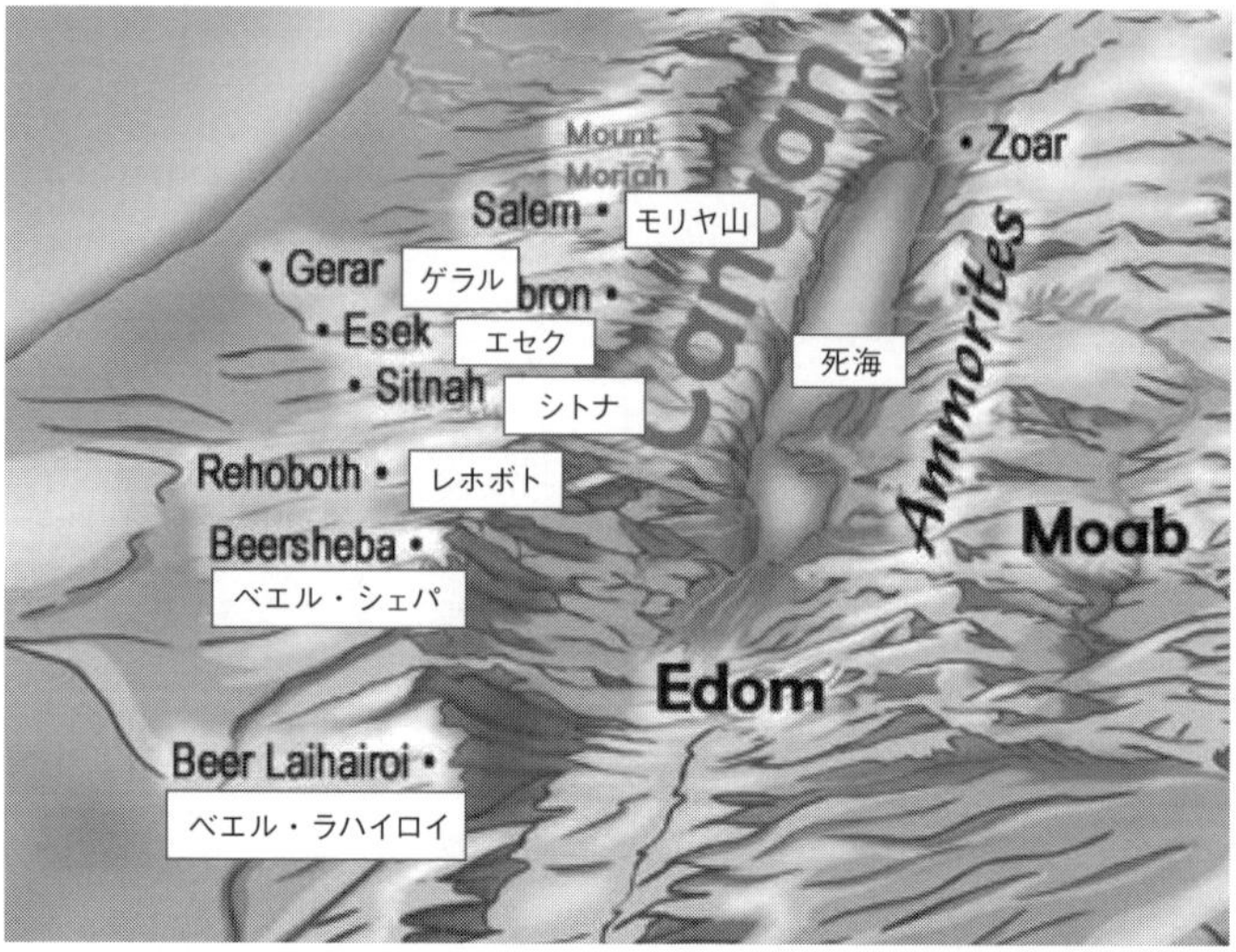

図11-1　イサクに関連する地図

［出典：https://www.bible-history.com/maps/7-isaacs-journeys.html］

に止められた訳です。父アブラハムの場合には、主は彼を止めず、彼はエジプトまで行きました（一二・一〇）。それぞれの人にふさわしい導きを主はしてくださっているのです。

　こうして父アブラハムとは別の道を示されて、イサクは独立の道を歩み始めました。そのイサクに対して主は言いました。「私はあなたと共にいて、あなたを祝福する。私はこれらの地をすべて、あなたとその子孫に与え、あなたの父アブラハムに誓った私の誓いを果たす。」（二六・三後半）。こうしてイサクは独立して主に頼る歩みを始めることになりました。

　二六章に出てくるアビメレクが、イサクの父アブラハムが対峙した「ゲラルの王アビメレク」（二〇・二）と同一人物か否か定かではありません。The New Interpreter's Bible は、当時の人が長命であったことを考えると（アブラハム一七五歳[14]、イサク一八〇歳[15]）、多分同一人物であったとします[16]。さらに後の二六節に出てくる「将軍ピコル」が、アブラハムのときにも出てきたことから（二一・二二）、同一人物であった可能性が高いと考えられます。いずれにせよ、アビメレクの対応は、アブラハムのときと同様にイサクに対しても平和的です。

ゲラルは、イサクが住んでいたベエル・シェバの西北約三〇キロメートルのところにありました（図11－1を参照）。

しかし、ここでアビメレクがペリシテ人とされている点には問題があります。ペリシテ人がカナン地方の沿岸地域に住み始めたのは、前一二世紀であり、イサクが生きたのは、それよりずっと前の前一六から一八世紀の頃と言われていますから、これを書いたヤハウィスト（前一〇世紀の人）の時代錯誤であるとされます[17]。さらにある註解書は、「前三千年期からカナン地方に地中海沿岸地域の人が移住した考古学的な痕跡がある。ここに出てくるゲラルの王は、ペリシテ人の前にこの地に地中海沿岸から移住してきた申命記二章二三節に出てくるカフトル人ではないか。このカフトル人は、軍隊の長を持っていたが、比較的に平和的な人たちであった」と言います[18]。

次の二―六節には、『関根正雄訳　創世記』によれば、後からの加筆が入っているとされます[19]。後からの加筆の部分を除けば、もとのヤハウェ資料が記した、二―六節は次のようになります。

「二その時、主がイサクに現れて言われた。三『その地に滞在しなさい。私はあなたと共にいて、あなたを祝福する。』六そこでイサクはゲラルに住むようになった。」

（14）創二五・七参照。
（15）創三五・二八参照。
（16）The New Interpreter's Bible Vol. 1, p. 521.
（17）関根正雄訳『創世記』註釈、一八六頁。
（18）Wenham. Word Biblical Commentary Genesis 16–50, p. 189.
（19）関根正雄訳『創世記』本文、七三頁および註釈、一八六頁。

つまり、ヤハウェ資料は、非常に単純に、主がイサクに現れて、その地に滞在しなさいと言われたので、ゲラルに住んだ、ということだけを言っているのです。

したがって、次の言葉は後からの加筆ということになります。

「二エジプトに下って行ってはならない。三私はこれらの地をすべて、あなたとその子孫に与え、あなたの父
アブラハムに誓った私の誓いを果たす。四私はあなたの子孫を空の星のように増やし、これらの地をすべて
あなたの子孫に与える。地上のすべての国民はあなたの子孫によって祝福を受けるであろう。五アブラハム
が私の声に聞き従い、私に対して守るべきこと、すなわち、私の戒め、掟、律法を守ったからである。」

この後からの加筆の最後の部分に出てくる、「すなわち、私の戒め、掟、律法を守ったからである」は、申命記的史家に特徴的な表現であって、ヤハウェ資料的ではありません。申命記的史家については、上巻八章の「コラム8—3　申命記的史家について」を参照してください。その他にも、「私はあなたの子孫を空の星のように増やし」は、エロヒム資料の一五章五節に出てくる表現で、ヤハウェ資料とされる二六章に出てくるのは不自然です。ということで、私はこの部分が後からの加筆であるとする専門家の見解に納得できます。この加筆は、申命記的史家が主の言葉として加筆したものであろうと推測されます。すなわち彼らは、バビロンの地に捕囚されていた同胞のユダヤ人を励ますために、主の戒めを守って生活していれば、主がアブラハムに誓ったように、私たちは必ず祖国カナンの地に戻り、多くの子孫が与えられるようになると、励ましたのでした。

コラム 11-5

今のベエル・シェバ

アブラハムとイサクが住んだ前一六―一八世紀のベエル・シェバは、よく飢饉に見舞われた土地でした。現在のイスラエルにもベエル・シェバという都市があり、昔のベエルシェバとは数キロメートル離れたところにある人口約二〇万人（二〇一七年）の大きな都市です。二〇一八年の四月に私は妻とイスラエル旅行に行きました。その時に、ベエルシェバ市内のホテルに泊まったのですが、同行してくれた妻の友人であるイスラエルに在住するユダヤ人女性（前テルアビブ大学教授）に、私が、「聖書では、アブラハム、イサクが住んだベエル・シェバは、よく飢饉に見舞われているが、今はどのようにしてこの人口二〇万人の市民の水をまかなっているのか」と聞いたところ、「北部のガリラヤにある真水のガリラヤ湖から水を引いてきている」とのことでした。ガリラヤ湖からベエルシェバまでの距離を調べると、直線距離で一二〇キロメートルありました。こうした努力をして、今のイスラエル人はベエル・シェバを二〇万人が住める緑の多い町にしていることを知りました。

続く七―一四節は、次のとおりです。
「七あるとき、土地の人々がイサクに妻のことを尋ねた。彼は、『彼女は私の妹です』と答えた。リベカが美
人であったので、土地の人々がそれを理由に自分を殺すかもしれないと思い、妻だと言うのを恐れたからで
ある。八イサクの滞在が長くなった頃、ペリシテ人の王アビメレクがふと窓ごしに下を見ると、イサクが妻
のリベカと戯れていた。九アビメレクはイサクを呼び寄せて言った。『彼女は、本当はあなたの妻ではないか。

それなのにどうして、『彼女は私の妹です』などと言ったのか。』イサクが、『私は、彼女のことで殺されはしないかと思ったからです』と答えると、一〇アビメレクは言った。『何ということをしてくれたのだ。もう少しで、民の誰かがあなたの妻と寝るところであった。あなたは私たちに過ちを犯させようとしたのだ。』一一そしてアビメレクは、すべての民に命じた。『この男とその妻に害を加える者は必ず死なければならない。』一二さて、イサクはその土地で種を蒔き、その年には百倍の収穫を得た。主が彼を祝福されたので、一三彼は豊かになり、ますます栄え、大変裕福になった。一四イサクが羊の群れ、牛の群れ、そして多くの僕を持つようになったので、ペリシテ人は彼を妬むようになった。」（二六・七—一四）

イサクは自分の命を救うために、妻リベカを土地の人々に妹だと言いました。これは、父アブラハムがエジプトに行ったとき（一二・一三）、およびゲラルに行ったときに、妻サラを妹だと言ったのと同じです（二〇・二）。しかし、それが嘘であることは、イサクが妻リベカと「戯れていた」ところをアビメレクがふと窓ごしに見て分かってしまいました。ここで「戯れていた」と訳された原語のヘブライ語の動詞は「ツァーハク」で、イサクの名前のもととなった「笑う」と同じ言葉です。しかし、この場合は、「戯れていた」というのは上品な表現で[20]、英語のＮＩＶは、caress（愛撫する）と訳し、新改訳聖書でも、「愛撫する」と訳しています。アビメレクは早速イサクを呼び寄せて詰問しました。イサクは正直に「私は、彼女のことで殺されはしないかと思ったからです」と答えました。この答は、同じようにアビメレクに詰問されたアブラハムの答え（二〇・一一—一二）よりは、ずっと率直で正直です。いずれの場合も、その地の王であるアビメレクは、高い道徳を持った人間として描かれています。そしてアビメレクは、自分の民に、イサクとリベカに害を加える者は必ず死ななければならない、と彼らを守る宣言をしました。

こうしてイサクは、ゲラルの地でゲラルの王アビメレクに守られて安心して住み、農耕に従事しました。アビメレクの治める土地から去るときに、アブラハムは多くの贈り物を与えられて豊かになりました（二〇・一四）。イサクは、アビメレクからは何ももらいませんでしたが、彼に守られて、ゲラルの地で種を蒔くと、主が彼を祝福されたので、一〇〇倍の収穫を得て、大いに豊かになりました。一三節では、イサクは、「豊かになり、ますます栄え、大変裕福になった」と三回も言葉を変えて、その豊かさが強調されています。そして、そのイサクを「ペリシテ人は妬むようになった」とあります（一四節）。

これがいわゆる反ユダヤ主義（英語で anti-Semitism）の始まりであると、ユダヤ人ラビのサックス氏は言います。[21] つまり、ユダヤ人が真面目に働き、主がそれを祝福して、ユダヤ人が豊かになると、周りの人々がユダヤ人を妬むようになり、次にユダヤ人に出て行ってくれと頼む（二六・一六）という構図です。

ところで二六章の位置については問題があります。前の二五章で、妻リベカにイサクとの結婚後二〇年にしてようやく双子の兄弟であるエサウとヤコブが生まれましたが、その兄弟はすでに成人になっています。すると二六章七節の「リベカが美人であったので、……」とは、合いません。ですから二六章は、二五章二〇節のイサクとリベカの結婚の記事のすぐ後に置かれる方が、時間的には整合性がとれます。創世記の編者が見落としたとは思われません。ではどうして現在のような順序にしたのか、旧約聖書学者の間で色々議論がされています。[22] しかし、その内容はここでは省略します。

（20）月本昭男訳『創世記』本文、七九頁は、「あろうことか、イサクが妻リベカと戯れていた」と訳しています。
（21）Rabbi Sacks. Covenant & Conversation, p.160.
（22）Wenham. Word Biblical Commentary Genesis 16–50, pp.185–186.

11・4　井戸をめぐる争い（二六章一五―二五節）

二六章一五―一八節は、次のとおりです。

「一五そこでペリシテ人は、イサクの父アブラハムの時代に父の僕たちが掘った井戸をすべて塞ぎ、土で埋めた。一六アビメレクはイサクに言った。『私たちのところから出て行ってほしい。あなたは私たちよりはるかに力を持つようになったからだ。』一七イサクはそこを立ち去り、ゲラルの谷間に天幕を張り、そこに住んだ。一八イサクは、父アブラハムの時代に掘られた井戸を掘り直した。それはアブラハムの死後、ペリシテ人が塞いでしまっていたものであったが、彼はそれらの井戸に、父が名付けたとおりの名を付け直した。」（二六・一五―一八）

ここで一五節は、後からの加筆とされ、これらの井戸がアビメレクとの契約でアブラハムのものとなったこと（二一・三〇）を確認するために挿入された、とします[23]。続く一六―一八節はヤハウェ資料です。いずれにせよ、イサクが非常に裕福になり、力を持つようになったので、アビメレクがイサクに、ここから出て行ってほしい、と言いました。これをユダヤ人ラビのサックス氏は、反ユダヤ主義の表れと言ったことはすでに前項で述べました。

このアビメレクの申し出に対して、イサクは何も言わず、言われたとおりに、ゲラルの谷間に移り天幕を張りました（二六・一七）。ゲラルの谷間に移る前は、イサクはカナン地方の地中海沿岸の平野部にあったゲラルの中心部に近い所に住んでいたものと推測されます。つまり、イサクは、そこからカナン地方のより内陸の山地に近い谷間に移り住んだのでした。そこは父アブラハムが掘った井戸があるところでした（二六・一八）。それらの井戸をイサクは掘り直し、父が名付けたとおりの名を付け直しました。しかし、二一章三四節にあるとおり、そこは、「ペリシテ人の地」でした。

続く一九―二二節は、ヤハウェ資料で次のとおりです。

「一九さらにイサクの僕たちは谷間で井戸を掘り、水が湧き出る井戸を見つけた。二〇するとゲラルの羊飼いたちは、『この水は私たちのものだ』と言って、イサクの羊飼いたちと争った。そこでイサクは、その井戸をエセクと名付けた。彼らがイサクと争ったからである。二一イサクの僕たちがまた別の井戸を掘り当てると、彼らはそれについても争った。そこでイサクはその井戸をシトナと名付けた。二二彼はそこから移り、さらに別の井戸を掘り当てた。しかしそれについては彼らは争わなかった。そこでイサクはその井戸をレホボトと名付けて言った。『今や、主は私たちのために場所を広げてくださった。私たちはこの土地で増えてゆくだろう。』」（二六・一八―二二）

イサクの僕たちはゲラルの谷間で、さらに新しい井戸を掘りました。しかし、ゲラルの羊飼いたちは、「この水は私たちのものだ」だと言って、イサクの羊飼いたちと争いました。ゲラルの羊飼いたちは、ゲラルの領地内にある井戸から出た水だから、ゲラルのものだ、ということだったのでしょう。イサクは、その井戸にエセクという名を付けました。「エセク」は、「いさかいを起こした」のヘブライ語「ヒトアセク」と同じ語根を持ちます[24]。イサクの僕たちが別の井戸を掘り当てると、ゲラルの羊飼いたちは、それについても争いました。それでイサクは、その井戸をシトナと名付けました。「シトナ」は、ヘブライ語で、「敵対」という意味です[25]。そこで、イサク

(23) 関根正雄訳『創世記』註釈、一八六頁。
(24) 月本昭男訳『創世記』八一頁、注四。
(25) 同右。

は「そこから移り」とありますが、さらに内陸の高地の方に移り、そこでまた別の井戸を掘り当てました。それについては、ゲラルの羊飼いたちは争いませんでした。おそらく、あまりに内陸の高地なので、もう彼らの羊を飼う場所ではないと考えたと推測されます。そこでイサクはその井戸にレホボトという名を付けました。「レホボト」は「広い場所を与えた（ヒルヒブ）」と同じ語根です[26]。「エセク」、「シトナ」、「レホボト」の位置については、図11-1を参照してください。

続く二三―二五節は、次のとおりです。

「二三イサクはそこからベエル・シェバへ上って行った。二四その夜、主が彼に現れて言われた。『私はあなたの父アブラハムの神である。恐れることはない。私はあなたと共にいる。僕アブラハムのゆえに、私はあなたを祝福し、あなたの子孫を増やす。』二五彼はそこに祭壇を築いて、主の名を呼び、その場所に天幕を張った。イサクの僕たちはそこで井戸を掘った。」（二六・二三―二五）

前の二二節（ヤハウェ資料）で、イサクがレホボト（広い場所）と名付けて、「今や、主は私たちのために場所を広げてくださった。私たちはこの土地で増えてゆくだろう」とその場所に定着するかに思われたのですが、二三―二四節はエロヒム資料で[27]、「イサクはそこからベエル・シェバへ上って行った」と移動したことが書かれます。結局、イサクは、もといたベエル・シェバに戻ったのでした。

ベエル・シェバに戻ったイサクに神が現れて、語った祝福の言葉（二四節）は、基本的には、すでに二―三節でイサクを祝福した言葉に同じです。しかし、注目されるのは、神がイサクに「私はあなたの父アブラハムの神である」と自己紹介をしていること、そして「僕アブラハムのゆえに、私はあなたを祝福し、あなたの子孫を増やす」と言っていることです。つまり、神がイサクに、「恐れることはない、私はあなたと共にいる」と言ったのは、イサク自身のゆえでなく、父アブラハムのゆえであるとされていることです。これにより、主なる神に対する信仰は、アブラハムから始まり、イサクを次の信仰の担い手として、主が選ばれたことを示しています。

二五節（ヤハウェ資料）で、神から祝福を受けたイサクが、初めて自主的に、祭壇を築いて、主の名を呼びました。すなわち主を礼拝しました。イサクも父アブラハムの信仰を継承することを自覚したのだと思います。父アブラハムも、主の召しに応じて、父の家を離れて初めてカナンの地に入ったときに、現れた主のために祭壇を築いたのと同じでした。祭壇を築き、礼拝をするという行為はアブラハムにとってもイサクにとっても感謝と自分の信仰の確認のためであったと思います（一二・七―八）。

イサクは、その場所に天幕を張って住むことにしました（二六・二五）。つまり、飢饉のために一度離れたベエル・シェバに戻ってきて住むことにしたのです。そのため、「イサクの僕たちはそこで井戸を掘った」（二六・二五）とあるように、イサクは僕たちに井戸を掘るように命令します。このイサクの行動は、「恐れることはない。私はあなたと共にいる」（二五・二四）と、主が与えてくれた約束に対する信頼の現れであると言えます。このイサクの信頼は、後に三二節で、その井戸から水が出たことで報われます。こうしてかつて飢饉のために去らねばならなかったベエル・シェバに、水が出るようになったので、彼は住むことができるようになったのでした。

(26) 同右。
(27) 関根正雄訳『創世記』註釈、一八六頁。

コラム 11-6

平和主義者イサク

イサクのゲラル滞在中、彼は井戸の件で、ゲラルの王アビメレク、あるいはその民から四度にわたって、井戸の件で苦情を言われ、その度に、彼は争わずに新しい場所に移り、そこで井戸を掘り直すか新しい井戸を掘り当てました（二六・一五―一八、一九―二〇、二一、二二）。イサクは折角掘った井戸を明け渡しつつ、争わずに新しい場所に移り、そこでまた井戸を掘り当てたのです。

さらに、その後、かつて飢饉のために離れたベエル・シェバに戻ると、イサクはまた新しい井戸を掘り当てました（二六・三二）。こうして水が出るようになったので、彼はベエル・シェバに住むことができるようになりました。争いを好まないイサクの平和主義者としての生き方がはっきりと読み取られる場所です。彼は何度人から邪魔されても、新しい場所に移って井戸を掘り続ける、主への信仰に基づく行動の人でした。

おそらく、イサクの羊飼いたちは、どうしてうちの主人は、力があるのに争わないのかと、歯がゆい思いをしていたことでしょう。しかし、イサクが場所を変えるたびに、水が出る新しい井戸を掘り当てたのですから、そしてその土地で彼が種を蒔くと、一〇〇倍の収穫を得たのですから（二六・一二）、イサクの僕たちも主がイサクを祝福していることを認めて、平和主義者イサクに従ったのだと思います。主も、イサクが平和を貫き、人と争わなかったので、彼を祝福して、井戸を見つけさせ、また一〇〇倍の収穫を得させたのだと、推測します。

これは新約聖書で主イエスが、「柔和な人々は、幸いである。その人たちは地を継ぐ」（マタイ五・

五）と言われた言葉に通じるものがあります。

コラム 11-7

僕アブラハムのゆえに、私はあなたを祝福し

子イサクを祝福するのは、父アブラハムの信仰のゆえである、と神は言います。これは、モーセの十戒に出てくる神の言葉、「私を愛し、その戒めを守る者には、幾千代にわたって慈しみを示す」（出エ二〇・六）の一つの実例であると思います。父の信仰が子に伝わることは、実に神の大きな恵みなのです。

一方で、一見それとは逆に見えることも聖書には書いてあります。たとえばエゼキエル書に、「罪を犯した者が死ぬ。子は父の過ちを負わない。正しき者の義は、その人の上にあり、悪しき者の悪はその人の上に帰す」（エゼ一八・二〇）とあるように、罪や悪は、個人個人の責任であり、信仰がすべての場合に、子孫に伝わるということはないという考え方も聖書の中にはあるのです。聖書は多面性を持った書物です。

11・5　イサクとアビメレクの契約（二六章二六―三五節）

イサクとアビメレクの契約の話が出てくる二六章二六―三三節までは、ヤハウェ資料で、次のとおりです。

「二六 あるとき、アビメレクがゲラルからイサクのところにやって来た。その友アフザトと将軍ピコルが一緒

であった。二七イサクは彼らに尋ねた。『あなたがたは、私を嫌って追い出したのに、どうしてまた私のところに来たのですか。』二八すると彼らは言った。『主があなたと共におられることがよく分かったからです。そこで、私たちの間で、つまり、私たちとあなたとの間で誓約を交わしてはどうかと考えました。私たちはあなたと契約を結びたいのです。二九私たちはあなたに害を加えることをせず、むしろあなたに良いことだけをして、平和のうちにあなたがたを送り出しました。そのように、あなたも私たちに悪いことをしないでください。あなたは今や、主に祝福されている方なのです。』三〇そこでイサクが彼らのために宴席を設けたので、一同は食べて飲んだ。三一翌朝、彼らは早く起きて、互いに誓いを交わした。イサクは彼らを送り出し、彼らはイサクのもとから平和のうちに去って行った。三二その日、イサクの僕たちが来て、自分たちが掘った井戸について報告をし、『水を探し当てました』と言った。三三そこでイサクは、この井戸をシブアと名付けた。それゆえ、その町の名は今日に至るまで、ベエル・シェバと言われている。」（二六・二六―三三）

ここに出てくるイサクとアビメレクの契約の話は、かつてイサクの父アブラハムがアビメレクとした契約の話とほぼ同じです（二一・二二―三二）。

その異同を述べると、まずアビメレクが将軍ピコルだけでなく、「その友アフザト」も同行していることが相違点の一つです。「友」と訳されたヘブライ語「メレア」は、別の訳では、「参謀[28]」、「adviser[29]」、あるいは「police chief[30]（警察の長）」と訳されています。いずれにせよ、アブラハムのときは、アビメレクは軍隊の長ピコルだけを連れて来たのに、イサクには、参謀的なアフザトも加わった三人で来ています。アブラハムはアビメレクに、アビメレクの僕たちが奪った井戸について苦情を言いましたが（二一・二五）、イサクはアビメレクに「あなたがたは、私を嫌って追い出したのに、どうしてまた私のところに来たのですか」と、多少の皮肉を交えて聞きました。相違点の二つ目です。

アビメレクたちが、イサクに、「主があなたと共におられることがよく分かったからです」（二六・二八）と答えたのは、アブラハムにたいして。「あなたが何をなさっても、神はあなたと共におられます」（二一・二二）と同じです。しかし、ここで、アビメレクたちが、主（ヤハウェ）というイスラエルの神の固有名詞を使っていることが違います。相違点の三つ目です。これは、二一章二二節がエロヒム資料であり、二六章二八節がヤハウェ資料であることで説明がつきます。いずれにせよ、アブラハムとイサクが信じていた神の力を異邦人であるアビメレクが認めたことが分かります。

しかし一番重要な事項として、互いに相手に対して害を加えないという相互不可侵の契約を結んだことは同じです。ただし、イサクはそれを確認するための宴席を設けましたが、アブラハムの場合にはしていません。契約の締結を前に、宴席を設ける例は、後にヤコブとラバンが結んだ契約の場合と同じです（三一・四六）。

食事がすんだ後、イサクが彼らを送り出した後、「イサクの僕たちが来て、自分たちが掘った井戸について報告をし、『水を探し当てました』と言った。そこでイサクは、この井戸をシブアと名付けた。それゆえ、その町の名は今日に至るまで、ベエル・シェバと言われている。」（二六・三二―三三）とあります。ここで、「シブア」とは、ヘブライ語で「誓う」という意味です。それなので、ベエル・シェバとは、「誓いの井戸」という意味になります。

アブラハムの場合の二一章二二―三二節では、「ベエル・シェバ」の名前の由来を、エロヒム資料は「誓いの

（28）新共同訳聖書。
（29）The New International Versin.
（30）Wenham. Word Biblical Commentary Genesis 16–50, p.182.

井戸」とし、ヤハウェ資料は「七匹の雌の小羊の井戸」としました（上巻9・3節）。一方、ここ二六章二六―三三節は、ヤハウェ資料ですから、今度はヤハウェ資料が、「ベエル・シェバ」の名の由来を「誓いの井戸」としています。つまり同じヤハウェ資料であっても、アブラハムのことを語る場合には、「七匹の雌の小羊の井戸」として、この井戸に関する権利を主張した形としています。一方イサクの場合には、イサクが宴席まで設けて相互不可侵の契約を結んで互いに誓いを交わしたことを記念して、「誓いの井戸」としていることは、面白いと思います。こうして、水も確保できたので、イサクはベエル・シェバに長く住むことになりました。

続く二六章三四―三五節は、祭司資料からです。ここまでのイサクの話とは全く関係がないイサクの長男エサウに関する話です。

「三四エサウは四十歳の時、ヘト人ベエリの娘ユディトとヘト人エロンの娘バセマトを妻に迎えた。三五イサクとリベカにとって、彼女たちは心の痛みとなった。」（二六・三四―三五）

エサウは四〇歳の時、二人のヘト人の娘を妻にしました。ヘト人はこの頃、カナンにいた部族の一つで、カナン人の一部と考えられていました（上巻9・6節を参照）。イサクの父アブラハムは、彼の僕に「私が今住んでいるカナンの娘たちの中から、息子の妻を迎えてはならない。私の生まれた地、私の親族のところに行って息子イサクのために妻を迎えなさい」と誓わせました。一方、父イサクはエサウが適齢期になったのに、そのような配慮をしていません。それでエサウは、自分の目に適う地元カナンの娘を、しかも二人も、ほぼ同時に妻にしました。その結果、「イサクとリベカにとって、彼女たちは心の痛みとなった」とあります。

ということで、この三四―三五節は、次の二七章から二八章九節まで続く、イサクがもともとエサウに与える予定であった祝福を、ヤコブが母リベカの助けで奪う話の導入部となっています。このように創世記では一つの章は、次の章につなげる鍵になる言葉で終わることがよくあります。

このようなエサウの態度は、次の二七章に出てくる、母リベカとヤコブが父イサクをだまして、エサウに与えるつもりであった祝福をヤコブが奪った行為に対する読者の非難を、ある程度和らげる効果を果たしていると、The New Interpreter's Bible は述べます。[31] また、このエサウの態度は、後に父イサクがヤコブに「お前はカナンの娘を妻としてはならない。パダン・アラムに向かい、お前の母の父の家ベトエルの家に行って、そこで母の兄ラバンの娘を妻としなさい」（二八・一―二）と展開する話の下敷きともなっています。

以上で、二六章が終わります。イサクの死は、三五章二八―二九章に述べられますが、創世記の展開としては、二七章からはヤコブに関する話が中心になるので、本書では二七章からをヤコブ物語として話を進めます。

コラム 11-8

イサクと、父アブラハムおよび息子ヤコブとの対比

二六章は、イサクが主人公になる唯一の章です。一方、父アブラハムについては、一二章から二五章までの一四章があてられ、息子のヤコブについては、二七章から三六章までの一〇章があてられています。このように、アブラハム、イサク、ヤコブと続く、三代の族長の中では、イサクの存在感が薄いことが分かります。

イサクの存在感の薄さは、また彼が平和主義者で争いを好まず、井戸についての争いがゲラルの人々との間で起こると、その井戸をあきらめて、移動して新しい井戸を掘ったことにも表れています

（31）The New Interpreter's Bible Vol. 1, p.530.

（二六・一五―二二）。

これを父アブラハムの場合とくらべると、「しかしアブラハムは、アビメレクの僕たちが奪った井戸のことで、アビメレクをとがめた」（二一・二五）とあるように、井戸を奪われたときに、きちんとアビメレクに訴えて、自分の井戸であることを認めさせています。また子ヤコブは、雇い主ラバンに対して、色々な方策を用いて自分の財産である羊を増やしました（三〇・二五―四三）。

このようなイサクの態度を、一つの註解書は、「井戸のために戦わないで、イサクはペリシテ人に小突き回されている（without fighting for them, Isaac is pushed around by the Philistines）[32]」と言い、別の註解書は、「イサクの弱さと強さを示している（exhibiting both weakness ana strength）[33]」と書きます。

しかし、矢内原忠雄氏は言います[34]（原文は文語体ですが、著者が口語体に直しました）。

「（このようなゲラルの人々の）悪意の妨害に対してイサクはいささかも争わず、追われれば去り、争われれば譲り、彼らがついに争わないようになるまで、何度でも新しい井戸を掘った。神は彼の柔和にして争わない無抵抗の態度を嘉《よみ》して、彼の財産を増し加え、恩恵の約束を新たにして彼を祝福したもうた。ついにゲラルの王アビメレクは文武の高官を率いてイサクのもとに来て、和睦修好を求めたので、イサクは彼らのために酒宴をもうけ、両者の間に平和関係を確定した。柔よく剛を制し、虐げた者は虐げられた者から祝福を仰ぐに至ったのである。」

私は矢内原忠雄氏のこのようなイサクの評価に賛成です。イサクのこのような生き方が聖書に書いてあることを、私はとても意味があることだと思い、かつ嬉しく思います。父アブラハムのように、きちんと自分の権利を主張することも大切ですが、ときには、人々に小突き回されても戦わない、という生き方の価値を、聖書が示しているからです。その生き方に対して、主は、「百倍の収穫」を与え、祝福したのです（二六・一二）。ですからイサクのように争いを好まないで平和を愛する人間が、アブラハムとヤコブの間をつなぐ人間として存在し、その彼を主が祝福したということはとても注目すべきことであると考えます。

このことは、「コラム11—6　平和主義者イサク」でも述べたように、新約聖書で主イエスが、「柔和な人々は、幸いである。その人たちは地を継ぐ[35]」と言われた言葉を一層印象づけるものとなっています。

さらに、この章で描かれるイサクは、この世的な意味では弱いと見えますが、実は主の祝福によって強いことを、異邦人であるアビメレクもその軍隊の長ピコルと参謀アフザトも認めています（二六・二八）。このように信仰を持った人の弱さと強さについて、使徒パウロは次のように言っています。「だから、キリストの力が私に宿るように、むしろ大いに喜んで自分の弱さを誇りましょう。……なぜなら、私は、弱いときにこそ強いからです[36]。」二六章のイサクの話は、このパウロの言葉を裏書きするものになっていると思います。

(32) Wenham. Word Biblical Commentary Genesis 16–50, p.188.
(33) The New Interpreter's Bible Vol. 1, p.529.
(34) 矢内原忠雄「聖書講義創世記」一六八頁。
(35) マタイ五・五。
(36) 二コリ一二・九―一〇。

コラム
11-9

アブラハムとイサクをアビメレクから見ると

アブラハムとイサクに対応したゲラルの王アビメレクは、同一人物だったとの解釈に立った場合、アビメレクの目にはアブラハムとイサクの父子はどのように映ったのでしょうか。

アビメレクから見ると、彼ら二人は飢饉により自分の領地内に、いわば難民として入ってきた人たちです。そして二人とも自分たちの美しい妻サラおよびリベカを妹だと偽ったので、アビメレクは彼女らを自分の後宮に入れました。アビメレクはその結果、危うく罪を犯しそうになりました。サラの場合は、神が夢の中に現れ警告を発しました（二〇・三）。リベカの場合は、たまたま窓越しにイサクとリベカが戯れているのを見ました（二六・八）。こうしてアビメレクは、サラおよびリベカが人妻であることを知って、危うく罪を犯すことを免れたのでした。アビメレクの目には、この父子は、自分の命を助けるために、妻を妹と偽る信頼のおけない人間だと思ったでしょう。しかし、アビメレクは寛大にもアブラハムにもイサクにも自分の領内に住むことを許しました。聖書は、このようにアビメレクを道徳的に正しい寛大な人間として描いています。

さて領内に住んだ父アブラハムも子イサクも、主に祝福されて富み、強くなったので、アビメレクは自分の軍隊の長ピコルを連れて、アブラハムに会いに行き、互いに相手に危害を加えないという相互不可侵の契約を結びました。

しかし、アビメレクの領内に住むゲラルの人たちは、アブラハムの僕たちが掘った井戸を奪いました。そのことをアブラハムがアビメレクに文句を言うと、アビメレクはアブラハムの言い分を認めました。ここでもアビメレクは公正な王として描かれています（二一・二六）。アビメレクの領内に住むゲラルの人は、イサクが掘った井戸についても、イサクおよびイサクの僕たちと争いました。イサクは争いを好まず、争いが起る度に、場所を変えて、昔アブラハムが掘った井戸を掘り返したり、新しい井戸を掘り当てました。

このようにアビメレクは立派な王でしたが、ゲラルの領内の一般の人々は、「イサクが羊の群れ、牛の群れ、そして多くの僕を持つようになったので、ペリシテ人は彼を妬むようになった」（二六・一四）と書いてあります。

つまり、ゲラルの人々は、王も一般の人々も、アブラハム・イサク父子が平気で嘘をつく信頼のおけない人間で、しかも富んでいくので、快く思っていなかったことが分かります。

しかし、少なくとも王アビメレクは、アブラハムおよびイサクに対して、まず神が彼らを祝福していることを認め（二一・二二、二六・二八）、彼らに対して公正に振る舞い、相互不可侵の契約を結ぶという、尊敬に値する人物でした。

コラム 11-10

「ユダヤ人嫌い（anti-Semitism）」と著名なユダヤ人たち

ユダヤ人ラビのサックス氏は、その著書で、二六章に描かれたイサクの姿に、後に「ユダヤ人嫌い（英語でアンチ・セミティズム anti-Semitism）」と呼ばれるものの原形を見るといいます。[37] 彼の説を要約すると次のようになります。

「イサクは、目だって豊かになりましたが、しかしもとは祖国であるカルデアのウルを出て、アラム地方のハランを経由してカナンに来た寄留の外国人で少数派でもありました。これは、紀元後一世紀にローマ軍にエルサレムを滅ぼされてから、全世界に散ったユダヤ人が、それぞれの国で寄留の外国人の少数派として過ごしたユダヤ人の場合と似ています。さらにユダヤ人は、多くの場合、それぞれの国の各界で著名な人物を輩出したので、目だって豊かな人々と考えられました。」

この後、サックス氏は、「ユダヤ人嫌い」が起こる条件は、目立つこと、豊かであること、少数派であること、の三つだと言います。そしてこの「ユダヤ人嫌い」が嵩じて、第二次世界大戦時にドイツで、大量のユダヤ人虐殺（ホロコースト）と呼ばれる悲劇が起きたと述べます。

なお、参考までに、各界で活躍したユダヤ人を挙げます。次のとおり、著名な人がたくさんいます。物理学者のアインシュタイン、オッペンハイマー（原爆の父）、フォン・ノイマン（コンピュータの創始者）、ヘルツ（電磁気学）、精神分析学のフロイト、経済学のマルクス、フリードマン、クルーグマン、スティグリッツ、経営学のドラッカー、映画監督のスピルバーグ、オリバー・ストーン、精神科医のフランクル、未来学のトフラー、言語学のチョムスキー、画家のシャガール、小説家のカフカ、サリンジャー、デル・コンピューター創業者のデル、インテル創業者のグローヴ、フェイスブック創業者のザッカーバーグ等々。

これらの人々の名前を見て、さらに主イエスもユダヤ人であったことを考えると、主がアブラハムに言われた、「地上のすべての氏族は、あなたによって祝福される」という意味が分かる気がします。もっとも「原爆の父」のロバート・オッペンハイマーも含まれているので、祝福という語が適切でないなら、地上のすべての氏族は、あなたによって影響される、と言い換えるべきでしょう。

コラム 11-11

安全な水の大切さ

アブラハム、イサクのここまでの記述を読むと、作物に必要な水がなく、飢饉が起こるので、水を求めて住まいを移していることが分かります。また人と家畜が飲む安全な水を得るための井戸をめぐって争いが起きていました。このように水の確保は当時のカナン地方ではきわめて重要なことでした。

現在の日本のように、水資源が豊富で、しかも水道の基盤設備が整備されているところでは、十分認識されていませんが、現在でも安全な水の確保は世界的な課題です。たとえば安全な水について世界的に考える団体である、「世界水協議会（World Water Council）」が、2000年に出版した「世界の水ビジョン委員会報告（World Water Vision Commission Report）」の中に以下の記述があります[38]（原文英語、日本語訳筆者）。

「二〇〇〇年の世界の全人口六〇億人のうち、一〇億人は安全な水へのアクセスがない。三〇億人には衛生的な下水設備がない。」

つまり安全な水へのアクセスがない世界の一〇億人の人がこの聖書の記事を読むと、アブラハムやイサクが感じていたのと同じ水への切実な希求に共感するだろうと思います。

(37) Rabbi Sacks. Covenant & Conversation, pp.160-161.
(38) World Water Vision Commission Report 2000, p.13.

第一二章　ヤコブ物語（その1）（創世記二七章—二八章）

創世記二七章から、物語の主人公は、イサクの二人の息子のうちのヤコブになります。ヤコブ物語は、三六章まで続きます[1]。

二七章から二八章までを本書ではヤコブ物語（その1）とします。

12・1 祝福を奪うヤコブ（二七章一―二九節）

二七章は、全体が基本的にヤハウェ資料とされています。そうでないところは、その箇所を明記することにします。一―四節は、次のとおりです。

「一イサクは年を取り、目がかすんで見えなくなってきたとき、上の子エサウを呼んで言った。『息子よ。』彼が『はい』と答えると、二イサクは言った。『御覧、私は年を取って、いつ死ぬか分からない。三だから、狩りの道具、弓矢を持って野に行き、私のために獲物を捕って来てくれ。四そして私の好きなおいしい料理を作り、それを持って来て、私に食べさせてほしい。死ぬ前に私自ら、お前を祝福したいのだ。』」（二七・一―四）

イサクは年を取って、目がかすんで見えなくなっており、いつ死ぬかわからないという死の床にあります。そのイサクが長男エサウを祝福したいので、狩りの道具をもって、野に行き、獲物を捕って来て、おいしい料理を作ってくれと言いました。当時、このような祝福の儀式には、食事がつきものだったそうです[2]。前に「イサクは狩りの獲物が好物であったのでエサウを愛していた」（二五・二八）とあるとおりイサクは、好物であった狩りの獲物を料理してくれたエサウへの感謝を表明するために彼を祝福しようとしています。これはエサウに対するイサクの人間的な偏愛を示す言葉です。狩りの獲物による料理は、一般に「ジビエ料理」と言われています。具体的には、野生の鳥獣類、たとえば鹿や猪、家鴨、鴨、鶉などの肉を料理することです。山野を駆け巡り大空を舞った天然の肉は、脂肪が少なく引き締まり、好きな人には今でも好まれている料理です。

続く二七章五―一七節は次のとおりです。

「[五]その時リベカは、イサクが息子のエサウに話しているのを聞いていた。エサウが獲物を捕りに野に出か
けると、[六]リベカは息子のヤコブに言った。『たった今、お父さんが兄さんのエサウにこう言っているのを
聞きました。[七]『獲物を捕って来て、おいしい料理を作り、私に食べさせてほしい。死ぬ前に、私は主の前
で、お前を祝福したいのだ。』[八]息子よ、私がお前に命じることをよく聞きなさい。[九]家畜の群れのところへ
行って、その中から肥えた子山羊を二匹取って来なさい。私はそれでお父さんの好きなおいしい料理を作り
ます。[一〇]それをお父さんのところに持って行き、食べていただきなさい。そうすれば、亡くなる前にお前
を祝福してくださるでしょう。』[一一]しかしヤコブは母のリベカに言った。『でも、兄さんのエサウは毛深い
人ですが、私の肌は滑らかです。[一二]お父さんが私に触るなら、私がふざけていると思うでしょう。そうす
れば私は、祝福どころか呪いをこの身に招くことになります。』[一三]母は言った。『息子よ、その呪いは私が
引き受けます。お前は、ただ私の言うこと聞き、行って子山羊を取って来なさい。』[一四]そこで彼は子山羊を
取りに行き、母のところに持って来た。母のリベカはそれでイサクの好きなおいしい料理を作った。[一五]リ
ベカは、家にしまっておいた兄エサウの衣服、中でも特によい服を取り出して、弟ヤコブに着せた。[一六]ま

（１）なお、すでに一一章の初めに述べたように、イサクが亡くなる記事のある三五章二八―二九節までをイサク物語とする区分法もあります。また註解書により、その他の区分法もあります。

（２）Fretheim. The New Interpreter's Bible Vol. I , p.535.

た子山羊の皮を、彼の腕と首の滑らかなところに着け、一七自分が作ったおいしい料理とパンを息子のヤコブに手渡した。」（二七・五―一七）

ここは、夫イサクが長男エサウに話しているのをもれ聞いた妻リベカが、次男ヤコブに、エサウに扮するように命令して、夫イサクをだまして、長男エサウに与えるはずだった祝福を次男ヤコブが受けるようにする、と計画するところです。しかし、ヤコブにはそのようにして父イサクをだますことに対して良心の呵責があります。ヤコブは言いました。「お父さんが私に触るなら、私がふざけていると思うでしょう。」（一二節）。ここに出てくる「ふざけている」のヘブライ語の原語は「ターアー」の強意形（ピエル態）です。これを、月本昭男訳『創世記』では、「からかった」と訳し、『新共同訳』では「だましている」と訳しています。英語訳では、RSVはmocking（あざける）、NIVはtricking（だます）と訳しています。ここ二七章一二節の聖書協会共同訳の「私がふざけていると思うでしょう」では、意味がはっきりしないと思います。むしろ強意形（ピエル態）であることを考慮して、もっと意味がはっきりするように、新共同訳の「だましているのが分かります」とした方が、読者には分かりやすいのではないでしょうか。

いずれにせよヤコブは、父イサクをだますことに良心の呵責があり、乗り気ではありませんでした。しかし、母リベカは毅然として言いました。「息子よ、その呪いは私が引き受けます。お前は、ただ私の言うこと聞き、行って子山羊を取って来なさい。」このリベカの態度はどこから来るのでしょうか。

コラム 12-1

リベカの毅然たる態度について

　父イサクが長子エサウに言った言葉は、「私のために獲物を捕って来てくれ。そして私の好きなおいしい料理を作り、それを持って来て、私に食べさせてほしい。死ぬ前に私自ら、お前を祝福したいのだ」（二七・四）でした。これに対して、母リベカが弟ヤコブに言ったのは、「たった今、お父さんが兄さんのエサウにこう言っているのを聞きました。『獲物を捕って来て、おいしい料理を食べさせてほしい。死ぬ前に、私は主の前で（傍線筆者）、お前を祝福したいのだ。』」（二七・六―七）です。このリベカの言葉を、イサクの言葉と比較すると、後者にはなかった「主の前で」という言葉が入っています。ここから推測されるのは、どうやらイサクは死ぬ前に自分が好きだった狩りの獲物の料理（二五・二八）を食べて死にたい、とだけ言っているのに対して、妻のリベカは、夫イサクが死ぬにあたって、「主の前で」後継者としての息子を祝福すると理解したようです。そしてそれを是非弟のヤコブに与えさせたいと考えたのでした。

　リベカは若いころから利発で機転の利く人でした。たとえば若い頃、アブラハムの僕に井戸の傍らで会った時に、僕だけでなくらくだにも水を飲ませました（二四・四六）。リベカは事の全体の流れを理解することが出来ました。たとえば、リベカはアブラハムの僕の話を聞いて、イサクとの結婚が主から出たことを悟り、兄ラバンから「この僕と一緒に行くか」と聞かれたときに、何の躊躇もなく「行きます」と即答したことにも表れています（二四・五八）。

　その後、イサクと結婚し、息子エサウとヤコブがまだ胎内にいたときに、主から聞いた言葉である

「兄は弟に仕えるようになる」（二五・二三）が、リベカの心の中に留まっていたに違いありません。そして決定的なのは、兄エサウが四〇歳の時、二人のヘト人の娘と結婚し、「イサクとリベカにとって、彼女たちが心の痛みとなった」（二六・三五）とあることです。このことは、舅のアブラハムが、住んでいたカナンの地から、わざわざ僕を遠方のアラム・ナハライムまで遣わして、イサクの結婚相手として親族の娘であった自分を選んだことを想い起させたでしょう。

これらのことを総合して考えるとリベカは、夫イサクが死の床で祝福する息子として、ヤコブの方がエサウよりふさわしいと考えたのだと思います。このことを一言でいえば、主がリベカに働きかけて、そのように行動すべき確信を与えた、となるでしょう。

この確信がリベカに、「息子よ、その呪いは私が引き受けます。お前は、ただ私の言うこと聞き、行って子山羊を取って来なさい」という毅然とした態度を取らせたのだと思います。

この後の物語の展開は、ヤコブがパダン・アラムに一人で出かけ、そこで二〇年を過ごし、またカナンに帰ってきますが、ヤコブがリベカに会ったという記事は創世記にはありません。この呪いは、リベカは愛する息子ヤコブに、ヤコブが出立した後、会えなかったという形で実現したと言えます。そのような呪いを受けても、ヤコブに夫イサクからの祝福を受けさせて、アブラハムからイサクへ伝えられた信仰の継承者をヤコブにしたかったのでした。

こうして母リベカと次男ヤコブが、父をだまして、その祝福を奪い取る計画の準備は整いました。次の一八－二九節は次のとおりです。

「一八ヤコブは父のもとへ行って、『お父さん』と呼びかけた。父が、『私はここにいる。息子よ、お前は誰なのだ』と聞き返すと、一九ヤコブは父に言った。『私は長子のエサウです。言われたとおりにしてきました。
さあ、座って私の獲物を食べてください。そしてお父さん自らが私を祝福してくださいますように。』二〇し
かしイサクは息子に尋ねた。『どうしてまた、こんなに早く見つけることができたのか、息子よ。』彼が、
『あなたの神、主が取り計らってくださったからです』と答えると、二一イサクはヤコブに言った。『息子よ、
近くに寄りなさい。お前が本当に息子のエサウなのかどうか、触ってみたいのだ。』二二ヤコブが父のイサク
に近寄ると、イサクは触って言った。『声はヤコブの声だが、腕はエサウの腕だ。』二三ヤコブの腕が兄エサ
ウの腕のように毛深かったので、イサクは見破ることができず、祝福しようとして、二四尋ねた。『お前は本
当に息子のエサウなのだな。』ヤコブが、『そうです』と答えると、二五イサクは言った。『では獲物を持って
来なさい。わが子の獲物を食べて、私自身がお前を祝福しよう。』ヤコブが料理を持って来ると彼は食べ、
ぶどう酒を持って来るとそれを飲んだ。二六父のイサクは言った。『息子よ、近くに寄って、私に口づけしな
さい。』二七ヤコブが近寄って、口づけすると、イサクはその衣服の香りを嗅ぎ、祝福して言った。
『ああ、わが子の香りは
　主が祝福された野の香りのようだ。
二八神があなたに、天の露と肥沃な地を
　　豊かな穀物と新しいぶどう酒を
　　与えてくださるように。
二九もろもろの民はあなたに仕え
　諸国の民はあなたにひれ伏すように。
　あなたは兄弟の主となり

母の子らはあなたにひれ伏すように。
あなたを呪う者は呪われ
あなたを祝福する者は祝福される。』」（二七・一八―二九）

ここには、ヤコブが父イサクをだます場面が赤裸々に語られています。具体的には、ヤコブは、「私は長子のエサウです」と明らかな嘘を言い、「私の獲物を食べてください」と家で飼っている子羊を、狩りで捕らえた獲物と嘘を言っています。

またヤコブは、父の問いに対して、「あなたの神、主が取り計らってくださったからです」と、神である主（ヤハウェ）の名を使って、嘘を言っています。これは十戒の第三戒である、「あなたは、あなたの神、主の名をみだりに唱えてはならない」を明らかに犯しています。

父イサクも、「声はヤコブだが」と疑っています。しかし、「子山羊の皮を、彼の腕と首の滑らかなところに着け」（二七・一六）たので、見事に父イサクをだましました。さらに、父イサクが、「お前は本当に息子のエサウなのだな」と確認の問を発すると、ヤコブは、「そうです」と嘘の答えをしました。さらにイサクが、「息子よ、近くに寄って、私に口づけをしなさい」と言って確認しますが、ヤコブは兄エサウの衣服を着ていたので（二七・一五）、「イサクはその衣服の香りを嗅ぎ」エサウだと確信します。こうして見事に、イサクをだますことができました。「イサクは年を取り、目がかすんで見えなくなって」（二七・一）いたからです。人の身体的な弱点（視覚障害）を悪用した卑劣なだまし方です。

こうして最後まで疑っていたイサクも、結局ヤコブを祝福することになりました。族長イサクが正式に食事をした後、一人の息子を祝福するということは、その息子を自分の跡継ぎとするということです。こうして、父イサクは、当初の意図に反して次男ヤコブを跡継ぎとして祝福したことになります。

その祝福の内容は、天の露と肥沃な地がもたらす豊かな穀物と新しいぶどう酒という物質的な恵みがあるようにということが一つです。その他、もろもろの民はあなたに仕え、という政治的な祝福、さらにあなたを呪う者は呪われ、祝福する者は祝福されるという宗教的な祝福が述べられます。これらの祝福は、イサクの人間的願望を表したものであって、その後のヤコブの人生から見ると、常にこの祝福がヤコブに伴ったとは、とても考えられません。イサクがエサウに与えようとした祝福は、父イサクの愛する息子エサウに対する人間的な祝福です。すなわち物質的富、政治的な力、宗教的な権威、に関するこの世的な人間の祝福であって、主の祝福だとは、考えられません。

コラム
12-2

ヤコブがだまして父イサクの祝福を奪ったことについて

このような赤裸々に人をだます記事が、多くの字数を使って聖書の中に書いてあることについて、一つの可能性のある誤解は、「アブラハムの神、イサクの神、ヤコブの神」と後にいわれるような族長ヤコブでさえ、父イサクをだましたのだから、私たちもだまして自分のほしいものを手にいれて良いのだ、というものです。しかし、ユダヤ人でユダヤ教徒のヘブライ語聖書学者[3]であるサルナ（Sarna）教授は、この後の創世記に描かれたヤコブの人生は、「不運のカタログ（a catalogue of

（3）ユダヤ教は新約聖書を認めていないので、ユダヤ人は旧約聖書という言い方はせず、「ヘブライ語聖書（Hebrew Bible）」と言います。

misfortunes)」のようなものであり、ヤコブ物語は全体として反面教師としてのヤコブが描かれている、と言います。(4)それは、この後の創世記に描かれているヤコブのその後の人生が、イサクの祝福どおりではなく、むしろ様々な苦難に満ち、かつヤコブ自身もまた人からだまされる（二九章）などして、いわばしっぺ返しを食らっているからです。

後に、ヤコブ自身もまた自分の人生を振り返り、「私の生きた年月は短く、労苦に満ち」（四七・九）と言っています。一方創世記が、祖父アブラハムについては、「良き晩年を迎え」（二五・八）、と書き、父イサクも「生涯を全うして息絶え」と祝福された人生を送ったことを記しているのと対比されます。(5)サルナ教授は、次のように言います。「聖書に書かれたヤコブの後の人生の記述が、ヤコブが父イサクや兄エサウをだました行為に対する直接的な非難の言葉より、もっと雄弁に、かつ傷つける形でヤコブを非難している。」

このヤコブが取った行動に対する非難は、私が読んだすべての註解書に共通しています。ヤコブは、後に神から「イスラエル」と名前を変えるように言われました（三二・二九）。創世記は、自分たちイスラエル民族の祖となったヤコブを英雄扱いして、立派な人間として描くのでなく、非難すべきは非難して正直に書いています。そういう点が、私が創世記を好きな理由の一つです。褒むべきものは神だけという信仰が背景にあるから、どんな偉人でも英雄でも、人間を神格化していないのです。

12・2 祝福を奪われたエサウ（二七章三〇―四〇節）

続いて、ヤコブの兄エサウについての物語が三〇―三三節から次のように始まります。

「三〇イサクがヤコブを祝福し終え、ヤコブが父イサクの前から出て行くと、ちょうどその時、兄のエサウが狩りから帰ってきた。三一彼もおいしい料理を作り、父のところへ持って来て言った。『お父さん、さあ息子の獲物を食べてください。そしてあなた自ら私を祝福してください』。三二父のイサクが、『一体誰なのだ、お前は』と尋ねると、『私はあなたの息子、長男のエサウです』と彼は答えた。三三イサクは激しく身を震わせて言った。『それでは、獲物を捕って私のところに持って来たのは誰だったのだ。お前が来る前に私はみな食べて、彼を祝福してしまった。だから今や、彼が祝福されている。』」（二七・三〇―三三）

弟ヤコブが母リベカの支援と指導のもとに父イサクをだまして祝福されたすぐ後に、兄エサウが狩りから帰って来て、おいしい料理を作り、父イサクの所に来ました。不思議に思った父イサクが、「一体誰なのだ、お前は」と尋ねると「私はあなたの息子、長男のエサウです」と答えました。そうすると「イサクは激しく身を震わせて言った」とあります。ここで「激しく身を震わせて」の原語であるヘブライ語の表現は、文字通りに訳せば、「身一杯の非常に大きな震えを震わせた」となり、これ以上ない恐れとおののきの表現となっているそうです(6)。

イサクは言いました。「それでは、獲物を捕って私のところに持って来たのは誰だったのだ。お前が来る前に私はみな食べて、彼を祝福してしまった。だから今や、彼が祝福されている。」（二七・三三）ここで気付くのは、「みな食べて、彼を祝福してしまった」とある通り、食事が祝福の儀式の重要な一部をなしていることです。それ以上に大切なことは、イサクが彼を祝福してしまったのだから、今から変更することはできないと言っている

（４）Nahum Sarna. *Understanding Genesis*. pp.183–184.
（５）同右 p.184。
（６）Wenham. Word Biblical Commentary Genesis 16–50, p.211.

ことです。

コラム 12-3

イサクはなぜ激しく身を震わせたのか（二七章三三節）

二七章三五節にイサクの言葉として、「弟が来て、だましたのだ」とあるように、イサクはヤコブが彼をだましたことをすぐに悟りました。ですから、激しく震えたのは、まず第一に自分が誤ってヤコブを祝福したことを知ったからと考えられます。しかし、それならヤコブに与えた祝福を取り消して、兄エサウにその祝福を与えることで解決ができたはずです。

それ以上に彼が激しく身を震わせたのは、ヤコブを祝福するように仕向けたのは主なる神であったことを彼が悟ったからではないかと私は考えます。つまり彼は「狩りの獲物が好物であったのでエサウを愛していた」（二五・二八）とあるように、いわば自分の好みでエサウを祝福しようとしました。しかし、主はイサクにその執着を離れるように、イサクの妻リベカを立てて、彼をだましてまでも、ヤコブを祝福するように、されたのだと私は考えます。イサクはこのことに気付き、自分の思いを越えた主の導きを感じて、恐れおののき、激しく身を震わせたのだと思います。このようにして、生来、従順なイサクはこれが主の導きであることを知り、この主の導きを受け容れざるを得ないことを悟ったのではないでしょうか。

これによりイサクは、自分のエサウに対する人間的執着を離れて、人間的に成熟し、神の導きを受け入れるようになった、と考えます。

続く二七章三四―三七節は次のとおりです。

「[三四]エサウは父のこの言葉を聞くと、苦痛に満ちた叫びを上げ、父に言った。『お父さん、私を祝福してください。この私も。』[三五]父が、『弟が来て、だましたのだ。そしてお前の祝福も奪ってしまった』というと、[三六]エサウは言った。『あの男がヤコブと呼ばれるのは、二度もこの私を押しのけたからなのだ。私の長子の権利を奪いながら、今度は私の祝福を奪ってしまった。』そして続けて言った。『あなたは私のために祝福を取っておいてくださらなかったのですか。』[三七]イサクはエサウに答えた。『すでに私は彼をお前の主とし、兄弟をすべて彼の僕とした。そのため私は、穀物と新しいぶどう酒で彼を養うようにしたのだ。息子よ。こうなっては、お前のために何をしてやれようか。』」（二七・三四―三七）

三四節に「エサウは苦痛に満ちた叫びを上げ」とありますが、エサウは感情の起伏が大きく衝動的に行動する人であることがこの箇所からも分かります。その他の箇所では、エサウは野の狩りから帰ってきたとき、空腹と疲労のために、ヤコブが作っていた煮物と引き換えに衝動的に長子の特権を譲ったこともありました（二五・三二）。一方、ずっと後になって出てくる話ですが、長い離別の後に久しぶりに会ったヤコブを見て、「エサウは走り寄ってヤコブを迎え、抱き締め、首を抱えて口づけし、共に泣いた」（三三・四）と情熱的に再会した記事もあります。いずれもエサウが感情の起伏が大きい人であることをよく表していると思います。

三六節に「あの男がヤコブと呼ばれるのは、二度も私を押しのけたからなのだ」とあります。これは、ヤハウェ資料によく出てくる語呂合わせです。すなわち、「押しのける」のヘブライ語は「アーカブ」で、[7]これを「ヤコブ」に関連させているのです。

（７）月本昭男訳『創世記』八六頁、注二。

なおすでに二五章で、エサウとヤコブの双子が生まれた時の命名の記述を読みましたが、そこではヤコブの名は、「かかと」を意味するヘブライ語「アーケブ」に由来するとしています（二五・二六）。ここにも同じヤハウェ資料特有の言葉遊びが見られます。しかし、コラム11-2で述べたように、ヤコブの名の由来は、実際には、「ヤーコブエル」（神守り給う）の短縮形であろうとされます[8]。

自分も祝福して欲しいというエサウの懇願に対して、父イサクは、三七節で、すでにヤコブを祝福してしまったので、お前のために何をしてやれようか、何もしてやれない、と答えます。この時には、イサクはヤコブを祝福したことが神意であり、自分の人意から出たエサウを祝福しようとしたことが誤りであったことを十分に認識していたのだと思います。

続く二七章三八―四〇節は、次のとおりです。

「三八エサウは父に言った。『あなたには一つの祝福しかないのですか、お父さん。私を祝福してください。
この私も。お父さん。』エサウは声を上げて泣いた。三九父のイサクは答えた。
『あなたが住むところは肥沃な地からも
天の露からも離れるだろう。
四〇あなたは剣によって生き
弟に仕えるようになる。
ただいつの日か、あなたは束縛から脱して
自分の首からその軛を解き放つだろう。』」（二七・三八―四〇）

三九節でのエサウの懇願は、声を上げて泣いたとあるように、悲痛で哀れを誘います。本当に父の与える祝福は一つだけなのでしょうか。後にヤコブ自身が、死期が近づいた時に彼の一二人の息子たちを呼び寄せ、一人一人に祝福を与えた例があります（四九章）。そこを読む限り、父が複数の息子たちに与える祝福は必ずしも一つに限らないようです。この二七章と四九章の祝福の違いを見てみます。ここ二七章の父イサクの祝福では、息子エサウとヤコブのうち、イスラエル民族の祖先となったのはヤコブで、エサウは後にイスラエル民族と敵対するエドム族の祖先となりました（三六章）(9)。ですから、ヤハウェ資料は、エサウには祝福を与えなかったのだと推測されます。一方、ヤコブ（後にイスラエルと改名）(10)の一二人の息子たちは、イスラエルの一二部族の祖先となった人たちでした。ですからヤハウェ資料は、一二人の息子すべてにヤコブは祝福を与えた、ということが出来ると思います。このことからも、ヤハウェ資料はイスラエル中心にものを見ていると言えます。

コラム 12-4

イサクがエサウに与えた言葉どおりになったのか

父イサクが息子エサウに与えた言葉としてまず次のものがあります。

「すでに私は彼をお前の主とし、兄弟をすべて彼の僕とした」（二七・三七）

後に出てくる創世記のエサウの記述からは、これらのイサクの言葉がエサウの身に起こったとは考えられません。たとえば、イサクはエサウに、「すでに私は彼をお前の主とし、兄弟をすべて彼の僕

(8) Wenham. Word Biblical Commentary Genesis 16–50, p.176.
(9) エドム族が後にイスラエル民族に敵対する記事は、たとえば民数記二〇章一八―二一節にあります。
(10) 三二章二九節参照。

とした」と言いましたが、実際にはエサウがヤコブを主として仕えたという記事はありません。この後、すぐ次に出てくるようにヤコブは叔父ラバンのもとに逃げ、エサウはエドム族の祖先となり、エドム族はセイルの山地に住みました（三六章）。また後にヤコブはエサウに会うにあたり七度も地にひれ伏しています（三三章）。ヤコブはエサウの僕にはなりませんでしたが、あたかも僕のような態度でエサウに接しています。このようにイサクの言葉どおりにはなりませんでした。

次にイサクがエサウに与えた言葉としては、次のものがあります。

「あなたが住むところは肥沃な地からも、天の露からも離れるであろう。
あなたは剣によって生き、弟に仕えるようになる。
ただいつの日か、あなたは束縛から脱して
自分の首からその軛を解き放つだろう。」（二七・三九―四〇）

創世記の記述をよく読むと、後にヤコブと会ったときに、エサウは「四百人の者を引き連れて」やって来ました（三三・一）。またエサウはヤコブに「私にはすでに多くのものがある」（三三・九）と言って、ヤコブの送った贈り物を受け取ろうとはしませんでした。つまり、エサウは豊かになっていました。ですから、「あなたが住むところは肥沃な地からも、天の露からも離れるであろう」というのは当たっていません。

しかし、「あなたは剣によって生き」は当たっていました。というのは、エサウが住んだセイルの地はもともとフリ人セイルの子孫が住んでいたところでした（三六・二〇―三九）。一方エサウは、父イサクが住んでいたベエル・シェバ（二六・三三）からセイルの山地に家族と「カナンの地で蓄えたすべての財産を携え」移った、とあります（三六・六―八）。ですから、創世記には書いてありませんが、このとき、きっと剣を使ってフリ人セイルの子孫の土地に侵入していったのではないかと思います。残りのイサクの言葉、「弟に仕えるようになる。ただいつの日か、あなたは束縛から脱して　自分の首からその軛を解き放つだろう」もあたっていなかったことはすでに述べました。

以上のように、ほとんど当たらなかったイサクのエサウに対する言葉を、創世記はどうして書いたのだろうか、と私は疑問に思います。一つ思い当たるのは、イサクの祝福の言葉は、結局彼自身の人間的な思いから出た言葉であって、神の思いを反映したものではなかったことです。結局、イサクの祝福で大切なことは、祝福の対象をエサウでなくヤコブにするように、主が導かれたということでした。

12・3　ヤコブのエサウからの逃亡（二七章四一節―二八章五節）

続く二七章四一―四六節は次のとおりです。

「四一こうしてエサウは、父がヤコブに与えた祝福のゆえに、ヤコブを恨むようになった。エサウは心の中で言った。『父の喪の日もそう遠くはない。その時には、弟のヤコブを殺してしまおう。』四二ところが、上の息子エサウのこの言葉が母リベカに伝わると、彼女は人をやり、下の息子のヤコブを呼んで言った。『兄さんのエサウはお前を殺して恨みを晴らそうとしています。四三さあ息子よ、私の言うことをよく聞きなさい。すぐハランにいる私の兄ラバンのもとへ逃げて行きなさい。四四しばらくの間、兄さんの憤りが収まるまでそこでラバンと一緒に過ごしなさい。四五兄さんの怒りが収まり、お前がしたことをあの人が忘れるようになれば、私は人をやってそこからお前を連れ戻すようにしましょう。どうして一日の間に、お前たち二人を失ってしまってよいでしょう。』四六リベカはイサクに言った。『私は、ヘト人の娘たちのことで、生きているのが嫌になりました。もしヤコブが同じように、この地の娘たちの中からあのようなヘト人の娘を妻に迎えるとしたら、どうやって生きてゆけばよいのでしょう。』」（二七・四一―四六）

エサウは彼に与えられるはずであった父イサクの祝福を弟ヤコブがだまし取ったので、父イサクが死んだら、弟ヤコブを殺すつもりでした。そのことを知った母リベカはまたすぐに動きます。ヤコブを呼んで、エサウがヤコブを殺すつもりでいることを伝え、すぐハランにいる自分の兄ラバンのもとへ逃げるように言いました。リベカはヤコブに、「しばらくの間、兄さんの憤りが収まるまで」ラバンのもとにいなさい、と言いました。ここで「しばらくの間」と訳されたヘブライ語は、「数日の間」という意味です。英訳では、a few days（ＫＪＶ）、またはa while（ＲＳＶ、ＮＩＶ）となっています。つまり、リベカはエサウが感情の起伏の激しい人で、今怒っていても、数日もすれば彼の怒りは収まるだろうと見ていたことが分かります。しかし、実際にはヤコブがラバンのもとに留まったのは二〇年間の長きにわたりました（三一・四一）。その後、リベカが、彼女が愛したヤコブに再び会ったという記事は創世記にはありません。リベカは、ヤコブこそがイサクの後継者になるべきだとして、夫イサクをだましてまで、ヤコブにイサクの祝福を受けさせました。しかしその結果、人間的には愛する息子ヤコブとの別れを招く結果になりました。すでにコラム12－1で述べましたが、このヤコブとの別れが、リベカが「自分で引き受けた呪い」（二七・一三）となりました。

四五節で、母リベカは「どうして一日の間に、お前たち二人を失ってしまってよいでしょう」と言っていますが、これはもし兄エサウが弟ヤコブを殺せば、兄エサウもまた殺されることになるからです[11]。

四六節で、リベカは夫イサクにエサウの妻たちであるヘト人の娘のことで不平を言いました。確かに、エサウの妻である二人のヘトの娘たちは、イサクとリベカの共通の心の痛みでした（二六・三五）。しかしリベカの不平の表現は、「生きているのが嫌になりました」とか「どうやって生きていけばよいのでしょう」と、大げさにも聞こえます。私が推測すると、これはリベカが、息子ヤコブも地元のヘト人の娘を妻に選ぶと、「生きていくのが嫌になるから」、自分の出身地パダン・アラムの親族の娘をもらうように、夫イサクがヤコブに言うように仕向けるための最初の布石のように聞こえます。逆に言うと、リベカは夫イサクに、エサウがヤコブを殺そうとしているから、兄ラバンのもとにヤコブを逃がす、とは言いたくなかったのでしょう。リベカの利発さが際立つところです。

リベカの考えたとおり、続く二八章一―五節でイサクは次のように言いました。

「イサクはヤコブを呼びよせて祝福し、そして命じた。『お前はカナンの娘を妻としてはならない。二パダン・アラムに向かい、お前の母の父ベトエルの家に行って、そこで母の兄ラバンの娘を妻としなさい。三全能の神がお前を祝福して、子孫に恵まれる者とし、その数を増やされるように。そしてお前は多くの民の集まりとなるように。四また、神がアブラハムの祝福をお前とお前の子孫に与えてくださるように。それは、神がアブラハムに与えた地、お前が身を寄せているこの地を、お前が受け継ぐためである。』五そしてイサクはヤコブを送り出した。ヤコブはパダン・アラムに向かい、ラバンのもとに行った。ラバンはアラム人ベトエルの息子で、ヤコブとエサウの母リベカの兄であった。」（二八・一―五）

ここは祭司資料からです。それは三節に、「全能の神（エル・シャッダイ）」という言葉が出てくることからも分かります。一方、二七章では、神を表すのに、「主（ヤハウェ）」が使われていました（二七・二〇、二七）。それは二七章がヤハウェ資料だからです。

---

(11) たとえば民数記三五章一六節に、「殺害者は必ず死ななければならない」とあります。

二七章の最後の四六節から祭司資料であるとする人が多い、とあります[12]。とすると祭司資料では、息子エサウが地元のヘト人の娘を妻にしたことに嫌気がさしたリベカの言葉に影響されて、イサクがヤコブをリベカの兄ラバンのところに行かせた、ということになります。一方、ヤハウェ資料では、エサウの殺意から逃がれさせるために、母リベカが、ヤコブを自分の兄ラバンのもとに送ることにした、ということになります。

いずれにせよ、父イサクは、息子ヤコブを呼んで、「お前はカナンの娘を妻としてはならない。パダン・アラムに向かい、お前の母の父ベトエルの家に行って、そこで母の兄ラバンの娘を妻としなさい」（二八・一―二）と命じました。イサクは続いて、ヤコブを「全能の神（エル・シャッダイ）」の名で祝福して、「全能の神がお前を祝福して、子孫に恵まれる者とし、その数を増やされるように。そしてお前は多くの民の集まりとなるように。また、神がアブラハムの祝福をお前とお前の子孫に与えてくださるように。それは、神がアブラハムに与えた地、お前が身を寄せているこの地を、お前が受け継ぐためである。」（二八・三―四）という祝福の言葉を与えました。

コラム 12-5

イサクがエサウに与える予定だった祝福とヤコブに与えた祝福の違い

イサクがエサウに与える予定であった祝福の中心は、豊かな穀物と新しいぶどう酒に代表される物質的な恵み、またもろもろの民はあなたに仕えという政治的な権力です（二七・二八―二九）。これはイサクの人間的な願望を表したものです。

一方、イサクがヤコブに対して述べた祝福は、子孫を増やし、約束の地を与えるという子孫と土地に関する約束です（二八・三―四）。これは神がたびたびアブラハムに与えた約束と同じです（一五・五

一七、一七・四―八）。その意味で、アブラハムの約束を継ぐ祝福を受けたのはヤコブで、イサクの次の約束の継承者はヤコブということになります。

こうして父イサクに祝福されて、ヤコブはパダン・アラムにいる母リベカの兄ラバンのもとに向けて旅立ちました。なおパダン・アラムというのは、地方の名前で、ハランというのは実際に母リベカの兄ラバンが住んでいた町の名前でした（後出図12-1の地図を参照）。

12・4　エサウ、イシュマエルの娘を妻にする（二八章六―九節）

続く二八章六―九節は次のとおりです。

「六エサウは、イサクがヤコブを祝福してパダン・アラムへ送り出し、そこから妻を迎えようとしたこと、ヤコブを祝福したとき、カナンの娘たちの中から妻を迎えてはならないと命じたことを知った。七そしてまた、ヤコブが父と母に聞き従って、パダン・アラムへ行ったことを知った。八さらにエサウは、カナンの娘たちが父のイサクの気に入らないということを知った。九そこでエサウはイシュマエルのところへ行き、すでにいる妻たちのほかに、さらにアブラハムの子イシュマエルの娘で、ネバヨテの姉妹であるマハラトを妻に迎えた。」（二八・六―九）

ここはエサウの性格をよく表している箇所です。前にも言ったようにエサウは感情の起伏の激しい人です。エ

(12) 関根正雄訳『創世記』註釈、一八五頁。

サウは、父イサクがヤコブを祝福してパダン・アラムへ送り出し、そこから妻を迎えるように言ったこと、妻にしたカナンの娘たちが父イサクの気に入らないことを知りました。そこでエサウは、父の気に入ってもらおうと、父イサクの兄であるイシュマエルのところに行き、その娘マハラトを妻に迎えました。エサウは事の表面だけを見て、親族から妻を迎えることが大切と考えて、父の腹違いの兄であるイシュマエルの娘を妻にしました。エサウは父イサクや母リベカに何も相談せずに、物事の本質をよく考えないで、自分一人で直情径行な行動に走る人であることが分かります。

この記事から、エサウが父を愛していたので、父の気に入ろうとしたことが分かります。しかし、エサウは母リベカがどう考えたかは気にしていなかったようです。ここからイサクの家族は、父イサクと兄エサウ、母リベカと弟ヤコブの二つに分裂しており、両者の間でのコミュニケーションは、イサクとリベカの夫婦の間だけであり、リベカとエサウ、エサウとヤコブの間のコミュニケーションはなかったことも分かります。

12・5　ベテルにおけるヤコブの夢

続く二八章一〇―二二節は次のとおりです。

「一〇ヤコブはベエル・シェバをたって、ハランへと向かった。一一ある場所に差し掛かったとき、日が沈んだ
ので、そこで一夜を過ごすことにした。彼はそこにあった石を取って頭の下に置き、その場所に身を横たえ
て眠り、一二夢を見た。すると、先端が天にまで達する階段が地に据えられていて、神の使いたちが昇り降
りしていた。一三すると主がそばに立って言われた。『私は主、あなたの父祖アブラハムの神、イサクの神で
ある。今あなたが身を横たえているこの地を、あなたとあなたの子孫に与える。一四あなたの子孫は地の塵

のようになって、西へ東へ、北へ南へと広がってゆく。そして地上のすべての氏族は、あなたとあなたの子孫によって祝福される。一五私はあなたと共にいて、あなたがどこへ行くにしてもあなたを守り、この土地に連れ戻す。私はあなたに約束したことを果たすまで、決してあなたを見捨てない。』一六ヤコブは眠りから覚めて言った。『本当に、主がこの場所におられるのに、私はそれを知らなかった。』一七そして怖くなって言った。『この場所はなんと恐ろしい所だろう。ここはまさに神の家ではないか。ここは天の門だ。』一八ヤコブは朝早く起きて、頭の下に置いていた石を取り、それを柱として据え、その上に油を注いだ。一九そしてその場所をベテルと名付けた。その町の以前の名前はルズであった。二〇ヤコブは誓いを立てて言った。『神が私と共におられ、私の行く道を守り、食べる物、着る物を与えてくださり、二一私が無事、父の家に帰ることができ、そして主が私の神となられるなら、二二その時、柱として私が据えたこの石は神の家となるでしょう。そこで私は、あなたが与えてくださるすべてのものの十分の一をあなたに献げます。』」（二八・一〇―二二）

ここは、父と母の家を離れて初めて一人旅をしたヤコブが、旅の途中で日が暮れたので、石を枕として野宿したときに、神が初めてヤコブに直接に語りかけた場面です。ヤコブは一人旅をする中で、初めて直接に神を実感したのでした。

この部分は、ヤハウェ資料とエロヒム資料が組み合わされて用いられています。

ヤハウェ資料による部分は次のとおりです。

「一〇ヤコブはベエル・シェバをたって、ハランへと向かった。一三すると主がそばに立って言われた。『私は主、あなたの父祖アブラハムの神、イサクの神である。今あなたが身を横たえているこの地を、あなたとあなたの子孫に与える。一四あなたの子孫は地の塵のようになって、西へ東へ、北へ南へと広がってゆく。そ

して地上のすべての氏族は、あなたとあなたの子孫によって祝福される。一五私はあなたと共にいて、あな
たがどこへ行くにしてもあなたを守り、この土地に連れ戻す。私はあなたに約束したことを果たすまで、決
してあなたを見捨てない。』一六ヤコブは眠りから覚めて言った。『本当に、主がこの場所におられるのに、
私はそれを知らなかった。』一九そしてその場所をベテルと名付けた。その町の以前の名前はルズであった。」
（二八・一〇、一三―一六、一九）

エロヒム資料による部分は次のとおりです。

「一一ある場所に差し掛かったとき、日が沈んだので、そこで一夜を過ごすことにした。彼はそこにあった石
を取って頭の下に置き、その場所に身を横たえて眠り、一二夢を見た。すると、先端が天にまで達する階段
が地に据えられていて、神の使いたちが昇り降りしていた。一七そして怖くなって言った。『この場所はなん
と恐ろしい所だろう。ここはまさに神の家ではないか。ここは天の門だ。』一八ヤコブは朝早く起きて、頭の
下に置いていた石を取り、それを柱として据え、その上に油を注いだ。二〇ヤコブは誓いを立てて言った。
『神が私と共におられ、私の行く道を守り、食べる物、着る物を与えてくださり、二一私が無事、父の家に帰
ることができるなら、その時、柱として私が据えたこの石は神の家となるでしょう。そこで私は、あなたが
与えてくださるすべてのものの十分の一をあなたに献げます。』」（二八・一一―一二、一七―一八、二〇―二一前
半、二二）

このように両資料を具体的に見ていくと、ヤハウェ資料の部分では、神は「主（ヤハウェ）」とされており、さらに、「今あなたが身を横たえているこの地を、あなたとあなたの子孫に与える」との土地の約束をしていることが特徴です。一方、エロヒム資料の部分では、神は「神（エロヒム）」となっています。ヤコブが夜、「神の使いたち」が天に達する階段を昇り降りする夢を見たというのは、いかにもエロヒム資料的です。またエロヒム資料

では、信仰の報いとなるのは、神から「義」とされることなので（一五・六）、子孫や土地の約束は出てきません。[13]さらにヤコブがいろいろ条件を述べて、それらが達成されたら、こうします、といっているところ（二八・二〇―二一前半）も信仰とは何かを問題にしているエロヒム資料の特徴を表している考えます。なお、二一節後半は、後世の編纂者の加筆とされています。[14]

この話は、イスラエルの聖所の中でも、後に非常に重要な聖所の一つとなるベテル（原語のヘブライ語では「ベート（家）・エル（神）＝神の家」）の創設伝承となっています。

ヤコブが出立したベエル・シェバとベテル、さらに目的地のハランの関係を図12－1に示します。ヤコブが出立したベエル・シェバからベテルまでは約一〇〇キロメートルです。ベテルからパダン・アラム地方にあるハランまでは、さらに約九〇〇キロメートルもあります。

二二節に、「そこで私は、あなたが与えてくださるすべてのものの十分の一をあなたに献げます」とあります。神に与えられたものの十分の一を神の家に献げるというのは、前にアブラハムがサレムの祭司メルキゼデクに言ったのと同じです（一四・二〇）。そこでも述べましたが、これは後の十分の一税（英語で tithe）の根拠とされ、レビ記（二七・三〇）、申命記（一二・六）などで、ユダヤ教の祭司族として農耕用の土地を割り当てられなかったレビ族を経済的に支えるために、収入や収穫の十分の一を納めるように規定されています。一部のキリスト教会では、新約聖書に明確な規定はありませんが、教会や聖職者を経済的に支えるためにこの規定が継承されています。

（13）加納貞彦『創世記に学ぶ（上）』二〇九頁を参照。
（14）関根正雄訳『創世記』註釈、一八七頁。

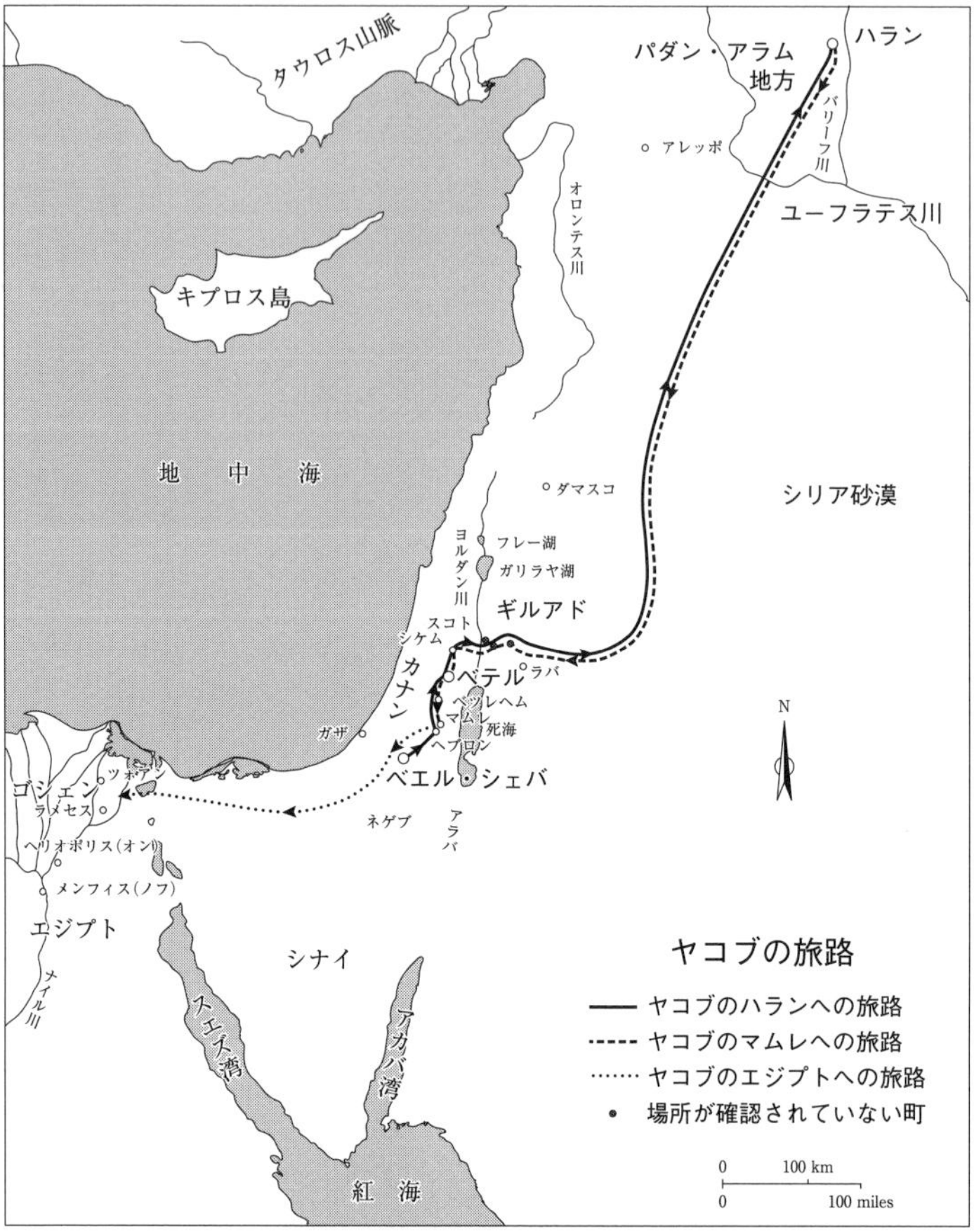

図12-1 ヤコブの旅路

往路：ベエル・シェバからベテルを経由してハランへ

復路：ユーフラテス川を越えてギルアドの山地へ

［出典：『地図と絵画で読む聖書大百科』（創元社、2008年）p.121をもとに筆者作成］

コラム 12-G

ヤコブ、初めて直接に神である主を体験する

ヤコブは、「穏やかな人で、天幕に住んでいた」（二五・二七）とあるように家の中にいて母リベカと共に料理などをするのが好きな人でした。そのヤコブが兄の殺意から逃れるため（ヤハウェ資料）、あるいはハランにいる母リベカの兄ラバンの娘を妻とするために（祭司資料）、突然ハランまで一人で旅立たなくてはなりませんでした。ヤコブが当時住んでいたベエル・シェバからハランまでの道を図12－1に示しました。地図上で測ると約一〇〇〇キロメートルあります。これは日本で言えば、北へなら東京から北海道の美唄市まで、西へなら東京から北九州市門司にまで達する距離です。これをヤコブは一人で、しかも徒歩ですから相当長い旅になります。

旅に出て何日目でしょうか、ちょうど全体の一〇分の一の約一〇〇キロメートルにあたるところに来たとき、日が沈んだのでヤコブはそこにあった石をとって枕として身を横たえました。その夜ヤコブは夢を見ました。「すると見よ、先端が天にまで達する階段が地に据えられていて、神の使いたちが昇り降りしていた。すると、主がそばに立って言われた。『私は主、あなたの父祖アブラハムの神、イサクの神である。今あなたが身を横たえているこの地を、あなたとあなたの子孫に与える。あなたの子孫は地の塵のようになって、西へ東へ、北へ南へと広がってゆく。そして地上のすべての氏族は、あなたとあなたの子孫によって祝福される。私はあなたと共にいて、あなたがどこに行くにしてもあなたを守り、この土地に連れ戻す。私はあなたに約束したことを果たすまでは、決して見捨てない。』」（二八・一三―一五）

ヤコブにとって、このような体験、すなわち、天と地が階段でつながっていて、その上をみ使いが昇り降りしていることを知ったこと、また主が直接ヤコブに語りかけたことは、初めてでした。今までは、確かに父イサクや母リベカの言葉の端々で、主について聞いたことはあったかも知れませんが、直接主に語りかけられたことはありませんでした。

ヤコブのこの体験は、たった一人で長旅に出て、数日して一人で心細くなったころに起こったことでした。おそらく、家の中で父母の庇護のもとにいたのでは、このような体験はできなかったのではないでしょうか。昔から「可愛い子には旅をさせよ」と言われますが、確かに人は旅に出て、一人になって初めて「大いなるもの」を体験するのではないでしょうか。その時に神は、人に細い小さな声で語りかけて下さるのです(列王記上一九・一二)。主イエスも伝道の初めに荒野で一人で四〇日間を過ごされました(マタイ四・一―一一)。このように、神との交流は、一人静かな環境の中にいるときに、経験するもののようです。

ヤコブは眠りから覚めて言いました。「本当に、主がこの場所におられるのに、私はそれを知らなかった。」(二八・一六)こうしてヤコブは主が実在することを初めて実感したのでした。

神はヤコブを、祖父アブラハムから父イサクに伝わった信仰の継承者として選んだことになります。そして神は、ヤコブがどこへ行くにしても守り、この地を継がせることを約束しました。

ヤコブは、「この場所はなんと恐ろしい所だろう」と言いました。このように、主を知るということは、主がどこにでもおられて、私たちを見ていることを悟り、主からは逃げられないことを知り、主に対する畏れを感じさせるものです。ですから、ヤコブが父イサクをだましたときのように、「あなたの神、主が取り計らってくださったからです」(二七・二〇)というような嘘はとても言えなくなります。真に主を畏れることを知ると、「主の名をみだりに唱える」ことはできなくなるものです（十戒の第三戒。出エ二〇・三）。

しかしヤコブは、まだこの段階では、「神が私と共におられ、私の行くべき道を守り、食べる物と着る物を与えてくださり、私が無事、父の家に帰ることができ、そして主が私の神となられるなら」と条件をつけた上で、「その時、柱として私が据えたこの石は神の家となるでしょう」と言っています。まだ完全に主を信頼している訳ではないようです。そういう意味で、ヤコブはまだ人間的な成長段階にあるようです。

コラム 12-7

ヤコブの階段（二八章一二節）

ここに「階段」と訳されたヘブライ語は、「スッラーム」で、口語訳では「はしご」と訳されていました。英語訳でも、ＮＩＶは「a stairway（階段）」と訳していますが、ＫＪＶ、ＲＳＶは「a ladder（はしご）」と訳しています。「階段」とするのは、一七節に「神の家、天の門」とありますが、これが古代オリエントに多くあったジグラットと同様な建築物で、その階段にあたるのではないかという理由からです[15]。いずれにせよ、大事なことは、天と地を結ぶリンクがあって、そこを昇り降りしている神の使いがいるということです。旧約聖書において神の使いたちは、それぞれ異なる地域

(15) Wenham. Word Biblical Commentary Genesis 16–50, p. 221.

の民を見守ることになっています。[16] ですから一人の学者は、昇っていく神の使いはヤコブの故郷であるベエル・シェバを見守る役目を持っており、そこをヤコブが出たので、ヤコブについての役目は終わったので天に帰り、降って来る神の使いは、ヤコブがこれから行くパダン・アラムの民を見守るために降ってきたと説明します。[17] つまり神は、ヤコブが「どこに行くにしてもあなたを守る」（二八・一五）役目をもった神の使いを派遣していることを示しています。

ヤコブがベテルに野宿したときに夢で見た、天と地をつなぐはしご（階段）の上をみ使いが昇り降りするイメージは非常に独創的で、多くの芸術作品を生み出すインスピレーションのもととなりました。

たとえば、音楽では、アフリカ系アメリカ人のスピリチュアル・ソングである「We are climbing Jacob's Ladder.（私たちはヤコブのはしごを昇っている）」があります。はしごを一段一段昇って行けば天に達する、だから今は苦しくても、一段一段はしごを昇ろうではないか、と歌います。なお、この場合、天とは奴隷が自由になる場所という意味もあるそうです。

また讃美歌三二〇番「主よ、みもとに近づかん（英語 Nearer, my God, to Thee.）」も歌詞は、このベテルにおけるヤコブの体験を主題にしており、天に達するはしごを昇って主に近づきたい、というものです。

建築では、カトリック信者の建築家丹下健三氏が設計した東京カテドラル聖マリア大聖堂の礼拝堂があります。その正面に上下に長い明り取りの窓がありますが、その窓に梯子段のように格子が入っていて、ヤコブの階段を表しているとのことです。

美術でも多くの画家が「ヤコブのはしご」を描いています。たとえば日本の藤城清治氏も独特の

「影絵」で、「ヤコブのはしご」を描きました。

（16）たとえば、ヨブ記一・六、二・一、ゼカリヤ書一・八―一七に、その例が見られます。
（17）Wenham. Word Biblical Commentary Genesis 16–50, p. 222.

第一三章　ヤコブ物語（その2）（創世記二九章―三二章一節）

ヤコブはベエル・シェバからの長旅を終えて、パダン・アラム地方につき、劇的な形で母リベカの兄のラバンの娘ラケルに会います。

13・1 ラケルとの出会い（二九章一―一四節）

二九章一―三〇節は、ヤハウェ資料です。[1] 二九章一―八節は次のとおりです。

「一ヤコブは足を延ばして、東の人々の地へと赴いた。二あるとき彼がふと見ると、野に井戸があり、そのそばで羊が三つの群れとなって伏していた。人々はその井戸から群れに水を飲ませていたが、井戸の口には大きな石があった。三群れがすべてそこに集まると、石を井戸の口から転がして羊に水を飲ませ、またその石を元の場所、井戸の口に戻していた。四ヤコブがそこにいた人々に、『皆さんはどこから来たのですか』と尋ねると、彼らは、『ハランからです』と答えた。五そこで、『では、ナホルの子ラバンを知っていますか』と尋ねると、彼らは、『知っています』と答えた。六さらに、『彼は元気でしょうか』と尋ねると、彼らは、『元気です。すぐに娘のラケルが羊を連れてやって来ます』と答えた。七そこでヤコブは言った。『見てください。日はまだ高いし、家畜を集める時でもありません。羊に水を飲ませ、それから世話をしに行かれてはどうですか。』八すると彼らは答えた。『いいえ、群れがすべて集められ、石を井戸の口から転がして羊に水を飲ませるまでは、そうするわけにはいかないのです。』」（二九・一―八）

ヤコブは長旅の末、ようやく「東の人々の地」につきました。ここで、「東の人々（ブネー（息子たち）・ケデム（東の））」という表現は、ヨルダン川の東側に住む人々で、北のアラム地方から南のエドム地方までの広い地域を指すとのことです。[2] ここではヤコブはパダン・アラム地方のハランにいる母リベカの兄のラバンを訪ねてきているのですから、北のパダン・アラム地方に住む人々のことです。もともとヤコブの祖父アブラハムは、この地方のハランの出でした（一一・三一、一二・四）。

　ヤコブがふと見ると野に井戸があったので、井戸のところに行きました。その井戸のそばでは羊の三つの群れが伏していました。その井戸の口には、みんなで協力してでないと動かせない大きな石がおいてありました。これは井戸を使うすべての羊飼いが集まらないと動かせないような重さの石で、井戸の水を公平に利用することを保証するものした。ですから、早く井戸に着いた羊の群れは、すべての羊の群れが集まるまで傍に伏して待っている訳です。

　そこでヤコブは羊飼いらに話しかけ、彼らがハランから来た羊飼いで、ラバンが元気でいることも知りました。さらに、ラバンの娘ラケルがまもなく羊を連れてやって来ることも知りました。そこでヤコブは、ラケルと二人だけで会うために、彼らに、日はまだ高いのだから自分たちの羊に水を飲ませ、それから世話をしに行かれてはどうですか、と言いました。すると彼らは、群れがすべて集められてからでないと、そうすることはできないと答えました。

　続く、九―一四節は次のとおりです。

「九ヤコブがまだ彼らと話しているうちに、ラケルが父の羊の群れを連れてやって来た。彼女は羊の世話をしていた。一〇ヤコブは、母の兄ラバンの娘ラケルと、母の兄ラバンの羊を見ると、すぐに井戸に近寄ってその口から石を転がし、おじラバンの羊に水を飲ませた。一一ヤコブはラケルに口づけし、声をあげて泣いた。

（１）関根正雄訳『創世記』註釈、一八八頁。
（２）Wenham. Word Biblical Commentary Genesis 16–50, p. 229.

一二ヤコブがラケルに、自分は彼女の父の親類で、リベカの息子であると告げると、彼女は走って行って父
にそのことを知らせた。一三ラバンは妹の子ヤコブの知らせを聞くと、彼を迎えに走って行き、彼を抱き締
めて口づけした。そして彼を自分の家へと招き入れた。そこでヤコブがラバンに事の次第をすべて話すと、
一四ラバンは言った。『あなたは本当に私の骨肉だ。』それでヤコブはラバンのところで一か月滞在した。」（二
九・九―一四）

そのとき、ラケルが父ラバンの羊の群れを連れてやって来たので、ヤコブはすぐに一人で井戸の口に置いてあった石を転がして、ラバンの羊の群れに水を飲ませました。これは二つのことを意味します。一つはヤコブが井戸の石を一人で転がしたので、たいそう力持ちであったことです。二つ目は彼がその地の羊飼いの慣習を破って、すべての羊の群れが集まるのを待たないで、ラケルが連れて来た叔父ラバンの羊に水を飲ませたことです。ヤコブはラケルに口づけし、声を上げて泣きました。約千キロメートルに及ぶ長旅の後で、ようやくラバンの娘に会えたのですから無理もありません。同時に、ラケルの姿形が美しかったので（二九・一七）、ひとめぼれをしたのだと思います。ヤコブがラケルに、自分がラバンの妹リベカの子であることを告げると、彼女は走って行って、父ラバンにそのことを知らせました。するとラバンは彼を迎えに走って来て、彼を抱き締めて口づけをした後、彼を自分の家に招き入れました。

「そこでヤコブはラバンに事の次第をすべて話すと」（二九・一三）とあります。ヤコブはラバンにどこまで話したのでしょうか。少なくとも父イサクから、パダン・アラムに行って、「母の兄ラバンの娘を妻としなさい」（二八・二）と言われたことは話したと思います。しかしあくまでも想像ですが、父イサクが兄エサウに与えるはずだった祝福を、母リベカと共謀して横取りしたために兄エサウの殺意を逃れてきたということは話さなかったと思います。

自分の娘を妻にするためにわざわざ遠くから一人でやってきたヤコブを、ラバンは、「あなたは本当に私の骨肉だ」と言って歓迎の言葉を述べました。しかし、前にアブラハムの僕がリベカを妻にもらいに来たときには、高価な贈り物をたくさん携えてやってきたのに対して、今のヤコブは無一文です。古代オリエントでは、他人の娘を妻にするためには、それ相応のお金（いわば結納金）を払う必要がありましたから、このヤコブに対してどうすればよいか、利にさといラバンは考えたと思います。ですからラバンが「あなたは本当に私の骨肉だ」と言ったことについて、文字通り親戚としての温かい歓迎の言葉として受け取ることもできますが、もう一つの見方として、あなたは確かに私の親戚なので、娘たちの夫としての有力な候補になるから、しばらく滞在させて様子を見てみようと考えたのかも知れません。それでヤコブはとりあえずラバンのところに一か月滞在しました。

ここで、ヤコブがラケルを妻にして父母のもとに帰るのであれば、前にアブラハムの僕がリベカを連れて帰ったときのように、高価な贈り物を結納金として渡さなければなりません（二四章）。しかし、ヤコブはそのような準備は全くしていませんでした。このため、結婚したい娘ラケルの父ラバンとの取引が始まります。

コラム
13-1

遊牧民の間での井戸の重要性

遊牧民の間で、人が生活をして行く上で、また家畜に水を飲ませるために、井戸は非常に重要でした。このことはすでに二六章で、イサクとアビメレクの間で井戸についての争いがあったことでも分かります。また一方、井戸には人が生活をして行くために、また羊に水を飲ませるために定期的にやって来るので、井戸は社会生活における出会いの場でもありました。創世記では、イサクの妻を選ぶためにアブラハムに遣わされた僕が井戸でリベカに会い、二九章でもヤコブがラバンの消息を知るとともに、ラケルに会いました。出エジプト記でもモーセがエジプトを逃れてミデアンに行ったときに、やはり井戸で祭司エテロの娘たちに会いました（出エ二・一七）。このように、井戸は縁結びの役目も果たしていました。

13・2 ヤコブの結婚（二九章一五―三〇節）

二九章一五―三〇節もヤハウェ資料です[3]。二九章一五―二〇節は次のとおりです。

「一五ラバンはヤコブに言った。『あなたは親類だからといって、ただで働くことはない。どんな報酬がいいのか言ってみなさい。』一六ラバンには二人の娘がいて、姉の名はレア、妹の名はラケルと言った。一七レアは優しい目をしていたが、ラケルは姿形が美しかった。一八ヤコブはラケルを愛していたので、『下の娘のラケルのためでしたら、私は七年あなたのところで働きます』と言った。一九するとラバンは、『あの娘を他の人に嫁がせるより、あなたに嫁がせるほうがよい。私のところで暮らしなさい』と答えた。二〇こうしてヤコブはラケルのために七年働いた。彼女を愛していたので、それはほんの数日のように思われた。」（二九・一五―二〇）

ヤコブが滞在していた一か月の間、ヤコブが何をしていたかは、ラバンの言葉である「ただで働くことはない」（二九・一五）から、ラバンの家のためにただで働いていたことが分かります。ただし「働く」と訳されたヘブライ語の原語は「アーバド」で、もともとの意味は「仕える」です[4]。同じ「仕える（アーバド）」という言葉は、ヤコブの母リベカが妊娠中に受けた主の言葉である「兄は弟に仕えるようになる」（二五・二三）やイサクがだまされてヤコブを祝福した言葉である「もろもろの民はあなたに仕え」（二七・二九）に出てきます。父イサクは、ヤコブについて「もろもろの民はあなたに仕え」と言ったのに（二七・二九）、今、ラバンに「仕える」者となったわけで皮肉です。[5] なお「アーバド」には「仕事をする」という意味もあります。

ラバンはヤコブが仕事をする様子をみていて、この男なら娘を嫁がせても大丈夫だと考えたのだと思います。そこでラバンはヤコブに、「どんな報酬がいいのか言ってみなさい」と言いました。ラバンは、ヤコブが自分の娘を妻にするための結納金代わりに、自分に仕えることを知っていましたが、あらためてヤコブ自身の口からそれを聞きたいと思ったのでしょう。

ヤコブの答えを記す前に、一六―一七節の文章が、以降に続く物語の伏線として挿入されます。それは、「ラバンには二人の娘がいて、姉の名はレア、妹の名はラケルと言った。レアは優しい目をしていたが、ラケルは姿形が美しかった」（二九・一六―一七）という文です。ここで、レアは「優しい」目をしていたとある「優しい」の原語のヘブライ語は「ラコート」で、「優しい」の他、「繊細な」、「弱い」という意味もあります。実際に何を意味しているかは不明だそうですが、レアの目には力がなかった、あるいはキラキラとした光がなかった、という意味にとる解釈が多いとのことです。[6] 目に力（あるいは光）があることは、古代西アジアで女性の美の大きな要

（３）関根正雄訳『創世記』（註釈、一八八頁）は、二九章一五―三〇節をヤハウェ資料としています。「ただし、ここを「エロヒム資料とするのが普通で、一六節でラケルが今まで知られない人として出て来るというが大きな理由であるが、われわれはここを一貫してヤハウェ資料と見うると思う。両資料に分ける根拠は充分でない」との説明があります。
（４）月本昭男訳『創世記』では「仕える」と訳しています（本文、九二頁）。
（５）The New Interpreter's Bible Vol. 1, p.553.
（６）Wenham. Word Biblical Commentary Genesis 16–50, p.235.

素であったということ、およびすぐ続いて、「ラケルは姿形が美しかった」とあるので、レアはラケルほどは美しくなかった、ということを婉曲に表現していることは明らかです。さらに、ユダヤ教の聖書解釈の伝統の中には、この「レアは優しい（「ラコート」）目をしていた」を、「レアは涙もろかった」、すなわち、非常に傷つきやすい自我を持っていた、と解釈する人たちがいるそうです。[7]

一方、「ラケルは姿形が美しかった」の原文のヘブライ語を直訳すれば、「ラケルは姿も見た目も美しかった」となります。新共同訳の「ラケルは顔も美しく、容姿も優れていた」という訳が一番分かりやすいのではないかと思います。なお、「レア」は「雌牛」、「ラケル」は「母羊」を意味します。[8]

ヤコブはラバンの思ったとおり、下の娘のラケルのためなら七年あなたのところで仕えます、と言いました。ヤコブは、ラケルを妻にもらうための「結納金」相当として七年の労働を申し出ました。これに対してラバンは、彼女を他の人に嫁がせるより、ヤコブに嫁がせるほうがよい、と言って、自分のところで暮らすように言いました。後に見るように勘定高いラバンも、七年の労働なら「結納金」として十分だと考えたのでしょう。その上ラバンは、ヤコブの一か月間の仕事ぶりや人柄を見て、他の男に嫁がせるよりヤコブに嫁がせるほうがよい、と言ったのでした。

こうしてヤコブは愛するラケルと結婚するために、七年間ラバンのもとで働きました。「彼女を愛していたので、それはほんの数日のように思われた」（二九・二〇）とあります。これはいかにもヤハウェ資料らしい美しい表現です。この間、ヤコブはたびたびラケルを見て心を躍らせていたに違いありません。ラケルも先の井戸で口づけされたことなどからヤコブが自分と結婚するために、七年間働いているのだと知っていたのだと思います。こうして二人は、七年という楽しい婚約期間を過ごしたのです。

続く二九章二一―三〇節は次のとおりです。

「二一ヤコブはラバンに言った。『約束の期日になりましたので、私の妻をください。彼女のところに入りた
いのです。』二二そこでラバンは土地の人たち皆を集めて祝宴を催した。二三夕暮れになったとき、彼は娘レア
をヤコブのもとへと連れて行ったので、ヤコブは彼女のところに入った。二四ラバンはまた、自分の召し使
いジルパを、娘レアの召し使いとして付けた。二五ところが朝になってみると、それはレアであった。ヤコ
ブはラバンに言った。『あなたは何ということをしたのですか。私があなたのところで働いたのは、ラケル
のためではありませんか。なぜ私をだましたのですか。』二六するとラバンは答えた。『私たちのところでは、
妹を姉より先に嫁がせるようなことはしないのだ。二七とにかく、この週は一緒に過ごしなさい。さらにも
う七年間私のところで働くということで、あの娘もあなたに嫁がせよう。』二八ヤコブは言われたとおりにし
て、その週を一緒に過ごした。そこでラバンは娘のラケルを、彼に妻として与えた。二九ラバンはまた、自分
の召し使いビルハを娘のラケルに召し使いとして付けた。三〇こうして、ヤコブはラケルのところにも入った。
彼はレアよりもラケルを愛していて、さらにもう七年ラバンのところで働いた。」（二九・二一―三〇）

約束の七年が経ったので、ヤコブはラバンに、「私の妻をください。彼女のところに入りたいのです」（二九・二一）と言いました。「彼女のところに入る」は、性的結合を暗示するヘブライ語的表現です(9)。それにしても、「私の妻をください」だけで十分意味は通じますが、「彼女のところに入りたいのです」とヤコブが付け加えたのは、表現が直接的ですが、彼の熱い心を表すものだと思います。

（7）Rabbi Sacks. Covenant & Conversation, p. 206.
（8）月本昭男訳『創世記』九二頁、注一。
（9）同右注三。

そこでラバンは土地の人たちを皆集めて結婚の祝宴を催しました。夕暮れになって、ラバンは娘レアをヤコブのもとに連れてきました。結婚式やその祝宴のときには、花嫁はベールで顔を覆うことが古代西アジアの習慣でした。さらに夜は暗かったので、ヤコブは花嫁の顔を見えないまま夢中で、彼女のところに入りました。朝になって、朝の光の中で見ると、それはレアでした。ヤコブはだまされたのです。かつて父イサクをだましたヤコブが、今度はラバンにだまされたのです。

ヤコブがラバンに文句を言うと、ラバンは、「私たちのところでは、妹を姉より先に嫁がせるようなことはしないのだ」と謝罪もしないで当然のことだと言いました。このことについて、The New Interpreter's Bible は、次のように述べます[10]（原文英語、日本語訳筆者）「その地に、そのような習慣があったかは疑わしい。兄エサウをだまして長子の祝福を得たヤコブは、こうして妹ラケルでなく、姉レアと結婚するようにだまされた。ヤコブは、兄エサウがだまされた結果、どのように感じたかをこのときに知ったはずである。ヤコブは、自分と良く似たラバンに出会ったのである。だました者がだまされたのである。」

続けてラバンは、「とにかく、この週は一緒に過ごしなさい」と言いました。古代西アジアでは婚礼の行事は通常七日間続いたからです[11]。そしてラバンは言いました。「さらにもう七年間私のところで働くということで、あの娘もあなたに嫁がせよう。」（二九・二七）　これに対してヤコブは何も言わずに、言われたとおりにして、その週をレアと一緒に過ごしました。一週間後に、ラバンは娘のラケルを、彼に妻として与えました（二九・二八）。こうしてヤコブはラケルのところにもようやく入ることができました。彼はレアよりもラケルを愛していて、さらにもう七年ラバンのところで働きました（二九・三〇）。その結果、母リベカが言った、「しばらくの間」（二七・四四）は、当初の想定をはるかに超えて、少なくとも一四年間、ヤコブはラバンのところにいて、彼に仕えることになりました。

なおラバンは、長女レアには召し使いジルパを、次女ラケルには召し使いビルハを、それぞれ召し使いとして付けました。花嫁が召し使いを連れて嫁ぐ慣習は、古代西アジアの婚姻契約文書などにも見られるそうです。[12]

コラム 13-2

ラバンの計画的なずるさ

ヤコブがラバンに初めて会ったとき、ヤコブはラバンに「事の次第をすべて話しました。」（二九・一三）ヤコブは少なくとも父イサクに、ラバンの娘を妻にするように（二八・二）と言われて、長旅をしたことをラバンに話したと思います。そこでラバンはとりあえずヤコブを一か月自分のところに滞在させて様子を見ることにしました。（二九・一四）その間のヤコブの働きぶりや人柄を見て好感を持ち、おそらくこのときからラバンは、二人の娘をともにヤコブに嫁がせることを考えたのだと思います。

父親の気持ちとしても、妹で美人のラケルを先に嫁がせた場合に、美貌で劣る姉レアの気持ちも考え、かつ彼女が美人でなかったので、今後彼女を妻にしたいという男が現れる可能性も低いと考えて、まずレアをヤコブに与えたのだと想像できます。当時の女性は経済力がなかったので、男性の妻や妾

（10）The New Interpreter's Bible Vol. 1, p.553.
（11）月本昭男訳『創世記』九三頁、注六。
（12）月本昭男訳『創世記』九三頁、注五。

になるしか生きて行く道がありませんでした。

ヤコブとレアの結婚にあたって、「ラバンは土地の人たちを皆集めて祝宴を催した」とあります。これによりラバンは、ヤコブが婚礼の翌朝、妻がレアだと気付いても、もう後戻りできないようにした、と言えるのではないでしょうか。ここにもラバンの計画的なずるさが感じられます。

同時にラバンは利にさとい人だったので、ヤコブの気持ちをうまく利用して、有能な彼をできるだけ長く自分に仕えさせようとしました。それに基づき彼は計画を立てて見事にヤコブに二人の娘を嫁がせた上で、結局ヤコブを計一四年間彼に仕えさせることに成功しました。

しかし二人の娘レアとラケルの気持ちを考えてみましょう。まずラケルですが、自分がヤコブと結婚できるとばかり思っていたのに、最後の婚礼の夜にベールで顔を隠してヤコブのところに連れて行かれたのは姉のレアでした。ですから、ラケルも父にだまされたと考え、恨みに思ったに違いありません。姉のレアは自分の美貌には自信がなかったので、きっと普段からおとなしい性格だったと思います。妹として可愛がっていたラケルとヤコブの婚礼だとばかり考えていたのに、突然父から花嫁衣装を着せられベールをかぶせられて、ヤコブのところに連れていかれて、結婚させられたので、喜んだというよりは、驚いたのではないでしょうか。レアもきっと父にだまされたと思ったのではないかと思います。ですから後に、ヤコブが二人の妻を連れて、ラバンのところから逃げ出すときに、レアとラケルは、『父は私たちを売り渡しながら、私たちのそのお金を使い果たしてしまったのです』と言って、ヤコブがラバンのもとから去ることに賛成したのでした。

とはいえ、その後の物語で分かるように、姉妹で一人の夫の妻になることは厳しいことでした。一方が愛され、一方が疎んじられ、一方には子供が与えられ、一方には子供が与えられない、という状態が続き、二人の確執が長い間続きました。このようなことが他にもあったのでしょう。レビ記には、「妻の存命中に、彼女に加えて、その姉妹をめとり、これを犯してはならない」（レビ一八・一八）とあります。

　結局、ラバンのずる賢い計画は成功しましたが、すべての人を不幸にしました。ラバン自身も、最後には二人の娘と孫たちを失いましたから（三一章）、不幸になりました。しかし、ラバンのずる賢い計画によって、後にイスラエルの一二部族の祖となる息子たちが産まれました。神のご計画は、人のずる賢さも利用して、人を不幸にしながらも成就していくようです。新約聖書のヘブライ人への手紙に、「生ける神の手に落ちるのは、恐ろしいことです」（ヘブライ一〇・三一）とありますが、つくづくそのとおりだと思います。

13・3　ヤコブの子どもたち（二九章三一節―三〇章二四節）

　二九章三一―三五節までは、神の名として主（ヤハウェ）が出てくるのでヤハウェ資料です。二九章三一―三五節は次のとおりです。

「三一主はレアが疎んじられているのを見て、その胎を開かれた。一方、ラケルは不妊であった。三二レアは身
ごもって男の子を産み、その子をルベンと名付けた。『主は私の苦しみを顧みてくださった。これで夫も私
を愛してくれるでしょう』と言ったからである。三三彼女はまた身ごもって男の子を産んだ。『主は私が疎ん
じられていることをお聞きになり、さらにこの子を授けてくださった』と言って、その子をシメオンと名付
けた。三四彼女はまた身ごもって男の子を産んで言った。『今度こそ、夫は私に固く結び付いてくれるでしょ

う。私は彼に三人の男の子を産んだのですから。』それで、その子をレビと名付けた。三五 彼女はまた身ごもって男の子を産んで言った。『今度は、私は主をほめたたえます。』それで、その子をユダと名付けた。その後、彼女は子どもを産まなくなった。」（二九・三二―三五）

まず冒頭に、「主はレアが疎んじられているのを見て、その胎を開かれた」とあります。この言葉は、旧約聖書の神は、弱い人、貧しい人、社会的に不利な人を顧みる神であるということをよく表しています。

続く三二―三四節を読むと、夫ヤコブに疎んじられていた妻レアの悲しみが、彼女がつけた子どもの名前から伝わってきます。次々と男の子が与えられ、本来なら喜んでよいはずですが、相変わらず夫に顧みられないで主により頼むしかないレアの気持ちが伝わってきて、悲しい気持ちにさせられます。

長男ルベンの名は、「見る（ラーアー）」に由来します。その解釈は二つあります。一つは、「主は私を顧みて下さった」の「顧みる」に由来するという解釈です。もう一つは、「ルベン」を「見てください、息子です」と読む解釈です。[13] 後者の場合、レアが夫ヤコブに、私が産んだあなたの息子を見て下さい、と言っています。

次男シメオンの名は、「聞く（シェマー）」に由来し、レアの言葉である「主は私が疎んじられているのをお聞きになり」と関係づけられます。

三男レビの名は、「愛着を感じる、結び付く（ラーヴァー）」に由来し、レアの「今度こそ、夫は私に固く結び付いてくれるでしょう」と関係づけられます。

四男ユダの名は、「ほめたたえる（ヤーダー）」に由来し、レアの言葉である「私は主をほめたたえます」と関係づけられます。この場合、レアはもう夫に頼ることを止めて、主に頼る気持ちになったようです。

以上、ヤハウェ資料独特の言葉遊びを通して、ヤハウィストもレアに同情しているようです。特に、四男ユダを産んだ場合については、ヤハウィストは言葉遊びを通して、本当に頼ることができるものは主だけであると言いたかったのではないでしょうか。

四男ユダを産んだ後、「彼女は子供を産まなくなった」（二九・三五）でレアの話は一度終わります。

コラム 13-3

レアの気持ちを考える

レアは、幼いときから美しくて愛らしい妹ラケルといつも比べられ、劣等感を持って成人していったのだと思います。さらに父ラバンがヤコブをだまして自分を結婚させた後、翌朝ヤコブが妻がレアであったことに気付いたときのヤコブの態度、およびその後ヤコブが父ラバンに抗議をしているのを聞いたとき、レアはとても傷つき、いたたまれない気持ちになったのではないでしょうか。

その後、レアはヤコブに四人の男の子を産みました。「彼（ヤコブ）はレアよりもラケルを愛していて」（二九・三〇）とありますが、ヤコブはレアのところにも定期的に来たようです。ヤコブが、本意でなく押し付けられた妻であるレアと四人もの子を産んだのは、一見不思議に見えます。

旧約聖書において一夫多妻は、アブラハム、ヤコブ、ダビデなどがそうであったように、認められています。しかし、その場合の妻の扱いに対する規定には、たとえば、次のようなものがあります。

「息子が別の女をめとるようなことがあっても、彼女（筆者注—最初に結婚した女性）から食事、服、

(13) 関根正雄訳『創世記』註釈、一八八頁。ここには、「主は私を顧みて下さった」と解釈するのはヤハウェ資料、「見てください、息子です」という解釈はエロヒム資料による、とあります。

夫婦の交わりを減らしてはならない。」（出エ二一・一〇）

古代西アジアには、複数の妻と結婚したなら、すべての妻を公平に扱わなければならないという慣習があったようです。それは、たとえばイスラム教の経典であるコーランに複数の妻を公平に扱うようにという規定があることから想像できます。[14]

ですからヤコブもレアと婚礼の宴まで設けて正式に結婚した以上、レアを放っておかなかったのだと思います。

レアは、三人の男の子を産んだのに、、夫が顧みてくれない苦痛を名前を通して表現しています。しかし、四人目のユダを産んだ後には、夫への言及はなく、「今度は、私は主をほめたたえます」（二九・三五）と、彼女を顧みてくれる主をほめたたえています。主に立ち返ることによってレアは平安な心境を得られたと、これを書いたとヤハウィストは言っているようです。

続く三〇章一節からはラケルの話に移ります。三〇章は、ヤハウェ資料が根幹をなしますが、エロヒム資料も所々混じっています。[15] 三〇章一―八節は次のとおりです。

「一ラケルは、ヤコブとの間に子どもができないことが分かると、姉を妬むようになり、ヤコブに言った。『私に子どもをください。さもないと、私は死にます。』二ヤコブはラケルに激しく怒って言った。『私が神に代われるというのか。あなたの胎に子を宿らせないのは神なのだ。』三ラケルは言った。『私には召し使いビルハがいます。彼女のところに入ってください。彼女が私の膝の上に子どもを産めば、私も彼女によって子どもを持つことができるでしょう。』四ラケルが自分の召し使いビルハをヤコブに妻として差し出したので、ヤコブは彼女のところに入った。五ビルハは身ごもってヤコブに男の子を産んだ。六ラケルは言った。『神は公平に私を扱い、私の願いも聞き入れて、男の子を授けてくださった。』それで、その子をダンと名付けた。

七ラケルの召し使いビルハはまた身ごもって、ヤコブに二人目の男の子を産んだ。

八そこでラケルは、『私は姉と激しく闘い、打ち勝ったのです』と言って、その子にナフタリと名付けた。」（三〇・一―八）

ラケルは姉レアが次々と子どもを産んでいくのに対して自分には子どもが与えられないので、ヤコブに、「私に子どもをください。さもないと、私は死にます」（三〇・一）と言いました。最後の「さもないと、私は死にます」というのは、ヤコブが自分の方をより愛していることを知っているラケルの甘えたおどしに近い言い方です。これに対してヤコブは、甘えたラケルをなだめるかと思いきや激しく怒って、「私が神に代われるというのか。あなたの胎に子を宿らせないのは神なのだ」と言い放ちました。ここは「神」という言葉が使われていますから、エロヒム資料です。子どもは神さまが与えるもの、神さまからの授かりもの、というエロヒストの考えが色濃く出ています(16)。これはエロヒストだけでなく、ユダヤ教、キリスト教、イスラム教に共通する考え方です。

しかし、このヤコブの言い方は、子どもを産めないで悩みの中にあるラケルには厳しすぎる言い方です。

(14) 井筒俊彦訳『コーラン中』一〇八頁および一三三頁に規定があります。たとえば一三三頁には「大勢の妻に対して、あまり公平を欠きすぎて、誰か一人をまるで宙づりのように放っておいてはいけない」とあります。

(15) 関根正雄訳『創世記』註釈、一八八頁。

(16) この部分は基本的にヤハウェ資料ですが、二節、六節、八節はエロヒム資料であることは「神」という言葉から分かります（関根正雄訳『創世記』註釈、一八八頁）。

コラム 13-4

ヤコブの愛妻ラケルに対する言葉（三〇章二節）について

ユダヤ教のラビであるサックス氏は、著書で三〇章二節のヤコブの愛妻ラケルに対する言葉、「私が神に代われるというのか。あなたの胎に子を宿らせないのは神なのだ」について次のように言います[17]（原文英語、日本語訳著者）。

「このヤコブの愛妻ラケルに対する言葉について、ユダヤ教の『ミドラーシュ[18]』は次のように述べます。ラケルの、『私に子どもをください。さもないと、私は死にます』の言葉に対して、夫ヤコブが言った『私が神に代われるというのか。あなたの胎に子を宿らせないのは神なのだ』という言葉は、悩みの中にある愛妻に対して夫が言うべき言葉であろうか。このようにヤコブには、愛妻ラケルに対してさえ、その苦しみに対する思いやりや愛に欠けるところがある。ヤコブ物語を詳しく読んでいくと、ヤコブの家族の間には、全体として家族のメンバー相互の思いやりや愛に欠けるところがあり、家族内のコミュニケーションが取れていない。その原因は、ヤコブの愛妻ラケルへの愛が、自分中心の一方的な愛であり、ラケルへの思いやりがない愛であることにある。別な言い方をすれば、ヤコブは自分中心の人で、他の人に対する思いやりに欠ける、ということである。その思いやりは、自分が愛していたラケルに対しても欠けるのだから、まして自分が愛していないレアやその息子たちに対して一層そうであった。」

このことは、レアが産んだ子どもたちの名前をレア自身がつけていることにも表れています。つまりヤコブはレアが産んだ子どもたちに無関心であったのです。

夫ヤコブの「私が神に代われるというのか。あなたの胎に子を宿らせないのは神なのだ」という言葉に対して、ラケルは言いました。「私には召し使いビルハがいます。彼女のところに入ってください。彼女が私の膝の上に子どもを産めば、私も彼女によって子どもを持つことができるでしょう。」ラケルは自分の召し使いビルハをヤコブに与えて、ビルハが生んだ子どもをラケルが自分の膝の上に置けは、その子が彼女の子となるという方法で、子どもを得ようとしました。[19] これはすでに一六章で出てきたアブラハムの妻サラと同じやり方です。古代オリエントでは、妻に子どもが与えられない場合、妻は夫に側妻を与えねばなりませんが、その側妻が生んだ子は法的には妻の子となる、という法習慣に基づいてラケルは子を得ようとしたのです。[20]

実際、ラケルは召し使いビルハをヤコブに与え、ビルハは男の子を産みました。そしてラケルはその男の子にダンと名付けました。ラケルが言った「神は公平に私を扱い」の原語のヘブライ語を、月本昭男訳『創世記』は、「神は私をお審きくださった」と訳しています。[21] ここに出てくる「審く（ヘブライ語「ディン」）」から、「ダン」という名前が説明されます。[22] なお、本書が採用している聖書協会共同訳の「神は公平に私を扱い」は、神の審きは公平だからということに基いた訳だと考えられます。

ラケルの召し使いビルハはまた身ごもって、ヤコブに二人目の男の子を産みました。ラケルは、「私は姉と激

(17) Rabbi Sacks. Covenant & Conversation, p. 250、脚注6。
(18)『ミドラーシュ』とは、旧約聖書の行間を読んでユダヤ教のラビたちが紡ぎだした言葉を集めたものです。詳しくは、上巻、三六九頁の注一六を参照してください。
(19) 他人の子どもを自分の膝の上に置いて、自分の養子とするということは、創世記五〇章二三節にも出てきます。
(20) 関根正雄訳『創世記』註釈、一七六頁。
(21) 月本昭男訳『創世記』本文、九四頁。
(22) 同右注七。

しく闘い、打ち勝ったのです」と言って、その子にナフタリと名付けました。ナフタリの名前は、「闘う（ニフタル）」に由来するとされます[23]。

ここで「私は姉と激しく闘い、打ち勝ったのです」に出てくる「激しく闘い」は言語のヘブライ語では、「神の闘い」です。これをどう翻訳するかは、前三世紀の七〇人訳聖書の時代から現代に至るまで翻訳者を悩ませてきた問題です[24]。聖書協会共同訳では「神の闘い」を「激しく闘い」と訳しています。「神の」という表現をこのように世俗的な「激しい」という形容詞に訳してよいものか、ということが問題です。新共同訳では、「死に物狂いの争い」と訳してさらに世俗的です。英語も同じように、「mighty wrestlings（ＲＳＶ）」または「a great struggle（ＮＩＶ）」と訳しています。

これに対して、もう一つの解釈があります[25]。それは、「主はレアが疎んじられているのを見て、その胎を開かれた」（二九・三一）とありますが、ラケルから見るとこれは主がレアをひいきしているのであって、ラケルの胎を閉じたのは不公平です。それでラケルが神に不平を言っている、すなわち神と闘っているという解釈です。人が神と闘うという意味では、後にヤコブ自身が神と闘って勝ったという記事（三二・二九）の例があります。つまりラケルは、レアに対してと同時に、ラケルを不公平に扱っている神とも闘い、公平を勝ち取ったと言っている、という解釈になります。

一方、月本昭男訳『創世記』では、ここを「私は神の（祝福をめぐる）闘いを姉と闘い、私が打ち勝った」と訳しています[26]。

私は素人ですが、この月本昭男訳『創世記』の訳が、私には一番納得のいく訳です。

続く三〇章九―一三節は、ヤハウェ資料からで、再びレアの話に戻ります。

「九レアは、自分に子どもができなくなったのが分かると、召し使いジルパをヤコブに妻として差し出した。

一〇レアの召し使いジルパはヤコブに男の子を産んだ。一一そこでレアは「幸いなこと」と言って、その子をガドと名付けた。一二レアの召し使いジルパはヤコブに二人目の男の子を産んだ。一三そこでレアは、「幸せなこと。女たちは私を幸せな者と呼ぶでしょう」と言って、その子をアシェルと名付けた。」（三〇・九―一三）

レアはヤコブに四人の男の子たち、すなわちルベン、シメオン、レビ、ユダ、を産んだ後、子どもを産まなくなった、とありました（二九・三五）。そこで自分の召し使いジルパをヤコブに妻として差し出しました。こうしてヤコブはジルパにより、ガドとアシェルという二人の男の子を得ました。ここでガドとはヘブライ語「ガド」で、幸運という意味です。またアシェルは、「幸せ（オシュリ）」および「幸せ者と呼ぶ（イッシェル）」に由来します[27]。このガドとアシェルの名前の付け方で気が付くことがあります。前のルベン、シメオン、レビの場合は、レアは夫が自分を顧みてくれないというネガティブな思いから名前を付けましたが、ユダ（ほめたたえる）で転機がきて、ここでは幸運な（ガド）、幸せ（アシェル）というポジティブな名前の付け方に変わったことです。

続く三〇章一四―二一節は次のとおりです。

「一四小麦の刈り入れの頃、ルベンは出かけて行って、野原で恋なすびを見つけ、母レアのところへ持って来た。ラケルがレアに、『あなたの子の恋なすびを分けてください』と頼むと、一五レアは言った。『あなたは私の夫を奪っただけではまだ足りないというのですか。私の子どもの恋なすびまで奪おうとするのですか。』

(23) 同右注八。
(24) Wenham. Word Biblical Commentary Genesis 16–50, p. 245.
(25) 同右。
(26) 月本昭男訳『創世記』本文、九四頁（三〇章八節）。
(27) 同右九四頁、注九および注一〇。

ラケルは言った。『それでは、あなたの子どもの恋なすびと引き換えに、今夜はあの人があなたと寝るよう
にしましょう。』一六夕方、ヤコブが野原から帰って来ると、レアは迎えに出て、言った。『私のところに入っ
てください。私は子どもの恋なすびで、あなたを手に入れたのですから。』その夜、ヤコブはレアと寝た。
一七神はレアの願いを聞き届けられたので、彼女は身ごもって、ヤコブに五人目の男の子を産んだ。一八レア
は、『私が夫に召し使いを差し出したので、神はそれに報いてくださった』と言って、その子をイッサカル
と名付けた。一九レアはまた身ごもって、ヤコブに六人目の男の子を産んだ。二〇レアは言った。『神は私に素
晴らしい贈り物をくださった。今度こそ、夫は私を褒めてくれるでしょう。六人もの男の子を産んだのです
から。』そして、その子をゼブルンと名付けた。二一その後、レアは女の子を産み、その子をディナと名付け
た。」（三〇・一四―二一）

ここで「恋なすび」の原語のヘブライ語は「ドゥダイーム」で、英語では mandrake と言われる、西アジアや地中海地域の薬用植物で、媚薬効果があると信じられていたものです。[28] さらに不妊の女性が食べると身ごもるようになるとも言われていました。[29] だからラケルが、それを欲しかったのだと思います。ラケルは自分の召し使いビルハによって得た二人の男の子、ダンとナフタリがいましたが、やはり自分の子が欲しかったのでしょう。

一方、レアも四人の男の子を産んだ後は、「子どもを産まなくなった」（二九・三五）ので、彼女もその恋なすびを欲しかったに違いありません。レアはラケルに言いました。「あなたは私の夫を奪っただけではまだ足りないというのですか。私の子どもの恋なすびまで奪おうとするのですか。」（三〇・一五）ここでレアは「私の夫」とヤコブを表現しています。私が最初に結婚したのだから、少なくとも私が第一夫人だという自負があったのだと思います。しかし実際には、ヤコブはレアを当時の西アジアの習慣にしたがって、おろそかにはしなかったものの、実際にはラケルのテントの方により足繁く通ったに違いありません。

そこでラケルは、「それでは、あなたの子どもの恋なすびと引き換えに、今夜はあの人があなたと寝るようにしましょう」と言いました。ラケルは自分が妊娠するために必要だと考えた恋なすびを得るために、今夜はヤコブがレアと寝るように計る、と言いました。

ここで私にとって不思議なのは、ヤコブが誰と寝るかを、ヤコブ自身でなく、ラケルが決めることができる、ということが前提になっていることです。それは次のような事情によるのではないかと私は推測します。すなわち、コラム13-3で述べた古代の西アジアの一夫多妻に関する規定により、夫は複数の妻をできるだけ公平に扱わなければならないので、妻は夫に対して公平に扱われる権利を持っていたと考えることができると思います。その権利をラケルは一晩だけレアに譲った、ということだと思います。

夕方ヤコブが仕事をしていた野原から帰って来ると、レアは出迎えて言いました。「私のところに入ってください。私は子どもの恋なすびで、あなたを手に入れたのですから。」ここで「あなたを手にいれた」の原語のヘブライ語は、「サカルティカー」で、直訳すれば、「あなたを（賃金を払って）雇った」という意味です。ここで使われている動詞「サカル」から派生する名詞は、「賃金」、「報酬」であり、ヤコブ物語でよく出てくる言葉の一つです。たとえば、ラバンがヤコブに言った「どんな報酬がいいのか」（二九・一五）、ヤコブがラバンに言った「それを私の報酬としてください」（三〇・三二）に出てきます。つまりレアは、夫ヤコブに、あなたを報酬（すなわちラケルに与えた恋なすび）を払って手に入れたのですから、と言っているのです。レアは本来はヤコブに愛され尊ばれることを望んでいます。しかし、私はあなたの第一夫人なのだから、私はあなたと夫婦関係を持つ権利が

(28) 月本昭男訳『創世記』九五頁、注一一。
(29) Wenham. Word Biblical Commentary Genesis 16–50, p. 246.

あります、とさえ言わずに、ヤコブを報酬をもって雇った、と言っているようです。それはレアの本心ではありません。こうしてヤコブはその夜レアと寝ました。

神はレアの願いを聞き届けられたので、彼女は身ごもって、ヤコブに五人目の男の子を産みました。レアは、「私が夫に召し使いを差し出したので、神はそれに報いてくださった」と言って、その子をイッサカルと名付けました。ここで「神はそれに報いてくださった」の原文のヘブライ語を直訳すると「神は私に私の報酬（ヘブライ語で「サカル」）を下さった」となります。それで、「イッサカル」という名の由来が説明されます。[30] なお神を表すのに、「神」を使っている一七―二一節はエロヒム資料です。

その後、レアはまた身ごもって、六人目の男の子を産み、「神は私に素晴らしい贈り物をくださった。今度こそ、夫は私を褒めてくれるでしょう。六人もの男の子を産んだのですから」と言って、その子をゼブルンと名付けました。「夫は私を褒めてくれるでしょう」の原文のヘブライ語を直訳すると、「夫は私をとりたてて（ヘブライ語で「ザバル」）くれるでしょう」となり、ゼブルンの名の由来が説明されます。[31] このゼブルンの名から、六人の男の子を夫ヤコブに産んでも、レアはまだ夫から褒めてもらえないでいることが分かります。四人目の男の子ユダを産んだときに、レアは夫を求める言葉はなく、「今度は、私は主をほめたたえます」（二九・三五）と、彼女を顧みてくれた主をほめたたえています。これは一見、夫ヤコブからの愛をあきらめたような表現でしたが、六人目の男の子ゼブルンの名前から、やはりレアは夫から褒められることを望んでいたのです。しかし、ヤコブはその素振りさえみせませんでした。ヤコブは本当に人の気持ちを思いやることのできない人です。

さらに、レアは身ごもって、女の子を産み、その子をディナと名付けました。ディナには名前の由来の説明がありません。「ディナ」とは「正しい審き」という意味です。[32] 名前の由来の説明がない理由として、その意味が説明不要で明らかだったからではないかとか、女の子だったから説明の必要がなかった、などの理由が挙げられ

ています。(33)

続く三〇章二二―二四節は次のとおりです。

「二二一方、神はラケルを忘れず心に留めておられた。神は彼女の願いを聞き入れ、その胎を開かれた。二三彼女は身ごもって男の子を産み、『神は私の恥を取り去ってくださった』と言い、二四その子をヨセフと名付け、『主が私にもう一人男の子を加えてくださいますように』と言った。」（三〇・二二―二四）

レアがすでに六人の男の子と一人の女の子を産んだあと、「一方、神はラケルを忘れず心に留めておられた。神は彼女の願いを聞き入れ、その胎を開かれた」として、ラケルは初めて身ごもって男の子を産みました。ラケルは、その子をヨセフと名付けました。「ヨセフ」という名の由来として、エロヒム資料による説明とヤハウェ資料による説明が、それぞれ二三節と二四節にあげられています。(34)エロヒム資料による説明では、ヨセフの名は、「神は私の恥を取り去ってくださった」に出てくる「取り去る（ヘブライ語アーサフ）」に由来するとします。(35)結婚した女性に子どもが授からないのは、その女性の恥とされていましたから、ラケルは子どもを産むことによって、彼女の恥が取り去られた、と言ったわけです。もう一つのヤハウェ資料による説明では、「主が私にもう一人男の子を加えてくださいますように」に出てくる「加える（ヘブライ語ヨーセフ）」に由来するとします。(36)このラケル

(30) 月本昭男訳『創世記』九五頁、注一三。
(31) 同右注一四。
(32) 同右九六頁、注一五。
(33) Wenham. Word Biblical Commentary Genesis 16–50, p. 246.
(34) Wenham. Word Biblical Commentary Genesis 16–50, p. 249.
(35) 月本昭男訳『創世記』九六頁、注一。
(36) 同右九六頁、注一。

の願いは、後にラケルにもう一人の男の子ベニヤミンが授けられたことにより叶えられました（三五・一六―一八）。

コラム 13-5

ヨセフの名前の由来について

ヨセフの名前の由来をエロヒム資料は、ヘブライ語の「取り除く（アーサフ）」で説明し、ヤハウェ資料では、「加える（ヨーセフ）」で説明していることはすでに本文で述べました。

しかし、実際には、「ヨーセフ・エル（神が加えてくださるように）」の短縮形であろうとされます[37]。これは、「コラム11-2　ヤコブの名前の由来」を、本文では「かかと（アーカブ）」で説明していますが、実際には、「ヤーコブ・エル（神が守ってくださいますように）」の短縮形であろうとしたのと同じ形です。

コラム 13-6

ヤコブのレアに対する態度

レアの本当の願いは、子を産むことではなく、夫ヤコブの愛と尊敬を得ることでした。しかし、六人の男の子を産んでも、ヤコブはレアを愛し尊ぶことはなかったようです。それは、すでにコラム13-4でのべたように、ヤコブが自分中心の人で、他の人への思いやりに欠ける人であったことが一番大きな理由だと思います。同時に、結婚の最初の夜に、レアが父ラバンとともにヤコブをだましたことを、ヤコブはずっと根に持っていたからかも知れません。

ヤコブは、昔、父イサクをだまし、兄エサウに与えられるはずであった祝福を奪い取りました（二七章）。しかし父イサクは、「激しく身を震わせて」（二七・三三）、このことが神から出たものであることを悟り、ヤコブを祝福しました（二八・二）。同じように、ヤコブも彼のレアとラケルとの結婚が神から出たものであることを悟って、レアをもう少し愛し尊ぶことができたら、と思います。もしかすると、ヤコブがあまりに自己中心にものを考えていたために、神からの働きかけに気付かなかったのかも知れない、とさえ思うほどです。

ここでなぜヤコブのレアとラケルの結婚が神から出たものであると言えるかというと、この結婚から、後にイスラエルの一二部族の祖となる男の子たちを得ることになったからです。後のことではありますが、レアが産んだレビとユダについて、レビの子孫であるレビ族から、モーセやアロンが出て後の祭司やレビ人の祖となりました。一方、ユダの子孫であるユダ族からはダビデ王やソロモン王が出て、ユダ族は後のイスラエルの政治的な中心になりました。

そのようなことに想いが及ばないヤコブは、当時の一夫多妻の場合の夫の勤めとして、レアのところに寝に来ましたが、愛にもとづかずに義務感から来たようです。ですからそれを知りながら夫を受け容れたレアはより一層寂しい思いをしたのではないかと思います。その思いがレアが付けた子どもたちの名前、ルベン、シメオン、レビに出ていることはすでに二九章三二―三四節のこれらの名前の説明で述べました。

（37）Wenham. Word Biblical Commentary Genesis 16–50, p. 249.

結局ヤコブは、自分が愛する人たちと愛さない人にたちに対する態度がはっきりと違っていて、愛されない側の人たちはそれをはっきりと認識できました。それは、レアの子どもたちにも通じていて、長男ルベンは後に父の側女ビルハの件で問題を起こすし（三五・二七参照）、次男のシメオンと三男のレビは、後にシェケムで乱暴を働いて、父を困らせました（三四章）。ですからヤコブは、最後の死の床における祝福で、この三人に対しては、祝福というより呪いに近い言葉を残しました（四九章）。一方、四男ユダも、ラケルが産んだ子ヨセフを、荒れ野でエジプトに行く商人奴隷として売る事件の首謀者となりました（三七章）。しかし、ユダについては、その後、悔い改めたので、ヤコブの死の床での祝福では、ユダを大いに祝福しています。

いずれにしても、このような家族になった原因は、レアとラケルの父ラバンが、二人を同じ夫ヤコブに嫁がせたことにあります。それは一夫多妻のもつ問題性でもあるのでしょう。

コラム
13-7

一夫多妻について

創世記に出てくる物語では、神は最初の男女であるアダムとエバを一人の夫、一人の妻の夫婦として創造しました。「こういうわけで、男は父母を離れて妻と結ばれ、二人は一体となる」（二・二四）とあるとおりです。このことから神の意図は一夫一妻にある、と創世記の記者が考えたことは明らかです（創世記二章）。

アダムとエバ夫婦の後、しばらくは一夫一妻の夫婦の形は続きましたが、七代目のレメクは二人の妻をめとったので、創世記の物語の中で最初の一夫多妻となりました（四・一九）。レメクは、「私は受ける傷のために人を殺し、打ち傷のために若者を殺す。カインのための復讐が七倍なら、レメクのためには七十七倍」（四・二三―二四）と言ったという、自分中心の乱暴者で、自分の欲のまま二人の妻をめとったようです。このような性的な乱れと権力者の暴虐は表裏一体のものであり、これがノアの洪水の原因となったと考えられることはすでに上巻の３・３節で述べました。

その後、創世記で一夫多妻の例として出てくるのは、アブラハムの場合です。アブラハムの妻は長い間サラ一人でしたが、サラが子どもを産まなかったので、サラが自分の仕え女ハガルをアブラハムに妻として与えたのでした。しかしこの一夫多妻の形は長く続かず、ハガルと息子イシュマエルが荒れ野に追い出されるという厳しい結末を迎えました。

アブラハムの子イサクは、リベカだけを愛し、一夫一妻でした。イサクの子ヤコブも、愛するラケルとだけ結婚できていれば、父イサクと同じように一夫一妻のまま生涯を終えたのかも知れません。しかし、ヤコブがかつて父イサクをだまして、父の祝福を奪ったように、ヤコブもラケルの父ラバンにだまされて、結局ラケルの姉レアとも結婚させられることになりました。その後、レアとラケルの姉妹の間の争いの結果、それぞれの仕え女のジルパ、ビルハをも巻き込んだ不幸な事態に陥りました。

このことが原因となって、後にレビ記に、「妻の存命中に、彼女に加えて、その姉妹をめとり、これを犯してはならない」（レビ一八・一八）との律法ができたのではないか、と推測します。

もっとも女性が経済的に自立して、男性に頼らずに生きていけるようになったのは、西洋でも日本でも、二〇世紀に入ってからと言ってよいのではないかと思います。それまでは女性は、父親に頼るか、一夫多妻の場合を含む妻となるか、娼婦となるか、奴隷となるしか生きる道はありませんでした。

したがって一夫一妻だけをよしとして一夫多妻を認めなければ、多くの女性は一夫多妻の妻となるよりも、もっと経済的に困窮した状況に置かれたでしょう。

というわけで旧約聖書は一夫多妻を認めています。しかしその場合についても、次のような規定があります。

「息子が別の女をめとるようなことがあっても、彼女から食事、服、夫婦の交わりを減らしてはならない。」（出エ二一・一〇）

以上をまとめると、旧約聖書では当時の女性の置かれた状況から、一夫多妻を認めてはいますが、神が本来意図した結婚の形は、一夫一妻だった、と言えます。

新約聖書でも一夫一妻が基本になっています。たとえば以下のような言葉があります。

「ですから、監督は非難されるところがあってはならず、一人の妻の夫であり、冷静でいて慎みがあり、上品で、客を手厚くもてなし、よく教えることができなければなりません。」（一テモテ三・二）

同じような「一人の妻の夫」という言葉を使ったパウロの言葉が、テトス一・六にもあります。

コラム 13-8

ヤハウェ（日本語訳「主」）とエロヒム（日本語訳「神」）の使い分け

ラケルが身ごもって男の子ヨセフを産んだ記事において、エロヒム資料は、「神は彼女の願いを聞き入れ、その胎を開かれた」（三〇・二二）とあり、ヤハウェ資料は、ラケルが「主が私にもう一人男の子を加えてくださいますように」（三〇・二四）と言った、とあります。

この記事について、Word Biblical Commentaryは、次のように言います[38]（原文英語、日本語訳筆者）。

「創世記三〇章で、ヤコブとラケルの間に子ども与えられない場面の記述（三〇・一—八）、およびレアが身ごもる記述（三〇・一七—二〇）、さらにラケルが身ごもる記述では。神はエロヒムと表現されている。一方、ラケルの祈りが聞かれて、ヨセフを産んだ後にラケルが言った言葉の中では、より親しい感じの固有名詞ヤハウェ（主）が使われている。」

このことはラケルについてだけでなく、レアがルベンなどの最初の四人の男の子を産んだ後に言った言葉の中でも、「主は私の苦しみを」、「主は私が疎んじられているのを」などのように、ヤハウェ（主）という言葉が使われており、レアの個人的な思いが込められています。

これらのことから、客観的にものごとを述べるときには、「エロヒム（神）」が使われ、個人的な思いなどを述べる時には、神の固有名詞である「ヤハウエ（主）」を使う、ということが言えそうです。

註解書の中では、関根正雄訳『創世記』（一九六七年刊行）が、創世記のテキストを、神の名前の表現により、ヤハウェ資料、エロヒム資料、祭司資料に最も明確に分類します。一方、Word Biblical Commentary Genesis 16–50（二〇〇〇年刊行）は、たまに祭司資料に言及することはありますが[39]、ほとんどヤハウェ資料、エロヒム資料に言及することはありません。

このことは、上巻の「Ⅰ・2　聖書文献学の紹介」で、月本昭男氏の見解として紹介した次の文章

（38）Wenham. Word Biblical Commentary Genesis 16–50, p. 249.
（39）同右p. 248。

と符合します[40]。

「一九七〇年代中頃から、歴史的・文献批評学的研究の内部で、従来の資料仮説の根本を揺るがすような見解が次々に発表されるようになってきたのである。……その結果、創世記から民数記までを貫くヤハウェ資料、エロヒム資料、祭司資料のような文書資料の存在は否定されたのである。」

ユダヤ教のラビであるサックス氏もその著書で、神の表現としての「エロヒム」と「ヤハウェ」について次のように述べます[41]（原文英語、日本語抄訳筆者）。

「神にはいろいろな表現があるが、『エロヒム』と『ヤハウェ（原文 The Name）[42]』が主な二つである。この二つの表現の使い分けについて、古来ユダヤ教内では、「エロヒム」は神の正義に言及する場合に使われ、「ヤハウェ」は神の愛（原文 compassion）に言及する場合に使われる、としてきた。しかし、一一世紀の詩人で哲学者であったユダ・ハレビは、これとは違う次のような解釈を示した。すなわち、「エロヒム」は、自然の力の裏にある神の力を表すときに使われる普通名詞である。一方、「ヤハウェ」は普通名詞ではなく固有名詞（名前）であり、神を名前をもって呼ぶ人格的な存在として捉える場合に使われる。つまり、私たち人間を愛し、私たちの祈りを聞き、私たちの罪を糾弾するが失敗を赦し、私たちが苦難の中にいるときに力を与え、私たちに生きる道を教えてくれる存在として捉えるとき、「ヤハウェ」を使う。哲学者は神という概念に至るが、預言者、つまりアブラハムの信仰の子どもたちだけが神を人格的存在として捉えた。

だから創世記第一章で、天地万物を創造する物語では『エロヒム（神）』が使われる。第二章に入り、人が言葉を話すようになると（二・七）、「ヤハウェ・エロヒム（神なる主）」という言葉が出てくる。その後、神が創造したものについて、人は名前（普通名詞）を付けた。女についても普通名詞の女（イッシャー）という名前を付けただけだった。第三章の終わりの方で、人が女に「エバ」という固有名詞を付けて、「エバ」を人格的な存在と見なした後に、初めて人は人格的な存在を認識した。それで、第四章以降で、人格的な存在として神を捉える場合に、「ヤハウェ」という固有名詞を付けたのである。

ユダヤ教は単にただ一人の神を発見しただけではない。もっと大切な発見は、その神が人格的な存在で、私たち人間を愛し、私たちの祈りを聞き、私たちの罪を糾弾するが失敗を赦し、私たちが苦難の中にいるときに力を与え、私たちに生きる道を教えてくれる存在であることを明らかにしたことである。」

以上をまとめると、「エロヒム（日本語訳「神」）」は、自然の力の裏にある神の力を表すとき、あるいは客観的にものごとを述べるときに使われる。一方、「ヤハウェ（日本語訳「主」）」は、神を固有名詞である名前をもって呼ぶ人格的な存在として捉える場合、たとえば個人的な関係や個人的な思いや祈りを人格としての神に述べるときに使われる、となります。

---

(40) 月本昭男訳『創世記』一八六頁。
(41) Rabbi Jonathan Sacks. Covenant & Conversation, pp. 38-39.
(42) ユダヤ教では、「神の名をみだりに唱えてはならない」（出エ二〇・七）の戒めにより、英語では一般に the LORD と表現することはすでに述べました。ユダヤ教のラビである Sacks 氏は、「ヤハウェ」と書くことをはばかって、その著書では、「the Name」と表現しています。しかし、ここでは Sacks 氏が「the Name」と表現したところを、理解がしやすいように、「ヤハウェ」と訳しました。

ということで、「神（エロヒム）」と「主（ヤハウェ）」の違いは、単に成立年代の違うエロヒム資料とヤハウェ資料の違いだけでは説明がつくような問題でないことが、旧約聖書学には素人の私にも理解できました。

コラム 13-9

イスラエル民族の成り立ち

ヤコブは本来ラケルだけと結婚したかったのでした（二九・一八）。しかしラケルの父ラバンにだまされてレアとも結婚させられました。このラケルとレアの妻としての争いの中から、それぞれの仕え女であったビルハとジルパもヤコブの子どもを産みました。こうしてヤコブには一二人の男の子が与えられました。これを母によって分類して示すと次の表13－1のようになります。

ヤコブは後に神から名前をイスラエルと変えさせられます（三二・二九）。ですからヤコブはイスラエル民族の祖となり、表13－1にあげられた一二人の息子たちは、それぞれがその名を冠したイスラエルの一二部族の祖となりました。以上が創世記が述べるイスラエルの一二部族の成り立ちです。

しかし、ユダヤ教のヘブル語聖書学者のサルナ教授（N. Sarna）は、この成り立ちについて、この一二人の息子たちは個人を示すというよりは、それぞれが率いた部族と理解すべきだとします[43]。サルナ教授の説明を要約すれば次のようになります（原文英語、日本語抄訳著者）。

「イスラエルの一二の部族の人々が一人の人ヤコブから生まれたというのは、単純で分かりやすいが、それゆえに多くの疑問がある。たとえば、一二人の息子の一人レビから四代後に出たモー

表13-1　ヤコブの12人の息子たち

母	息子たちの名	計	創世記中関連箇所
レア	ルベン、シメオン、 レビ、ユダ、 イッサカル、ゼブルン	６人	29:31-35 30:16-20 -
ラケル	ヨセフ、 ベニヤミン	２人	30:23-24 35:16-18
ビルハ （ラケルの仕え女）	ダン、ナフタリ	２人	30:５-８
ジルパ （レアの仕え女）	ガド、アシェル	２人	30:９-13
	合計	12人	

セとアロン[44]に率いられて出エジプトしたレビ族の男子の数は民数記に、二万二千人とある[45]。民数記に記された人数に検討すべき余地があるとはいえ、たった四代でこのように増えるわけがない。同じことは、他の息子たちの子孫についても言える。ということは、それぞれの息子が個人ではなくて、一族の長と理解した方がよいことを示している。

創世記本文でも、アブラハムは、「彼の家で生まれた訓練された三百十八人の従者を動員し」（一四・一四）とあるが、三百十八人もの戦うことができる若者が彼の家にいたということは、やはりアブラハムも個人の家庭の長というよりは一族の長であったということである。

このように、個人の名前と一族の名前がが明確に分けられていないのが創世記の特徴であり、同時代の中東の文書では他に見られないものである。

創世記に記されたヤコブの一二人の息子たち

の部族は、一つの部族（ベニヤミン族）を除いてすべてメソポタミアの部族であり、その成立過程は次のようであったと考えられる。すなわち、初めにレアの六人の息子とされている部族がレア種族を形成し、レアの仕え女たちの息子とされる二部族がレア種族に合流した。一方、ヨセフ族とラケルの仕え女の息子たちの部族はラケル種族を形成した。レア種族とラケル種族の連携には双方の間にでいろいろなもめ事があったのではないか。そのことがヤコブの妻のレアとラケルの嫉妬に基づく応酬に反映されている。彼らがメソポタミアからカナンに移るときに、レア種族とラケル種族の連携が成り、カナンに移住後にカナンにいたベニヤミン族がヨセフ族と連携してラケル種族に組み入れられた。」

ナホル教授の説明は以上のように、個人の名前を部族の名前と解釈するものです。これはすでに上巻の「I・3・I　イスラエル民族成立の歴史的な背景」で詳述した内容と一致します。つまり、イスラエルの一二部族の連帯感を高揚するために、一二部族は一人の共通の祖先であるヤコブから生まれたとする物語を創世記は紡ぎだしたというのです。

これはまさに山我哲雄氏がいうように、『イスラエル』という民族集団は、パレスチナの中で、起源を異にするさまざまな集団が、何段階かにわたる複雑で漸進的な過程を通じて相互に結合し、民族的自己同一性（アイデンティティ）を獲得することによってはじめて形成された[46]」ということになります。したがって、「旧約聖書の伝承に残された結果から見ると、その経過を担った人々はまさに天才的であったと言わねばならない[47]」という山我哲雄氏の感想に同感します。

13・4　ヤコブとラバンの駆け引き（三〇章二五―四三節）

続く三〇章二五―三六節は次のとおりです。

「二五ラケルがヨセフを産んだとき、ヤコブはラバンに言った。『私を去らせてください。私の故郷、私の生まれた地へ帰りたいのです。二六妻や子どもを私に与えて行かせてください。あなたに仕えて仕事をしてきたのは彼らのためです。あなたに仕えてやってきた私の仕事ぶりはあなたがよくご存じです。』二七ラバンは言った。『私はまじないをして、主が私を祝福されたのはお前のお陰なのだということが分かった。それで、もしお前さえよければ、とどまってほしいのだ。』二八そして言った。『支払ってほしい報酬をはっきりと言いなさい。私は支払うつもりだ。』二九ヤコブは答えた。『私があなたに仕えてきたこと、また、あなたの家畜が私のもとで育ったことを、あなたはよくご存じです。三〇私が来る前には、あなたのものは僅かでしたが、増えて多くなりました。私が来てから、主はあなたを祝福されたのです。しかし今のままでは、いつになったら私は自分の家族のために仕事をすることができるのでしょうか。』」（三〇・二五―三〇）

ここはヤハウェ資料です。[48] 二五節の「ラケルがヨセフを産んだとき」がいつであるかは創世記の本文には、

(43) Nahum Sarna. Understanding Genesis, pp.196–199.
(44) レビからモーセに至る系図は、レビ―ケハト―アムラム―モーセおよびアロン（出エ六・一六―二〇）。レビには息子が四人、ケハトには四人、アムラムには二人ですから、各世代で息子が一二人としても計一七二八人にしかなりません。
(45) 民数記三・三九。
(46) 山我哲雄『一神教の起源』第二章「イスラエルという民」六〇頁。
(47) 同右八一―八二頁。
(48) 関根正雄訳『創世記』註釈、一九〇頁。

はっきりとは書いてありません。しかしヤコブがラバンに、「私を去らせてください」（三〇・二五）と言っていることから、ラケルと結婚して七年あるいはそれを過ぎたころと考えられます。というのは、前にラバンがヤコブに言った、「さらにもう七年間私のところで働くと言うことで、あの娘もあなたに嫁がせよう」（二九・二七）とあるからです。つまりラケルと結婚後、もう七年間はあなたのもとで働いたから、約束を果たした、だからもう私を去らせてください、とヤコブは言っているです。つまり、それまでのヤコブの労働は、ラケルと結婚するための結納金という位置付けで、ヤコブは働いた報酬を何ももらっていないのです。

二六節で、ヤコブがラバンに、「妻や子どもを私に与えて行かせてください。あなたに仕えて仕事をしてきたのは彼らのためです」と言っています。ここで「妻」は原文のヘブライ語で複数形となっており、正確に訳すと「私の妻たち」です。ですからレアとラケル、さらに彼女たちの仕え女であるジルパおよびビルハを指します。「子ども」ももちろん複数形です。この時点では、ヤコブはラバンに妻たちや子どもたちを私に与えて行かせてくれ、と頼んでいますが、彼の財産は何もありません。

このヤコブの申し出に対するラバンの答えは、原文のヘブライ語を文字通り訳すと、「もしお前がよろしいと思ってくれるなら……。私はまじないをして」となります。つまりまず条件文が出てきますが、それに対する主文がありません。これを月本昭男氏は、「条件文に続く主文が欠如。ラバンの狼狽ぶりを表す」と説明します。[49]この説明は納得できるもので、ラバンが狼狽の中から、なんとかヤコブを去らせまいとして、とりあえずヤコブの労苦をねぎらい喜ばすような言葉を言ったことになります。まじないなどと言わなくても、事実ラバンの財産である羊や山羊が増えたのですから、もっと素直にヤコブの業績を認めることもできたのにと思います。

続けてラバンは言いました。「それで、もしお前さえよければ、とどまってほしいのだ。支払ってほしい報酬をはっきりと言いなさい。私は支払うつもりだ。」これはラバンの正直な気持ちを言い表したものだと考えて良いと思います。つまり、ヤコブがラケルと結婚するための条件の合計一四年間はもう働いたのだから、去らせてください、というのは当然なので、さらにヤコブにとどまってもらうには、ちゃんとした報酬が必要だからです。同時にヤコブが何も財産なしで、妻たちと子どもたちだけを連れて去ることが出来るわけはないと、ヤコブの足元を見ていることも確かです。

ヤコブも正直に、「しかし今のままでは、いつになったら私は自分の家族のために仕事をすることができるのでしょうか」と言って、今まではラバンの財産を増やすことだけを仕事にしてきましたが、自分の家族のために財産を増やしたい、すなわち報酬が欲しいということをはっきりと言いました。

続く、三一―三六節は次のとおりです。

「三一ラバンが『それでは何が欲しいのか』と尋ねると、ヤコブは答えた。『何もくださるには及びません。
ただこのようにしてくださるなら、もう一度あなたの群れを飼い、世話をいたしましょう。三二今日、私は
あなたの群れをすべて見回り、そこから、ぶちとまだらの羊をすべて、若い雄羊の中では黒みがかった小羊
をすべて、山羊の中ではまだらとぶちのを別にしておきます。それを私の報酬としてください。三三明日、
あなたが私の報酬のことでやって来られるとき、私の正しいことはあなたの前で明らかとなるでしょう。も
し山羊の中にぶちでもまだらでもないもの、若い雄羊の中に黒みがかっていないものがあれば、それは私に
盗まれたものと見なして結構です。』三四ラバンは言った。『よろしい。お前の言うとおりにしよう。』三五とこ
ろが、その日に、ラバンは、縞とまだらの雄羊、ぶちとまだらの雌山羊の中から白いところが混じっている
ものをすべて、また若い雄羊の中からは黒みがかったものをすべて別にして、息子たちの手に渡した。三六

---

(49) 月本昭男訳『創世記』九六頁、注二。

そしてヤコブが残ったラバンの群れを飼っている間に、彼は自分とヤコブとの間に歩いて三日ほどの距離を置いた。」（三〇・三一―三六）

そこでラバンが「それでは何が欲しいのか」と尋ねるとヤコブは、自分の報酬として、ラバンの羊と山羊の群れの中から、「ぶちとまだら[50]の羊をすべて、若い雄羊の中では黒みがかった小羊をすべて、山羊の中ではまだらとぶちの」ものを欲しいと言いました。羊の場合は大半が白く、また山羊の場合は大半が黒か濃い茶色なので[51]、ヤコブが求めた報酬は、羊や山羊の中では数が少ないものでした。したがって、それは、ラバンにとっても容易に受け入れることができる条件でした。ヤコブはラバンが受け入れやすい報酬を要求したとも言えます。しかし、後から見るように、ヤコブは自分の報酬となる羊や山羊を工夫して増やす方法を神から教えられて増やしました。

しかし、ラバンも負けていません。その日のうちに、彼の群れの中からヤコブの報酬となるべき羊や山羊を選んで、息子たちの手に渡し、さらにそれらをヤコブのいる場所から三日路の距離をおいて、ヤコブの飼う群れと交わらないようにしました。ですから、翌日、ヤコブが自分の報酬となるべき羊と山羊を選ぼうと思っても全くいなかったことになります。このとき、前日までいたヤコブの報酬となるべきぶちやまだらや縞の羊・山羊がいなくなっていることを見て、ヤコブはだまされたと思ったでしょう。実際、ヤコブはだまされたのでした。しかし、ヤコブも負けていません。

続く、三七―四三節は次のとおりです。

「三七ヤコブは、白ポプラの若枝、アーモンド、プラタナスを取って来て、それらの皮を剥いで白くむき出しにし、若枝を白くあらわした。三八そして群れが水を飲みにやって来るとき、皮を剥いだ枝が群れの差し向かいになるように、水飲み場の水槽の中に置いた。それで、群れは水を飲みにやって来ると発情した。三九群れはそれらの枝に向かって発情し、縞やぶちやまだらのあるものを産んだ。四〇またヤコブは若い雄羊を分けて、その群れをラバンの群れの縞のものと、全体が黒みがかったものに向かわせた。自分の群れにだけはそうしたが、ラバンの群れにはそうしなかった。四一たくましい羊が発情する度に、ヤコブは群れの目の前の水槽に枝を置いた。これらの枝で発情させるためであった。四二しかし、弱々しい羊のときには置かなかった。そこで、弱々しいのはラバンのものとなり、たくましいのはヤコブのものとなった。四三このようにして、ヤコブは大変豊かになり、多くの羊の群れ、男女の奴隷、らくだとろばを持つようになった。」（三〇・三七―四三）

翌日になると、ヤコブが飼うべきラバンの羊は、ヤコブのものとはならない白いもの、山羊は黒か濃い茶色のものだけになりました。このラバンの羊からヤコブは自分の所有となる縞やぶちやまだらの羊を増やさなければなりません。そのためにヤコブが取った方法がここに描かれるのですが、現在の科学からは説明がつかない方法です。[52]この方法は、後のヤコブの言葉である、「神はお父さんの家畜を取り上げて、私にくださったのだ」（三一・九）とあるように、神がヤコブに教えた方法でした。そういう意味で、神がヤコブのために奇蹟を起こしてくださったと考えた方がよさそうです。

なお、「白くむき出しにして」はヘブライ語では、「ラバン」は白という意味なので、「ラバンを裸にして」という意味にも取れます。[53]

（50）「ぶちとまだら」と訳されたヘブライ語（ナコード・ウタルー）は、特殊な語で正確な意味は不明だそうです（月本昭男訳『創世記』九六頁、注六）。
（51）Wenham. Word Biblical Commentary Genesis 16–50, p. 255.
（52）同右 p. 256。
（53）月本昭男訳『創世記』九七頁、注一二。

群れはそれらの白いむき出しの枝を見て、発情し、交合しているときに見る模様に似たものを産む、という方法です。この方法も、現在の科学からは説明ができないものです。そうして得られた縞やぶちやまだらのある雄羊を、ラバンの群れの中の縞のものと全体が黒みがかった雌羊に向かわせています。こうして、ヤコブは自分の所有となる羊を増やしました。その場合、たくましい羊が発情するとそのような方法で群れを増やし、自分の群れがたくましい羊から成るようにしました。しかし弱々しい羊に対してはそのようにはしなかったので、弱々しい羊はラバンのものとなりました。

すぐ続けて、四三節に「このようにして、ヤコブは大変豊かになり、多くの羊の群れ、男女の奴隷、らくだとろばを持つようになった。」と、このヤコブとラバンの駆け引きは締めくくられます。

コラム 13-10

「このようにしてヤコブは大変豊かになり」（三〇章四三節）

四二節では、まだヤコブのもののとなる羊の増やし方を書いているのに、続く四三節では「このようにしてヤコブは大変豊かになり、多くの羊の群れ、男女の奴隷、らくだとろばを持つようになった」とあります。ここだけを読むとヤコブは一朝一夕の間に豊かになったようです。しかし、後のヤコブの言葉を読むと「六年はあなたの群れのために仕えました」（三一・四一）とあるので、実は六年間の長きにわたって、ヤコブはこのような増やし方を粛々と実行して豊かになっていったことが分かります。具体的には、ヤコブの言葉によれば、最初にラバンはヤコブに、「ぶちのものがあなたの報酬だ」と言い、次に「縞のものがあなたの報酬だ」と報酬を六年の間に変えたようです。

ここから分かることは、神の祝福と導きを信じて、ヤコブは目的を見失ず、忍耐強く目的の実現に向けて粛々と時間をかけて忍耐しながら努力を続ける人であった、ということです。

13・5　ヤコブのラバンからの逃走（三一章一―二一節）

六年をかけて自分の財産となる羊や山羊の群れ、さらに男女の奴隷やらくだとろばを持つようになったヤコブはいよいよ三一章に入り、妻子、財産を携えてラバンのもとから逃走します。

三一章一―二一節は、ヤハウェ資料とエロヒム資料が組み合わされて使われています。次のとおりです。

「一ヤコブは、ラバンの息子たちが次のようなことを言っているのを耳にした。『ヤコブは父のものをすべて奪い取ってしまった。彼があのように財をなしたのは、すべて父のものによってなのだ。』二また、ヤコブがラバンの態度を見ると、以前のようではなかった。三主はヤコブに言われた。『あなたは先祖の地、親族のもとに帰りなさい。私はあなたと共にいる。』四ヤコブは人をやって、ラケルとレアを家畜の群れがいる野原に呼び寄せて、五言った。『お父さんの態度を見ると、私に対して以前のようではない。しかし、私の父の神は私と共におられた。六私が力の限りを尽くしてお父さんに仕えてきたことは、あなたがたがよく知っている。七それなのにお父さんは私をだまして、報酬を十回も変えた。しかし、神は私に害を加えることをお許しにならなかった。八お父さんが、『あなたの報酬はぶちのものだ』と言えば、群れはみなぶちのものを産んだ。『あなたの報酬は縞のものだ』と言えば、群れはみな縞のものを産んだ。九神はお父さんの家畜を取り上げて、私にくださったのだ。一〇群れが発情する時期に、私が夢の中で目を上げて見ると、群れで交尾する雄山羊は縞とぶちとまだらのものであった。一一夢の中で神の使いが、『ヤコブ』と呼ばれたので、

私は『はい』と答えた。一二するとこう言われた。『さあ、目を上げて見なさい。群れで交尾する雄山羊はす
べて、縞とぶちとまだらのものだ。私はラバンがあなたにしたことをすべて知っている。一三あなたはベテ
ルで柱に油を注ぎ、私に誓いを立てた。私はベテルの神である。今すぐこの地を出て、生まれ故郷に帰りな
さい。』一四ラケルとレアは言った。『父の家には、私たちの取り分や相続分がまだあるのでしょうか。一五私
たちは父に他人のように見なされているのではありませんか。父は私たちを売り渡しながら、私たちのその
お金を使い果たしてしまったのです。一六神が父から取り上げられた富は、すべて私たちのもの、また私た
ちの子どもたちのものです。ですから、さあ今すぐ、神があなたにおっしゃったことは何でもなさってくだ
さい。』一七ヤコブは直ちに、子どもたちと妻たちをらくだに乗せ、一八自分が手に入れたすべての家畜とすべ
ての財産、すなわちパダン・アラムで蓄えた家畜を駆り立てて、カナンの地にいる父イサクのもとへ向かっ
た。一九その時、ラバンは羊の毛を刈りに出ていたので、ラケルは父のものであるテラフィムを盗んだ。二〇
ヤコブはアラム人ラバンを欺いて、自分が逃げることを知らせなかった。二一こうして彼は、自分のものを
すべて持って逃げ、川を渡って、ギルアドの山地へと向かった。」（三一・一―二一）

一節はヤハウェ資料です。ヤコブが逃げることを決心したのは、ラバンの息子たちが言っていることを耳にしたからである、としています。一方、二節はエロヒム資料で、ヤコブが逃げることにしたのは、義父ラバンの態度が以前のようでなかったから、としています。その後、ヤハウェ資料では、主がヤコブに、「先祖の地、親族のもとに帰りなさい。私はあなたと共にいる」と言われます。そこですぐにヤコブは行動を起こして、ラバンが羊飼いとして一番忙しい仕事、すなわち羊の毛を刈っている留守の間に、子どもたちと妻たちをらくだに乗せて、自分が手に入れたすべての家畜と財産とともに逃げ出します。このように話はテンポよく進みます（一七―一九節前半）。

一方、四―一六節はエロヒム資料です。ヤコブがラケルとレアの妻たちに、彼女たちの父ラバンから一緒に逃げるようにと一生懸命説得する話です。「妻のラケルとレア」とあるようにラケルが先に出てくるのはヤコブとしては当然ですが、レアもちゃんと妻として扱っており、一緒に連れて逃げようとしていることが分かります。野原に呼んだのは、他の人にこの話が漏れないようにするためであり、またそのまま一緒に逃げる積りだったからです。

ヤコブは自分がいかに力の限りを尽くしてラバンに仕えてきたかを心をこめて説明しました。その中で、ラバンが「私をだまして、報酬を十回も変えた」と言うところがあります。この「十回」というのは、誇張表現です。(54) 創世記に記録されているラバンがヤコブの報酬を変えた記事は、結婚式のときにラケルでなくレアを与えたこと（二九・二五）、ヤコブが自分の報酬はぶちやまだらや縞の羊・山羊といった日のうちに、ラバンがそれらの羊や山羊を群れから全部取り除けて、息子たちに渡して三日路の距離を置いて、群れには白い羊と黒い山羊しかいないようにしたこと（三〇・三五）、そして報酬をぶちの羊としたり、縞の羊だとしたことなど（三一・八）など、三回です。しかし創世記にはすべてのことが書いてあるわけではありませんから、実際には一〇回くらいあったのかも知れません。

ヤコブは、「神はお父さんの家畜を取り上げて、私にくださったのだ」（三一・九）と妻のラケルとレアに説明しています。ここで「取り上げて」と訳されたヘブライ語「ナーツァル」の本来の意味は、「救い出して」です。ヤコブがいろいろ工夫したこと（三〇・三七―四二）には言及していません。ヤコブとしてはいろいろな工夫はすべて神が彼に教えたものであって、神がラバンの家畜を「救い出して」、ヤコブにくださったと言っています。

（54）Wenham. Word Biblical Commentary Genesis 16–50, p. 271.

ヤコブが自分の工夫に言及することなく、彼の工夫もすべて神が彼に教えてくださったものだとして、すべてを神の栄光に帰していることが分かります。

最後に、ヤコブは神が、「私はラバンがあなたにしたことをすべて知っている。あなたはベテルで柱に油注ぎ、私に誓いを立てた。私はベテルの神である。今すぐこの地を出て、生まれ故郷に帰りなさい」と言った、と妻たちラケルとレアに告げました。ここで神がヤコブに語った言葉の中で、「知っている」というのは原語のヘブライ語では「見ていた」です。神がいつもご自分の愛する者を見ていてくださることを示しています。さらにヤコブがベテルで柱に油を注ぎ、立てた誓いを、神は知っているから、今すぐこの地を出て、生まれ故郷に帰りなさい、と言われました。そのヤコブが立てた誓いとは、二八章二〇―二二節にあります。

以上のヤコブの言葉は、妻たちラケルとレアにとって十分に説得力がありました。ラケルとレアの答えの中に、「父の家には、私たちの取り分や相続分がまだあるのでしょうか」（三一・一四）という言葉があります。「取り分や相続分」というのは、二つの言葉で一つのことを指す語で、相続分として与えられる土地のことです。古代オリエントでは、ヌジ文書によれば、息子がいる場合、娘には父の遺産を相続する権利はありませんでした。さらに彼女たちの夫ヤコブは、実の息子ではないので、義父ラバンからの相続分はありませんでした。[55]

次にラケルとレアが言った、「父は私たちを売り渡しながら、私たちのそのお金を使い果たしてしまったのです」に出てくる「私たちのそのお金」とは、新郎ヤコブがラケルとレアと結婚するために、ラバンのもとで合計一四年間働いた結果としてラバンが得たお金を指します。新婦の父親は、新郎からもらった結納金の一部なりとも新婦に与えることが期待されていました。[56] ラケルとレアは、その一部でも財産に換算されて自分たちに与えられて当然と考えていたようです。[57] しかし、父ラバンが彼女たちにその贈り物をする気がないことを彼女たちは知っていた、ということになります。いずれにせよ、彼女たちが、「父は私たちを売り渡しながら」と言っていることは、ラケルとレアは、父ラバンが自分の得のために、娘たちをヤコブに嫁がせた、と考えていたことを示します。父に対する娘たちの愛情や親愛の情は感じられません。

続けてラケルとレアは言いました。「神が父から取り上げられた富は、すべて私たちのもの、また私たちの子どもたちのものです。ですから、さあ今すぐ、神があなたにおっしゃったことは何でもなさってください」（三一・一六）。この場合も「取り上げられた」のヘブライ語の本来の意味は、「救い出された」で、神が父の富を私たちや私たちの子どもたちのために父から「救い出された」という表現になります。こうしてラケルとレアは、ヤコブが今すぐに行動を起こすことに賛成し、自分たちもヤコブについてゆくと言明しました。

ただエロヒム資料は、一九節後半で、一言、「ラケルは父のものであるテラフィムを盗んだ」と付け加えました。テラフィムとは、「テラフ」の複数形で、三〇節では「神々」と言い換えられているものです。家族もしくは個人の守護神の像と思われます。しかし詳しいことは不明のようです[58]。後の三〇節では、ラバンは単に「私の神々（ヘブライ語で「エロハーイ」）」と言っています。このテラフィムに関する記述はすべてエロヒム資料です。

二〇―二一節は、再びヤハウェ資料です。二〇節に、「ラバンを欺いて」とありますが、原語のヘブライ語では、「ラバンの心を盗んで」です[59]。すなわち、「ラバンが気付かないうちに」という意味なので、「欺いて」というほど、強い言葉ではありません。続く二一節に、「川を渡って」とある川は、ユーフラテス川のことです。「ギ

（55）Nahum Sarna. Understanding Genesis, p. 200.
（56）Wenham. Word Biblical Commentary Genesis 16–50, p. 273.
（57）同右。
（58）月本昭男訳『創世記』一〇〇頁、注一。
（59）同右注二。

ルアドの山地に向かった」とありますが、ギルアドの山地はユーフラテス川から南へほぼ四八〇キロメートルですから、かなり遠方にあたるカナンの地にあります（図12－1参照）。

コラム 13-11

ラケルはなぜ父ラバンのテラフィムを盗んだのか

ウェンハム氏はその註解書で昔からあるいろいろな解釈を紹介しています。[60] たとえば、ヌジ文書によれば、テラフィムを所有することは、財産の相続の権利を持つことであるから、ラケルは父ラバンからの相続の権利を確保しておきたかったのだろうという、ある学者の説を紹介した後、ラケルが女性なので、この解釈はあたらないと述べています。ヌジ文書でも、[61] 旧約聖書でも、[62] 父に息子がいる場合は、娘には財産の相続の権利はないとされているのだそうです。

ウェンハム氏は、さらに旅に出るときに、お守りとして家の守護神としてのテラフィムを持ち歩いたというこの地方の習慣を紹介した後、もっともありうるのは、ラケルが旅に出立するにあたり、自分のお守りとして盗んだのであろう、と述べています。[63] 一般には、旅に出る娘や息子のために、父がテラフィム（守護神）の複製を作って持たせるそうですが、ラケルの場合には、父ラバンの同意を得て旅に出るわけではなかったので、ラケルが自分で持ってきてしまったものであろう、とします。

つまり、ラケルは夫ヤコブについていくとは言いましたが、生まれ故郷のパダン・アラムの父の家を出て、自分にとっては見ず知らずの、夫ヤコブの故郷であるカナンに行くにあたって一抹の不安があったであろうことは想像に難くありません。その不安を静めるために、ラケルはいわばお守りとして父のテラフィムを持ち出したのであろう、という解釈が、私にとって一番納得のいくものでした。しかしこのことは、後にラケルの命にかかわる問題に発展します。そのことを、この時点ではラケルは知りませんでした（三一・三二）。

なおこのテラフィムを異教的なものとして、ヤコブは後にシケムで、他の者がもっていた神々の像とともに捨てさせました（三五・二―四）。

13・6　ラバンの追跡（三一章二二―四二節）

この部分も引き続きヤハウェ資料とエロヒム資料が入り混じって使われており、次のとおりです。

「二二ヤコブが逃げたことがラバンに知らされたのは、三日目のことであった。二三ラバンは一族の者を引き連れて、七日の道のりを後から追いかけ、ギルアドの山地で追いついた。二四すると神はその夜、夢の中でアラム人ラバンに現れて言われた。『ヤコブとは、事の良し悪しを論じないように注意しなさい。』二五ラバンがヤコブに追いついたとき、ヤコブはギルアドの山地に天幕を張っていた。そこで、ラバンも親類の者と一緒にギルアドの山地に天幕を張った。二六ラバンはヤコブに言った。『何ということをしたのか。私を欺き、

（60）Wenham. Word Biblical Commentary Genesis 16–50, p. 274.
（61）Nahum Sarna. Understanding Genesis, p. 201.
（62）民数記三六章。ここでは父に息子がいない場合は娘が父の土地を相続する権利はあるとしますが、その娘は同じ部族の男性と結婚しなければならないと規定されています。部族間で相続の土地が変わらないようにするためです。
（63）Wenham. Word Biblical Commentary Genesis 16–50, p. 274.

娘たちを剣で捕らえた捕虜のように引き連れて行くとは。二七なぜ、隠れて逃げ、私を欺いて知らせなかっ
たのか。私はタンバリンと琴をもって、喜び歌って送り出してやったのに。孫や娘たちに別れの口づけもさ
せず、全く愚かなことをしてくれたものだ。二九私はお前たちをひどい目に遭わせることもできるが、夕べ、
お前たちの父の神が、『ヤコブとは事の良し悪しを論じないように注意しなさい』と言われたのだ。三〇確か
に、父の家が大変恋しくなって帰りたくなったのだろう。しかし、どうして私の神々を盗んだのか。』三一ヤ
コブはラバンに答えた。『私は、あなたが自分の娘たちを私から奪い取るのではないかと思って恐れたので
す。三二もしあなたの神々が誰かのところで見つかるならば、その者を生かしておきません。私たちの一族
の前で、あなた自身が私の持ち物を調べてください。何か見つかれば持って行ってください。』ヤコブはラ
ケルがそれらを盗んだことを知らなかったのである。三三そこで、ラバンはヤコブの天幕、次にレアの天幕、
それから二人の召し使いの天幕に入ったが、何も見つけることができなかった。彼はレアの天幕を出て、ラ
ケルの天幕に入った。三四ラケルはテラフィムを取って、らくだの鞍にしまい込み、その上に座っていた。
それでラバンが天幕の中をくまなく探ってみても、見つけることはできなかった。三五彼女は父に言った。
『お父さん、怒りの眼を向けないでください。私には月のものがあり、あなたの前に立つことができないの
です。』ラバンはなおも捜したが、テラフィムを見つけることはできなかった。三六ヤコブは怒ってラバンを
責め立てた。そしてヤコブはラバンに言い返した。『私にどんな背きの罪、どんな罪があって、そんなに私
を追い回すのですか。三七あなたが私の物をくまなく探りましたが、あなたの家の物が何か見つかりましたか。
もしあれば、それを私の一族とあなたの一族の前に出してください。私たち二人の間を彼らに裁いてもらい
ましょう。三八この二十年の間、私はあなたと一緒でしたが、あなたの雌羊と雌山羊が子を産み損ねたこと
はありませんでした。また私は、あなたの群れの雄羊を食べたことはありません。三九野獣にかみ裂かれた

ものは、私にその弁償を求められたので、あなたのところへはそれを持って行かずに自分で償いました。昼盗まれたものも、夜盗まれたものもそうです。四〇私は昼は暑さに、夜は寒さにさいなまれ、眠ることさえできませんでした。四一この二十年、私はあなたの家で過ごしました。十四年はあなたの二人の娘のため、六年はあなたの群れのために仕えました。それなのに、あなたは報酬を十回も変えたのです。四二もし、私の父の神、アブラハムの神、イサクの畏れる方が私に付いておられなかったら、きっとあなたは何も持たせずに私を追い出したことでしょう。神は私の労苦と悩みを目にして、昨夜、あなたに注意されたのです。』」

（二二・二三―四二）

二二―二三節はヤハウェ資料です。ヤコブが逃げたあと三日目に、ラバンはそのことを知り、一族の者を引き連れて、七日の道のりを追いかけてギルアド山地でヤコブの一行に追いつきました。ギルアド山地はユーフラテス川から南に約四八〇キロメートルのところにありましたから、これを七日で来るには、一日当たり約七〇キロメートルというかなりの強行軍です。らくだに乗ってきたと推測されます（図12－1参照）。

次の二四節は、「神はその夜、夢の中でアラム人ラバンに現れて言われた」という表現から、エロヒム資料であることが分かります。というのは、「神（エロヒム）」という言葉のほかに、「その夜、夢の中でアラム人ラバンに現れた」という表現が、エロヒム資料である二〇章二節の神が異邦人アビメレクに夢の中で現れて語る、という表現と似ているからです。ヤハウェ資料では、主は直接イスラエル人に語りますが、エロヒム資料では神は夢の中や幻の中で、異邦人を含む人間に語るという特徴を持ちます。このことは初めてエロヒム資料が出てくる一五章の説明の中で述べました（上巻7・1節）。

神はその夜、夢の中で異邦人であるアラム人ラバンに現れて、「ヤコブとは、事の良し悪しを論じないように注意しなさい」と言われました。ここで、「事の良し悪しを」と訳されたヘブライ語の原語の意味は、「善から悪まで」であり、神がラバンに注意したのは、ヤコブを非難してことを荒立てないように、という意味であろうとされます。[64]

二六節前半のラバンの言葉である「何ということをしたのか」は、ヤハウェ資料です。同じヤハウェ資料の、ヤコブがラケルと結婚したと思った翌朝、妻がレアであることを知ったとき、怒ってラバンに対して詰問した『あなたは何ということをしたのですか』（二九・二五）と同じ表現です。そのラバンが今度はヤコブに対して「私を欺き」と詰問しています。ヤコブの人生の物語には、このようにだました者がだまされるという話が多く出てきます。

一方、二六節後半の「私を欺き、娘たちを剣で捕らえた捕虜のように引き連れて行くとは」というラバンの言葉はエロヒム資料からです。ラバンはこのように言いますが、実際には同じエロヒム資料の三一章一六節にあるように、ラケルとレアはヤコブの心をこめた説得に応じて、「さあ今すぐ、神があなたにおっしゃったことは何でもなさってください」と言って、ヤコブについて行くことを自らの意志で決めています。ヤコブが剣で捕らえてラケルとレアを連れて行ったわけではありませんでした。

その後、ラバンがヤコブに言った「しかし、どうして私の神々を盗んだのか」（三一・三〇）もエロヒム資料です。これは、「ラケルは父のものであるテラフィムを盗んだ」（三一・一九、エロヒム資料）ことに関するラバンのヤコブに対する叱責の言葉です。テラフィムは一般に家の守護神と考えられていますが、ラバンが「私の神々」と言っていることから、彼が家長であり、テラフィムは彼が家長であることを示し、家の財産が彼に属することを証明するものでもありました。[65] ですからテラフィムは彼にとって大切なものでした。

なお、ラバンは前に「これは主（ヘブライ語ヤハウェ）から出たことですから、私どもにはその良し悪しを言うことはできません」（二四・五〇）とヤハウェを信じるものであることを言い表していました。そのことと彼がテラフィムを持っていて、「私の神々」と言っていることはどのように理解したら良いのでしょうか。次のコラム13－12で私の考えを述べます。

コラム 13-12

ラバンにとっての「主（ヤハウェ）」と「私の神々」の関係

ラバンは二四章五〇―五一節で、「これは主から出たことですから、私どもにその良し悪しを言うことはできません。ここにリベカがおりますので連れて行って下さい。主が言われたように、ご主人の息子の妻にしてください」と「主（ヤハウェ）」という言葉を使って、アブラハムの僕に妹リベカを託しました。それは、その前のアブラハムの僕による井戸のほとりでリベカと会ったときのの長い陳述の中で、僕が「主（ヤハウェ）」という言葉で、彼と彼の主人であるアブラハムが信じる神を語っていたからだと考えられます。

つまりラバンにとっては、主（ヤハウェ）は、アブラハムとその僕が信じる神の名であって、二四章の場合には、アブラハムの僕が真剣に主（ヤハウェ）の導きを信じて語っているので、それに動かされて、主（ヤハウェ）という神の名を使ったのだと思います。

あるいは、ラバンもアブラハムの父であるテラを曾祖父としているので、[66]主（ヤハウェ）が自分た

(64) 月本昭男訳『創世記』一〇〇頁、注六、注七。
(65) The New Interpreter's Bible Vol. 1, p.557.

ち一族の神の名であることを知っていた可能性もあります。しかし、この場合でも、主（ヤハウェ）はラバンが信じる神々の一つであったかもしれません。というのは、まだ主（ヤハウェ）だけを神とする、という出エジプト記で神がモーセに与えられた十戒のうちの第一戒「あなたには、私をおいてほかに神々があってはならない」（出エ二〇・三）は知られていなかったからと考えられます。

つまりラバンは、他の人々が信じる神は尊重する一方、自分に利益をもたらす神（あるいは神々）であれば、何でも信じるという態度の持ち主だったのではないでしょうか。これはラバンに限らず、多くの人に現代でも見られる信仰心の現れです。

創世記三一章に戻ります。ラバンの詰問に対して、ヤコブは次のように答えました。「私は、あなたが自分の娘たちを私から奪い取るのではないかと思って恐れたのです。」（三一・三一）これはヤコブがラバンの家における自分の身分について不安を持っていたことを表明する言葉だと思います。ラバンは、ヤコブにラケルだけでなく、レアも押し付けたのですから、義理の息子と思ってもよいのです。しかし実際は、ラバンのヤコブに対する態度は、義理の息子というより、使用人に近いものでした。

ヤコブはさらに続けて、「もしあなたの神々が誰かのところで見つかるならば、その者を生かしておきません。私たちの一族の前で、あなた自身が私の持ち物を調べてください」（三一・三二）と言いました。「ヤコブはラケルがそれらを盗んだことを知らなかったのである」との説明が続きます。ヤコブはラケルを殺さなければいけない羽目に陥ることを知らなかったのです。知らないこともときには、幸いなことがあるものです。

そこでラバンはヤコブの持ち物調べを行います（三一・三三）。この三三節の記述から、夫ヤコブ、妻レア、妻ラケルおよび二人の召し使い（ジルパとビルハ）がそれぞれ別の天幕をもっていたことが分かります。記述は、ラバンが最初にヤコブの天幕を調べ、次にレアの天幕、そして二人の召し使いの天幕を調べるという順に進みます。最後にラケルの天幕を調べるという順序にして、少しづつ緊張が高まり、クライマックスに達する形になっています。しかし、ラケルはらくだの鞍の中に盗んだテラフィムをしまって、その上に座っていました（三一・三四）。このことからこのテラフィムはらくだの鞍にしまい込むことができるほどの小さなものだったことが分かります。テラフィムは旧約聖書に一五回出てきて、ラケルがしたようにらくだの鞍の中にしまうことができる小さなものから、人と同じくらいの大きさのものまでありました（サム上一九・一三、一六）。

ラバンがラケルの天幕を調べているとき、らくだの鞍の上に座っていたラケルは言いました。「お父さん、怒りの眼を向けないでください。私には月のものがあり、あなたの前に立つことができないのです。」（三一・三五）こうしてラバンはヤコブの持ち物をいろいろ探しましたが、テラフィムを見つけることはできませんでした。

そこでヤコブは怒ってラバンを責めました（三一・三六）。このヤコブがラバンを責め立てる七節にわたる長い非難の言葉の中で、特に印象に残るのは、ヤコブがラバンの羊と山羊を預かっていた時に、いかに苦労をしたかという話です。たとえば野獣に咬み裂かれたり、盗人に盗まれたものについては、ラバンは弁償を求めたので、彼は自分で償った、と述べています（三一・三九）。ハムラビ法典には、「神が訪れたり、ライオンが来て、羊や山羊を殺したときは、神の前で羊飼いが自分に責任がないことを証明すれば、その損害について羊飼いには責任がない」（原語英語、日本語訳筆者）という規定があります。[67] 出エジプト記にも、「ある人が隣人に、ろばや牛、羊、その他の家畜の番を頼んで、それが死んだり、傷ついたり、奪われたりしても、見ていた者がいない場合、両者

（66）「図10－1　テラからヤコブに至る系図」を参照してください。
（67）Wenham. Word Biblical Commentary Genesis 16–50, p.277.

の間で、所有物に手をかけていないという、主への誓いがなされるなら、預け主はそれを受け入れなければならず、隣人は賠償しなくてもよい」（出エ二二・九―一〇）、「もし本当に野獣に裂き殺されたのなら、証拠を持って行きなさい。裂き殺されたものは賠償しなくてもよい」（二二・一二）という規定があります。したがって、ヤコブは本来はちゃんと証拠を示せば、ラバンに失われた羊や山羊について自分で償う必要はないわけですが、ラバンがその賠償を求めたので弁明せずに、それを自分は償ったと言いました。

ヤコブの「私は昼は暑さに、夜は寒さにさいなまれ、眠ることさえできませんでした」（三一・四〇）という言葉に、西アジアの荒れ野では昼と夜の寒暖の差が激しいこと、[68]そしてその地における当時の羊飼いたちの仕事が厳しかったことがうかがわれます。

最後にヤコブはラバンに、「もし、私の父の神、アブラハムの神、イサクの畏れる方が私に付いておられなかったら、きっとあなたは何も持たせずに私を追い出したことでしょう。神は私の労苦と悩みを目にして、昨夜、あなたに注意されたのです」（三一・四二）と神に栄光を帰して、ラバンに対する長い非難の言葉を締めくくりました。

ここで「イサクの畏れる方」（三一・四二）という言い方は、エロヒム資料です。[69]この節と同じエロヒム資料の三一章五三節後半だけに出てくる表現で、イサクが信じていた神を表します。エロヒム資料では、前にも述べましたが、アブラハム、イサク、ヤコブが信じた神の固有名詞が「ヤハウェ」であることは後の出エジプト記の時代にモーセに告げられて初めて分かることです。[70]したがって、ここではイサクが信じた神のいわば固有名詞として、「イサクの畏れる方」と言っています。エロヒム資料では同じように、アブラハムの信じた神を「盾」（一五・一）、ヤコブの神を「ヤコブの力ある方」（四九・二四）と呼んでいます。[71]

「イサクの畏れる方」という表現は、ヤコブの父イサクの神がラバンの夢の中に現れて、ラバンを畏れさせた、

という意味で使われているのではないか、と説明している註解書もありました。(72)

コラム 13-13

ラケルの言葉「私には月のものがあり」（三一・三五）について

このラケルの言葉は、自分の父親ラバンをだます話の中に出てきます。ラケルは父のテラフィムを盗んで、らくだの鞍に隠したあと、その上に座って、彼女の天幕に入ってきた父ラバンに対して、「私には月のものがあり、あなたの前に立つことができないのです」と言いました。月経中の女性に触れた者や彼女が腰かけたものが汚れるという規定がレビ記一五章一九—二四節にあります。ラケルがそのとき本当に月経中であったか否かは分かりませんが、彼女は見事にらくだの鞍から立たない理由を述べました。もしも本当に月経中であったなら父親の最も大切なテラフィムを月経中のラケルがその上に座って汚したわけで、偶像に対する皮肉がこめられていると、ユダヤ教の聖書学者サルナ教

(68) 月本昭男訳『創世記』一〇二頁、注三。
(69) 関根正雄訳『創世記』註釈、一九二頁。
(70) 本書上巻の3・4節を参照してください。エロヒム資料では出エジプト記三章一四節で神の固有名詞がヤハウェであることがモーセに告げられます。
(71) 月本昭男訳『創世記』一〇二頁、注五。
(72) Wenham. Word Biblical Commentary Genesis 16–50, p. 278.

授は述べます[73]。

ヤコブの物語には人をだましたり、だまされたりする話が多いことはすでに述べました。ここでもヤコブの最愛の妻ラケルが自分の父親をだます話が出てきます。

13・7 ヤコブとラバンの契約（三一章四三節―三二章一節）

ヤコブの長い非難の言葉に対して、ラバンは反論しませんでした。ヤコブの言ったことが事実どおりであり反論のしようがなかったのでしょう。ラバンは、二人の間で契約を結ぼうと言い出しました。
「四三ラバンはヤコブに答えた。『この娘たちは私の娘、この子どもたちは私の孫、この群れは私の群れ、い
やお前が目にするものはすべて私のものだ。しかし、この娘たちのために、あるいは娘たちが産んだ子ども
たちのために、今日私がしてやれることは何だろう。
四四そうだ、私とお前とで契約を結ぶことにしよう。
それは私とお前の間の証しとなるであろう。』
四五ヤコブは石を取り、それを柱として立てた。
四六ヤコブが一
族の者に、『石を集めてくれ』と言うと、彼らは石を取って来て石塚を作った。それから皆はその石塚のそ
ばで食事をした。
四七ラバンはそれをエガル・サハドタと呼び、ヤコブはガルエドと呼んだ。
四八ラバンは、
『この石塚は、今日、私とお前の間の証しとなった』と言った。それで、その名はガルエドと呼ばれた。
四九
またミツパとも呼ばれたが、それは彼がこう言ったからである。『私たちが互いに目の届かない所にいると
しても、主が私とお前の間を見張ってくださるように。
五〇お前が私の娘たちをひどい目に遭わせたり、私
の娘たちのほかに妻をめとったりするようなことがあれば、たとえ私たちに知らせる者が誰もいなくても、
神が私とお前の間の証人であるということを覚えておきなさい。』
五一ラバンはまたヤコブに言った。『この

石塚を見なさい。私がお前との間に立てたこの柱を見なさい。五二この石塚は証しであり、この柱もまた証しなのだ。害を加えようとして、私がこの石塚を越えてお前の方に行くことがなく、お前がこの石塚と柱を越えて、私の方に来ることがないためである。五三アブラハムの神とナホルの神、彼らの先祖の神が私たちの間を正しく裁いてくださるように。』ヤコブは父イサクの畏れる方にかけて誓った。五四ヤコブは山でいけにえを献げ、一族の者を食事に呼んだ。そこで一同は食事をして、山で夜を過ごした。」（三一・四三―五四）

ラバンがヤコブに、「この群れは私の群れ、いやお前が目にするものはすべて私のものだ」（三一・四三）と言っているところがまず気になります。どうやら、ラバンは家長として、すでに自分の二人の娘を嫁がせたのだから、ヤコブをいわば婿として自分の家の一員と見ていたのかも知れません。しかし、ヤコブは独立を希望して彼のもとから逃亡したのでした。

今やヤコブは富んで強くなり、かつラバンは、ヤコブの神（「イサクの畏れる方」）が彼を庇護していることを経験したので、ヤコブが彼に対抗する一人の独立した人物になったことを悟りました。そこで、自分の安全のために、ラバンはヤコブに契約を結ぼうと提案しました（三一・四四）。この契約の内容は、すぐ後に見るように、互いに相手を侵略しないこと、および互いの領土の境界を定めて、そこを越えないことでした。ヤコブも二〇年仕えたラバンから独立できるので、すぐに承知して、石を取り柱を立て、また一族の者に命じて、石を集めさせて石塚を作りました（三一・四五―四六）。

続く三一章四五節から五四節までは重複の多い複雑な文章になっており、その解釈について多くの学者の意見が分かれています。[74] 関根正雄氏は、この重複はヤハウェ資料とエロヒム資料を、編纂者が加筆して結合したから

（73）Nahum Sarna. Understanding Genesis, p. 201.

だとします[75]。たとえば、二つの契約があり（五〇節の家族に関する契約と五二節の活動範囲に関する契約）、二つの場所があり（四七―四八節のガルエド、四九節のミツパ）、二回の食事があり（四六節と五四節）、神の名が二つ出てくる（四九節「主（ヤハウェ）」と五三節「イサクの畏れる方」）、さらに神が二回呼ばれる[76]（四九―五〇節と五三節）というところに重複があるとします。

一方、ウェンハム氏は、いくつかの学者の説を紹介した上で、現在のテキストに沿って、そのまま理解しようとします[77]。

ここで私は、上巻で紹介した月本昭男氏の「しかし、現在、従来の資料仮説をそのまま踏襲すればそれですむ、という状況にないことは確かである[78]」という認識にしたがって、なるべく現在のテキストに沿って理解しようとするウェンハム氏の解釈を参考にすることにします。

たとえば二つの契約があることも、ラバンがヤコブに実際に次の二つのことを約束させようとしたと理解すれば重複ではありません。一つの契約は、「お前が私の娘たちをひどい目に遭わせたり、私の娘たちのほかに妻をめとったりするようなことがあれば、たとえ私たちに知らせる者が誰もいなくても、神が私とお前の間の証人であるということを覚えておきなさい」（三一・五〇）というものであり、自分の娘たちであるレアとラケルのことを心配する父親としては当然のことです。もっとも、ラバン自身がヤコブをだました結果、レアとラケルが大変な思いをしたことにラバンは気がついていないようです。二つ目の契約は、ラバンがヤコブに言った、「害を加えようとして、私がこの石塚を越えてお前の方に行くことがなく、お前がこの石塚と柱を越えて、私の方に来ることがないためである」（三一・五二）という相互不可侵の契約です。これは神がともにいて益々富んで強くなったヤコブからラバンが自分を守るための契約ですが、これも十分意味のある契約で、一つ目の契約と重複していると見る必要はありません。

さらに石の柱と石塚の二つを立てたことですが、ヤコブにとっても、この二〇年間のいわば従属的な立場を離れて独り立ちすることはとても重要でしたので、この二つの契約はとても大切でした。そこで二つの証拠となる石の柱と石塚をたてたということになります。[79] というのは、古代の契約や裁判では、二人以上の証人を立てることになっていたからです。[80] ですからこの石の柱と石塚の両方を立てたことを必ずしも重複と見る必要はないのです。

次に二つの場所の名前であるガルエド（三一・四八）とミツパ（三一・四九）について考えます。ラバンが言った「エガル・サハドタ」（三一・四七）とはアラム語で「証しの石塚」という意味であり、ヤコブが言った「ガルエド」はヘブライ語で同じ「証しの石塚」という意味です。ここからラバンがアラム人であり、ヤコブがヘブライ人であることが分かります。なおヤコブが言った「ガルエド」は、この場面の舞台であるギルアドの山地の「ギルアド」（三一・二二）という地名の民間語源的な説明になっています。

一方、「ミツパ」の意味はヘブライ語で、「見張りの塔」という意味です。ラバンが言った「主がお前と私の間を見張ってくださるように」の「見張って」に基づく、この場所の名前の民間語源的な説明となっています。な

(74) Wenham. Word Biblical Commentary Genesis 16–50, p. 279.
(75) 関根正雄訳『創世記』註釈、一九二頁。
(76) なお五三節に出てくる「神」は、すべて普通名詞の「エル」です。
(77) Wenham. Word Biblical Commentary Genesis 16–50, p. 279.
(78) 月本昭男訳『創世記』解説、一八七頁。
(79) Wenham. Word Biblical Commentary Genesis 16–50, p. 280.
(80) たとえば申命記一九章一五節に次のような規定があります。「人が犯したどのような罪も、二人または三人の証人の証言によって、確定されなければならない。」

お、「ミツパ（見張りの塔）」と名付けられた場所は、衛兵を置いた場所であり、旧約聖書時代には各地にこの名を冠した場所がありました[81]。このミツパはギルアド地方の北部にあった場所でした[82]。ということで、二つの場所の名前「ギルアド」と「ミツパ」は、前者が地方の名前であり、後者が衛兵を置いた見張りの場所ということで説明が可能です。

次に二回の食事ですが、最初の食事（三一・四六）は、ヤコブ一族とラバン一族が契約の締結のために共に取った食事です。一方、二回目の食事（三一・五四）は、ヤコブが一族の者（ヘブライ語で「エハウ（彼の兄弟たち、あるいは同胞たち）」）を招いた食事でした。後者は、ヤコブがラバンから正式に独立したことを祝って、一族の者たちとともにした食事と考えられます。このように二回の食事の記述にはそれぞれに意味があり、重複していると見る必要はないと考えます。

神が二回呼ばれることについては、確かにラバンが神（場合によっては主）を二回呼んでいます。ラバンが最初に主（ヤハウェ）を呼んだのは（三一・四九）、ラバンが、娘たちの幸せを見張るためでした。ラバンは続けて、「私の娘たちをひどい目に遭わせたり、私の娘たちのほかに妻をめとったりするようなことがあれば、たとえ私たちに知らせる者が誰もいなくても、神が私とお前の間の保証人であるということを覚えておきなさい」（三一・五〇）と言って、神（エロヒム）を保証人として呼びました。ラバンが再び、神を呼んだのは、ラバンとヤコブの間の相互不可侵契約の証人としての神ですから、重複はありません（三一・五三）。

この「ヤコブとラバンの契約」の物語を締めくくる三二章一節は次のとおりです[83]。

「ラバンは朝早く起きて、孫と娘たちに口づけし、彼らを祝福した。それからラバンは自分の住まいに帰って行った。」（三二・一）

ラバンはヤコブと契約を結び、それに伴う食事をした日の翌朝早く、ギルアドの山地からハランの自分の住まいに帰って行きました。孫と娘には口づけをしていますが、ヤコブは出てきません。これ以降、ラバンは創世記には一切出てきません。ヤコブはラバンから完全に独立したのでした。ヤコブは、もともと「しばらくの間」兄エサウの憤りが収まるまでラバンと一緒に過ごす予定でした（二七・四四）。それが結局ラバンのもとに二〇年いたのです。当初の目的のラバンの娘を妻にする（二八・二）は達しましたが、ラバンの婿として、ほとんど奴隷に近い状態で従属した二〇年でした。それがようやくアラム人ラバンから独立したヘブライ人ヤコブになったのです。

コラム 13-14

アラム人とヘブライ人

「アラム人ラバンから独立したヘブライ人ヤコブになったのです」と書きました。そこで、ここではアラム人とヘブライ人の違いについて述べます。もともとヤコブの祖父母のアブラハムとサラもアラム人でした。そしてヤコブの母リベカもアラム人ラバンの妹でした。さらにヤコブの妻たちレアもラケルもアラム人ラバンの娘たちですからアラム人でした。ですからヤコブから生まれた一二人の息

(81) 聖書事典、七八六頁、「ミヅパ」の項。
(82) Wenham. Word Biblical Commentary Genesis 16–50, p. 280.
(83) 三二章一節を、日本聖書協会が出している文語訳聖書および口語訳聖書、さらに英語訳聖書のＫＪＶ、ＲＳＶ、ＮＩＶはすべて三一章五五節としています。しかし、新共同訳聖書、聖書協会共同訳聖書は、ヘブライ語の原典 Biblia Hebraica Stuttgartensia と同じように、三二章一節としています。

子たちも人種的にはアラム人なのですが、イスラエル一二部族、すなわちヘブライ人、の祖となりました。

新約聖書では、主イエスがアラム語で語った言葉が出てきます。また新約聖書には「ヘブライ人への手紙」という手紙もあります。

このように旧約聖書と新約聖書を通じて、アラム人・アラム語とヘブライ人・ヘブライ語が出てきます。

結論から言うと、「ヘブライ人」は人種的には「アラム人」です。しかしアブラハムが主（ヤハウェ）から召命を受けて父の家を離れてカナン地方に向かったことから、宗教的には主（ヤハウェ）だけを神とする「ヘブライ人」の祖となりました。つまり、アラム人はラバンに代表されるように多神教の色彩の濃かった民、ヘブライ人は主（ヤハウェ）だけを神とする民となりました。アラム人とヘブライ人は人種的に同じですが、宗教的に異なる民となったと言えます。この分離は、アブラハムの時に始まりましたが、孫のヤコブの時代になって、創世記三二章二節以降にはラバンは全く出てこないという形で決定的になりました。私が、「アラム人ラバンから独立したヘブライ人ヤコブになったのです」と書いたのはそういう意味でした。

以下ではさらに詳しく聖書事典などの記述をもとにアラム人・アラム語とヘブライ人・ヘブライ語の違いを説明します[84]。

アラムとは、創世記一〇章の民族の分布のリストにセムの子として出てくる名前です（一〇・二二）。アラム人というのは、このアラムの子孫のことで、セム族の一種族ということになります。さらにアブラハムの兄弟ナホル（一一・二七）の孫の名前でもあります（二二・二一）。これらのことからアラム人とは、メソポタミアと北部シリヤに住んでいたセム族の主要な一種族です。一方、ヘブライ（あるいはヘブル、英語ではいずれもHebrew）とは、もともと「川向うから来た者」、あるいは「よそから来た者」という意味です。また創世記一〇章の民族の分布の表に出てくるエベル（一〇・二一）の子孫という意味もあります。たとえばアブラハムは、もとはカルデアのウルに住んでいましたが(85)、父テラの時代にハランに来ました（一一・三一）。ハランはのちにラバンが住むところで、私たちはラバンのことをアラム人と言っていますから、その意味でアブラハムもアラム人でありました。

その後、このアブラムが主（ヤハウェ）の召命を受けて、南のカナン地方にやって来ました（一二・一―四）。ですからカナンにいたアブラムは、カナン地方の人々から、ユーフラテス川の向こうから来た人という意味で、「ヘブライ人アブラム」（一四・一三）と呼ばれました。この場合のヘブライ人とは、カナン地方から見て、ユーフラテス川の向こうから来た人という意味です。

アブラハムの孫のヤコブは、この後、神から名前をイスラエルと変えるように言われます（三二・二九）。そしてこのヤコブの一族は後にカナン地方の飢饉のために、ヤコブの子ヨセフが宰相になっていたエジプトに移住します（四六・六）。さらに時が経って、「ヨセフのことを知らない新しい王（ファラオ）がエジプトに立ち」（出エ一・八）、イスラエルの民は、エジプトで奴隷となりました。彼らはナイル川の向こうから来た民ということで「ヘブライ人」と呼ばれました（出エ一・一五など）。こ

(84) 聖書事典のアラム、アラムびと、ヘブルの項を参照しました。
(85) カルデアのウルについては、上巻の6・1節で説明したように、二つの説があります。最近の説である、ハランに近い北部のウル（Urfa）ということであれば、アブラハムは完全にアラム人でした。

のエジプトにおける「ヘブライ人」の中には、イスラエルの民の他、エジプト以外の民で飢饉や戦争などの結果、エジプトによそから来て奴隷となった複数の民族の人々がいました。そういう意味で、エジプトでの「ヘブライ人」という意味は、エジプト人以外の下層階層の人々を示す言葉となりました。

この「ヘブライ人」たちが、イスラエル人モーセに率いられて奴隷状態にあったエジプトから脱出しました（出エ一二・三七）。この、「出エジプト」した人々の中には、イスラエルの民の他、「雑多な人々が多数、これに加わった」とあります（出エ一二・三八）。つまり、イスラエルの民の他、エジプトで奴隷であった多くの他民族の人々がいたわけです。モーセは、主（ヤハウェ）に導かれて荒れ野で四〇年間、この雑多な人々を、主（ヤハウェ）だけを神として、この神の戒めを守る民とするための教育と訓練をしたのだといえます。そうした人々がモーセの死後、カナンの地に入ります。その時に新しい意味でのイスラエルの民が誕生しました。すなわち、出エジプト時にイスラエルの民の他に、エジプトにおいて「ヘブライ人」であった他民族の人々も加わり、主（ヤハウェ）だけを神とするイスラエルの民となったのです。

新約聖書では、ギリシャ語を話すユダヤ人を「ヘレニスト」と言ったのに対して、ヘブライ語を話すユダヤ人を「ヘブライ人」と言いました[86]。ですから新約聖書の一書である「ヘブライ人への手紙」の名宛人は、当時のヘブライ語を話すユダヤ人のキリスト教徒だとされています。

次にアラム語とヘブライ語はどう違うのでしょうか。アラム語はアラム人により話されていた言葉です。アラム人が、メソポタミアと北部シリヤに住んでいたので、この地方で話されていた主要な言葉でした。アラム語は、前八世紀頃にアッシリア帝国がこの地方の人々を大量に捕囚してアッシリア帝国内の各地に移動させたことから、アッシリア帝国の中で、広く使われるようになりました。また バビロニアの商人がこの地方の商売でアラム語を使ったことから、中東における共通語となりました。[87] パレスチナ地方においてはイスラエルの民の移住当初はヘブライ語が使われていましたが、前六世紀頃には日常語としてアラム語が使われるようになりました。したがって聖書でもこの時期以降に書かれたダニエル書二・四―七・二八、エズラ記四・八―六・一八、七・一二―二六などはアラム語で書かれています。

後一世紀に生きた主イエスと彼の弟子たちもふだんはアラム語で話していました。[88] また彼らが読んでいた旧約聖書もアラム語に翻訳されたもので、「タルグム」と呼ばれました。ギリシャ語で書かれた新約聖書の中にも、彼らが話したアラム語の言葉が引用されています。代表的な例として次があげられます。

「エリ、エリ、レマ、サバクタニ」（わが神、わが神、なぜ私をお見捨てになったのですか）（マタイ二七・四六）

「アッバ」（父）（マルコ一四・三六、ロマ八・一五、ガラ四・六）

「マラナ・タ」（主よ、来たりませ）（一コリ一六・二二）

「エッファタ」（開け）（マルコ七・三四）

（86）岩波キリスト教辞典、一〇一四頁、使徒言行録六・一、コリント信徒への手紙一一・二二。
（87）Encyclopedia Britannica "Aramaic Language" https://www. britannica. com/topic/Aramaic-language、原文英語、日本語抄訳著者。
（88）同右。

一方、ヘブライ語はアラム語と同じくセム語系の言語です。出エジプトしたヘブライ人たちがカナンの地に侵入してきた前一二世紀頃からカナン地方で使われ始めました。書かれた言葉として記録に残っているのは前一〇世紀です[89]。旧約聖書は大半がヘブライ語で書かれています。その後、前六世紀頃からカナン地方では日常語としてアラム語が使われ始めたので、ヘブライ語は宗教関係や学校関係で使われる言語となりました。「ヘブライ語」は、紀元後二世紀には日常語としては使われなくなりました。その後、一九世紀に入って、ヘブライ語を日常語として使う運動がユダヤ人の間で始まりました。現在では、ヘブライ語は、イスラエルの公用語になっています。なお、現在のイスラエルでは、ヘブライ語の他、アラビア語も公用語となっています。

(89) Encyclopedia Britannica "Hebrew Language" https://www. britannica. com/topic/Hebrew-language 原文英語、日本語抄訳著者。

第一四章　ヤコブ物語（その3）（創世記三二章二節―三六章）

ヤコブが一族を連れて義父ラバンのもとからの逃走に成功して、父イサクがいるカナンの地へ戻る旅を続ける所から物語は始まります。

14・1 マハナイム（神の陣営）（三二章二―三節）

三二章二―三節は、次のとおりです。

「二ヤコブは旅を続けたが、その時、神の使いたちが現れた。三ヤコブは彼らを見たとき、『これは神の陣営だ』と言って、その場所をマハナイムと名付けた。」（三二・二―三）

ヤコブは叔父ラバンと完全に決別して、カナンの地への帰還の旅を始めました。その旅の初めにこの不思議な記述が入ります。二節に、「神の使いたちが現れた」とあります。しかし、神の使いたちは、ヤコブに何も語りません。

先にカナンの地を出たとき、ヤコブはベテルで、「神の使いたち」が天に達する階段を昇り降りするのを夢の中で見ました（二八・一二）。そして主はヤコブに、「私はあなたと共にいて、あなたがどこに行くにしてもあなたを守り、この土地に連れ戻す。私はあなたに約束したことを果たすまで、決してあなたを見捨てない」（二八・一五）と約束しました。ここで分かるのは、神の使いたちは、ヤコブが故郷カナンを出るときも、またカナンに入るときも（三二・二）、ヤコブを見守っていたということです。

三節に、「ヤコブは彼らを見たとき」とありますが、ここはエロヒム資料ですから、もしかするとこの時もヤコブは、神の使いたちを夢の中で見たのかも知れません。

「マハナイム」は、ヘブライ語で、「二つの陣営」という意味です。これをどのように解釈するかについては、

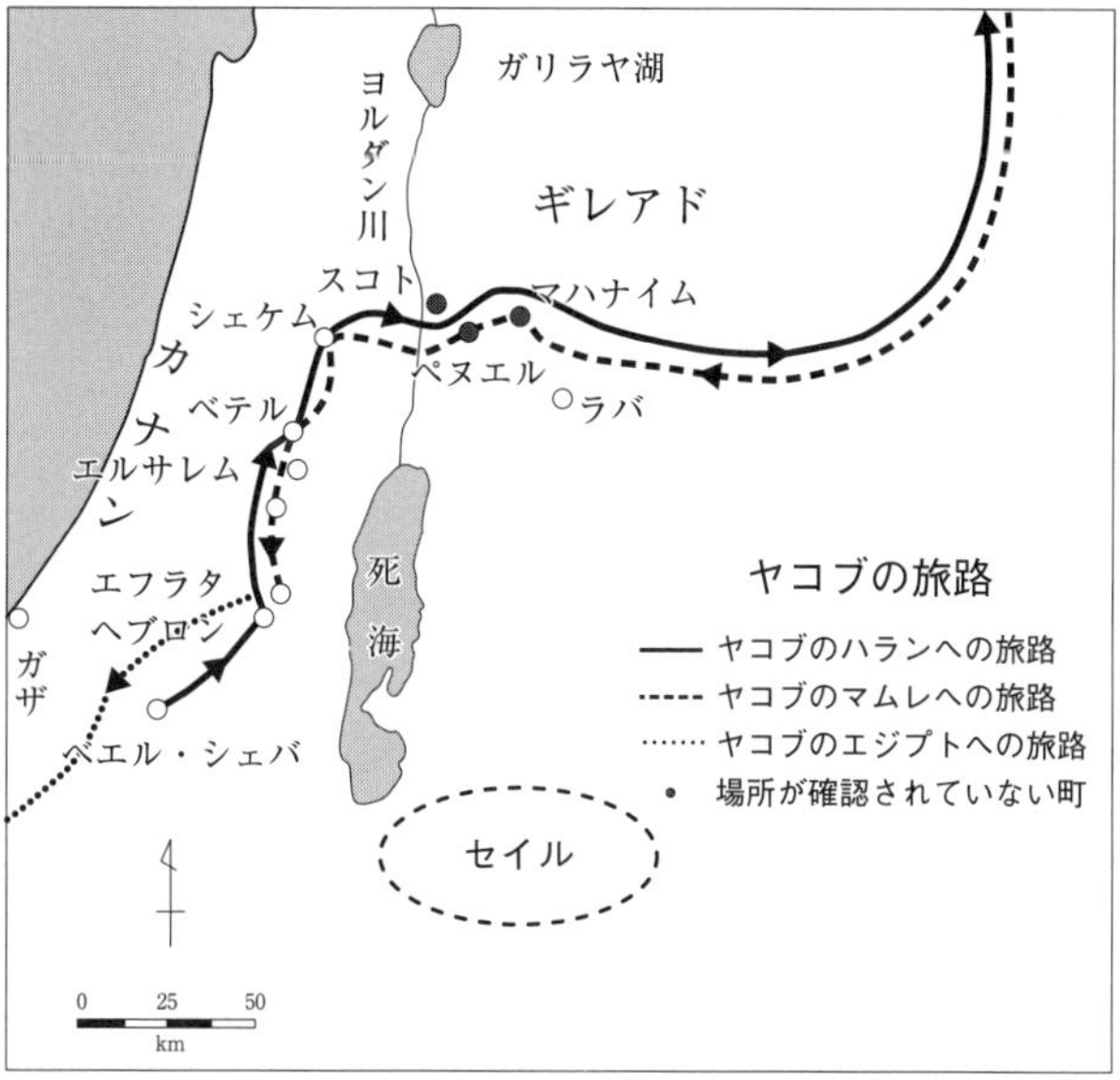

図14-1　ヤコブのカナンへの帰還ルート
［出典：『地図と絵画で読む聖書大百科』p.121をもとに著者作成］

私が読んだ註解書では、（１）その意味するところは不明であるとか[1]、（２）二つの陣営のうち一つは神の陣営であり、今一つはヤコブ自身が連れている一行の陣営である、（３）あるいはヤコブが後にエサウに会うにあたって自分の一行を二つに分けたことを意味するのではないか[2]、などの説がありました。

いずれにしても、主の使いが陣営を組んで、主を畏れる人を守るというイメージは、次の詩編の箇所にも表れています。

「主の使いは主を畏れる者の周りに陣をしき、彼らを助け出した。」（詩編三四・八）

なおマハナイムの地理的な位置は、ヤボク川のそばであることは話の筋から分かりますが、詳細な位置は不明だそうです[3]（図14－1参照）。

（１）Wenham. Word Biblical Commentary Genesis 16–50, p. 281.
（２）月本昭男訳『創世記』一〇四頁、注六および The New Interpreter's Bible Vol. 1, p.562.
（３）The New Interpreter's Bible Vol. 1, p.562および Wenham. Word Biblical Commentary Genesis 16–50, p.281.

14・2　エサウに会う準備（三二章四―一三節）

三二章四節から一三節までは次のとおりです。

「[四]ヤコブは自分より先に、セイルの地、エドムの野にいる兄のエサウに使いの者を送り、[五]彼らにこう命じ
た。『私の主人であるエサウに次のように言いなさい。〈あなたの僕であるヤコブはこう申しております。私
はラバンのもとに身を寄せ、今に至りましたが、[六]牛とろば、羊の群れ、男女の奴隷を持つようになりまし
た。このことを私の主人に報告し、ご好意をいただきたく使いの者を送りました。〉』[七]使いの者たちはヤコ
ブのところに帰って来て言った。『兄上のエサウ様のところに行って参りました。兄上もあなたに会うため
に、四百人を引き連れてこちらに向かっておられます。』[八]ヤコブは非常に恐れて悩み、共にいた一族、羊
と牛、そしてらくだを二組に分けた。[九]エサウが一つの組にやって来て、それを撃ったとしても、もう一つ
の組は難を逃れるだろうと思ったからである。[一〇]ヤコブは祈った。『父アブラハムの神、父イサクの神、〈生
まれた地、親族のもとに帰りなさい。私はあなたを幸せにする〉と言われた主よ、[一一]私は、あなたが僕に
示して下さったすべての慈しみとまことを受けるに足りない者です。かつて私は杖だけを頼りにこのヨルダ
ン川を渡りました。しかし今や私は二組の宿営を持つまでになりました。[一二]どうか、兄エサウの手から私
を救ってください。私は兄が怖いのです。兄が私を、母親も子どもたちも殺しにやってくるのではないかと
恐れています。[一三]あなたはまたこういわれました。〈私は必ずあなたを幸せにする。あなたの子孫を、多く
て数えることができない海辺の砂のようにする。〉』」（三二・四―一三）

ここで再びヤコブの兄エサウが出てきます。ヤコブは、目の見えなくなった父イサクをだまして、イサクがエサウに与える予定だった祝福を自分がエサウだと偽って奪いました（二七章）。その結果、エサウは怒り、父の

喪が明けたらヤコブを殺す計画でした（二七・四一）。そこでヤコブは、母リベカに言われるまま、母方の伯父、すなわちハランにいる母リベカの兄ラバンのもとに逃げました（二八章）。これは二〇年前のことでした（三一・四一）

ヤコブは神の使いから言われて生まれ故郷に帰ることにしました（三一・一三）。いざ生まれ故郷カナンの地が近くなると、二〇年前にエサウが怒ったことが鮮明に思い出されたので、エサウをなだめるための工作を始めます。

ヤコブはセイルの地、エドムの野にいるエサウのもとに使いの者を送ります。「セイルの地、エドムの野」の位置については、図14－1を参照してください。この使いの者に託したヤコブの言葉は、完全に兄エサウに対して下手に出ている口調です。母リベカが二人を妊娠したときに、主がリベカに言った、「兄は弟に仕えるようになる」（二五・二三）とは全く逆の関係になっています。またヤコブは、父イサクをだまして長子の祝福を得たにもかかわらず、エサウに恭順の意を示しています。

この使いの者がヤコブのもとに帰ってきて、もたらしたのは、兄エサウが四〇〇人の男たちを連れて、ヤコブに会いにくるという報告でした。これを聞いて、ヤコブは「非常に恐れて悩み」（三二・八）ました。

まずヤコブは、彼の一行を二組に分けました。エサウがやってきて、一組を攻撃し破壊したとしても、もう一組は難を逃れさせようとしたのです。典型的な危険分散の策であり、損害を少しでも減らそうという考えです。

その上で、ヤコブは主に心からの祈りをささげました。この祈りには二つのポイントがあります。一つは、主は慈しみとまことに富む方であるが、自分はその慈しみとまこととを受けるには足りない者です、と自分の罪を自覚し正直に述べていることです。自分の罪とは、「どうか、兄エサウの手から私を救ってください。私は兄が怖いのです」と言っているように、自分がかつて父イサクをだましてエサウから祝福を奪ったことです。このようにヤコブはいつまでもこのことを忘れない、罪に対して鋭敏な心を持った人でした。このような「砕かれ悔いる心」こそ、神が受け入れてくださる祈りです。詩編に次のようにあります。

「神の求めるいけにえは砕かれた霊。神よ、砕かれ悔いる心をあなたは侮りません。」（詩編五一・一九）

ヤコブの祈りのもう一つのポイントは、その祈りがヤコブの主に対する信仰告白になっていることです。具体的には、主に対して、「あなたはまたこう言われました。『私は必ずあなたを幸せにする。あなたの子孫を、多くて数えることができない海辺の砂のようにする』」（三二・一三）と言って、その主を信じていることを言い表しています。なお、後半の「あなたの子孫を、多くて数えることができない海辺の砂のようにする」という約束は、主がアブラハムに対してなされた約束です（二二・一七）。この言葉をヤコブは、父イサクから、伝え聞いていたのでしょう。

三二章一四節から二二節までは次のとおりです。

「一四その夜、彼はそこで一夜を過ごした。そして自分が手に入れて来たものの中から兄エサウへの贈り物を
選び出した。一五雌山羊二百匹と雄山羊二十匹、雌羊二百匹と雄羊二十匹、一六子に乳を飲ませているらくだ
三十頭とその子、雌牛四十頭と雄牛十頭、雌ろば二十頭と雄ろば十頭である。一七彼はそれらを群れごとに
分け、僕たちの手に託して言った。『群れと群れとの間には距離をおき、私の先に行きなさい。』一八また先
頭を行く者には次のように命じた。『兄のエサウがあなたに会い、「あなたはどこの者か。どこへ行くのか。
あなたの先を行くこれらの家畜の群れは誰のものなのか」と尋ねてきたら、一九こう答えなさい。「あなたの
僕ヤコブの家の者です。これらの家畜の群れは、私の主人であるエサウ様に差し上げる贈り物です。御覧く
ださい。ヤコブも私たちの後から参ります。」』二〇続いてヤコブは二番目の者にも、三番目の者にも、群れ
の後を行くすべての者にも、次のように命じた。『エサウに出会ったら、次のように告げなさい。二一「あな

たの僕ヤコブも私たちの後から参ります。』』ヤコブは贈り物を先に行かせて、エサウをなだめ、その後で顔を合わせれば、恐らく赦してくれるだろうと考えたのである。二三こうして、贈り物は彼より先に行き、彼自身はその夜、自分の宿営地で一夜を過ごすことにした。」（三二・一四―二二）

ヤコブはエサウへの贈り物を準備します。ここで雌山羊二〇〇匹と雄山羊二〇匹とあるように、雌山羊が雄山羊の一〇倍あります。それは雌山羊の方が子を産むので資産価値が高いからです。雄山羊は子を産ませるためです。羊、らくだ、牛、ろばについても同じように雌の数が多くなっています。

それらの家畜の群れは、合計五五〇匹にもなる大群です。ヤコブはそれを少なくとも三つの群れに分け、それぞれに人を付けました。そしてエサウにあったら、それぞれの群れに付けた人に、「これはあなたの僕ヤコブの贈り物です」と言うようにと命令しました。このようにして、三つの群れが次々にエサウに会うことによって、エサウをなだめる計画でした。その後にヤコブ自身が行けば、エサウが赦してくれるであろうと、ヤコブは考えたわけです。こうして人を付けて贈り物を先に行かせたのち、ヤコブは自分の宿営地で一夜を過ごすことにしました。

コラム
14-1

人間ヤコブの二つの側面

三二章に入って、いよいよ故郷のカナンの地が近くなると、ヤコブは昔父イサクをだまして、エサウに与えられる祝福を奪い取った罪に対する良心の呵責に悩まされました。エサウが四〇〇人の男たちを引き連れてこちらに向かっているという報告を聞いたときに、「ヤコブは非常に恐れて悩み」と書かれています。そこに良心の呵責が表れています。そしてなんとか兄エサウの怒りを鎮めようと、贈り物を三つの群れに分ける計画をたてました。

このヤコブの姿は、先に三一章三六―四二節で、叔父ラバンに対して、自分の義を主張し、激しくラバンを非難したヤコブとは全く異なる側面を見せています。

このように、人は良心の呵責を感じているときは、悩み人を恐れ、なんとか自分の犯した罪を償おうと努力します。一方、自分が正しいことをしている、あるいは自分に義があると考えるとき、相手に対して強く出ることができるものです。

その意味で、私たちもヤコブと全く同じであることを知ります。つまり、人生を正々堂々と歩みたいのなら、後で良心の呵責を感じるようなことは、やるべきでないということになります。

14・3　ペヌエルでの格闘（三二章二三―三三節）

続く三二章二三節から三三節は、ヤハウェ資料で次のとおりです。

「二三だが彼は夜中に起きて、二人の妻、二人の召し使いの女、それに十一人の子どもを引き連れ、ヤボクの
渡しを渡って行った。二四ヤコブは彼らを引き連れ、川を渡らせ、自分の持ち物も一緒に運ばせたが、二五ヤ
コブは一人、後に残った。すると、ある男が夜明けまで彼と格闘した。二六ところが、その男は勝てないと
見るや、彼の股関節に一撃を与えた。ヤコブの股関節はそのせいで、格闘をしているうちに外れてしまった。
二七男は、『放してくれ。夜が明けてしまう』と叫んだが、ヤコブは、『いいえ、祝福してくださるまでは放
しません』と言った。二八男が、『あなたの名前は何と言うのか』と尋ねるので、彼が、『ヤコブです』と答

図14‐2　ヤボク川

［出典：https://www.bibleplaces.com/jabbok/］

えると、二九男は言った。『あなたの名はもはやヤコブで
はなく、これからはイスラエルと呼ばれる。あなたは神
と闘い、人々と闘って勝ったからだ。三〇ヤコブが、『ど
うか、あなたの名前を教えてください』と尋ねると、男
は、『どうして私の前を尋ねるのか』と言って、その場
で彼を祝福した。三一ヤコブは、『私は顔と顔とを合わせ
て神を見たが、命は救われた』と言って、その場所をペ
ヌエルと名付けた。三二ヤコブがペヌエルを立ち去ると
きには、日はすでに彼の上に昇っていたが、彼は腰を痛
めて足を引きずっていた。三三こういうわけで、イスラ
エルの人々は、今日に至るまで股関節の上にある腰の筋
を食べない。男がヤコブの股関節、つまり腰の筋に一撃
を与えたからである。」（三二・二三―三三）

この話の舞台となったヤボク川は、死海から北へ四〇キロメートルほどヨルダン川をさか上がったあたりに東側から流れ込む水量豊かな支流です（図14‐1および図14‐2を参照）。

ヤコブとその一行は、ギレアドの山地からマハナイムを経て、このヤボク川の北岸まで来ました。その夜に、ヤコブは家族すべてと持ち物すべてにこの川を渡らせて、南側に宿営させました。しかし自分だけは、北岸に残りました。なぜヤコブがそうしたのか理由は書いてありませんが、おそらく翌日のエサウとの再会に備えて、一人で神に祈るためであったと思われます。新約聖書でも、主イエスはよく一人で祈りました（マタイ一四・一三）。また一人で祈ることをお勧めになりました（マタイ六・六「あなたが祈るときは、奥の部屋に入って戸を閉め、隠れた所におられるあなたの父に祈りなさい。」）。

次の二五―三三節の話は、すべての註解書がいうとおり、謎めいており、奇妙な挿話です[4]。ユダヤ人のヘブライ語聖書学者のサルナ（Sarna）教授も、この話について、困惑させる（bewildering）疑問として次のような点を挙げた上で、これらのすべての疑問に答えを見つけることはできないと言います[5]。夜明けまでヤコブと格闘したある男とは誰か。なぜ彼は夜が明けてしまう前に放してくれと言ったのか。なぜヤコブは彼に祝福してくださるまではあなたを放しません、と言ったのか。なぜその男は、ヤコブの名をイスラエルに変えたのか。なぜその男はヤコブに勝てないと知ったとき、ヤコブの股関節に一撃を与えたのか。

コラム 14-2

ヤコブのペヌエルでの格闘の物語について

この物語は、本文でも述べたように、きちんと理解しようとする者には、謎めいており奇妙で困惑させるものです。私がいくつかの註解書を通して学んだことをまとめると次のようになります。

この話のもとには、古代では川を渡るということがとても危険であったということがあります。川を無事に渡るには、ところによっては、川の守護神に供え物をして怒りをなだめてから、渡るというのが普通だったそうです[6]。ところがヤコブたちは、全くそのよう供え物をしなかったので、その守護神への供え物を生計の足しにしていた土地の男がヤコブを襲った[7]、というのが実際の話しであった可能性が高いそうです。

それをこの物語を最終的にまとめたヤハウィストが現在のような形に造り変えて、ヤコブの人生における転換点の物語としました。ヤハウィストは、信仰に基づく物語の作者（story teller）として天才的だと思います。

ヤコブと夜中に明け方まで格闘したある男とは（三二・二五）、その男自身の言葉に、「あなたは神と闘い」（三二・二九）とありますから、神ご自身、あるいは神のみ使いとヤハウィストは書いています。神を擬人化して人になぞらえることがヤハウェ資料の特徴だと前にも述べました（上巻Ⅰ・３・２項）。ですからこの場合も、ヤコブと格闘した男は主または主のみ使いであった、とヤコブが考えた、とヤハウィストは物語っています。

なおヤハウィストは言葉遊びが好きなことで知られていますが、ここでも「ヤコブ」と「ヤボク」と「格闘する（アーカブ）」の三つの言葉の音が似ていることで言葉遊びをしています。

二七節に、男が「放してくれ。夜が明けてしまう」と叫んだとあります。なぜ、男は夜が明けてしまうのを恐れたのでしょうか。ヤハウィストはその男を神であるとしていますから、神はヤコブに顔を見られたくなかったから、ということになります[8]。しかし、ヤコブは、「いいえ、祝福してくださ

（４）「謎めいている」（大野惠正『創世記』六七頁）、「奇妙な挿話」（月本昭男訳『創世記』一〇六頁、注五）。
（５）Nahum Sarna. Understanding Genesis, p. 203.
（６）関根正雄訳『創世記』註釈、一九三頁 および Wenham. Word Biblical Commentary Genesis 16–50, p. 295.
（７）矢内原忠雄「聖書講義創世記」一七九頁。

るまでは放しません」（三二・二七）と、股関節を外される一撃を受けても放しませんでした。ヤコブは神の顔を見ると死ぬことを知りながら、[9] その死の危険を冒してでも、神からの祝福を求めて、彼を放しませんでした。[10] エサウに会う前に、神の祝福を得たいというヤコブの執念が伝わってきます。ヤコブは後にエサウに会ったときに、「私は神の御顔を見るようにあなたの顔を見ております」と言いました（三三・一〇）。つまり、ここでは、ヤコブは自分が闘っている相手の男、すなわち神をエサウと見なしており、エサウからは攻撃でなく、ぜひ祝福を得たいのだ、と解釈することもできます。

すると男が、「あなたの名前は何というのか」と尋ねたので、ヤコブは、「ヤコブ」です、と答えました。名前を伝えるということは、その名前で過ごしてきた過去の事績を本人に思い起こさせることになる、と註解書は言います。[11] つまり、主はヤコブをここで試すのです。すなわちヤコブに、過去の行為を思い出させ、過去の罪を悔い改めさせて、新たな人生を歩ませようとされている、と考えることができます。

「ヤコブ」という名は、もともと「かかと」（ヘブライ語アーケブ）を意味すると、[12] とヤハウェ資料はしています（二五・二六）。ヤコブにだまされた後、エサウは、「あの男がヤコブと呼ばれるのは、二度も私を押しのけたからなのだ」と言いました（二七・三六）。ここで「押しのける」と訳されたヘブライ語は、「アーカブ」です。[13] このように、ヤコブにはこれまで人を押しのけてきた過去があります。エサウの弱点を利用して彼から長子の権利を奪い（二五・三一）、また父の視力が弱くなったことを利用して、エサウになりすまして父をだまして祝福を奪いました（二七・二七）。

神のみ使いである男が、「あなたの名前は何と言うのか」と聞いたということは、ヤコブに、あなたは自分をどのような人間であると認識しているのか、と聞いたことと同じでした。恐れていたエサウに会う前にヤコブは、神の前で、あらためて彼の罪と向き合わせさせられていると解釈できます。そこで神のみ使いである男は、「あなたの名はもはやヤコブではなく、これからはイスラエルと呼ばれる。あなたは神と闘い、人々と闘って勝ったからだ」と言いました（三二・二九）。この神のみ使いの言葉も謎めいています。しかし、あなたはこれまでエサウの弱点を利用したり、父をだましたりして、エサウを押しのけてきたが、これからは、今あなたが正々堂々と神と闘って勝ったように、正々堂々と正面からエサウに向かっていき、勝つ人になりなさい、という意味だと解釈することができます。こうしてヤコブは、新しい名前「イスラエル」をもらって、過去と決別したのでした。これが彼の人生の転換点になりました。このようにして、ヤコブは、人をだました過去と決別し新しい名前をもらって、翌日エサウに正々堂々と正面から会いに行く心の準備ができたのだと、この物語を読むことができます。

なお、ヤハウィストは、言葉遊びにより「イスラエル」という名を、「あなたは神と闘い、人々と闘って勝ったからだ」と説明していますが、語源的には、「イスラエル」は、エル（神）が主語で、

（８）Fretheim. The New Interpreter's Bible Vol. I, p. 566.
（９）人が神の顔を見ると死ぬことは、モーセに語られた主の言葉、「人は私を見て、なお生きていることはできないからである。」（出エ三三・二〇）によります。
（10）Fretheim. The New Interpreter's Bible Vol. I, p.566.
（11）Wenham. Word Biblical Commentary Genesis 16–50, p.296 および Fretheim. The New Interpreter's Bible Vol. I, p. 568.
（12）月本昭男訳『創世記』七七頁、注八。
（13）同右八六頁、注二。

「神は闘いたもう」という意味です[14]。「神と闘った」とはなりません。「イシュマエル」(神は聞きたもう)も同じ形でした(一六・一一)。したがって、ここでも「イスラエル」は、あなたのために「神が闘いたもう」という意味になります。だからエサウに会うときも、恐れるな、という意味であろうということになります。

ヤコブは男に、「どうか、あなたの名前を教えてください」と尋ねますが、男は名前を言う代わりに、「その場で彼を祝福した」とあります(三二・三〇)。ヤコブは男の名前を知ることはできませんでしたが、望んでいたものを得たのです。男は軽々しく自分の真の名前(ヤハウェ(主))を口にしたくなかったのだと思います。「主の名をみだりに唱えてはならない」(出エ二〇・七)とあるとおりです。この物語は、ヤハウェ資料ですが、神はすべて「神(エロヒム)」で表されています。それは、主がヤコブについに自分の本名(固有名詞)であるヤハウェを明かさなかったからだと考えられます。

しかしヤコブは、その男が神であることを感じていました。ですから、「ヤコブは、『私は顔と顔を合わせて神を見たが、命は救われた』と言って、その場所をペヌエルと名付けた」のです(三二・三一)。ヤコブが実際にその男の顔を見たのは、夜の闇の中であり、夜明け近くの弱い光の中でした。昼の明るい光の下で見たわけではありませんでした。ヤコブのこの言葉の前提として、前述のように、主がモーセに言われた、「人は私を見て、なお生きていることはできないからである」(出エ三三・二〇)があります。

「ペヌエル」とは、ヘブライ語で「神の顔」という意味です。ペヌエルの正確な位置は不明ですが、一応図14-1におおよその位置を示しました。

こうして、ヤコブは腿を痛めて足を引きずって、ペヌエルを去り、一行に加わりました。最後に、

「こういうわけで、イスラエルの人々は、今日に至るまで、股関節の上にある腰の筋を食べない」（三二・三三）という食物のタブーの形で、この話はイスラエルの人々に伝えられています。この食物のタブーを述べた三二章三三節を後からの加筆とする説もありますが、おおかたの註解書は、最初からの話の一部であるとして、この記念すべき出来事をイスラエルの民の間に定着させるためのタブーである、とします[15]。私がユダヤ人の友人に聞いたところ、少なくともユダヤ教の伝統を守ることで知られているハシディームの人々はこのタブーを今に至るまで守っているとのことでした。

なおヤコブは、神から新しい名前イスラエルをもらいましたが、この後、ヤコブという名前もまだ使われます。私が見るところ、多くの場合、ヤコブ個人を指すときには「ヤコブ」が使われ、ヤコブの子孫としてのイスラエル民族に関係するような場合に、「イスラエル」が使われることが多いと思います。

コラム
14-3

ヤコブからイスラエルへの名前の変更が意味するもの

神がヤコブに、名前をヤコブ（「かかと」、「押しのける」）からイスラエル（本来は、神が闘いたもう）と変えたことは、ヤコブの人生の転換点になった、と私は考えます。またこれにより、ヤコブの子孫は、

（14）Wenham. Word Biblical Commentary Genesis 16–50, p. 296.
（15）同右 p. 297。

イスラエルの民と呼ばれることになりました。

ヤコブの人生の転換点とは、本文で述べたように、ヤコブはこれまで人の弱点を利用したり、だましたりして、人を押しのけてきました。しかしこれからは、神が闘ってくださるのだから、正々堂々と正面から人に向かっていく人生を送りなさい、と神から言われたのです。これが彼の人生の転換点になりました。ちょうど神が、祖父のアブラハムとサラに、もとの名前であったアブラムとサライから、名前を変えるように言われたのが彼らの人生の転換点になったのと同じです。神から新しい生き方を与えられたのです。

一方、ヤハウィストは、「イスラエル」という名前の由来を、「あなたは神と闘い、人々と闘って勝ったからだ」と説明しています（三二・二九）。

この転換点を経て、ヤコブが高慢になったわけではありません。エサウに会うとき、ヤコブは七度地にひれ伏し（三三・三）、またエサウを「ご主人様」と呼び（三三・八）、そして、「神の御顔を見るようにあなたの顔をみております」と言いました（三三・一〇）。つまりヤコブはすっかり謙遜な人間になったのです。新約聖書で、主イエスが、「あなたがたの中で一番偉い人は、一番若い者のようになり、上に立つ人は、仕える者のようになりなさい」（ルカ二二・二六）と言われたように、ヤコブは、神が闘ってくださることを知り、自分で肩ひじを張って闘う必要がなくなったので、謙虚になることができたのです。

ユダヤ人ラビのサックス氏が、「イスラエル」の意味について、ユダヤ教の立場から興味深い解釈をしています。相当長い説明ですが、その要点は以下のようになります[16]（原文英語、抄訳著者）。

「イスラエルとは、ヤコブが神から、『あなたは神と闘い、人々と闘って勝ったから』と言って与えられた名前です。私たちユダヤ人は、このイスラエルという名前を受け継いでいます。それは何を意味するのでしょうか。

主なる神は、天地万物を創造し、七回もそれは良かったと言いました（訳者注創世記一章）。この神が良しとされた世界を、神が意図されたとおりの真理と正義と幸福（truth, justice and happiness）が実現する場とするように私たちは務める必要があります。しかし、実際にその使命を神が、たとえばモーセ、エレミヤ、ヨブに与えようとすると、彼らは、拒んだり、抗議したりしました[17]。またアブラハムは、悪の町ソドム・ゴモラにごく少数の正しい人がいた場合にその少数の正しい者は悪い者と共に滅ぼされてよいのですかと、神に執拗に問いかけました（創一八・二三）。このように、真理と正義と幸福がテーマであるとき、あえて「神と闘う」伝統をイスラエルは受け継いでいます[18]。自分の頭と心で考えて、納得できないときに、神に質問をなげかけてよいとする伝統です。

さらに、真理と正義と幸福のために、この世にはびこる世俗主義、物質主義、消費志向、個人

（16）Rabbi Sacks. Covenant & Conversation, pp. 239–241.

（17）著者注―モーセは、主にエジプトの王ファラオのもとに行けと言われたとき、「私は何者なのでしょう。この私が本当にファラオのもとに行くのですか」と断りました（出エ三・一一）。エレミヤは、主から召命を受けたとき、「ああ、わが主なる神よ、私はまだ若く、どう語ればよいのか分かりません」と断りました（エレミヤ書一・六）。ヨブは、自分の身にふりかかったいわれなき苦難について、「私は御前で訴えを述べ、口を極めて抗議したい」と言いました（ヨブ二三・四）。

（18）同じように、十字架にかけられたイエスも、「わが神、わが神、なぜ私をお見捨てになったのですか」と神に問いかけました。

の自由独立を認めない専制政治、などと闘うことが必要になることもあります。これは、「人々と闘って勝つ」ということです。

以上のように、この世で真理と正義と幸福を実現するには、あえて神と闘い、人々と闘って勝つ必要があることを、「イスラエル」の名前は教えているのです。」

実際、イスラエルの民の中から、この世に真理と正義が貫徹されるようにとの情熱を持って行動した人々が多数出ました。エジプトで奴隷となり苦役に苦しんでいたイスラエルの民を初めとする諸国の民を解放するために立てられたモーセがそうでした。さらに新約聖書で、「私が来たのは、正しい人を招くためではなく、罪びとを招くためである」（マタイ九・一三）と言った主イエスもこのイスラエルの伝統の中に立っていると思います。

14・4　エサウとの再会（三三章一―二〇節）

いよいよここでエサウと再会します。三三章一―一一節は次のように語ります。

「一さてヤコブが目を上げて見ると、エサウが四百人の者を引き連れてやって来ていた。そこでヤコブは、子どもたちをそれぞれ、レア、ラケル、二人の召し使いの女に振り分けた。二すなわち、召し使いとその子らを先頭に、レアとその子らはその後に、そしてラケルとヨセフを最後に配置した。三ヤコブは先頭に進み出て、兄に近づくまで、七度地にひれ伏した。四するとエサウは走り寄ってヤコブを迎え、抱き締め、首を抱えて口づけし、共に泣いた。五エサウは顔を上げ、女たち、子どもたちを見回して尋ねた。『あなたと一緒にいるこの人たちは誰なのか。』ヤコブが、『あなたの僕である私に、神が恵んでくださった子どもたちです』と答えると、六召し使いの女たちは子どもたちと共に進み出てひれ伏した。七レアもまた子どもたちと共に進み出てひれ伏し、その後にヨセフとラケルが進み出てひれ伏した。」八エサウはまた尋ねた。『ところで、私が先に出会ったあの家畜の一群は何なのか。』ヤコブが、『ご主人様のご好意をいただきたかったのです』と答えると、九エサウは言った。『私にはすでに多くのものがある。弟よ、あなたのものはあなたが持っていなさい。』一〇だがヤコブは言った。『いいえ。もしご好意をいただけますならば、贈り物を受け取ってください。私は神の御顔を見るようにあなたの顔を見ておりますが、あなたは快く私を受け入れてくださいました。一一どうか、持って参りました贈り物をお受け取りください。神が恵んでくださったので、私にはすでに何でもあります。』ヤコブがしきりに勧めたので、エサウは受け取った。」（三三・一―一一）

一節に、「ヤコブが目を上げて見ると、エサウが四百人の者を引き連れてやって来ていた」とあります。ヤコブはまだエサウがどう出るかわからなかったので、「召し使いとその子らを先頭に、レアとその子らはその後に、そしてラケルとヨセフを最後に配置した」（三三・二）とあります。すなわち、ラケルの召し使いビルハとその子らダンとナフタリ、そしてレアの召し使いジルパの子らガドとアシェルを先頭に置きました。続いて妻レアとその子らルベン、シメオン、レビ、ユダ、イッサカル、ゼブルンを置き、最後に最愛の妻ラケルとその子ヨセフを置きました。これはヤコブの人間的な愛情に基づく、明らかな差別です。ヤコブには、妻レアよりも妻ラケルを愛したために、レアを悲しませました。差別された人々への思いやりや配慮を欠くのがヤコブの人間的な欠点でした。このことが後に三七章で、ひいきされていたヨセフに対する他の子らの反発という形で現れてきます。

三節に、「ヤコブは先頭に進み出て、兄に近づくまで、七度地にひれ伏した」とあります。先に贈り物を二組に分けてエサウに向けて送り出したとき、ヤコブは一番後ろに行きました（三二・二二）。しかし、今度はヤコブは決然として先頭を行きました。前の夜に、神から、「イスラエル」（神が闘いたもう）という名前をもらって、ヤコブは正面からエサウに向き合う心構えができていたのでした。しかもエサウに会うために、七度地にひれ伏しました。「地にひれ伏す」というのは、臣下の者が主君の前に進み出るときに行うものです。それをヤコブはエサウに対して七度も行ったのです。しかもこのときヤコブは前夜の神との争いの結果、股関節を痛めていたので足を引きづりながら地にひれ伏して進んだのでしょう。こうしてヤコブが、父イサクをだまして得た祝福の一つである、「母の子らはあなたにひれ伏すであろう」（二七・二九）の逆のことが起こりました。人をだまして得たものは、返さざるを得ないのです。

ヤコブがあれほど恐れていたエサウとの再会において、「エサウは走り寄ってヤコブを迎え、抱き締め、首を抱えて口づけし、共に泣いた」（三三・四）とあるように、エサウは実に兄弟の愛にあふれた歓迎の情をヤコブに示したのでした。

コラム 14-4

エサウはどうしてヤコブを喜んで受け入れたのか

ヤコブがあれほど恐れていたエサウとの再会は、「エサウは走り寄ってヤコブを迎え、抱き締め、首を抱えて口づけし、共に泣いた」（三三・四）という感動的な形で始まりました。エサウが温かくというより、熱くヤコブを迎え入れてくれたので、ヤコブが恐れていたのとは正反対のものとなりました。

このエサウとの感動的な再会の光景の記述は、新約聖書で主イエスが話された「放蕩息子のたとえ」の中の同じように感動的な光景を思い出させます。それは、「まだ遠く離れていたのに、父親は息子を見つけて憐れに思い、走り寄って首を抱き、接吻した」（ルカ一五・二〇）です。このたとえ話では、父親は息子が罪を犯したのを知っていながら、自分のところに帰って来た息子を許して受け入れたのでした。同じように兄エサウもヤコブが自分をだましたことを知ってはいましたが、自分のところに会いに来たヤコブを許し受け入れたのではないでしょうか。だからヤコブは兄からの出迎えを、神からの許しだと理解して、「私は神の御顔を見るようにあなたの顔を見ております」と言ったのではないでしょうか。

あるいは、エサウは感情の起伏の激しい人で、昔ヤコブにだまされたときに感じた怒りを二〇年も経った今ではもう忘れてしまっていたのでしょうか。一方のヤコブは粘着質の人で、二〇年前のエサウの怒りをまだ忘れられなかったのでしょう。

それとも一般に、人はだまされたことよりも、だましたことの方が良心の呵責となって、いつまでも忘れられないのでしょうか。

その後ヤコブは、エサウに聞かれるままに、一緒にいた女たち、子どもたちを紹介しました。このとき、女たちと子どもたちは、順に進み出て、ヤコブがしたように、エサウにひれ伏しました。またエサウが「ところで、私が先に出会ったあの家畜の一群は何なのか」と尋ねたので、ヤコブは、「ご主人様のご好意をいただきたかったのです」（三三・八）と贈り物の趣旨を説明しました。ここでヤコブは、エサウに対して「ご主人様（ヘブライ語アドナイ）」という言葉を使っています。これは臣下が主君に対して使う言葉です。

ヤコブが送った贈り物について、エサウは、「私にはすでに多くのものがある。弟よ、あなたのものはあなたが持っていなさい」（三三・九）と言いました。この「弟よ」は、ヘブライ語で「アヒー（私の兄弟あるいは同胞）」

という意味で、エサウがヤコブを自分の兄弟と呼んでいます。エサウのヤコブに対する親しみをこめた呼びかけです。普通富んでいる者はさらに富もうとするのですが、エサウは違いました。エサウは人間的には実に好ましい人物でした。

ヤコブは、「私は神の御顔を見るようにあなたの顔を見ております」（三三・一〇）と言いました。これはヤコブが、前の夜、闘った神の顔がエサウの顔と重なったことを思い出しているようです。そして神が最後にヤコブを祝福してくれたことを思い出しながら、ヤコブはエサウに、「あなたは快く私を受け入れてくださいました」（三三・一〇）と言いました。この言葉には、ヤコブが父イサクをだましてエサウから奪い取った祝福について、エサウが赦してくれたことへの感謝が込められています。当初はエサウの怒りをなだめて好意を得るための贈り物でしたが、今は自分を「弟よ」と言って受け入れてくれた兄に対する感謝を込めた贈り物になったのです。ですからヤコブは、「どうか、持って参りました贈り物をお受け取りください」としきりにエサウに勧めました。そこでエサウは受け取りました。これで奪った祝福のつぐないが出来たとヤコブは考えたのかも知れません。

続く三三章一二―一八節は次のとおりです。

「一二エサウは言った。『さあ、旅を続けよう。先に私が行こう。』一三しかしヤコブは言った。『ご主人様。ご
存じのように、子どもたちはか弱く、私には、子に乳を飲ませている羊や牛の世話があります。群れは一日
でも無理に追い立てると、みな死んでしまいます。一四ご主人様、僕の先をお進みください。私は、私の前
を行く家畜の歩みや、子どもたちの歩みに合わせ、セイルにいるご主人様のもとにたどりつくまでゆっくり
参ります。』一五エサウは、『では、私が連れている者を何人か、あなたのところに残しておくことにしよう』
と言ったが、ヤコブは、「いいえ、それには及びません。ご主人様のご好意だけで十分です」と答えた。
一六そこでエサウは、その日セイルへの帰途についた。一七ヤコブはスコトへ移り、自分のために家を建て、

家畜のために小屋を作った。それで、その場所の名はスコトと呼ばれた。
一八こうしてヤコブは、パダン・アラムから戻り、無事、カナンの地にあるシェケムの町に着き、町の前で宿営した。一九彼は天幕を張った土地の一部を、シェケムの父ハモルの息子たちの手から百ケシタで買い取り、二〇そこに祭壇を築き、それをエル・エロヘ・イスラエルと呼んだ。」（三三・一二―二〇）

ヤコブがあれほど恐れていたエサウとの再会も、無事に済みました。エサウはヤコブからの贈り物を受けとった後、ヤコブに自分が住んでいるセイルの地に一緒に行こうと言いました。しかし、まだパダン・アラムで叔父ラバンのもとにいたときに、主がヤコブに言ったのは、「生まれた地、親族のもとに帰りなさい」でした（三一・三、一三、三二・一〇）。つまりカナンであって、セイルではありませんでした。ですからヤコブは、子どもたちや家畜の世話があるので、「セイルにいるご主人様のもとにたどりつくまでゆっくり参ります」と言いました（三三・一四）。

このとき、ヤコブは本当にセイルに行くつもりだったのでしょうか。一つの註解書には、いつまでにセイルに着くとも言っていないし、また「参ります」は、ヘブライ語では、「私は参ります」となっていて、私だけが行くのであって一行すべてが行くのでない、という含みを持たせた言い方になっている、とありました。[19] ヤコブの非常にたくみな婉曲な断り方です。しかし、この註解書もいうとおり、これは不誠実な表現です。その後のヤコブの行動を見れば、セイルの地に行く気は全くなかったのですから、その場の言い逃れとしてのうそであることは明らかです。どうもこの箇所では、ヤコブのこのような「うそも方便」、すなわちうそをつくことは悪いことであるが、時と場合によっては、うそも必要なことがある、という賢さを是認しているようです。このうそは、

（19）Wenham. Word Biblical Commentary Genesis 16–50, p. 299.

相手に具体的な損害は与えていませんが、人をだますヤコブの本質は、イスラエルと名前を変えても変わっていないようです。しかし、ヤコブがうそをつく記事は創世記では、これが最後になります。ヤコブが一挙にイスラエルに変わったのではなく、少しずつ変わっていく様子を創世記では書いているのではないでしょうか。

これを聞いてエサウは、大人の男がヤコブ一人しかいない一行の安全のため、四〇〇人の男の中から何人かあなたのところに残しておくことにしようと申し出ました。この申し出に対してもヤコブは、「いえ、それには及びません。ご主人様のご好意だけで十分です」(三三・一五)と丁重に断りました。ヤコブはセイルに行く気がありませんでしたから、エサウの部下の男が共にいることを避けたのです。それに大人の男はヤコブ一人とはいえ、ヤコブには「私はあなたと共にいて、あなたがどこへ行くにしてもあなたを守り、この土地に連れ戻す。私はあなたに約束したことを果たすまで、決してあなたを見捨てない」(二八・一五)と約束してくれた主がいたのです。ヤコブは、これまでの経験からすっかり主を信頼するようになっていました。

それを聞いて、エサウはセイルへの帰途につきました。この後、ヤコブはセイルの方角への道はとらずに、スコトに移りました。(図14－1を参照)。このスコトでヤコブは、「自分のために家を建て、家畜のために小屋を作った」とあります(三三・一七)。スコトでヤコブは天幕に住んだのでなく家を建てて住んだのですから、相当長期間スコトにいたことになります。このことは、「子どもたちはか弱く」とありましたが(三三・一三)、次の三四章では、子どもたちが成長して若者になっていることからも分かります。なお「スコト」とは、ヘブライ語で「小屋」という意味です。

スコトに相当長期間滞在した後、ヤコブはカナンの地にあるシェケムの町に無事に着き、町の前で宿営しました(三三・一八)。ヤコブはシェケムの町の前で天幕を張った土地の一部を、その土地の所有者であったシェケムの父、ハモルの息子たちの手から一〇〇ケシタで購入しました(三三・一九)。ケシタの単位が不明なので、一〇〇ケシタがどの位の価格であったのかは分かりません。[20]いずれにせよ、ヤコブのこの土地の購入は、祖父アブラハムが妻サラを葬るために購入したマクペラの畑地と洞窟が難しい交渉の末であったのと比べれば、より簡単に、恐らく平和的に行われました。こうしてヤコブは祖父アブラハムに次いで、カナンの土地の一部を手に入れることができました。

ヤコブは、パダン・アラムからカナンに戻ってきたことを感謝して、記念にそこに祭壇を築き、それをエル・エロヘ・イスラエル（意味は、エル、イスラエルの神）と呼びました。ここで「エル」は、元来はカナン人の至高神の名でした。[21]つまり、カナン人の至高神「エル」をイスラエル（すなわちヤコブ）は自分の神としています。[22]なお、ここ三三章一八―二〇節は、エロヒム資料なので、この時点ではまだ神を「エル」で表しています。ヤハウェ資料なら「主（ヤハウェ）」というところを「イスラエルの神」と言っています。[23]こうしてカナンの地に戻ってきたイスラエル（ヤコブ）の生活が始まりました。しかし、その生活は次の三四章に書かれているとおり、すぐに大きな問題にぶつかります。

(20) 月本昭男訳『創世記』一〇九頁、注一三。
(21) 月本昭男訳『創世記』一〇九頁、注一五。
(22) アブラハムもカナン人であったサレムの王であり祭司であったメルキゼデクが仕えていた「いと高き神（エル・エリヨン）」を彼が信じた神である「主（ヤハウェ）」と呼びました（一四・二二）。
(23) エロヒム資料が、神の名前を「主（ヤハウェ）」とするのは、出エジプト記三章一五節以降です。

コラム 14-5

ヤコブがもしエサウの言うとおりにしたらどうなったか

「歴史にもし（if）は無い」と言いますが、ヤコブがもしエサウの言うとおり、エサウとともにセイルに地に行っていたらどうなっていたかを考えてみました。ヤコブはエサウに会ってからずっと、エサウに対してご主人様と言い、自分を僕と言っています。そのままの臣下と家来の関係がセイルにも持ち込まれたでしょう。エサウは富んで持ち物も豊かにあり、また四〇〇人もの男たちがいましたから、ヤコブとその家族の生活は安定したでしょう。

しかしエサウのこの世の富と力に頼る生活態度と、新しくイスラエルの名前をもらったヤコブの「神と闘い人々と闘いつつ」神の真理と正義と幸福を求める生き方は一致しないので、いずれ二人は袂を分かつことになったのではないでしょうか。

その意味で、エサウとは良い関係を保ちつつ、ヤコブが独立した厳しい道を選んだのは。やはり神のみ心にかなったことではなかったでしょうか。ここで、エサウとは良い関係を保ちつつと言いましたが、それは父イサクがなくなったとき、エサウとヤコブが共に父を葬ったという記事から想像できます（三五・二九）。またヤコブが独立した厳しい道を選んだと言いましたが、それはたとえば次の三四章で、シメオンとレビがシェケムの男たちを剣にかけて殺したとき、ヤコブが「厄介なことをしてくれたものだ。お前たちは私を、この地に住むカナン人やペリジ人の憎まれ者にしてしまった。こちらはごく僅かなのだから、私も家族も滅ぼされてしまうだろう」（三四・三〇）と言って、折角土地を購入したシェケムを去っていることから分かります。

いずれにしてもヤコブは、少しの迷いもなく、主が言われた、「先祖の地、親族のもとに帰りなさい」（三一・三）、「生まれ故郷に帰りなさい」（三一・一三）という言葉に従ったのでした。

14・5　シェケムでの出来事（三四章一―三一節）

三四章に入り、ヤコブ一行が宿営したシェケムの町の住人との出来事が述べられます。前の三三章では、「子どもたちはか弱く」とヤコブに言われていた子どもたちは、この三四章では若者に成長しています。

三四章一―一二節は次のとおりです。

「ある日、レアがヤコブに産んだ娘ディナは、土地の娘たちを訪ねて出かけて行った。二ところが、その地の首長であるヒビ人ハモルの息子シェケムは、彼女を見かけて捕まえ、共に寝て辱めた。三彼はヤコブの娘ディナに夢中になり、この若い娘を愛し、優しく語りかけるようになった。四シェケムは父のハモルに、「この娘を私の妻にしてください」と言った。

五ヤコブはシェケムが娘のディナを汚したことを聞いたが、息子たちは家畜を連れて野に出ていたので、彼らが戻って来るまでは黙っていた。六シェケムの父ハモルがヤコブと話そうとやって来たとき、七ヤコブの息子たちは野から帰って来てこのことを聞き、皆嘆き激しく怒った。シェケムがヤコブの娘と寝て、イスラエルで恥ずべきことを行ったからである。このようなことはしてはならないことであった。八ハモルは彼らと話して言った。『息子のシェケムは、あなたがたの娘さんを恋い慕っています。どうか娘さんを息子の妻にしてください。九私どもの親戚になっていただいて、あなたがたの娘さんを私どもに嫁がせ、私どもの娘はあなたがたがめとってください。一〇私どもと一緒にお住みください。土地は十分にあります。そこに住んで自由に取引をし、そこで財をなしてください。』一一続いてシェケムがディナの父と兄弟に言った。『どうかよろしくお願いいたします。皆さんのおっしゃるものは何でも差し上げます。一二結納金や贈り物をどれほど多く求められても、おっしゃるとおりのものを差し上げます。ですから、あの若い娘さんを私の妻にください。』」（三四・一一―一二）

一節に、「娘ディナは、土地の娘たちを訪ねて出かけて行った」とあります。ディナは、男一二人兄弟の中のただ一人の娘でした。ですから、他の同年輩の娘たちに会いたいと思って、出かけて行ったことも分からないではありません。しがし、たった一人で知らないところに出かけて行ったのは軽率でした。せめて、女の姉妹がいれば一緒に行ってくれるように頼むことも出来たでしょう。男の兄弟たちの一人にいわば護衛として一緒に行ってくれるように頼むこともできたはずです。しかし、男の兄弟はみな家畜を連れて野に出ていたので（三四・五）、結局頼むことはできませんでした。女の姉妹がいなかったのですから、せめて母親のレアに一緒に行ってくれるように頼むこともできたはずでした。

二節にヒビ人とありますが、彼らもカナンに住んでいた人々でした。一〇章一七節に、ノアの息子ハムの息子カナンの子孫として、ヒビ人が出てきます。そのヒビ人の首長ハモルの息子シェケムが、「彼女を見かけて捕まえ、共に寝て辱めた」（三四・二）とあります。全く一人で無防備で歩いていたディナを強姦（レイプ）したのでした。

三節に、「彼はヤコブの娘ディナに夢中になり」とありますが、原文のヘブライ語を正確に訳すと、「彼は全身全霊（ヘブライ語「ネフェシュ」[24]）をもってディナに惹かれ」となります。そして、彼女に「優しく語りかけるようになった」とあります。旧約聖書に同じようなレイプの記事として、ダビデの息子アムノンが、異母妹のタマルをレイプする記事があります（サム下一三章）。この場合、アムノンはタマルをレイプした後、すぐにタマルに

「激しい憎しみを覚え」、彼の部屋から「出て行け」と言いました（サム下一三・一五）。このアムノンに比べれば、シェケムはディナに優しく語りかけ、彼女をそのまま彼の家において、「結納金や贈り物をどれほど多く求められても、おっしゃるとおりのものを差し上げます」（三四・一二）と言いました。このような場合にあてはまる申命記の規定に則っています。[25] そしてシェケムは父のハモルに「この娘を私の妻にしてください」と頼みました（三四・四）。

五節に、この事件のことを聞いたヤコブが、家畜を連れて野に出ていた息子たちが戻ってくるまでは黙っていた、とあります。このヤコブの態度は、上述のタマルがレイプされたときに、父親ダビデが、「ダビデ王はことの一部始終を聞き、激しく怒った」（サム下一三・二一）に比べて、優柔不断であるとの印象を与えます。ヤコブは直情径行の人というより、慎重に考えて計画的にことを運ぶ態度の人でした。このことは、たとえば、叔父ラバンのもとから逃げ出すことを考えてから、六年かけて自分のものとなる群れを増やしてから逃げ出したこと（三〇章二五節以下）、エサウに会う前に贈り物を準備し、それを二つに分けてエサウの好意を得ようとしたこと（三二章）などに現れています。

六節で、シェケムの父ハモルがヤコブと話そうとやってきました。そのとき、「ヤコブの息子たちは野から帰ってきてこのことを聞き、皆嘆き激しく怒ったと」（三四・七）とあります。この息子たちの嘆き激しく怒ったと

（24）ヘブライ語の「ネフェシュ」は、肉体と魂を含む人間存在の総体を意味します。創世記二章七節に関する説明（上巻2・2・1項）を参照してください。

（25）「もしある男が婚約していない処女の娘と出会い、捕まえてこれと寝て、二人が見つけられたなら、娘と寝たその男は、娘の父親に銀五十シェケルを支払い、娘を辱めたのだから、生涯、彼女を去らせることはできない。」（申命二二・二八―二九）

いう態度に比べて、父ヤコブの沈着ぶりが際立っています。さらにこの記事を書いたヤハウィストも、「シェケムがヤコブの娘と寝て、イスラエルで恥ずべきことをおこなったからである。このようなことはしてはならないことであった」（三四・七）と息子たちと同じ意見をのべています。怒る息子たちと落ち着いている父親の姿の理由として考えられるのは、ディナがレアの生んだ娘であったことです。ヤコブは、同じ家族でもレアとその子どもたちには冷淡であったようです。ヤコブは最愛の妻ラケルとその子ヨセフを偏愛していました（三七・三）。ですから、ディナと同じレアを母親とする息子たちシメオンとレビは父親を冷たいと思ったのではないでしょうか。

シェケムの父ハモルは、息子のシェケムがディナを恋い慕っているので、息子の妻にしてほしいとヤコブに頼みました（三四・八—九）。さらにハモルは、お互いに自分の娘たちを相手の息子たちの妻にして、親戚になり、一緒に住んでください、土地は十分にあり、そこで自由に取引をして、財をなしてください、と頼みました。続いて息子のシェケムも、「結納金や贈り物をどれほど多く求められても、おっしゃるとおりのものを差し上げます。ですから、どうかあの若い娘さんを私の妻にください」（三四・一二）と言いました。このハモルとシェケムの言葉の共通な点は、シェケムが結婚前の処女をレイプしたことに触れておらず、謝罪もしていないことです。さらにディナはまだシェケムの家にいわば人質として囚われています。しかしハモルとシェケムの側では、申命記がこのような場合に要求している銀五〇シェケル以上を支払う用意がありましたし、ディナを妻にする積りでいました。ですから、ことはこれで丸く収まるようにも見えました。

続く三四章一三—一九節は次のとおりです。

「一三しかし、シェケムが妹のディナを汚したので、ヤコブの息子たちは、あることをたくらんでシェケムとその父ハモルに答えた。一四『割礼を受けていない者に妹をやるようなことはとてもできません。それは私たちが恥とすることです。一五ただ、男子が皆、割礼を受けて私たちと同じようになるというのであれば同意しましょう。一六そうすれば、私たちの娘はあなたがたに与え、あなたがたの娘は私たちがもらい、私たちはあなたがたと一緒に住んで、一つの民となるでしょう。一七しかし、もし私たちの言うことを聞き入れず、割礼を受けようとしないなら、私たちは娘を連れて帰ります。』一八ハモル、そしてハモルの子シェケムは、彼らの言うことを受け入れてもよいと思った。一九この若者は、ヤコブの娘がすっかり気に入っていたので、ためらわずに行うことにした。彼は父の家族の中で最も重んじられていた。」（三四・一三―一九）

ヤコブがエサウと再会した当時は、「か弱い」子どもたちであった（三三・一三）息子たちも今では若者に成長し、「あることをたくらんでシェケムとその父ハモルに答えた」とあります（三四・一三）。これは父親のヤコブに相談もしないで息子たちだけで計画したたくらみでした。ここでも父イサクをだました報いが、今度はヤコブ自身に息子たちから返っていきます。

ヤコブの息子たちは、父ヤコブに何の相談せずに家族を代表してシェケムとその父ハモルに言いました。「割礼を受けていない者に妹をやるようなことはとてもできません。それは私たちが恥とすることです。」（三四・一四）そして、「男子が皆、割礼を受けて私たちと同じようになるというのであれば同意しましょう」（三四・一五）と言いました。イスラエルの男子が皆、割礼を受けるというのは、アブラハムに与えられた神の命令でした（一七・一〇）。このように、ヤコブの息子たちは、宗教的な要求を突き付けたのです。これはハモルがヤコブと彼の息子たちに、「そこに住んで自由に取り引きをし、そこで財をなしてください」（三四・一〇）と経済的な得を理由にしたのとは対照的です。

なお一七節に、「しかし、もし私たちの言うことを聞き入れず、割礼を受けようとしないなら、私たちは娘を連れて帰ります」とヤコブの息子たちは言いました。暴力的な手段に訴えても娘ディナを取り返すと言っているのです。

コラム 14-6

「それは私たちが恥とすることです」(三四・一四)

ここに「恥」(ヘブライ語「ヘルパー」、英語 disgrace) という言葉が出てきたので、私は、アメリカの文化人類学者ルース・ベネディクトが書いた『菊と刀』(一九四六年出版) を思い出しました。彼女は、『菊と刀』の中で、日本の文化は外的な批判を意識する「恥の文化」、欧米の文化は内的な良心を意識する「罪の文化」であるとしました。

Word Biblical Commentary では、この「恥」を、人からの批判や嘲笑の的となることとしていま す。[26] その意味では、ヘブライ文化の中にも、日本文化と同様に、「恥の文化」があることになります。

ここでヤコブの息子たちが「恥」とするのは、「割礼を受けていない者に妹をやるようなこと」(三四・一四) です。つまり、アブラハムの家の者は、外国人でも必ず割礼を受けるようにとされているので (一七・一三)、割礼を受けていない男子が、親戚になることは、親族からの批判の的となるからと説明しています。その他の「恥」(ヘブライ語「ヘルパー」) の用例として、ラケルが身ごもったとき、「神は私の恥を取り去ってくださった」と言ったという例があります (三〇・二三)。この場合も、ラケルは自分が子どもを産まないことについて、周りの人からの嘲笑を気にして、それを「恥」と言っています。

もちろん、ヘブライ文化の基本は、神の前に自分が正しいか否かを反省する「罪の文化」ですが、同時に人々からの批判や嘲笑を気にする「恥の文化」もあることがわかります。同じように、日本の文化も確かに、「恥の文化」が基本にありますが、同時に、「天地神明に恥じない」、「自分の良心に恥じない」という意味での「罪の文化」もあると私は考えます。

続く[26]三四章二〇―二四節は次のとおりです。

「二〇ハモルと息子シェケムは町の門に来て、町の人々に話しかけた。二一あの人たちは、私たちに友好的なので、この地に住んでもらって、そこで自由に取り引してもらいましょう。見てください。土地は十分に広いのです。あの人たちの娘を私たちが妻にもらい、私たちの娘は彼らに与えましょう。二二彼らが割礼を受けているように、私たちの中の男子が皆、割礼を受けさえすれば、彼らは私たちと一緒に住み、一つの民となることに同意するでしょう。二三彼らの家畜、財産、すべての動物が私たちのものになるではありませんか。ただ彼らに同意さえすれば、あの人たちは私たちと一緒に住んでくれるでしょう。』二四町の門に出て来ていたすべての人々は皆、ハモルとその子シェケムの言ったことを聞き入れた。こうして町の門に出て来ていたすべての人々、すなわちすべての男子は割礼を受けた。」（三四・二〇―二四）

ハモルとその子シェケムは、町に帰り、町の門で、町の人々に話しかけました。「町の門」は、町の男たちが集まる公式の場でした。アブラハムも妻サラのマクペラの埋葬地を得るために、町の門で所有者ヘト人エフロンと町の門に集まった人々の前で取引をしました（二三・一〇および一八）。ハモルと息子シェケムは、シェケムの町の門の前に集まったすべての男たちに対して、ヤコブとその息子たちの条件に同意しさえすれば、「彼らの家畜、財産、すべての動物が私たちのものになるではありませんか」（三四・二三）と物質的に得になるからと言って、すべての男子が割礼を受けることを提案しました。すると町のすべての男たちは、割礼を受けることに同意しま

（26）Wenham. Word Biblical Commentary Genesis 16–50, p. 313.

した（三四・二四）。それは首長ハモルとハモルの「家族の中で最も重んじられていた」（三四・一九）シェケムの提案だったからです。さらに町の外に宿営していたヤコブ一家の多くの財産を見て、それらが自分たちのものになることも理由になったと思います。

コラム 14-7

ハモルとシェケムの演説について

ハモルとシェケムが町の門で、町の人々に対して行った演説について、宗教改革者ジャン・カルヴァンは、聖書のこの箇所の解説で、次のように言っているそうです。[27]「町の人々の共通の得になることだけを言って、彼らの本当の意図を伝えない手法は、政治指導者によくある通弊である。」

確かに、町の人々の得になること、すなわち、私たちが割礼を受ければ、「彼らの家畜、財産、すべての動物が私たちのものになるではありませんか」（三四・二三）ということだけを言っています。シェケムがヤコブの娘ディナをレイプしたこと、シェケムがディナとの結婚を熱望していること、さらには、割礼を受けない場合には、ヤコブの息子たちが暴力的な手段に訴えても、今シェケムの家にいるディナを取り返しにくるということを言っていません。つまりすべての情報を伝えないで、世論操作をしていることになります。

続く三四章二五―三四節は次のとおりです。

「二五 三日目になって、男たちがまだ傷の痛みを覚えていたとき、ヤコブの二人の息子、ディナの兄弟シメオンとレビは、それぞれ剣を取って難なく町に入り、男たちをすべて殺した。二六ハモルと息子シェケムを剣にかけて殺し、シェケムの家からディナを連れて出て行った。二七ヤコブの息子たちは倒れている者たちに襲いかかり、町を略奪した。彼らが自分たちの妹を汚したからである。二八また、羊や牛やろば、町にあるもの、野にあるものを奪い取り、二九富をすべて分捕り、すべての幼い子どもたちと女たちを捕虜にし、家にあるものすべてを略奪した。三〇ヤコブはシメオンとレビに言った。『厄介なことをしてくれたものだ。お前たちは私を、この地に住むカナン人やペリジ人の憎まれ者にしてしまった。こちらはごく僅かなのだから、向こうが集まって攻撃してきたら、私も家族も滅ぼされてしまうだろう。』三一だが二人は、『私たちの妹が遊女のように扱われてもよいというのですか』と言い返した。」（三四・二五―三四）

これはとんでもない虐殺と略奪の記録です。ヤコブの兄弟たちのたくらみが実行されました。それは、割礼、すなわち、現在の日本でいえば、包茎手術をシェケムの町のすべての男たちが受けたのです。まだその傷の痛みが消えないで動けない状態にあるときに、ディナの兄弟シメオンとレビが剣を取って町に入り、すべての男たちを殺しました。首長ハモルとその息子シェケムも殺し、シェケムの家に囚われていたディナを救い出しました。さらにひどいことに、シメオンとレビを含むヤコブの息子たちが、倒れている者たちに襲いかかり、羊や牛やろばを含む町の富をすべて分捕り、さらに幼い子ども、女たちを捕虜にしました。

一方、[27] ヤコブはシメオンとレビに対して、「厄介なことをしてくれたものだ。お前たちは私を、この地に住むカナン人やペリジ人の憎まれ者にしてしまった。こちらはごく僅かなのだから、向こうが集まって攻撃してきたら、私も家族も滅ぼされてしまうだろう」と言いました。ヤコブは死ぬまで、このことを覚えていて、死ぬ直前

（27）Wenham. Word Biblical Commentary Genesis 16–50, p. 314.

の言葉として、次のように言いました。

「シメオンとレビは兄弟。彼らの剣は暴虐の武器。

私の魂よ、彼らの謀議に加わるな。私の心よ、彼らの集会に連なるな。

彼らは怒りに任せて人を殺し、ほしいままに雄牛の足の筋を切った。

激しい彼らの怒りは呪われよ。すさまじい彼らの憤りは呪われよ。

私は彼らをヤコブの中に分け、イスラエルの中に散らす」(四九・五―七)

このヤコブの叱責に対してシメオンとレビは、「私たちの妹が遊女のように扱われてもよいというのですか」と言い返しました。このシメオンとレビの言葉は、実際に起きたディナの事件を曲解していると言ってもよいと思います。というのはシェケムは、ディナを遊女のように扱ったのではないからです。シェケムは確かにディナをレイプしましたが、その後、彼女を愛し、優しく語りかけているからです。

なお父ヤコブが、若者に成長した自分の子どもたち、特に娘ディナと息子シメオンとレビの蛮行によって、自分の意図しない状況に追い込まれていったことは、私に次の主イエスの言葉を想い起こさせました。

「よくよく言っておく。あなたは、若い時は、自分で帯を締めて、行きたい所へ行っていた。しかし、年を取ると、両手を広げ、他の人に帯を締められ、行きたくない所へ連れて行かれる。」(ヨハネ二一・一八)

これでこの話は終わっています。この部分は基本的にヤハウェ資料です。この話を記録したヤハウィストの意図はどこにあるのでしょうか。

コラム 14-8

このシェケムでの出来事を記録したヤハウィストの意図

ヘブライ文学は、事実を淡々と描いて、その解釈を読者に任せるという特徴があります。この三四章のシェケムの出来事もそのような書き方です。

したがって、註解書には、大きく分けて次の二つの解釈の仕方がありました。

【一つの解釈[28]】ヤコブが、自分が愛していない妻レアとその娘ディナに冷淡で、ディナがレイプされたことを聞いても黙っていた。ディナと同じ母親レアの息子たちであるシメオンとレビは、レアおよび自分たちがヤコブに愛されていないことを知っていたので、自分たちだけで父親ヤコブに相談せずに、ことをたくらみ、実行した。しかしそれは、ディナを助け出すだけでなく、シェケムのすべての男を虐殺した上に、町全体を略奪するというとんでもないことであった。

【もう一つの解釈[29]】ディナがレイプされたことを聞いてヤコブが黙っていたのは、彼がどのようにしてディナを取り戻そうかと慎重に計画を立てるためであった。ヤコブは平和の人であり、忍耐の人であり、慎重に計画を立てて実行する人であった。それは彼が叔父ラバンのもとから逃げるときも、六年間忍耐してじっくりと財産を増やし準備をしたこと、またエサウに再会するために、贈り物を順番に送るなど十分に計画を立てて実行したことからも分かる。だからヤコブは策を立ててディナを平

(28) Wenham. Word Biblical Commentary Genesis 16–50, pp. 310–319.
(29) 矢内原忠雄「聖書講義創世記」一八三－一八五頁および The New Interpreter's Bible Vol. 1, pp. 576–581.

和的に取戻し、シェケムの人と事を構えないことを望んでいたのだろう。しかるにシメオンとレビの暴虐の剣が、ヤコブの意図を破壊してしまった。

このニつの解釈は必ずしも互いに対立するものでなく、両立し得るものです。しかし私は、どちらかと言えば、後者の解釈の仕方に賛成です。

いずれの解釈を取るにせよ、こうして、カナンの先住民との平和共存の道は断たれて、以降、イスラエルは今に至るまで苦労することになりました。これはヤコブの最初の計画にはないことで、ヤコブは死ぬまでこのことを忘れませんでした。すでに述べたように死の直前にシメオンとレビに祝福というよりは呪いの言葉を述べたことでも分かります。その言葉、「私は彼らをヤコブの中に分け、イスラエルの中に散らす」（四九・七）のとおりに、シメオン族は他の氏族に吸収され、レビ族は土地をもたない祭司の族になりました。

コラム 14-9

娘ディナの気持ちとシメオンとレビの暴虐

三四章のこのシェケムでの出来事の記述の中で気が付くことは、娘ディナの気持ちが全く書かれていないことです。娘ディナはレイプはされましたが、その後、シェケムに愛され、優しく語りかけられて、彼女の気持ちがどのように変化したかについて、ヤハウィストは全く触れていません。男性中心の書き方なのか、わざと触れなかったのかは分かりません。いずれにせよ、ディナが逃げようともせず、シェケムの家に留まっていたのは、ディナにシェケムを愛する気持ちが芽生え始めていたからかも知れません。二四章で、娘リベカの気持ちをリベカの母と兄が、「娘を呼んで直接聞いてみましょう」（二四・五七）と聞いたように、ディナの兄であるシメオンとレビも、妹ディナの気持ちを聞くべきではなかったでしょうか。もしかすると、ディナにとっては、彼らの暴虐は有難迷惑だったのかも知れません。

シメオンとレビは、現代で言えば、いわゆる過激派組織の若者のようです。自分勝手な論理で（この場合は、「私たちの妹が遊女のように扱われてもよいというのですか」）、で勝手に暴虐を働きました。これに比べれば、父ヤコブは、もう少し考えて、まず娘ディナの気持ちを聞いてみよう、それから次の対応策を考えようとしていたのかも知れません。

なお、シメオンとレビの暴虐の剣は、シェケムの町のすべての男を殺したということで、古代の刑罰の原則である「目には目を、歯には歯を」（出エ二一・二四）の原則をはるかに逸脱しています。どのように見ても許されざる暴虐であり蛮行でした。

旧約聖書の律法では、ディナを一目で好きになった若者シェケムの取った行動は、若い男性にあって起こる可能性があることを認めています。たとえば申命記には、こうした場合のために次のような規定が設けられています。

「もしある男が婚約していない処女の娘と出会い、捕まえてこれと寝て、二人が見つけられたなら、娘と寝たその男は、娘の父親に銀五十シェケルを支払い、娘を辱めたのだから、生涯、彼女を去らせることはできない。」（申命二二・二八―二九）

ですから、この創世記の出来事は、申命記成立以前のことであるにしても、このような規定の原則にしたがい、平和的に何らかの解決ができたはずです。

新約聖書の目から見たらどうなるでしょうか。放蕩息子のたとえ（ルカ一五章）で、主イエスは罪を悔い改めた放蕩息子を父親が両手を広げて迎え入れる話をしました。また姦淫の女の話で、主イエスはその女に「私もあなたを罪に定めない。行きなさい。これからは、もう罪を犯してはいけない」（ヨハネ八・一一）と言いました。ですから、ディナの気持ちを聞いた上で、ディナがシェケムを愛するようになっていたのならば、シェケムの罪を罰した上で許しても良かったのではないでしょうか。もしディナにその気がないのなら、シェケムに、「目には目を、歯には歯を」の原則に従い何んらかの罪の償いをさせるだけで、シェケムの町の男性全員を殺す必要はなかったのではないでしょうか。

英語の諺にも、「To err is human, to forgive divine.（あやまちを犯すのは人の常、ゆるすのは神）」とあるとおりです。

14・6　再びベテルへ（三五章一―一五節）

ヤコブ一家は、折角シェケムに土地を購入したのに、息子シメオンとレビの暴虐により、シェケムにいられなくなり、神に言われるままにベテルに移り住むことになりました（図14-1の地図を参照）。三五章一―八節は次のとおりです。

「一 神はヤコブに言われた。『さあ、ベテルに上がり、そこに住みなさい。あなたが兄エサウの前から逃れて行ったとき、あなたに現れた神のため、そこに祭壇を造りなさい。』二 ヤコブは、家族および一緒にいるすべての人に言った。『あなたがたの中にある異国の神々を取り除き、身を清めて衣服を替えなさい。三 さあ、ベテルに上ろう。苦難の日に私に答え、私の行く道で共にいてくださった神のため、そこに祭壇を造ろう。』

四人々は、持っていたすべての異国の神々と、耳につけていた耳輪をヤコブに差し出した。ヤコブはそれら
をシェケムのそばにあったテレビンの木の下に埋めた。五彼らが出発すると、神が周囲の町に恐れを抱かせ
たので、ヤコブの息子たちの後を追う者はなかった。六ヤコブは、一緒にいたすべての者と共に、カナンの
地にあるルズ、すなわちベテルに着いた。七彼はそこに祭壇を築き、その場所をエル・ベテルと名付けた。
兄の前から逃れて行ったとき、神がそこでヤコブに自らを現されたからである。八時に、リベカの乳母で
あったデボラが亡くなり、彼女はベテルの下手にある樫の木の下に葬られた。ヤコブはそこをアロン・バク
トと名付けた。」（三五・一―八）

一―五節はエロヒム資料です。なお、前にベテルの記事が出てきた二八章一〇―二二節は、ヤハウェ資料とエロヒム資料が組み合わされて用いられています[30]。ここで神は、ヤコブにベテルに上り祭壇を築くようにと命令します。これまでは、人間の側から感謝の思いを込めて祭壇を築いてきました。しかしこのときは、神からヤコブに祭壇を築くようにと命令されたのです。

このことの意味については、次のコラム14－10で私の考えを述べます。

コラム 14-10

神はなぜヤコブにベテルに行き祭壇を造りなさいと言ったのか

神がこの時点でヤコブにベテルに行って祭壇を築くように命じたのは、次のような三つの理由が

(30) 関根正雄訳『創世記』註釈、一八七頁および一九五頁。

あったのではないかと私は考えます。

一つ目の理由は、このままシェケムの町の外に宿営していたのでは、シメオンとレビによる暴虐が他のカナン人に知られて、ヤコブ一家が危なくなるので、彼らを守るために、この地を去ってヤコブの信仰の原点であるベテルに戻るように言った、ということです。

二つ目の理由は、ベテルに祭壇を築くことによって、ヤコブ一家の成長した次の世代の息子や娘に、神を畏れるヤコブの信仰を伝える目的があったのではないでしょうか。特に、ヤコブの息子たちは、後にイスラエルの一二部族の長となるので、彼らにヤコブの信仰の後継者として教育したかったのではないかと考えます。具体的に、シメオンとレビがシェケムの町の人たちをたくらみをもって虐殺し、他の息子たちもシェケムの町を略奪しました。さらに娘ディナは一人でふらふら町に出かけて行きました。このように彼らに人間としての生き方や道徳についての教育がなされておらず、緩みを生じていました。人間としての生き方や道徳のもとは、「主を畏れることは知識の初め」（箴言一・七）とあるように、神を畏れ敬うことから始まります。神はその原点にヤコブの一族を立ち返らせようとしたのではないか、と考えます。

三つ目に、ヤコブの一族には、今やヤコブのよって立つところの信仰を知らない人々が加わりました。だから、神はヤコブに自分の信仰を一族の者に伝える機会を作るために祭壇を築くように促されたのではないでしょうか。その人々とは、ハランで得たレアとラケルのそれぞれの仕え女であったジルパとビルハ、また男女の奴隷（三二・六）、さらにシェケムで捕虜にした女たちや子どもたちです（三四・二九）。妻たちレアとラケルは、ヤコブの信仰を理解していました。それはヤコブが直接レアとラケルに話し、彼女らもヤコブについていくと言ったことからわかります（三一・四―一六）。

この神の命令を受けて、二節で、ヤコブは、家族および一緒にいるすべての人に言いました。「あなたがたの中にある異国の神々を取り除き、身を清めて衣服を替えなさい。さあ、ベテルに上ろう。苦難の日に私に答え、私の行く道で共にいてくださった神のため、そこに祭壇を造ろう。」ここであなたがたの中にある異国の神々とありますが、まず第一に考えられるのが、ラケルが父ラバンのもとから盗んできたテラフィムの像です（三一・一九）。他にも彼女たちの故郷パダン・アラム地方の神々の像を持っていた人々もいたと考えられます。さらにシェケムの町で捕虜とした女たちや子どもたちも、カナン人にとっての神々の像をもっていたかも知れません。

ヤコブは、「身を清めて衣服を替えなさい」と言いました。これは直接的には三四章で殺戮や略奪をしたヤコブの息子たちの血で汚れた衣服を着替えて身を清めなさい、という意味に取れます。しかし同時に、心を入れ替え悔い改めて新しい出発をしなさい、という意味もあり、むしろその方が大きいと思います。ヤコブの息子たちはシェケムの町の男たちを殺戮するというとんでもない罪を犯しました。しかし、新約聖書で主イエスは言います。「私が来たのは、正しい人を招くためではなく、罪人を招いて悔い改めさせるためである。」（ルカ五・三二）この悔い改めを態度で示すために、「身を清めて衣服を着替えなさい」とヤコブは言ったのだと思います。新約聖書でパウロも言います。「ですから、以前のような生き方をしていた古い人、すなわち、情欲に惑わされ堕落している人を脱ぎ捨て、心の霊において新たにされ、真理に基づく義と清さの内に、神にかたどって造られた新しい人を着なさい。」（エフェソ四・二二―二四）

ヤコブは三節で、「苦難の日に私に答え、私の行く道で共にいてくださった神」と言っています。しかし、前にベテルで宿ったときに、ヤコブは、「神が私と共におられ、私の行く道を守り、食べる物、着る物を与えてくださり、私が無事、父の家に帰ることができるなら」（二八・二〇―二一）と言っていました。つまり、ヤコブは前には神が彼と共におられ、行く道を守ってくださるということを実感していなかったのでした。しかし、その後、叔父ラバンのところでの二〇年、さらにエサウとの再会、今またシェケムでの殺戮の復讐を恐れつつシェケムを去ることになるなどの体験を通して、ヤコブは神が本当に、「苦難の日に私に答え、私の行く道で共にいてくださった」ことを実感したのでした。この実感はやはり人生の経験を経ないとなかなか得られないものだと思います。

四節に入り、人々は、持っていたすべての異国の神々と、耳に着けていた耳輪をヤコブに差し出しました。ヤコブはそれらをシェケムのそばにあったテレビンの木の下に埋めました。耳輪というのは金でできていて、金はよく偶像を造るのに使われました[31]。そこで人々は耳につけていた耳輪をヤコブに差し出し、ヤコブはそれらを異国の神々の像と共に、シェケムのそばにあったテレビンの木の下に埋めました。そのテレビンの木とは、祖父アブラハムが祭壇を築いたところかも知れません（一二・六―七）。

このようにして、ヤコブは自分の一族に、彼の原点を知らしめて、一族を清め、新しい出発をさせたのでした。五節に、「彼らが出発すると、神が周囲の町に恐れを抱かせたので、ヤコブの息子たちの後を追う者はなかった」とあります。これは二―四節に書かれたヤコブの言葉とそれに基づく一族の行動を喜んで、神がヤコブ一族を変わらず守ることにされたことを表しています。

こうしてヤコブ一族は、ベテルに着きました（六節）。ベテルはシェケムの南約五〇キロメートルのところにあります（図14-1の地図を参照）。ベテルは前にヤコブがエサウの怒りから逃げて野宿した夜に、主から言葉をかけられたところでした（二八・一〇―二二）。ヤコブは神に言われたとおりに、そこに祭壇を築き、その場所をエル・ベテルと名付けました（七節）。「エル・ベテル」とは、「ベテルの神」という意味です。ここはエロヒム資料なので、神は普通名詞の神「エル」で表されています。さらに「ベテル」のもとの意味は、「神の家」ですが、ここでは地名として使われています。

次の八節に突然、ヤコブの母リベカの乳母であったデボラの死の話が出てきます。どうして急にここに、デボラの話が出てくるのか不思議です。デボラが前に出てきたのは、リベカが兄ラバンのもとからイサクの妻として旅立つとき、「彼らは、妹のリベカとその乳母、アブラハムの僕とその従者たちを送り出すことにし」（二四・五九）とあるように、ただ「乳母」として書かれているだけで名前も出ていません。若いときのヤコブは、天幕に住んでいて、料理が好きで、母リベカに愛されていたとあります（二五・二七—二九）。当然母リベカの乳母であったデボラにも愛されていたのでしょう。ヤコブは母リベカの乳母のデボラの「おばあちゃん子」だったのかも知れません。もう一つ不思議なのは、デボラの死の話がここに出てきますが、母リベカの死の記事は聖書にはなく、後にマクペラの洞穴に葬られていることしか書かれていません（四九・三一）。全くの推測ですが、この時点までに母リベカはすでに亡くなっており、身寄りのなくなったデボラがヤコブを頼ってやって来て、ヤコブの一行に加わったのかも知れません。

いずれにせよ、ある時期からデボラがヤコブと共にいてベテルに来た時に死んだことは確かです。族長ヤコブが母の乳母に、細やかなやさしい心遣いをする人であったことが描かれます。このデボラを葬った樫の木をヤコブは、アロン・バクトと名付けました。「アロン・バクト」とはヘブライ語で、「嘆きの樫の木」の意味です[32]。ヤコブが祖母のような存在であったデボラの死を深く嘆いたことが伝わってくる名前です。

続く三五章九—一五節は次のとおりです。

「九ヤコブがパダン・アラムから戻って来たとき、神は再び彼に現れ、祝福して、一〇言われた。『あなたの名

(31) 金の耳輪を集めて「金の子牛」の偶像を造った話は出エジプト記三二章一—六節に出てきます。
(32) 月本昭男訳『創世記』一一四頁、注三。

はヤコブである。だがあなたの名はもはやヤコブとは呼ばれない。イスラエルがあなたの名となる。』神はこうして、彼をイスラエルと名付けられた。一一神はまた彼に言われた。『私は全能の神である。産めよ、増えよ。あなたから一つの国民、そして諸国民の集まりが起こり、あなたから王たちが出る。一二私は、アブラハムとイサクに与えた土地をあなたに与える。また、あなたに続く子孫にこの土地を与える。』一三神はヤコブと語られたその場所で、彼を離れて昇って行かれた。一四そこでヤコブは、神が自分と語られたその場所に一つの柱、石の柱を立て、その上に注ぎの供え物を注ぎ、またその上に油をかけた。一五ヤコブは、神が自分と語られた場所をベテルと名付けた。」(三五・九—一五)

ここは、これまでの話との繰り返しが多い箇所です。その理由はこの箇所が、祭司資料から取られているからです。これまでに出てきたベテルでの話(二八・一〇—二二)はヤハウェ資料とエロヒム資料であり、ペヌエルでの話(三二・二三—三三)はヤハウェ資料からです。したがって、ここは創世記を前六世紀に編纂した祭司が、同じ話をどのように捉えていたかをうかがわせる記述となっています。

まず叔父ラバンがいたハランが属するパダン・アラム地方からのヤコブの帰還を神が祝福した、ということが取り上げられます。第二に、ヤコブの名前をイスラエルに変えたことが語られます。祭司資料は、ヤハウェ資料のように名前の語源を説明しません。すなわちヤコブの新しい名前、イスラエルを文字通り、「神が闘いたもう」と読むだけです。三二章二九節(ヤハウェ資料)では、イスラエルの名前の由来を「あなたは神と闘い、人々と闘って勝ったからだ」と民間語源的に説明していました。その意味で、すでに説明したように[33]、祭司資料の方が、学者的で言葉を正確に理解しているといえます。しかし、不思議なことに同じ祭司資料で書かれている一三—一四節でも、ヤコブのことはヤコブと言っており、イスラエルと言っていません。

第三の点は、その祝福の具体的な内容で、一一—一二節にあるように、子孫の繁栄と土地を与えるという約束です。ここで神の名は、「全能の神（ヘブライ語エル・シャッダイ）」と出てきます。これも前述したように、[34]祭司資料では、神が自分の名を「ヤハウェ（日本語訳「主」）」であることをモーセに知らせたのは、出エジプト記六章三節以降であり、それまでは「エル・シャッダイ（全能の神）」を使っています。

一三節の「神はヤコブと語られたその場所で、彼を離れて昇って行かれた」という表現は、神は実際には人（あるいは天使）の形をとって、ヤコブに語られたとしています。この表現は、同じ祭司資料のアブラハムに関する記述である、「こう語り終えると、神はアブラハムを離れて昇って行かれた」（一七・二二）と同じです。

続く一四―一五節は、「そこでヤコブは、神が自分と語られたその場所に一つの柱、石の柱を立て、その上に注ぎの供え物を注ぎ、またその上に油をかけた。ヤコブは、神が自分と語られた場所をベテルと名付けた」と書いています。この記述は、二八章一八―一九節と全く同じです。しかし状況は違います。二八章の場合が、ヤコブ一人の個人的な出来事であったことであるのに対して、ここ三五章の場合には、ヤコブが家族および一族のものを引き連れており、イスラエルと名前を変えた後の、集団としての出来事を記録しています。その結果、ベテルは、後にイスラエルの重要な聖所となりました。[35]

（33）上巻一六頁。
（34）上巻一〇四頁。
（35）たとえば列王記下一七章二八節を参照。

コラム 14-11

ヤコブのイスラエルへの改名が二度書かれていることについて

ヤコブはペヌエルで神の人と格闘した後、イスラエルと名前を変えるようにと、神の人から言われました（三二・二九、ヤハウェ資料）。ここ三五章でも同じように、ヤコブはイスラエルと改名するように神から言われました（三五・一〇、祭司資料）。私はこれを原資料の違いとして説明しましたが、矢内原忠雄先生は次のように説明します[36]。

「ヤコブが『イスラエル』となった自覚は、ヤボクに始まり、ベテルにおいて確立したのであろう。すなわち、ヤボクにおいては、それは彼一人の秘かなる個人的経験であり、ベテルにてはそれが公的に確認されたものと考えて差し支えないであろう。」

このようにヤコブ自身の三二章のヤボクにおける秘かな個人的な経験が、ヤコブおよび彼の一族、さらに彼の子孫であるイスラエル民族の公的な名前として、ここ三五章のベテルで確認された、と矢内原忠雄先生は解釈されたのでした。なるほど、この解釈の方が、より深く、かつ正しいと私も思いました。

14・7　ラケルの死（三五章一六—二一節）

三五章一六—二一節は、ヤコブの最愛の妻ラケルが難産の末、亡くなる記事です。

「一六それから彼らはベテルを出発した。エフラタに着くまでにはまだなお道のりがあったが、ラケルは産気づき、難産であった。一七その難産で苦しんでいたとき、助産婦は彼女に言った。『心配ありません。今度も男の子です。』一八ラケルは死にかかって命が絶えようとしたとき、その子をベン・オニと名付けた。しかし父はこれをベニヤミンと名付けた。

一九ラケルは亡くなり、エフラタ、すなわちベツレヘムに向かう道のそばに葬られた。二〇ヤコブは彼女の墓に柱を立てたが、それはラケルの墓標として今日まで残っている。二一イスラエルはさらに旅を続け、ミグダル・エデルを過ぎたところに天幕を張った。」（三五・一六―二二）

ヤコブ一族がベテルからヘブロンに行く途上の、エフラタというところで、ヤコブの最愛の妻ラケルは産気付き、難産に苦しみました。助産婦は、「心配ありません。今度も男の子です」と言って彼女を励ましました。しかしラケルは、その子を「ベン・オニ（ヘブライ語で「私の悲しみの子」）と名付けた後、命が絶えました。そのとき父ヤコブは、これをベニヤミン（ヘブライ語で「右手（＝幸運）の子」）と名付けました。このベニヤミンが彼の名前となりました。

なお、ラケルが死んだエフラタの地理的な位置には旧約聖書の中で、混乱があります[37]。ここ創世記三五章一九節および四八章七節、さらにミカ書五章一節では、ベツレヘムと同じとされます。一方、サムエル記上一〇章一節、エレミヤ書三一章一五節では、後にベニヤミン族に割り当てられた土地にあるラマ付近の地とされます。この違いを、月本昭男氏は、両方の記述が正しいとすれば、ラマ付近にあったエフラタの人々が後にベツレヘムに移住したのであろうと推測しています[38]。この場合、ラケルの墓標も一緒に移したものと考えられます。

（36）矢内原忠雄「聖書講義創世記」一八七頁。
（37）月本昭男訳『創世記』一一五頁、注一四。

二一節では、ヤコブの名はイスラエルとされ、彼がミグダル・エデルを過ぎたところまで旅を続けたことが書かれています。イスラエルの名を使うのは、二一節がヤハウェ資料だからです。ヤコブがイスラエルと名前を変えるように言われた三二章二九節もヤハウェ資料でした。なお、その前の一六―二〇節まではエロヒム資料です。「ミグダル・エデル」というのはヘブライ語で「群れの要塞」という意味で、エルサレム近くの地名です。

コラム 14-12

ラケルの祈りの実現

ラケルは、一人目の男子ヨセフを産んだあと、「主が私にもう一人男の子を加えてくださいますように」と祈りました（三〇・二四）。その後、エフラタで、ヤコブに二人目の男の子ベニヤミンを産んだので、ラケルの祈りが叶えられました。しかし、それはラケルの死と引き換えでした。このように神は人の祈りを叶えてくださいますが、悲しいことにそれは死を伴うこともあります。このことは死後の世界を信じない者にとっては悲劇ですが、死後の世界を信じる者には励ましになります。つまり死んだ後でも、自分の祈りが聞かれたことを知ることができるからです。

旧約聖書の世界では、死後の世界は前提されていないので、ラケルは産まれて来た子に、ベン・オニ（私の悲しみの子）と名付けました。このことは、後に預言者エレミヤの心を動かし、次のような言葉をエレミヤに言わせています。

「主はこう言われる。
ラマで声が聞こえる

激しく嘆き、泣く声が。
ラケルがその子らのゆえに泣き
子らのゆえに慰めを拒んでいる
彼らはもういないのだから。」（エレミヤ書三一・一五）

このエレミヤの言葉はさらに新約聖書で、主イエスの誕生のすぐ後に、ヘロデ王に殺された二歳以下の男の子を殺した記事の後に引用されています（マタイ二・一八）。

このようにラケルは子どもを失って悲しむ母親の象徴となりました。しかし実際には、ラケルが産んだ子ベニヤミンは死なず、死んだのは母親ラケルの方でした。

14・8　ルベンの醜行とヤコブの息子たち（三五章二二―二六節）

ここではヤコブの長子ルベンの醜行とヤコブの息子たちが母親別にリストアップされます。次のとおりです。
「二二ところが、イスラエルがその地に住んでいたとき、ルベンが父の側女ビルハのところに行って寝た。こ
のことはイスラエルの耳にも入った。
ヤコブの息子たちは一二人であった。二三レアとの間に生まれた子はヤコブの長男ルベン、そしてシメオン、
レビ、ユダ、イッサカル、ゼブルンである。二四ラケルとの間に生まれた子はヨセフとベニヤミンであり、二
五ラケルの召し使いビルハとの間に生まれた子はダンとナフタリである。二六レアの召し使いジルパとの間に

(38) 同右。

生まれた子はガドとアシェルである。以上がパダン・アラムで生まれたヤコブの息子たちである。」（三五・二二―二六）

二二節は前半と後半に分かれ、前半はヤハウェ資料で、ルベンの醜行を描いています。ルベンの行動は、彼の性的な衝動によるというよりも、政治的な意味が大きいとされます。[39] それはヤコブの妻であったラケルが死に、ヤコブも年を取って来たので、自分が一族のリーダーになることを示す意味があったと考えられるからです。同じような例として、ダビデ王が年を取ってきたので、息子アブサロムが父の側女のところに入った事件がありま す（サム下一六・二〇―二三）。

ところがこの事件の記述は、「このことはイスラエルの耳にも入った」（三五・二二）という文章で唐突に終わります。それはなぜでしょうか。私は三四章五節で娘のディナがシェケムにレイプされたことを聞いたときに、黙っていた場合と同じように、このときもイスラエルは慎重に考えて長期的にことを運ぶ性格のゆえに、どう対処するのが良いか考え始めたのではないかと思います。結局、ヤコブは死ぬ間際の遺言で、ルベンについて次のように述べました。

「ルベンよ、お前は私の長子。私の力、強さの初め。堂々とした威厳、卓越した力量がある。だが、水のように奔放で、もはやほかにまさるものではない。お前は父の寝台に上って汚した。私の床に上った。」（四九・三―四）

この言葉は、ヤコブがルベンを長子として認めないことを示しています。ヤコブはこういう形でこの話に決着をつけたと言えます。

コラム 14-13

ルベンの醜行の記事に関するユダヤ教のミドラーシュの解釈

ユダヤ教に、「ミドラーシュ（Midrash）」という文書があります。これはヘブライ語聖書の文字の行間を読んで、歴代のラビたちが紡ぎだした解釈や物語を集めた文書です。ミドラーシュには、紀元後四〇〇年から一二〇〇年までのそうした解釈や物語が入っています[40]。

そのミドラーシュには、ルベンの醜行とされるこの記事について次のような解釈が記されているそうです[41]（原文英語、日本語訳著者）。

「愛妻ラケルが亡くなった後、ヤコブは自分のベッドをラケルの仕え女ビルハのテントに移した。ルベンは、父ヤコブが母レアよりもラケルを愛したことだけでも気に入らなかった。ラケルの死後、あろうことか父ヤコブは自分のベッドを妻レアのテントに移さず、仕え女ビルハのテントに移した。このことは、妻レアの長男であったルベンには耐え難いことだった。そこでルベンは、父ヤコブのベッドを、仕え女ビルハのテントから母レアのテントに移した。」

ラケルの死の記事のすぐ後にこのルベンの記事が置かれていること自体が、このミドラシュの解釈も大いにありえることだと、私たちを納得させます。

（39）Fretheim. The New Interpreter's Bible Vol. 1, p. 585.
（40）ヘブライ語「ミドラーシュ」とは、「探し求める」から派生した言葉です。上巻三六九頁参照。
（41）Rabbi Sacks. Covenant & Conversation, p. 249.

しかも、「このことはイスラエルの耳にも入った」というだけで、ヤコブは人のうわさだけを信じて、本当はどうだったのかを調べもせず、直接ルベンに問いただしたり、ビルハに確認したりせずに、自分の死の床に伏す最後の時まで誤解をしていたのかも知れません。

二二節後半には、ヤコブの一二人の息子たちの名前が書かれます。このリストがここに置かれたのには、ヤコブも年をとってきて、アブラハム―イサク―ヤコブと続いた系図は、この後は長男ルベンだけが継ぐのでなく、一二人全体で継ぐのだという意味があるのだろうとされます。(42)

14・9 イサクの死（三五章二七―二九節）

イサクの死は、次のように描かれます。

「二七ヤコブは父イサクのいるキルヤト・アルバ、すなわちヘブロンのマムレにやって来た。そこはアブラハムとイサクが一時、滞在していたところである。二八イサクの生涯は百八十年であった。二九イサクは老いた後、生涯を全うして息絶え、死んで先祖の列に加えられた。息子のエサウとヤコブが父を葬った。」（三五・二七―二九）

ヤコブはついに父イサクのいるヘブロンのマムレに戻って来ました。ヤコブが若いときに、父イサクのもとから叔父ラバンのところに出立したのは、ベエル・シェバからでした（二八・一〇）。ヘブロンはベエル・シェバの北約四〇キロメートルのところにあります。おそらくイサクの死期が近かったので、一族の者が、アブラハムが購入した墓地であるマクペラの洞窟に葬るためにイサクをヘブロンまで連れて来たのではないでしょうか。アブラハムが妻サラを葬ったときも、住まいがあったベエル・シェバからヘブロンまで妻サラを連れて来て、そこで妻サラは死んだと記されています（二三・二）。なおヘブロンのマムレはアブラハムがしばらく住んでいたところでした（二三・一八、一四・一三）。

そのヘブロンで、イサクは一八〇年の生涯を全うして息絶え、死んで先祖の列に加えられた、とあります（三五・二八―二九）。「死んで先祖の列に加えられた」というのは、アブラハムが死んだときにも使われた表現です（二五・八）。そこでも説明しましたが、普通は先祖と同じ墓に葬られたという意味で使われることが多い表現です。しかし、アブラハムは父の家を出たので、マクペラの洞穴は全く新しい墓地として購入したものでした。ですからイサクは、自分の父であるアブラハムと同じ墓に葬られたのでした。イサクについても、アブラハムと同じように「死んで先祖の列に加えられた」というのは、先祖と同様にこの世の生涯を終えて死んだと理解するのがよいとされます[43]。

二九節で注目すべきは、別れ別れになった双子の息子であるエサウとヤコブが一緒に父イサクを葬ったことです。アブラハムの場合も、別れ別れになったイシュマエルとイサクが父アブラハムを一緒に葬っています（二五・九）。なお葬った場所は、マクペラの洞窟であることが後のヤコブの言葉から分かります（四九・三一）。

こうしてイサクの生涯は終わりました。イサクの一生ならびに生き方については、すでに「コラム11-6　平和主義者イサク」および「コラム11-8　イサクと、父アブラハムおよび息子ヤコブとの対比」に書きましたので、それらのコラムを参照してください。

---

(42) Fretheim. The New Interpreter's Bible Vol. 1, p.585.
(43) Wenham. Word Biblical Commentary Genesis 16–50, p.160.

ヤコブを主人公とするヤコブ物語もこの三五章で終わります。次の三六章には、ヤコブの兄エサウに関する系図がまとめられています。そして三七章からは、ヤコブの最愛の妻ラケルの産んだ息子ヨセフを主人公とする物語（ヨセフ物語）が始まります。なおヤコブは再びヨセフ物語の中で出てきます。ヤコブの死は、四八章三三節に出てきます。

14・10　エサウの系図など（三六章）

ヤコブ物語を終えるにあたり、創世記の編纂者（すなわち前六世紀にバビロン捕囚中の祭司）は、ヤコブの双子の兄エサウについてその系図をまとめます。エサウの子孫はエドム人となりました。ヤコブの子孫であるイスラエル民族は、エドム人に一目を置いたり、敵対したり、支配したりしました。いずれにしても、親戚関係にある民について、きちんと書くのが創世記を編纂した祭司の学問的なスタンスです。

このヤコブ物語の終わり方は、アブラハム物語を終えるにあたり、イスラエル民族の祖である息子イサクとは別のもう一人の息子イシュマエルの系図をもってきたのと同じ構造です（二五・一二―一八）。イシュマエルはいわゆるアラブ人の祖となりました。

三六章には、エサウの系図およびエサウが支配するに至ったセイル人の系図も出てきます。この三六章には、合計約二〇〇人以上の私たちにはなじみのない名前が出てきます。

そこで、ここでは本文をすべて引用することはやめて、エサウがヤコブと別れてセイルの山地に住むに至った経緯を述べる三六章六―八節だけを引用します。

「六エサウは、妻、息子と娘、家のすべての者、家畜とすべての動物、カナンの地で蓄えたすべての財産を

携え、弟ヤコブから離れてほかの地へと赴いた。七一緒に住むには彼らの財産があまりに多く、彼らが身を
寄せていた地は、その家畜のゆえに、自分たちの生活を支えることができなかったのである。八エサウはこ
うして、セイルの山地に住むようになった。エサウとはエドムのことである。」（三六・六―八）

エサウとヤコブは父イサクが死んだあと、一緒に父を葬りました（三五・二九）。ヤコブがカナンに、一族と多くの財産（羊、山羊、ろば、らくだなどの家畜）を携えて戻ってきたので、すでに富んでいたエサウと一緒に住むには、彼らが身を寄せていたカナンの地は狭すぎました。それはアブラハムと甥ロトの場合と同じでした（一三・五―九）。そこでエサウが一族と財産すべてを携えて、セイルの山地に移り住みました。セイルの地は図14-1に出てきます。「エサウとはエドムのことである」という文章で、エサウがエドム人の祖となったことが分かります。

コラム 14-14

なぜエサウはカナンの地を離れてセイルに移ったのか

三六章六―八節では、エサウがセイルの地に移ったのは、ヤコブが父イサクのもとに戻った後のこととして書かれています。一方、三二章四節では、「セイルの地、エドムの野にいる兄のエサウに使いの者を送り」とあるので、その時点ですでにエサウはセイルの地に移っていた、ということになります。つまりエサウがセイルに一族を引き連れて移っていった時点が、三二章と三六章では異なるのです。

この違いは、三二章四節はヤハウェ資料で、三六章六節は祭司資料だからだ、と説明できます。エ

サウやヤコブが生きた時代は、前一八―一六世紀であり、創世記がバビロン捕囚中の祭司によりバビロンで編纂されたのは、前六世紀です（上巻18ページの表1―1を参照）。創世記は、編纂された時点より約千年前のことについて述べているわけです。この約千年の間に伝承されたきた話は、伝承してきたグループによりヤハウェ資料としてまとめられたり、祭司資料としてまとめられました。それらを編纂するにあたって、編纂者としての祭司がとった編集方針は、原資料の記述の間に矛盾があることを承知で、原資料の記述をそのまま採用することでした。このことについては、上巻1・3・3の「創世記の内容の多様性」においてすでに述べました。

二つ目の不思議な点は、父イサクがいたカナンの地を出て行くのが、なぜエサウであってヤコブではなかったのか、ということです。

これについての私の考えは、「エサウは狩りが巧みな野の人」（二五・二七）だったので、進取の気性に富んでいました。そこでヤコブが帰ってきたので父イサクの世話はヤコブに任せて、カナンの地を離れて、新天新地であるセイルに向かったのではないかというものです。一方のヤコブは、ベテルで「父祖アブラハムの神、イサクの神」に出会い、カナンの地をあなたとあなたの子孫に与えると言われました（二八・一三）。ですから、折角帰ってきた約束の地であるカナンを離れたくなかったのではないでしょうか。こうして二人の考えが一致して、平和のうちに二人はセイルとカナンに分かれて住むことになって平和的に共存したのだと推測します。

コラム 14-15

なぜ異民族であるエドム人の系図をこのように詳しく書くのか

三六章に書かれたエドム人の系図およびエドム人が征服したセイル人の系図は、紀元前千年頃にダビデ王がエドム人を戦で破り支配した時に収集したものとされます[44]。

なぜ異民族であるエドム人の系図をこのように細かく書いたのでしょうか。もともとエドム人は、イスラエル民族の祖であるヤコブの双子の兄エサウの子孫なので、いずれはエドム人とイスラエル人が一つの民となる日が来ることを見越したからではないか、という説明がありました[45]。確かに、申命記には、セイルの地は、神がエサウとその子孫であるエドム人に与えた土地であるという記述があります。それは出エジプトをしたイスラエル民族がセイルの地にあるエドム人の土地を通り過ぎることについて述べたものです。次のとおりです。

「彼ら（著者注―エドム人）と戦ってはならない。私（著者注―主（ヤハウェ））は、彼らの土地を、足の裏でふむほどもあなたがたに与えることはない。セイルの山地は領地としてエサウに与えたからである。」（申命二・五）

つまり主はエドム人のことをイスラエル人と同じように大切な民としている、とイスラエル人が捉えていたことが分かります。

（44）Fretheim. The New Interpreter's Bible Vol. 1, p.590.
（45）Wenham. Word Biblical Commentary Genesis 16–50, p.342.

ダビデ王がエドム人を征服したときに、イスラエル人は、かつて主がリベカに与えた託宣が成就したと考えたのではないでしょうか。すなわち、次の託宣です。

「二つの国民があなたの胎内に宿っており
二つの民があなたの腹の中から分かれ出る。
一方の民は他方の民より強くなり
兄は弟に仕えるようになる。」（二五・二三）

しかも、この託宣を、創世記を編纂したバビロン捕囚中の祭司は、エドム人がイスラエル人に仕える形ではあるが、二つの民が同じ主のもとで一つになる、と理解したのではないでしょうか。ですから、エドム人に対する並々ならぬ関心があり、彼らの系図を細かく創世記に書き込んだのではないかと、私は考えます。

このように旧約聖書では、武力による征服で、二つの民が一つになるのですが、新約聖書では違います。それはキリストがご自分を犠牲にしてすべての人を救ったその愛に与って、すべての人が一つになるのです。使徒パウロは、次のように言います。

「ユダヤ人もギリシャ人もありません。奴隷も自由人もありません。男と女もありません。あなたがたは皆、キリスト・イエスにあって一つだからです。」（ガラテヤ三・二八）

以上でヤコブ物語は終わり、次の三七章から、ヤコブの最愛の妻ラケルが産んだヨセフについての物語が始まります。

第一五章　ヨセフ物語（その1）（創世記三七章―三八章）

ヨセフ物語は三七章から始まり、創世記の最終章の五〇章まで続きます。その長いヨセフ物語を、本書では四部に分けて取り上げます。

その第一部となる第一五章では、ヨセフ物語（その1）として、少年ヨセフが見た夢の話と、それに対するヨセフの兄弟たちの仕打ちを述べます。しかし、三八章で、ヨセフ物語は一度中断されて、ヨセフの兄弟ユダの話が入ります。この中断の意味については、三八章について述べる15・3節で考察します。

15・1 ヨセフの夢（三七章一－一一節）

ヨセフ物語は次のように始まります。

「一ヤコブは父が身を寄せていた地、カナンの地に住んでいた。二ヤコブの歴史は次のとおりである。ヨセフは一七歳の時、兄弟と一緒に羊の群れを飼っていたが、彼はまだ若く、側女ビルハの息子たちやジルパの息子たちと一緒であった。彼は兄弟の悪い噂を父に告げることがあった。三イスラエルはヨセフをどの息子よりもかわいがっていた。年を取ってからの子だったからである。それで彼には長袖の上着を作ってやった。四兄弟は、父が誰よりもヨセフをかわいがるのを見て、彼を憎み、穏やかに話すことができなかった。五あるとき、ヨセフが夢を見て、それを兄弟に話すということがあった。すると彼らは以前にも増してヨセフを憎むようになった。六ヨセフは彼らにこう言った。『聞いてください。私はこんな夢を見ました。七私たちが畑の中で麦の束を結わえていると、いきなり私の束が起き上がり、まっすぐに立ったのです。すると兄さんたちの束が周りに集まり、私の束にひれ伏しました。』八兄弟はヨセフに言った。『お前が我々を治めるというのか。お前が我々を支配するというのか。』彼らはその夢の話のゆえに、ヨセフを以前にも増して憎むようになった。九ヨセフはまた別の夢を見て、それを兄弟に話した。『私はまた夢を見ました。すると、日と月と十一の星が私にひれ伏していたのです。』」

一〇ヨセフはこれを父と兄弟に話したので、父はヨセフをとがめて言った。『お前が見たその夢は一体何なのだ。私やお母さん、兄弟たちがお前にひれ伏すとでもいうのか。』一一兄弟はヨセフを妬んだが、父はこのことを心に留めた。」（三七・一―一一節）

三七章一―二節は、祭司資料で、元来、三六章八節の「エサウはこうして、セイルの山地に住むようになった。エサウとはエドムのことである」（ここは祭司資料）に続くものだとされます。[1] エサウがセイルの山地に住むようになったのに対して、「ヤコブは父が身を寄せていた地、カナンの地に住んでいた」と述べ、ヤコブが祖父アブラハム、父イサクに約束された土地カナンに住むようになり、彼らの約束を継ぐ者になったことを示します。二節に、「ヤコブの歴史は次の通りである」と言った後、すぐ「ヨセフは一七歳のとき」とこの後の物語でヨセフが主人公になることが示されます。ここで「歴史」と訳されたヘブライ語は、「トーレドート」で、祭司資料が一つの物語を終えて、次の物語を始める場合に使う区切りの言葉です。[2] 月本昭男訳『創世記』では「系譜」、新共同訳では「由来」、口語訳では「子孫」、と訳されています。英語訳では、ＮＩＶが「the account of」、ＲＳＶが「the history of」、ＫＪＶが「the generations of」と訳しています。
二節の続きに、ヨセフが羊飼いとなり、父ヤコブの側女であったビルハとジルパの息子たちと一緒に羊を飼っていたと記されます。これは、一七歳であったヨセフは、まだ一人前の牧夫とは認められず、異母兄たちのもと

（１）Wenham. Word Biblical Commentary Genesis 16–50, p.341.
（２）上巻の四四頁を参照してください。

で仕えていた、という意味であるとされます[3]。二節はさらに、「彼は兄弟の悪い噂を父に告げることがあった」と述べます。ここでの兄弟とは、側女ビルハと側女ジルパの息子たち、すなわちダン、ナフタリ、ガド、アシェルです（三五・二五―二六）。またヨセフは父に直接会って、父と親しく話せる立場にあったようです。それをヨセフは、兄弟たちの悪い噂を父に告げるという形で使いました。少しずつ、ヨセフが兄弟たちから疎んじられ、憎まれる様子が描かれ、後のクライマックスである、兄弟たちがヨセフをエジプトに行く隊商の商人に売り飛ばす、という出来事に近づいていきます。

次の三節から三六節までは、ヤハウェ資料とエロヒム資料が組み合わされて用いられており、微妙な相違および重複があります。

三節は、「イスラエルはヨセフをどの息子よりかわいがっていた。年を取ってからの子だったからである。それで、彼には長袖の上着を作ってやった」と言います。ここは、ヤハウェ資料なので、ヤコブでなく、イスラエルという名前が使われます[4]。イスラエルはヨセフをどの息子よりかわいがっていた、とヤコブの偏愛がまた表に出てきます。ここではその理由を「年を取ってからの子だったから」とします。

実際には、それに加えて最愛の妻ラケルの子だったからでもありました。その偏愛の一つの表れとして、ヤコブはヨセフにだけ「長袖の上着を作ってやった」とあります。ここで「長袖の」と訳されたヘブライ語「パッシーム」の意味は不明で、「あでやかな」、「かかとまである」、「身に巻き付ける」などとの訳もあります[5]。いずれにせよ、他の兄弟たちは羊飼いの粗末な服を着ていたのに、ヨセフだけが父ヤコブにえこひいきされて素敵な上着を作ってもらっていたのです。これでは、他の兄弟たちがヨセフに対して妬みを持つのは当然です。

ですから四節に、「兄弟は、父が誰よりもヨセフをかわいがるのを見て、彼を憎み、穏やかに話すことができなかった」とあります。

五―八節（エロヒム資料）は、ヨセフが夢で見た麦の束の話です。麦の束が出てくるので、ヨセフたちは、羊飼いのかたわら、農業にもかかわっていたことが分かります。その夢では、ヨセフが束ねた麦の束が起き上がりまっすぐ立つと、兄たちの束が周りに集まり、ヨセフの束にひれ伏したというのです。兄たちはこの話を聞いて、ヨセフを以前にも増して憎むようになりました。実はこの夢は、この後の物語の展開の中で実現することになります（四二―四四章）。このように神がご自分のみ心を夢で人に伝えるのがエロヒム資料の特徴です。

九―一〇節もエロヒム資料で、ヨセフが見たもう一つの夢である、「日と月と十一の星が私にひれ伏していた」と、父と兄弟に話しました。ここで日は父を、月は母を、そして一一の星は他の兄弟たちを指すのは明らかです。ですから父は、ヨセフを咎めて、「私やお母さん、兄弟たちがお前にひれ伏すとでもいうのか」と言いました。

一一節に、「兄弟はヨセフを妬んだが、父はこのことを心に留めた」とあります。後半の「父はこのことを心に留めた」という文章について、コラム15-2で私の考えを述べます。

（３）月本昭男訳『創世記』一二二頁、注八。
（４）「コラム15-5　三七章に現れる原資料に基づく微妙な違い」の「(4) 人名「ヤコブ」と「イスラエル」の使い分け」を参照してください。
（５）月本昭男訳『創世記』一二二頁、注九。

コラム 15-1

ヤコブの家族内に見られる偏愛、えこひいき

ヤコブの家族内には偏愛が見られ、それが物語の展開の大きな柱になっています。たとえば、父イサクは息子エサウを愛し、母リベカは息子ヤコブを愛しました（二五・二八）。ヤコブは妻ラケルを愛し、妻レアを疎んじました（二九・三〇）。今またヤコブは息子ヨセフを他のどの息子よりも偏愛しました（三七・三）。このようにヤコブの特徴の一つは、自分が偏愛していることを関係者にはばからずにオープンにすることでした。これが兄エサウと弟ヤコブの争いの原因になり、また妻レアの悲しみのもとになりました。そして他の兄弟たちがヨセフを憎む原因になりました。

ヤコブおよびその家族は、神に選ばれたとはいえ、決して模範的な家族ではなく、他の普通の人間の家族と同じか、あるいは偏愛という意味ではそれ以下です。

しかし、神は違います。偏愛ということがありません。旧約聖書では、申命記に、「あなたがたの神、主は偏り見ることも、賄賂を取ることもなく、孤児と寡婦の権利を守り、寄留者を愛してパンと衣服を与えられる方である」（申命一〇・一七―一八）とあり、新約聖書でも、使徒言行録に、「神は人を分け隔てなさらないことがよく分かりました」（使徒一〇・三四）とあるとおりです。

私たちは、人間だから仕方がない、ヤコブの家族でさえそうだったではないかといって、居直ることもできます。しかし、使徒パウロは言います。「神に愛された子どもとして、神に倣う者になり、愛のうちに歩みなさい。」（エフェソ五・一―二）神に愛されていることを実感すると、神に倣う者になりたいという望みが出てきます。ですからこのコラムの内容に添って言えば、人は一夫一妻の結婚を

して、与えられた子どもたちを平等に愛して、家族内にもめごとの種をまかないことが大切ということになります。

もっともヤコブについて言えば、叔父ラバンがヤコブをだましさえしなければ、彼はきっと妻ラケルだけを愛し、妻ラケルを通して与えられた息子たちであるヨセフとベニヤミンの両方を平等に愛したことでしょう。事実、ヤコブは、その二人を平等に愛しました。

しかし神のご計画は、ヤコブによってご自分の民であるイスラエルの一二部族の民を生まれさせるということでした。このように神に用いられたヤコブは、人間としては家族の愛憎の中で苦しめられるという大変な人生を送らなければなりませんでした。まことに、「生ける神の手に落ちるのは、恐ろしいことです。」（ヘブライ一〇・三一）

コラム
15-2

「父はこのことを心に留めた」（三七・一一）について

ヤコブは直情径行の人ではなく、慎重に考えて長期的な計画を立てて、ことを運ぶ人でした。このことはすでに三四章五節で、ディナの事件を聞いたヤコブが、「彼ら（息子たち）が戻って来るまでは黙っていた」という表現にも出ています。このヤコブの態度は、後にダビデが娘タマルがレイプされたことを聞いた時に、「ダビデ王はことの一部始終を聞き、激しく怒った」（サム下一三・二一）という態度とは対照的です。

三七章一一節でも、ヨセフが自分が見た夢を父ヤコブと兄弟たちに話したときに、ヤコブは一応ヨセフを咎めましたが、「父はこのことを心に留めた」と書いてあります。父ヤコブは、神が夢でヨセフに何かを語りかけているのかも知れないと考えて、このことを心に留めたのではないでしょうか。それはヤコブ自身も夢の中で神の使いから何回も大切なことを語りかけられた記憶があったからだと思います。たとえば、ベテルでも夢を見ましたし（二八章）、叔父ラバンのもとから出て、「生まれ故郷に帰りなさい」という指示も彼は夢の中で聞いています（三一・一一）。ですから、ヤコブはこのヨセフが見た夢のことを心に留めて、いろいろ思いを巡らせていたのだと思います。

同じような表現が新約聖書にもあります。それは主イエスの母マリアについてです。マリアが主イエスを家畜小屋で産んだ後、彼を飼い葉桶に寝かしておきました。そのとき野宿していた羊飼いたちが来て、ヨセフとマリアに天使たちた告げたことを話しました。その話を人々は不思議に思いました。「しかし、マリアはこれらのことをすべて心に留めて、思いめぐらしていた」（ルカ二・一九）とあります。マリアも不思議に思いましたが、すぐにこれは何か意味があることだ考えて、心に留めて思いめぐらしていたのです。

このように神さまのことや聖書のことを初めて聴いた時には、私たちも不思議に思い、あるいはヤコブのように一度はその話をした人を咎めたりするかもしれません。しかし、今は分からなくても、そこに何かがあるかも知れないとの心の声が聞こえるときには、すぐに否定したり、忘れたりしないで、心に留めて、思いめぐらせることが大切であると思います。

15・2　ヨセフ、エジプトに売られる（三七章一二―三六節）

ヨセフは、彼を憎んでいた兄弟たちによって、最初は荒れ野で穴に投げ入れられますが、その後、穴から引き上げられ、エジプトに向かう隊商の一隊に奴隷として売られます。三七章一二―二四節は次のとおりです。

「一二さて、兄弟はシェケムで父の羊の群れを飼うために出かけていた。一三イスラエルはヨセフに言った。『兄弟はシェケムで羊の世話をしているはずだ。さあ、お前は兄さんたちのところに行って来なさい。』ヨセフが、『はい、分かりました』と答えると、一四父は言った。『出かけて行って、兄さんたちは無事か、羊の群れは無事かを見て、知らせてくれ。』父はヨセフをヘブロンの谷から送り出し、ヨセフはシェケムにやって来た。一五ヨセフが野原をさまよっていると、ある人がヨセフと出会い、『何を探しているのですか』と尋ねた。一六『兄弟を探しているのです。どこで羊の群れを世話しているか教えて下さい。』ヨセフがこういうと、一七その人は答えた『ドタンへ行こうと話しているのを聞きましたが、もうここから出かけてしまいました。』ヨセフは兄弟の後を追って行き、ドタンで彼らを見つけた。一八兄弟は遠くにヨセフを認めると、まだ近づいて来ないうちに彼を殺そうと謀った。一九彼らは互いに言った。『見ろ、あの夢見る者がやって来るぞ。二〇さあ、彼を殺して、穴の一つに投げ込もう。悪い獣が食い殺したと言えばよい。あの男の夢がどうなるか、見てみよう。』二一これを聞いたルベンは、彼らの手からヨセフを救い出そうとして言った。『命を取るのはやめておこう。』二二ルベンはさらに言った。『血を流してはならない。荒れ野のこの穴に投げ込めばよい。彼に手を下してはならない。』それは、彼らの手からヨセフを救い出し、父のもとに帰すためであった。二三ヨセフが兄弟のところにやってくると、彼らはヨセフが身に着けていた衣服、長袖の上着を剥ぎ取り、二四彼を捕まえて穴に投げ込んだ。穴は空で、そこに水はなかった。」（三七・一二―二四）

一二節で、ヨセフを除く兄弟がシェケムまで羊の群れを飼うために出かけていた、とあります。兄弟たちは、ヘブロンの谷で暮らしていましたから（三七・一四）、シェケムまでは直線距離にして約七五キロメートルありま
す(6)。シェケムの町は、ヤコブの息子たちが、ディナの事件のときに滅ぼしたところです（三四章）。近隣の民からの報復を恐れなかったのでしょうか。あるいは、父ヤコブはそのことを少し恐れる気持ちがあったために、シェケムに行った息子たちの安否が気になって、ヨセフを行かせたのかも知れません。

一三節に、「イスラエルはヨセフに言った。『兄弟はシェケムで羊の世話をしているはずだ。さあ、お前は兄さんたちのところに行って来なさい。』」とあります。一四節にも同じように、父は言った。「出かけて行って兄さんたちは無事か、羊の群れは無事かを見て、知らせてくれ」とあります。つまり、一三節と一四節で内容に重複があります。これは一三節がヤハウェ資料で、一四節がエロヒム資料だからです。さらに一三―一四節で分かることは、兄さんたちは羊の群れを飼って遠くに出かけていますが、ヨセフだけは父のもとにいて特別扱いされています。どうやらヨセフは父に特にかわいがられて、父の秘書役のように、兄たちのことを父に報告する役目を負わされていたのではないでしょうか。二節にも、ヨセフは兄弟の悪い噂を父に告げることがあったとあり、そのことが示唆されています。

父はヨセフが兄弟たちから憎まれ、妬まれていたことを知っているはずです（三七・一一）。ですからヨセフを単身で遠方にいる兄弟たちのところに送れば、何が起こるかを父ヤコブは想定できたはずです。どうやらヤコブもヨセフも、ヨセフの兄弟たちがヨセフを亡き者にするとまでは考えていなかったようです。しかし、この物語の読者には容易に想像できますから、読者のサスペンスを高める効果はあります。

一五―一七節でヤコブが、シェケムの野原で兄弟たちを探してさまよっていると、ある人に出会いました。その人は、兄弟たちがドタンに行こうと言っていたのを聞いた、と話してくれました。ドタンというのは、シェケ

ムからさらに北方約二五キロメートルのところにあります。[7] そこでヨセフはドタンまで来て、兄弟たちを見つけました。

一八―二〇節で、兄弟たちは遠くにヨセフが来るのを見つけました。それはヨセフが父から与えられた「あでやかな」長袖の上着を着ていたからでしょう。兄弟たちは、「あの夢見る者を殺して穴の一つに投げ込もう。悪い獣が食い殺したと言えばよい、あの男の夢がどうなるか見てみよう」と言いました（三七・一九）。ここで「穴」とは、ヘブライ語で「ボール」で、「雨水を貯めておくために、岩を穿って造られた穴」のことです。[8] この穴にヨセフが投げ込まれれば、水に溺れて死んでしまうでしょう。

しかし、二一―二二節で、長男のルベンは、彼らの手からヨセフを救おうとしました。具体的には、ルベンは兄弟たちに、「命を取るのはやめておこう。血を流してはいけない。荒れ野のこの穴に投げ込めばよい。彼に手をくだしてはならない」と言いました。ここでルベンは、「荒れ野のこの穴」と特定の穴を指定していることに注目してください。ルベンは、その穴には水が無いことを知っていました。ですから、後で穴に戻って来て、ヨセフを穴から救い出し（三七・二九）、父のもとに帰すつもりでした。

二三―二四節では、いよいよヨセフが兄弟たちのところに来ます。そこで彼らはヨセフが身に着けていた長袖の上着を剥ぎ取り、彼を捕まえて穴に投げ込みました。ここに出てくる「穴」には定冠詞がついていますから、二二節で、ルベンが「荒れ野のこの穴」といった穴に投げ込んだのです。英語訳（ＮＩＶ）でも、ちゃんと the

（6）月本昭男訳『創世記』一二三頁、注九。
（7）月本昭男訳『創世記』一二三頁、注一一。
（8）月本昭男訳『創世記』一二三頁、注一三。

cistern と定冠詞 the が付いています。cistern とは貯水池のことです。二四節の最後に、「穴は空で、そこには水がなかった」と書いてあり、なぜルベンが「この穴」と言ったのかが分かります。

続く三七章二五—三六節は次のとおりです。

「二五その後、彼らは座って食事をした。ふと目を上げると、イシュマエル人の隊商がギルアドからやって来
るのが見えた。らくだに樹脂、香油、シスタス香を積んで、エジプトに下って行こうとしていた。二六ユダ
は兄弟にいった。『兄弟を殺し、その血を覆い隠したところで、何の得になるというのだ。二七さあ、イシュ
マエル人に売ってしまおう。彼に手をかけてはならない。彼は我々の兄弟、我々の肉親ではないか。』兄弟
はこれを聞き入れた。
二八その時、ミデヤン人の商人たちが通りかかったので、彼らはヨセフを穴から引き上げ、ヨセフを銀二
十シェケルでイシュマエル人に売った。彼らはヨセフをエジプトへ連れて行った。二九ルベンが穴に戻って
みると、穴の中にヨセフはいなかった。ルベンは自分の衣服を引き裂き、三〇兄弟のところに戻って言った。
『あの子がいない。私は、この私はどうしたらいいのだ。』三一だが彼らはヨセフの上着を取り、雄山羊を殺
して、その血に上着を浸した。三二それから、長袖の上着を父のもとに持ち帰って言った。『こんなものを見
つけましたが、あなたの息子の上着であるかどうか、確かめてください。』三三父は確かめて言った。『息子
の上着だ。悪い獣に食われてしまったのだ。ヨセフはかみ裂かれてしまったのだ。』三四ヤコブは自分の衣を
引き裂き、粗布を腰にまとい、幾日もその子のために嘆き悲しんだ。三五息子や娘が皆、父を慰めようとやっ
て来たが、ヤコブは慰められることを拒んで言った。『嘆き悲しみつつ、わが子のもとに、陰府へと下って
行こう。』こうして、父はヨセフのために泣いた。三六あのミデヤン人たちは、ヨセフをエジプトで、ファラ
オの役人で親衛隊長であったポティファルに売り渡した。」（三七・二五—三六）

二五節で、兄弟たちは、ヨセフを穴に投げ込んだ後、座って食事をしました。彼らがふと目を上げると、イシュマエル人の隊商がギルアドからやって来るのが見えました。「イシュマエル人」というのは、アブラハムの子イシュマエルの子孫で、彼の子孫の系図は二五章一二節以降に出ています。ここでは、この隊商はイシュマエル人となっていますが、二八節ではミデヤン人となっています。この違いについては、いろいろな解釈が提案されています。[9]その一つは、「イシュマエル人」がこの地方の隊商に携わっていた人たちの総称であるのに対して、「ミデヤン人」はその中の特定の部族の人たちを指している、という解釈です。[10]ヤハウェ資料は、「イシュマエル人」を使い、エロヒム資料は「ミデヤン人」を使ったと説明されます。なお、イシュマエルがアブラハムの妻ハガルの息子である（一六章）のと同様に、ミデヤンもアブラハムの妻ケトラによる息子です（二五・二）。ユダヤ教のミドラーシュでは、妻ケトラは実は妻ハガルのことであったとしていることはすでに上巻で述べました。[11]

この隊商の人々がラクダの背に乗せて運んでいたのは、樹脂、香油、シスタス香とあります。これらはいずれも、ギルアドの山地に生える、それぞれ異なる植物から採られる香料でした。[12]兄弟たちがいたドタンは、ガリラヤからパレスチナの地中海沿岸を経由してエジプトに行く交易路の近くにありました。[13]だから彼らは、「ミデヤン人の商人たちが通りかかったので」、ヨセフを穴から引き上げ、この商人たちに売ることができたのです。

二六―二七節で、ユダは兄弟たちに言いました。[14]「兄弟を殺し、その血を覆い隠したところで、何の得になる

（９）Wenham. Word Biblical Commentary Genesis 16–50, pp. 354–355.
（10）同右 p. 355。
（11）加納貞彦『創世記に学ぶ（上）21世紀の共生』三六九―三七〇頁。
（12）Wenham. Word Biblical Commentary Genesis 16–50, p. 355.
（13）同右 p. 354。

というのだ。さあ、イシュマエル人に売ってしまおう。彼に手をかけてはならない。彼は我々の兄弟、我々の肉親ではないか。」ここで、ユダが言っていることは二つあります。一つは、ヨセフを殺しても「得にならない」という損得勘定です。もう一つは、ヨセフは兄弟なのだから彼に手をかけてはならない。むしろイシュマエル人に売ってしまおう。と言っています。殺すよりも人に売ってしまう方が罪が軽いと考えたのです。ユダの提案は他の兄弟たちに受け入れられました。このように、ユダは四男ですが[15]、兄弟たちの間でリーダーシップを取っていることが分かります。

それにしても、後にユダヤとかユダヤ人という言葉の由来になるユダという人物が、ここでは、兄弟であり親族であるヨセフを殺すのはよそう、それより他人に売ってしまった方が自分たちの得になる、しかも多少は罪は軽くなる、と提案する冷たい打算的な人間として描かれています。出エジプト記にある後の規定では、人を誘拐して他人に売ることも死罪に当たるとしています（出エ二一・一六）。

このようなユダがその後、人間的にどのように変わっていくのかを、後の章で見るのも創世記のこの部分を読む楽しみの一つです。「コラム17-3　ユダの嘆願に見られる彼の人間的な成熟」を参照してください。

こうして二八節で、ヨセフは穴から引き揚げられ、ミデヤン人の商人たちに銀二〇シェケルで売られました。銀二〇シェケルというのは、バビロニア時代の五歳から二〇歳の男子奴隷の標準的な値段でした[16]。イスラエルにおいても人を主に奉献するときに、「五歳から二十歳までなら、その男子の査定額は銀二十シェケル」（レビ二七・五）とあります。その商人たちは、ヨセフをエジプトへ連れて行きました。

二九―三〇節に、「ルベンが穴に戻ってみると、穴の中にヨセフはいなかった。ルベンは自分の衣服を引き裂き、兄弟のところに戻って言った。『あの子がいない。私は、この私はどうしたらいいのだ』」とあります。このルベンの言葉から、ヨセフが穴から引き上げられて、ミデヤンの商人たちに売られたことを、ルベンは知らなかったことが分かります。ユダがリーダシップを取っている話は、ヤハウェ資料、ルベンがリーダシップを取っている話はエロヒム資料です[17]。なおルベンは先に父ヤコブの側女ビルハのところに入り、若さに任せて自己主張をしました[18]（三五・二二　ヤハウェ資料）。しかし、今は父に愛されている弟ヨセフを取り戻して父のもとに帰すつもりでした（三七・二二　エロヒム資料）。ですから、ルベンは、「私は、この私はどうしたらよいのだ」と自分の衣服を引き裂き嘆いたのです（二九―三〇節はエロヒム資料）。彼の嘆きは弟ヨセフのためであると同時に、愛する息子ヨセフを失うことになる父ヤコブの悲嘆を考えての嘆きでもあります。原資料が違うとはいえ、ルベンも人間的に成長したことが描かれています。

三一節で、兄弟たちは、ヨセフの上着を取り、雄山羊を殺して、その血を上着に浸し、それを父のもとへ持ち帰り言いました。「こんなものを見つけましたが、あなたの息子の上着かどうか確かめてください。」（三二節）

（14）聖書協会共同訳では、ヘブライ語「アフ（兄弟（単数））」および「アヒーム（兄弟たち（複数））」を、一貫して、日本語で「兄弟」と訳しています。確かに「兄弟」は日本語でも単数の兄弟を表したり、複数の兄弟たちを表すこともあります。しかし、たとえば二六節で「ユダは兄弟にいった。『兄弟を殺し、……』」とあるとき、最初の「兄弟」は、原文では複数形であり、次の引用符の中の「兄弟」は単数形（ヨセフのこと）ですが、同じ「兄弟」となって紛らわしいです。そこで、本書では、ヘブライ語で複数の場合は、「兄弟たち」と表し、ヘブライ語で単数の場合は、「兄弟」と表すことにします。私が参照した「新共同訳」、「口語訳」、月本昭男訳『創世記』、関根正雄訳『創世記』およびフランシスコ会聖書研究所訳『聖書』では、ヘブライ語で複数形の場合は、すべて「兄弟たち」と訳しています。

（15）ユダはヤコブの四男です（二九・三二―三五）。

（16）Wenham. Word Biblical Commentary Genesis 16–50, p. 356.

（17）関根正雄訳『創世記』註釈、一九九頁。

（18）このルベンの行動に関しては、「コラム14-13　ルベンの醜行の記事に関するユダヤ教のミドラーシュの解釈」を参照してください。

これは父をだますための偽装工作です。父イサクを衣服でだましたヤコブは（二七・一五）、ここでは自分の息子たちから衣服によってだまされています。父ヤコブが人をだましたので、息子たちも、かつてシェケムの人々をだまし（三四・一三）、今また父ヤコブをだましています。このようにヤコブが関わる話には、人をだます話が多くあります。

聖書にこのように人をだまし嘘をつく物語があるのは残念なことです。しかし、逆にそれだけ聖書は人間の真実の姿を写し取っているといえます。しかも、嘘をついた結果、自分も人から嘘でだまされるという教訓を伝えているようでもあります。

三三―三五節には、父ヤコブが愛する息子ヨセフに死なれたと思って、大いに嘆くさまが書かれています。特に、「ヤコブは慰められることを拒んで言った。『嘆き悲しみつつ、わが子のもとに、陰府に下って行こう。』こうして父はヨセフのために泣いた」（三七・三五）という表現は、天国で愛する者と再会できる希望がない旧約聖書の世界での深い嘆きを表現しています。なお、「陰府（ヘブライ語「シェオール」）」というのは、旧約聖書で、「死者の赴く地下界」のことです[19]。

この三七章の最後は、三六節の、「あのミデヤン人たちは、ヨセフをエジプトで、ファラオの役人で親衛隊長であったポティファルに売り渡した」で終わります。この三六節は、エロヒム資料なので、ヨセフを奴隷として売り渡したのはミデヤン人であるとしています。なお、ほぼ同じ文章が、この後、三九章一節（ヤハウェ資料）で出てきますので、「ファラオ」、「親衛隊長」、「ポティファル」に対する説明は三九章ですることにします。

コラム 15-3

人間の悪い面だけを描く三七章の意義

父のヨセフに対する偏愛と、兄弟たちのヨセフに対する憎しみと妬み、さらに彼をエジプトに奴隷として売り飛ばすこの創世記三七章は、人間の欠点だけを書いています。神に関することは、少しも出てきません。これは何を意味するのでしょうか。

私は人間の赤裸々な姿を描いた後、これらの欠点をも利用して、神がご自分の計画を成就してゆく過程を生き生きと描くために、三七章がここに置かれたと考えます。つまり、後に創世記の最後の五〇章で、ヨセフは自分に乱暴した上で、奴隷として売り飛ばした兄弟たちにこう言いました。「あなたがたは私に悪を企てましたが、神はそれを善に変え、多くの民の命を救うために、今日のようにしてくださったのです。」（五〇・二〇）つまり、人間の悪も含めてすべては神様の手の中、すなわちご計画の中にあり、善に変えてくださるのです。新約聖書でパウロも言っています。「神を愛する者たち、つまり、ご計画に従って召された者のためには、万事が共に働いて益となるということを、私たちは知っています。」（ローマ八・二八）「万事」とは良いことも悪いこともすべてを含む万事です。

(19) 月本昭男訳『創世記』一二五頁、注一一。

コラム 15-4

ヤコブの長男ルベンの人となり

このコラムでは、ユダヤ教のラビであるサックス氏の著書の記述をもとに[20]、ルベンの人となりを考えてみます。

ルベンは、父ヤコブが愛していない妻であったレアの長男として産まれました（二九・三二）。しかも彼の名ルベンは父ヤコブが名付けたものでなく、母レアが付けたものです。母レアが付けたということは、父ヤコブは無関心であったことを示しています。ヘブライ語「ルベン」には二つの解釈があります。一つは、「主は私を顧みて下さった」の「顧みる」に由来するという解釈です。もう一つは、「見てください、息子です」と読む解釈です[21]。後者の解釈をとれば、レアは夫ヤコブに、「私が産んだあなたの息子を見て下さい」と言っています。このように、ルベンは母レアの悲しみを背負ってこの世に産まれてきたのでした。このことは両親の祝福と期待のもとに産まれて来た場合に比べて、ルベンの性格に暗い影を落としたようです。その暗い影とは、自分に対する確信のなさです。その自分への確信のなさが原因となって、彼が良かれと思ってしたことが、しばしば予期しなかった不幸な結果をもたらしました。

たとえば、ルベンがまだ少年のとき、野原で恋なすびを見つけて、母レアのところへ持って来たことがありました（三〇・一四）。これは母レアが恋なすびを食べて、また妊娠するようにと少年ルベンが願ってやったことと考えられます。しかし、それを見たラケルが「あなたの子の恋なすびを分けてください」と言ったため、レアとラケルの姉妹間で口喧嘩の原因となりました（三〇・一五）。

次にルベンが出てくるのは、ラケルの死後、「ルベンが父の側女ビルハのところに行って寝た」という箇所です（三五・二二）。この記事の解釈として、ユダヤ教のミドラーシュでは、「ルベンは、父ヤコブのベッドを、仕え女ビルハのテントから母レアのテントに移した」としていることは、すでにコラム14－13で述べました。この解釈によれば、父ヤコブの愛妻ラケルが亡き後、ルベンは父ヤコブが側女ビルハとテントを共にするのでなく、母レアとテントを共にするように、側女ビルハのテントに入って、そこにあった父ヤコブのベッドを母レアのテントに移した、ということになります。つまりルベンは、ラケル亡き後、父ヤコブが母レアとテントを共にするようにと、母レアに良かれと思ってしたことでした。しかしそのために、側女ビルハのテントに入ってビルハと寝たという噂が立てられ、父ヤコブの耳にも入りました。ルベンのしたことがとんでもない誤解を招いたことになります。父ヤコブはすぐにはルベンに対して何も言いませんでした。父ヤコブはルベンを呼んで、事の真相を確かめるべきでした。ヤコブは本来、自分のところに入ってくる情報をもとに、すぐにリアクションせず心に留めておいて熟慮しながら、何をすべきかを考える人でした。

その結果、ヤコブは死の床にあって、ルベンについて、このことに言及して、祝福というよりは、呪いに近い言葉をルベンについて語りました（四九・三―四）。

（20） Rabbi Sacks. Covenant & Conversation, pp. 245-252.
（21） 関根正雄訳『創世記』注釈、一八八頁には、「主は私を顧みて下さった」と解釈するのはヤハウェ資料、「見てください、息子です」という解釈はエロヒム資料による、とあります。

このようにルベンは、母レアのために良かれと思ってしたことが、父ヤコブによって誤解され、「もはやほかにまさる者でない」（四九・四）と断罪されて、長男としての立場から引きずりおろされたのでした。

ルベンが次に出てくるのが、兄弟たちがヨセフをエジプトに行く隊商の商人に奴隷として売った記事です（三七・二一―三〇）。ここではルベンは、ヨセフの扱いについて、「血を流してはならない。荒れ野のこの穴に投げ込めばよい。彼に手を下してはならない」と言いました（三七・二二）。それをエロヒストは、「それは、彼らの手からヨセフを救い出し、父のもとに帰すためであった」と書き加えて、ルベンの意図を説明します。しかし、明確には書かれてはいませんが、ルベンが兄弟たちからしばらく離れていた間に、ユダの提案でヨセフはエジプトに行く隊商の商人に奴隷として売られてしまいました。そのことを知らなかったルベンが、「穴に戻ってみると、穴の中にヨセフはいなかった。ルベンは自分の衣服を引き裂き、兄弟のところに戻って言った。『あの子がいない。私は、この私はどうしたらいいのだ』」（三七・二九―三〇）と言って嘆き、悔しがりました。ここでもルベンが良かれと考えてやったことが、彼の意図どおりには展開せず、ヨセフをエジプトへ奴隷として売る結果になりました。

もしルベンが、本当に兄弟たちの手からヨセフを救い出し、父ヤコブのもとに帰すつもりであったら、兄弟たちに妥協するべきではありませんでした。一番年上の長男なのだから、「堂々とした威厳、卓越した力量」（四九・三）を持って、「血を流してはならない。私がヨセフを父ヤコブのところに帰す」と兄弟たちを説得すべきでした。そして、ヨセフを穴に投げ込まずに、むしろ彼の手を引いて父ヤコブのもとに帰るべきでした。ここでも、ルベンは良かれと思ってやったことが、自分に確信がなかったために中途半端になり、予期せぬ悪い結果をもたらしました。

ルベンはもう一度、二〇年余経って、エジプトで総理大臣になったヨセフのもとへ、兄弟たちで穀物を買いにいったときの記事に出てきます。このとき、ヨセフは兄弟たちを三日間、監獄に入れました。三日後に兄弟たちは、自分たちがこういう目にあったのはヨセフの苦しみを見ながら穴に投げ入れ、売ったからだと互いに言い合いました。そのときルベンは、「あのとき私は、『あの子に害を加えるな』と言ったではないか。しかしあなたがたは耳を貸そうとしなかった」と言いました。つまり二〇年余経ってもルベンは、あのときのことを忘れていなかったのでした。このようにルベンは良い提案をしながら、自分に自信がなかったので、それを通すことができずに、いつでも、そしていつまでも反省する人でした。

ルベンの人柄や生き方から学ぶことは、私たちが良かれと思って何かをする場合には、確信をもって最後までやり通す必要がある、ということだと思います。途中で妥協すると予期しない悪い結果をもたらすことがあります。ルベンはそうした人物の典型として描かれています。

コラム 15-5

三七章に現れる原資料に基づく微妙な違い

創世記三七章は、一―二節が祭司資料、三―三六節はヤハウェ資料とエロヒム資料が組み合わされて使われています。このため、次のような微妙な違いがあります。

（1）ヨセフをエジプトに行く隊商に売る原因になった兄弟たち

祭司資料では二節で、ヨセフは側女ビルハと側女ジルパの息子たちが、彼らの悪い噂をヨセフが父に告げた、としています。暗に、彼らがヨセフに恨みを持ち、後にヨセフをエジプトに行く隊商に売るように主導したことを暗示する結果になっています[22]。エロヒム資料では、ヨセフが彼らに話した二つの夢の話（三七・五―九　エロヒム資料）が理由になって、兄弟たちがヨセフを憎んだとします。ヤハウェ資料では、父がヨセフにあでやかな長袖の上着を作ってやったという偏愛、すなわちえこひいきが理由であるとしているようです。いずれにせよ、若いときのヨセフは、父ヤコブにえこひいきされ、甘やかされた、どうしようもない少年であったと言えるでしょう。

（２）　ヨセフを助けようとした兄弟は誰であったか

兄弟たちがヨセフを穴に入れて殺そうとした時に、彼を殺さないで、命を助けようと提案し主導したのは誰であったか、について原資料により次のような違いがあります。

ヤハウェ資料は、四男ユダであるとします。ただし、この場合、二一節の「これを聞いたルベンは、彼らの手からヨセフを救い出そうとして言った」の「ルベン」を「ユダ」と読み変える必要がありま す[23]。それは二六節でのユダの言葉、「兄弟を殺し、その血を覆い隠したところで何の得になるというのだ。さあイシュマエル人に売ってしまおう。彼に手をかけてはならない。彼は我々の兄弟、我々の肉親ではないか」に基づいています。これはヤハウェ資料が、ユダの子孫であるユダ族の間で伝承されてきた物語をまとめたものであり、そこではユダ族の祖ユダが大きな役割を演じているからと考えられます[24]。

一方、エロヒム資料は長男ルベンであるとします。二二節（エロヒム資料）でルベンは、「血を流してはならない。荒れ野のこの穴に投げ込めばよい」と言いました。その後、他の兄弟たちがヨセフを穴から引き上げて、商人たちに売ったことを知りませんでした。ですから、二九―三〇節（エロヒム資料）で、ルベンは穴に戻ってみると、穴の中にヨセフがいなかったので、衣服を引き裂き兄弟たちのところに戻って、「あの子がいない。私は、この私はどうしたらいいのだ」と嘆いたのです。長男として父に言い開きができないと考えたのでしょう。なお、ここで衣服を引き裂きというのは、激しい悲しみの表現です。

（３）ヨセフをエジプトに売った隊商の商人

すでに本文で述べましたが、ヤハウェ資料はイシュマエル人とし、エロヒム資料はミデヤン人としています。

（４）人名「ヤコブ」と「イスラエル」の使い分け

「ヤコブ」を使うのは、エロヒム資料です。一方、「イスラエル」を使うのは、ヤハウェ資料です。それはヤコブがイスラエルと改名するようにと言われたペヌエルでの話（三二・二三―三一）がヤハウェ資料だからです。なお、ヤコブがベテルに戻って来たとき、神から名前をイスラエルに変えるように言われた話は、祭司資料です。

(22) 関根正雄訳『創世記』註釈、一九八頁。
(23) 関根正雄訳『創世記』註釈、一九八頁は、三七章二一節の「ルベン」を「ユダ」と読み替えることを提案しています。
(24) 加納貞彦『創世記に学ぶ（上）21世紀の共生』一三頁。

15・3　ユダとタマル（三八章）

ここでヨセフ物語は中断され、三八章全部がヤコブの四男であるユダとその長男エルの妻タマルの話になります。どうして創世記の編纂者が、このようにヨセフの話を三七章で始めたすぐ後に、ユダの話を入れることにしたのでしょうか。註解書の記述[25]に私の補足を入れて説明すると次のようになります。

創世記の編纂者は三七章二節で、「ヤコブの歴史は次のとおりである」と書きました。ここで「歴史」と訳されたヘブライ語「トーレドート」は、「系図」とも「系譜」とも訳されることは、三七章二節の説明ですでに述べました。つまり三七章から創世記が終わる五〇章の終わりまでは、「ヨセフ物語」と本書ではしましたが、実はヤコブも生きており、三七章以降は、ヤコブの息子たちの話に中心が移りますが、ヤコブの物語が続くのです[26]。そこで後のイスラエルの歴史で重要となるヤコブの二人の息子、ヨセフとユダについての物語を均衡をもって書くために、三七章でヨセフについて述べた後、三八章ではユダについて書いた、と説明されます[27]。実際三九章以降で、しばらくエジプトにおけるヨセフの物語が続きますが、四六章でヤコブの家族は再び一堂に会して結ばれるので、ヤコブの家族の物語が続いているわけです。多くの註解書が三七章から五〇章までを「ヨセフ物語」とタイトルを付けますが、それは創世記を編纂した祭司の意図をきちんと反映していません[28]。そのことを承知の上で、本書でも他の多くの註解書と同様に、「ヨセフ物語」というタイトルを三七章から最後の五〇章までの範囲に対して付けました。

三八章がここに置かれたもう一つの理由は、背景として、印刷術が発明された紀元後一五世紀より前の時代は、創世記は毎週の聖日（ユダヤ教では土曜日）にユダヤ教の会堂（シナゴーグ）で会衆に読んで聞かせるものであったということがあります。そうすると三七章の最後で、ヨセフがエジプト人に売られた、と述べた後、読者はヨセフはこの後どうなるのだろうかと興味を持ちますが、それを三八章で一旦中断することによって、読者の興味はつなぎ止められ、今後の会堂での読み聞かせに期待することになります。(29)

三八章全体はヤハウェ資料からとされます。一―一一節は、次のとおりです。

「一その頃、ユダは兄弟のもとから下って行って、ヒラという名のアドラム人の近くに住んだ。二その所でユ
ダは、カナン人でシュアと言う人の娘を見初めてめとり、彼女のところに入った。三彼女は身ごもって男の
子を産み、ユダはその子をエルと名付けた。四彼女はまた身ごもって男の子を産み、その子をオナンと名付
けた。五彼女はさらに男の子を産み、その子をシェラと名付けた。彼女がシェラを産んだとき、ユダはケジ
ブにいた。六ユダは長男のエルにタマルという名の妻を迎えた。七ユダの長男エルは主の目に悪とされたので、
主は彼を殺された。八ユダはオナンに言った。『兄嫁のところに入り、兄弟としての義務を果たし、兄に子
孫を残しなさい。』九しかしオナンは、その子孫が自分のものにならないのが分かっていたので、兄に子孫
を残さないように、兄嫁のところに入る度に子種を地に流した。一〇彼のしたことは主の目に悪とされるこ
とであったので、彼もまた殺された。一一ユダは嫁のタマルに言った。『息子のシェラが成人するまで、あな
たは父の家で、やもめとして暮らしなさい。』シェラもまた兄たちのように死んではいけないと思ったから

(25) Wenham. Word Biblical Commentary Genesis 16–50, p. 364.
(26) 創世記五〇章で、ヤコブは死んで埋葬され、ヨセフも死んで、創世記は終わります。
(27) Wenham. Word Biblical Commentary Genesis 16–50, p. 363. Fretheim. The New Interpreter's Bible Vol. I, p. 604. ヨセフの息子エフライムは北イスラエル王国のリーダー格の部族になり、ユダは南ユダ国の主要な部族になります。ユダヤとかユダヤ人という言葉はユダに由来します。
(28) Wenham. Word Biblical Commentary Genesis 16–50, p. 345.
(29) 同右 p. 363。

である。タマルは出て行って、父の家で暮らした。」（三八・一―一一）

ヨセフの話は中断されて、ヤコブの四男ユダの話が始まります。一節の「その頃」というのは、ヨセフがイシュマエル人の隊商に売られて、エジプトに連れられて行った頃（三七・三六）、という意味です。「ユダは兄弟のもとから下って行って」とあるのは、その頃、ユダのいた所、すなわちヘブロン（三七・一四）は、南ユダヤ地方で一番高い所にあったので（海抜約九〇〇メートル）、文字通り、下って行ったわけです。彼は、「ヒラという名のアドラム人の近くに住んだ」とあります。アドラムは、ヘブロンの北西一六キロメートルの山すそにある地名で、現在のイデルミイェにあたります。[30] そこにいたヒラという人の近くに住みました。

「その所でユダは、カナン人でシュアと言う人の娘を見初めてめとり、彼女の所に入った」とあります（三八・二）。ここに「見初めてめとり」とあるヘブライ語の表現は、六章二節にある「神の子らは、人の娘たちが美しいのを見て、それぞれ自分が選んだ者を妻とした」に出てくる、「見て、妻とした」と全く同じ表現です。つまり。ユダはカナン人シュアの娘が美しいのを見て、情欲のままにめとった、ということを暗に言っています。ですから、娘の人格を全く認めていないので、名前さえ書いてありません。ユダは、アブラハムの場合の息子イシュマエル、およびイサクの場合の息子エサウと全く同じように地元のカナン人の娘を妻にしたわけです。しかし、この後、イシュマエル、エサウと違って、神がアブラハムに与えた約束の継承者の一人となり、かつ中心的な役割を果たすユダ族の祖となるのですから、神の選びは不思議です。

ユダはこの結婚により、エル、オナン、シェラの三人の息子を得ます（三八・三―五）。五節に「彼女がシェラを産んだとき、ユダはケジブにいた」とあります。ケジブというのは、アドラムの西約五キロメートルの所の地名です。後にシェラの子孫がこの地に住みました（歴代上四・二一―二二）。だから、「彼女がシェラを産んだとき、ユダはケジブにいた」と書き加えたのだろういう説明があります。[31]

六節に、「ユダは長男のエルにタマルという名の妻を迎えた」とあります。タマルは、明確には書いてありませんが、カナン人の娘とされています。[32]「タマル」というのは、「なつめ椰子」の意味で、それは「命の木」（二・九）でもあり、[33]豊饒を意味します。

七節に、「ユダの長男エルは主の目に悪とされたので、主は彼を殺された」とあります。どのような悪を行ったかは書いてありません。

八節に、「ユダはオナンに言った。『兄嫁のところに入り、兄弟としての義務を果たし、兄に子孫を残しなさい』」とあります。これは、兄弟が子なくして死んだとき、その妻を故人の兄弟がめとって故人の子孫を絶やさないようにする婚姻で「レビラート婚」と言われます。[34]後に申命記二五章五―六節にも次のように規定されています。

「兄弟が共に住んでいて、そのうちの一人が死に、子がなかった場合、死んだ者の妻は家を出て、他の者の妻になってはならない。その夫の兄弟が彼女のところに入り、彼女をめとって妻とし、兄弟としての義務を果たさなければならない。彼女の産んだ長子に死んだ兄弟の名を継がせ、その名をイスラエルから絶やしてはならない。」（申命二五・五―六）

（30）月本昭男訳『創世記』一二五頁、注一四。
（31）Wenham. Word Biblical Commentary Genesis 16–50, p. 366.
（32）同右。
（33）加納貞彦『創世記に学ぶ（上）21世紀の共生』五一頁。
（34）関根正雄訳『創世記』註釈、二〇〇頁。「レビラート婚」のもとになった言葉「レビル」はラテン語で義兄弟という意味です。

続く九節に、「しかし、オナンは、その子孫が自分のものにならないのが分かっていたので、兄に子孫を残さないように、兄嫁のところに入る度に子種を地に流した。」（三八・九）とあります。このオナンの行為は、もし兄嫁タマルが妊娠し、子を産めば、この子が長男エルの後継者となるので、父ユダの財産をオナンの2倍相続することになるので、それを嫌ったからだ、という説明がありました。[35] このように、オナンは自分の得のためという利己的な理由で兄弟の義務を果たさなかったので、「彼のしたことは主の目に悪とされることであったので、彼もまた殺された」（三八・一〇）とあります。なおこの話から「オナニー」（自慰行為）という言葉が産まれましたが、これはオナンがしたこととは直接的には関係のない言葉です。

ユダの長男エル、次男オナンと立て続けに、「主の目に悪とされたので」、主によって殺されます。こんなに簡単に主は人を殺すのだろうか、と疑問に思いますが、話の本筋ではないので、この部分の著者（ヤハウィストとされます）は、その理由などを詳述しなかったのだと思います。

さらに不思議なのは、父親ユダが、長男エルと次男オナンを相ついで亡くしても、ヨセフを失ったヤコブのように嘆いていないことです（三七・三五）。どうもユダは、たまたま見初めたカナン人の娘を情欲的に愛しただけで、その結果生まれた息子たちへの情が薄かったのではないか、と私は思います。つまりこの時点でのユダは、まだ自分本位で、弟ヨセフを平気で奴隷として売り飛ばしたように、人間的な感情に欠ける人であった、とヤハウィストの記述から推測できます。

続く一一節に、「ユダは嫁のタマルに言った。『息子のシェラが成人するまで、あなたは父の家で、やもめとして暮らしなさい。』」とあります。このユダの言ったことは一応、筋が通っています。しかし、すぐ次に、「シェラもまた兄たちのように死んではいけないと思ったからである」とあるように、ユダにはシェラに兄弟としての義務を果たさせるつもりはなかったのです。そのようなわけで、「タマルは出て行って、父の家で暮らした」と続きます。

一二節に、「かなりの日がたって、シュアの娘であったユダの妻が死んだ」とあります。ここで「かなりの日」とは、この間に、末の息子シェラが成人するくらいの時間が経ったと言うことになります（三八・一四）。ユダは、自分の妻が死んだのに、嘆いたという記述はなく、喪があけるとすぐに仕事に出かけ、ついでに遊女まで買う話が続きます。このユダの妻の死に対する態度は、アブラハムが妻サラの死を悼んで泣いたという記述や（二三・二）、父ヤコブが妻ラケルが死んだとき墓に柱を立てたという記述（三五・三〇）に比べると、やはりユダには人間性が欠如しているようです。前にも言いましたが、ユダの妻の名前さえ書いてないのです。ヤハウィストも、この時点でのユダをこのように損得だけで生きる勘定高い人間性に欠ける人間として描きたかったのではないでしょうか。このユダは、この後、この三八章で描かれる事件を経て、後に他人の感情に配慮する人間性豊かな成熟した人間として描かれます（四四章）。ということで、本書が副題とした「族長たちの人間的成熟」の例の一人としてユダについて、「コラム18－5　族長たちの人間的成熟」で述べます。

一二節後半に、「ユダは喪が明けると、友人のアドラム人ヒラと一緒にティムナへと向かい、羊の毛を刈る者のところに上って行った」とあります。アドラム人ヒラは一節に出てきた人物です。この時にはすでにユダは、カナン人であるヒラと友人になっていたことが分かります。ユダもヒラも羊を飼っていたので、羊の毛を刈って、それを売ることを商売にしていた人のところに、自分たちの羊を連れて行きました。羊飼いにとって、それは農業における収穫祭のように、陽気に祝うときでした。[36] ティムナは、ユダたちがいたアドラムよりさらに西にある

（35）Fretheim. The New Interpreter's Bible Vol. 1, p.605. なお長子は、他の兄弟の二倍の財産を継承する規定は申命記二一章一七節にあります。

町です。

続く一三節で、タマルはしゅうとユダが羊の毛を刈るためにティムナに上って来ることを知ります。そこで、「タマルはやもめの服を脱ぎ、ベールをかぶって身を覆い、ティムナへの街道沿いにあるエナイムの入り口に座った。シェラが成人したのに、自分がその妻にしてもらえないと分かったからである。」(三八・一四) 父の家に帰って、やもめの服を着て静かに暮らしていたタマルが、ここで自ら計画を練って能動的に動き出しました。タマルはまずやもめの服を脱ぎ、ベールをかぶって身を覆い、一見して遊女と分かる服装に着替えました。そしてしゅうとユダが必ず通るティムナからアドラムに帰る道筋にあるエナイムという町の入り口に座りました。どうしてそうしたかというと、まず第一に、亡き夫エルの末の弟シェラが成人したのに、しゅうとユダがタマルをシェラの妻にしようとしなかったことがあります。さらに、嫁タマルはしゅうとユダがふだんから遊び好きの人で、遊女を必ず買うであろうということを知っていたことも、理由です。それでタマルは、しゅうとユダによって妊娠しようと計画しました。驚くほど大胆、かつ危険な計画です。

案の定、続く一五―一六節で、「ユダは彼女を見て、顔を隠しているので遊女だと思った。ユダは、道端にいる彼女に近寄って声をかけた。『さあ、あなたのところに入ろう。』彼女が自分の嫁だとは気づかなかったからである。」そこでタマルは言いました。「私のところに入るのに、何をくださいますか。」するとユダは、「群れの中から子山羊を送ろう」と答えました。(三八・一七) しかしタマルは、なおも食い下がります。「では、それを送ってくださるまでの間、何か保証の品をくださるでしょうか。」(三八・一七後半)

ユダが、「どんな保証の品がいいのか」と尋ねると、タマルは「ひもの付いた印章と、手にしておられる杖です」と答えました(三八・一八)。ここで、「ひもの付いた印章とは、ユダが契約を結ぶ時などに用いる大切な印章です。当時は、現在のようなスタンプ型のものの他、円筒状のものもありました。円筒状のものは円筒面に彫り物がしてあって、それを回転させることによって印を押したことになります。またユダが手にしていた杖には、裕福な壮年の人が持つ杖の常で、その杖の持ち主が分かるように一番上の太くなったところに、彫り物があったことをタマルは知っていたのだと思います。タマルが欲しいと言った「ひもの付いた印章と手にしておられる杖」とは、現代で言えば、印鑑登録をした印鑑と身分証明書のようなものです[37]。

このようにユダにとって、非常に大切なものをとりあえず遊女に預けて、ユダはこの遊女のところに入りました。妻を亡くした後とはいえ、遊女のところに入り急いだユダの軽率さとタマルの賢さがよく出ているところです。こうしてタマルはユダによって身ごもりました（三八・一八）。この後、タマルはそこを立ち去り、遊女の身なりを脱いで、またやもめの服を着ました。

ユダはアドラムの自宅に帰った後、すぐに「子山羊を友人のアドラム人の手に託して送り、女の手から保証の品を取り戻そうとした。しかしその女は見つからなかった」（三八・二〇）とあります。友人のアドレラム人とあるのは、一節および一二節に出てきたヒラのことでしょう。そこでその友人は、「土地の人々に、『街道沿いのエナイムにいた神殿娼婦はどこでしょうか』と尋ねても、人々は、『ここには、神殿娼婦などいません』と答えるばかりであった」（三八・二一）とあります。まずユダ自身がこの遊女を探しに来ないで、アドラム人の友人の手に託したということは、外聞が悪いので、ユダが自分のしたことを内密にしておきたかったことを表しています。さらに、ここに出てくる神殿娼婦とは、カナン人の豊饒の神（バアル神など）の神殿にいた娼婦で、ヘブライ語では「聖なる女性」と表現されます。つまり神殿娼婦は、タマルが扮した路傍の遊女より一段上に見られていました。

（36）羊の毛を刈るときの祝いは、サムエル記上二五・二、サムエル記下一三・二三にあります。
（37）Wenham. Word Biblical Commentary Genesis 16–50, p. 368 をもとに著者が補足を加えました。

ユダはアドラム人の友人に路傍の遊女を買ったとは言わずに、神殿娼婦と交わったと言って、自分のしたことを多少粉飾して伝えたのです。このこともユダが路傍の遊女を買ったということを恥じていたことを表しています。

こうして「友人はユダのもとに戻って来て言った。『女をみつけることが出来ませんでした。土地の人々も、『ここには神殿娼婦などいません』と言うのです。』ユダは言った。『では、保証の品はあの女に取らせておこう。蔑《さげす》まれては困るから。いずれにせよ、私は子山羊を送り、あなたは女を見つけることができなかったのだから』」（三八・二二―二三）とあります。ユダが言った「蔑まれては困るから」という言葉が、ユダの外聞を恥じる気持ちをよく表しています。「いずれにせよ、私は子山羊を送り」と言って、ユダは自分が路傍の遊女に約束したことをちゃんと果たそうとしたことで満足しています。

この後、話は次のように急展開して、クライマックスを迎えます。

「三か月ほどたったとき、ユダに次のように知らせる者がいた。『あなたの嫁タマルは売春をしました。しかも、売春によって身ごもっています。』ユダは言った。『あの女を引きずり出し、焼き殺してしまえ。』」（三八・二四）

タマルが売春をしたのみならず、それにより妊娠したことを聞いて、ユダは怒り、「あの女を引きずり出し、焼き殺してしまえ」と言いました。このユダの言葉は残酷で人間性に欠ける発言です。ユダが、ヨセフを奴隷としてエジプトに行く「イシュマエル人に売ってしまおう」（三七・二七）と言ったときと同じように、嫁であるタマルという親族に対する思いやりを感じさせない発言です。

この後、二五節は、次のように続きます。

「彼女は引きずり出されたとき、しゅうとのもとに人を送って言った。『この品々の持ち主によって私は身ごもったのです。』そして続けて言った。『どうか、このひもの付いた印章と杖が誰のものか、お確かめくださ

い。』」（三八・二五）

これに対するユダの反応が二六節に次のように描かれます。

「ユダはそれらを確かめて言った。『彼女のほうが私より正しい。息子のシェラに彼女を与えなかったからだ。』ユダは再びタマルを知ることはなかった。」（三八・二六）

このユダの反応は、驚くべきです。というのは、「引きずり出し、焼き殺してしまえ」とまで言ったタマルに対して、今度は「彼女のほうが私より正しい」と言っています。ユダは自分の非を認めて、果敢な行動に出たタマルの方を正しいとしており、いわば一八〇度のコペルニクス的転回です。こうしてユダは、自分の非を認めて方向転換しました。この方向転換こそが、ユダに人間的成熟を促す転機となりました。

三八章の続く二七―三〇節は、次のとおりです。

「二七タマルが出産する時になってみると、胎内には双子がいた。二八出産の時、一人の子が手を出した。助産婦はそれをつかみ、深紅の糸を手に結び付けて言った。『この子が最初に出て来ました。』二九その子が手を引っ込めると、今度はその兄弟が出て来た。助産婦は言った。『また、あなたは割り込んだりして。』そこで、この子はペレツと名付けられた。三〇その後から、手に深紅の糸を付けた兄弟が出て来た。そこで、この子はゼラと名付けられた。」（三八・二七―三〇）

しゅうとユダにより身ごもったタマルは、月満ちて出産する時になってみると胎内には双子がいました。出産の時、まず一人の子が手を出したので、その子が先に生まれたことになるので、助産婦はその子の手に深紅の糸を結びつけました。しかし、その子は手を引っ込めたので、今度はもう一人の子が出てきました。助産婦は、「まあ、あなたは割り込んだりして」と言いました。それでこの子は、ペレツ（ヘブライ語で「割り込む」という意味）と名付けられました。弟が先に出てきたわけです。一方、深紅の糸を手に結び付けられた兄は後から出てきました。この兄は、ゼラ（ヘブライ語で「輝き」という意味）と名付けられました。きっと深紅の糸が輝いていたのでしょう。

こうしてユダの血筋は、ユダ自身から長男の嫁である遊女に扮したカナン人のタマルが産んだ兄弟のうち、弟ペレツによって継がれて、ダビデに至ります（ルツ一八―二二）。

コラム 15-6

ユダヤ民族の祖ユダとカナン人女性タマルの描かれ方

後のユダヤ民族の祖となるユダは、なぜか父ヤコブや他の兄弟たちが住んでいた小高い山の上にあったヘブロンを離れ下り、アドラムというカナン人が住む地に移り住みました。そこでユダはカナン人のシュアの娘を見初めてめとり、エル、オナン、シェラという三人の息子をもうけました。この「見初めてめとり」という表現には、この結婚が愛によるというよりユダの情欲によるというニュアンスが強いということはすでに本文中で述べました[38]。こうしてユダは、アブラハムの約束を継ぐべき子孫でありながら、初めてカナン人の妻をめとりました。曾祖父アブラハム、祖父イサクが自分の息子にカナン人の妻をめとることを嫌って、出身地のパダン・アラムの親族から妻を迎えさせたのとは大違いです。

しかし、私はここに、天地を創造した主なる神ヤハウェが、約束の地において、アブラハムの子孫であるイスラエル人と、原住民であるカナン人とが平和的に共存するように導いているのではないかと思います（上巻のコラム7－1参照[39]）。

長男エルが成人したので、ユダは、カナン人の娘タマルをエルの妻として迎えました。しかし長男エルは子を残さずに死んでしまいました。このような場合、本文で述べたように、故人の兄弟が故人の妻のところに入って故人の子孫を残す義務がありました（レビラート婚の規定）。

この規定に従って、亡くなった長男エルの弟に、その義務を果たさせるのは長男エルの父であるユダの務めでした。そこでユダは次男のオナンに亡くなった長男の妻であるタマルのところに入って、「兄弟としての義務を果たし、兄に子孫を残しなさい」（三八・八）と言いました。ところがオナンは、兄に子孫を残さないように子種を地に流しました。このオナンの行為は、主の目に悪とされることであったので、次男オナンも死にました。長男エルおよび次男オナンが続けて死んだのは、タマルのせいであると父親ユダは考えました。そこでユダはタマルに、「息子のシェラが成人するまで、あなたは父の家で、やもめとして暮らしなさい」と言いました。そこでタマルはユダの家を出て行って、父の家で暮らしました。タマルはやもめとして暮らしているので、やもめの服装をしていました。

ここまで、タマルは一言も発しないで、しゅうとユダに黙々と従う従順なカナンの女として描かれています。

なおタマルは法律的にはユダの三男シェラと婚約関係にあるので、他の男と結婚することはできません。かなりの日がたって（三八・一二）、三男シェラが成人しても（三八・一四）、ユダは一向にタマルに声をかけませんでした。ユダにその気がなかったので、タマルはいわば全くの「宙ぶらりん」の

(38) Wenham. Word Biblical Commentary Genesis 16–50, p. 366.
(39) 加納貞彦『創世記に学ぶ（上）21世紀の共生』二一七頁。

状況におかれていました。

しゅうとユダが三男シェラにタマルを与える気がないことを悟ったタマルがいよいよ動き始めます。動くにあたって一つの選択肢としては、町の門の長老たちのもとに行き、三男シェラを訴えるという方法もありました。というのは、後の申命記にレビラート婚について次のような規定があるからです。

「しかし、その兄弟が義理の姉妹をめとろうとしないときは、彼女は町の門の長老たちのもとに行き、言いなさい。『私の夫の兄弟は、夫の名をイスラエルに残すことを拒み、兄弟の義務を果たそうとしません。』町の長老は彼を呼び出して、諭《さと》さなければならない。それでも彼がかたくなに、『私は彼女をめとろうとは思わない』と言うならば、義理の姉妹は彼に近寄り、長老たちの前でその足の履物を脱がせ、顔に唾を吐きかけ、彼に『自分の兄弟の家を立てない者はこのようにされる』と言いなさい。彼の名は、イスラエルの間で履物を脱がされた者の家と呼ばれるであろう。」（申命二五・七―一〇）

しかし、カナン人であったタマルは、そのような道が開かれていることを知らなかったと思います。またたとえ知っていたとしても、町の門の長老たち[40]のところに行って、ユダの三男シェラを訴えれば、それは三男シェラに、そしてタマルをシェラに与える義務のあるしゅうとユダに恥を被らせることになります。おそらく、そのこともあって、タマルはこの選択肢を取ることはしませんでした。

しゅうとユダが羊の毛を刈るためにティムナに上ってくると知ったときに、タマルは、自分の義務である亡き夫の子を残すために、大胆な計画を立て実行に移しました。それはしゅうとユダによって子をはらむという計画です。しゅうとユダの遊び好きの性格を知っていたタマルは、ユダがティムナに来て羊の毛を刈った後の祝いの気分に乗じて、遊女を買うだろうと考えて、立てた計画です。タマルは、ティムナからアドラムに帰る途上の道にあるエナイムの町の入り口に、やもめの服を抜いで、遊女のような装いをして座りました。

この計画は、しゅうとユダとその長男の妻タマルの両方の命を危険にさらす可能性があります。なぜなら、後のレビ記に次のような規定があるからです

「人が息子の妻と通じたなら、両者とも必ず死ななければならない。彼らは道を外れたことをしたからである。血の責任は彼らにある。」（レビ二〇・一二）

案の定、ユダは、エナイムの町の入り口に座っていた遊女が息子の妻であるタマルとは知らずに、声をかけました。彼女が、「私のところに入るのに、何をくださいますか」と言うと、ユダは子山羊を送ろうと答えました。彼女がそれを送ってくださるまでの間、何か保証の品をください、と言い、ユダは何がよいのかと聞くと、ひもの付いた印章と杖が欲しいと答えました。タマルは、ユダが契約のときに使う印鑑と身分証明書となる彫り物つきの杖を望んだわけです。これらの品は後に、妊娠した相手が誰であったかを示す大切な証拠品となります。タマルの賢さと計画性がよく表れているところです。ユダはそれらの品をタマルに渡し、彼女のところに入りました。こうしてタマルはしゅうとユダによって身ごもりました。

後にユダが保証の品々を取り返そうと、子山羊をその遊女のところに送りましたが、もう遊女はいませんでした。

そして三か月ほどたったとき、ユダはタマルが売春によって身ごもったことを知ります。タマルは

(40) 町の門の長老たちとは、その町で裁判官の役目を果たす長老たちのことです。

法律的には、ユダの三男シェラと婚約関係にありました。ユダは、「あの女を引きずり出し、焼き殺してしまえ」(三八・二四)と言いました。このユダの言葉は、亡き長男の妻であるタマルに対する人間的な思いやりに欠けています。この言葉のもとにあるのは、後に申命記に規定される姦淫をした男と女に関する次のような規定です。

「ある人が夫のいる女と寝ているのを見つけられたならば、その女と寝た男もその女も、二人とも死ななければならない。こうしてあなたは、イスラエルの中から悪を取り除きなさい。」(申命二二・二二)

タマルは引きずり出されたとき、ユダのもとに、彼からもらった、ひも付きの印章と杖を送って「この品々の持ち主によって私は身ごもったのです」と言いました。これらの品々を見たユダはすぐに言いました。「彼女の方が私よりも正しい。息子のシェラに彼女を与えなかったからだ。」

このことからユダは、心の底では三男シェラにタマルを与えなかったことについて良心の呵責を感じていたことが分かります。そうでなければ、すぐにこの言葉は出てこなかったでしょう。こうして損得に関心が高く、人間性に欠けていたユダの回心が始まりました。自分の命の危険を賭したタマルの勇気のある行動がユダに回心を起こさせたのでした。

タマルの大胆かつ賢い計画の行動のもとになったものは何でしょうか。私はユダの長男エルの妻となったときから、彼女はその子をはらんで産むことが自分の神から与えられた使命であると考えていたからでないかと思います。しかし、彼女の願いもむなしく、夫エルは死に、レビラート婚の定めによって彼女のところに入った義弟オナンも亡くなりました。またしゅうとユダは三男シェラに彼女を与えようとはしません。そこでタマルは自分の神から与えられた使命と考えたユダの家系の子孫を残すことをしゅうとユダによって実現しようと考えたのでした。それはまた前述のように義弟の三男シェラとしゅうとユダに恥をかかせないためでもありました。

こうしてタマルはしゅうとユダにより、ペレツとゼラという双子を産みました。このペレツから生まれた子孫からダビデが産まれました（ルツ四・一八）。さらに新約聖書の冒頭のマタイによる福音書一章には、主イエスの系図の中で、「ユダはタマルによってペレツとゼラをもうけ、ペレツはヘツロンをもうけ、ヘツロンはアラムをもうけ」（マタイ一・三）と書かれます。この短い「ユダはタマルによって」という言葉の裏に、ここ創世記三八章で述べられた物語が隠されているのです。

タマルが生きた時代には（おそらく前一六世紀頃）、さらに使徒パウロが生きた時代（後一世紀）にも、「女が慎みをもって、信仰と愛と清さを保ち続けるなら、子を産むことによって救われます」（一テモテ二・一五）というのが女性の使命だったのでしょう。その神から与えられた使命を果たすために、タマルは自分の知恵と勇気をもって生きたのでした。女は子を産むことによって救われる、ということが現代の女性にあてはまるとは、私は思いません。しかし、大切なことはタマルが自分の神から与えられた使命を見つけて、その実現に自分の知恵と勇気を使ったことでした。同じように、現代に生きる男性も女性も、自分に与えられた使命を自覚して、それに自分の知恵と勇気を使ってあたるのが結局は幸福に至る道になる、ということではないでしょうか。(41)

タマルは、イスラエルの族長制の中では、一つはカナン人であること、二つには女性である、とい

(41) このことは、私に石川啄木の次の言葉を想起させます。「こころよく　我にはたらく仕事あれ。それを仕遂げて死なむと思ふ。」（石川啄木『一握の砂』一九一〇年）

う二重の意味で、取るに足りない人でした。そのような人を神は用いてご自分の計画を成していくのです。このことは次の聖書の言葉を想い起こさせます。「神は世の取るに足りない者や軽んじられている者を選ばれました。」（一コリ一・二八）

なお、生まれつき損得勘定に敏感で、人間性に欠けていたユダも、タマルの思い切った行動により、「彼女のほうが私より正しい」と言って、一八〇度の転換をして、いわば生まれ変わりました。この後ユダは、四三章以降で再び登場します。そのときにはユダはすっかり人が変わり、父ヤコブのことを思い、自分を犠牲にして弟ベニヤミンを助ける行動に出ました（四四・三三）。このように、人は人生の途中で、生まれ変わり、人間的に成熟しうるものである、ということを示すのが、創世記の大きな特徴の一つです。ある註解書は次のように言います(42)（原文英語、日本語訳著者）。

「一人の人間が生きた物語を書いて、その人がいかに性格を変えていくかについて描写することが、創世記のすべてである。（原文 In its biographical sketches, character change is what Genesis is all about.）アブラムはアブラハムになり、ヤコブはイスラエルになった。ヤコブの家族においても、長男ルベンは父の寝床を汚したが、弟ヨセフと父ヤコブを思いやる人間になった。ヨセフをエジプトに行く奴隷商人に売り、また嫁のタマルについて、「あの女を引きずり出し、焼き殺してしまえ」（三八・二四）と言ったユダは、後に父ヤコブと弟ベニヤミンを思い、自分がエジプトで奴隷となると申し出た。若いときに生意気だったヨセフはエジプトの賢い政治家になり、兄弟たちを許す人間になった。」

（42） Wenham. Word Biblical Commentary Genesis 16–50, p. 364.

第一六章　ヨセフ物語（その2）（創世記三九章—四一章）

三七章で始まったヨセフ物語は、三八章のユダとタマルの話で一度中断されましたが、再び三九章からヨセフの物語の続きが始まります。

16・1　ヨセフとポティファル（三九章一―六節）

三七章は、最後の三六節（エロヒム資料）で、「あのメデヤン人たちは、ヨセフをエジプトで、ファラオの役人で親衛隊長であったポティファルに売り渡した」で終わりました。三八章の中断のあと、三九章は次のように始まります。

「一さて、ヨセフはエジプトに連れて来られた。ファラオの役人で親衛隊長のエジプト人ポティファルは、
ヨセフを連れて来たイシュマエル人の手から買い取った。
二主がヨセフと共におられたので、事は順調に運び、彼はエジプト人の主人の家にいることになった。三
主人は主が彼と共におられ、彼のなすことすべてにおいて事を順調に運ばせているのを見た。四ヨセフは主
人に気に入られ、彼に仕えるようになった。主人は家の管理をヨセフに任せ、財産をすべて彼の手に委ねた。
五主人が家の管理と、財産をすべてヨセフに任せてからというもの、主はヨセフのゆえにそのエジプト人の
家を祝福された。主の祝福は、家に、畑に、財産のすべてに及んだ。六主人は、財産のすべてをヨセフの手
に任せきりにして、彼がいるので自分が食べる物のほかは何も気を遣うことはなかった。ヨセフは顔も美し
く、体つきも優れていた。」（三九・一―六）

三九章一節は後からの加筆とされますが、残りは全体がヤハウェ資料からとされます[1]。

一節で、「ファラオ」とはエジプト語で、もともと「大きな家」という意味でしたが、エジプト第一八王朝期

（前一五六〇―一三二〇頃）に王の称号となり、前七世紀からは「王」の意味で用いられるようになった語です。[2]「役人」と訳されたヘブライ語「サリス」は、アッカド語の「シャレシ（宦官）」に由来します。[3] 関根正雄訳『創世記』、および月本昭男訳『創世記』ではこの語を「廷臣」と訳しています。[4]「親衛隊長」と訳されたヘブライ語は「サル（長）＋ハ（定冠詞）＋タバッヒーム（「タッバーする人たち」）」です。ここで「タッバーする人」とは、もともと「動物を屠り、調理する人」の意味で、[5]「死刑執行人」、「料理人」、「侍従」、「護衛」などの意味があります。聖書協会共同訳では、「親衛隊長」と訳されましたが、新共同訳、月本昭男訳『創世記』、関根正雄訳『創世記』では、いずれも「侍従長」と訳されています。英語訳では、ＮＩＶ、ＲＳＶ、ＫＪＶともcaptain of the guardと訳されています。人名「ポティファル」はエジプト語で、「神ラーが与えた者」という意味です。[6]

二節に、「主がヨセフと共におられたので」とあるとおり、主（ヤハウェ）は単にパレスチナ地方だけに限って力がある神でなく、全世界、全宇宙の神として、エジプトにおいてもご自分が選ばれた人と共におられることが分かります。「事は順調に運び、彼はエジプト人の主人の家にいることになった」には、ふつう奴隷が働かされる畑仕事を免れ、主人の家にいて務めを果たすことになった、という意味があります。[7]

三節に、「主人は主が彼と共におられ」とありますが、エジプト人であるポティファルでさえ、「彼のなすこと

（１）関根正雄訳『創世記』註釈、二〇〇頁。
（２）『岩波キリスト教辞典』九四四頁、「ファラオ」の項より。
（３）月本昭男訳『創世記』一二五頁、注一三。
（４）同右一二五頁。
（５）同右一二五頁、注一三。
（６）同右一二五頁、注一三。
（７）関根正雄訳『創世記』註釈、二〇〇頁。

すべてにおいて事を順調に運ばせているのを見た」とあるように、ヨセフの態度と仕事ぶり、さらにその結果を見て、ヨセフが信じている神である主（ヤハウェ）がヨセフと共にいて彼を導き祝福していることを認めざるを得ませんでした。その結果、四節の「ヨセフは主人に気に入られ、彼に仕えるようになった」という表現から、家にいる他の僕と同じ立場にいたヨセフをポティファルは自分の個人的な秘書役としたことが分かります。さらにヨセフは、「家の管理と財産すべての管理を任され」（三九・四）るところまで、主人に信頼されました。

続けて「主はヨセフのゆえにそのエジプト人の家を祝福された。主の祝福は、家に、畑に、財産のすべてに及んだ」（三九・五）とあるように、主がヨセフのゆえに、エジプト人ポティファルの家を祝福しました。このことは、主がかつてアブラハムに与えた約束、「地上のすべての氏族は、あなたによって祝福される」（一二・三）を想い起こさせます。

こうして主人は、財産のすべてをヨセフの手に任せきりにしました。しかし、これには例外がありました。それは六節前半に、主人は、「彼がいるので自分が食べる物のほかは何も気を遣うことはなかった」とあるように、自分が食べる物についてはヨセフに任せませんでした。その理由は、エジプト人が異国人と一緒に食事をしないことに関係するらしい、という註釈がありました(8)。さらに、別の註解書には、自分が食べる物以外の中に妻も含ませて、妻にも気を遣うことはなかったということを言外に含ませて、次の七節からの話につなぐ伏線にしているという説明もありました(9)。

六節後半には、「ヨセフは顔も美しく、体つきも優れていた」という表現があります。この表現は、ヨセフの母親であるラケルに対する表現、「ラケルは姿形が美しかった」（二九・一七）と、ヘブライ語では全く同じ表現です。この表現をもって形容されているのは、旧約聖書ではこの二人だけです(10)。女性であるラケルについてはともかく、男性であるヨセフもこのように形容されています。案の定、これも次の七節から始まる話の伏線になっています。

16・2　ポティファルの妻（三九章七―二〇節）

続く七―二〇節は、次のとおりです。

「七これらのことの後、主人の妻はヨセフに目をつけて言った。『私と寝なさい。』八しかし、ヨセフは拒んで、主人の妻に言った。『ご存じのように、ご主人は私がいるので、家のことには何も気を遣わず、財産のすべてを私の手に委ねられました。九この家では、私より上に立つ者はおりませんし、私に禁じられているものは何一つありません。ただ、あなたは別です。あなたはご主人の妻ですから。一体どうしてそのように大それた悪事を働き、神に罪を犯すことができましょう。』一〇彼女は毎日ヨセフに言い寄ったが、彼は彼女のそばで寝ることも、一緒にいることも聞き入れはしなかった。

一一その日もいつものように、ヨセフが仕事をしようと家に入ると、中には家の者は誰もいなかった。一二主人の妻はヨセフの服をつかんで言った。『私と一緒に寝なさい。』ヨセフは服を彼女の手に残し、外へ逃げ出した。一三彼女は、ヨセフが服を自分の手に残したまま外へ逃げ出したのを見て、一四家の者を呼び寄せて言った。『見てごらん。主人がヘブライ人の男を連れて来たから、私達が弄《もてあそ》ばれるのです。あの男が私と寝

（８）同右註釈、二〇〇頁。
（９）Fretheim. The New Interpreter's Bible Vol. 1, p. 609.
（10）Wenham. Word Biblical Commentary Genesis 16–50, p. 374.

ようと私のところに来たので、私は大声で叫びました。一五私が声を上げて叫んだのを聞いて、男は私のそばに服を残したまま外へ逃げて行きました。』一六彼女は、主人が家に帰って来るまで、その服をそばにとっておいた。一七そして、主人に同じことを語った。『あなたが私たちのところに連れて来たあのヘブライ人の僕は、私のところへやってきて私を弄ぼうとしました。一八しかし、私が声を上げて叫んだので、服を私のそばに残したまま、外へ逃げました。』一九主人は、『あなたの僕が私にこんなことをしたのです』と告げる妻の言葉を聞いて怒った。二〇ヨセフの主人は彼を捕らえ、王の囚人がつながれている牢獄に入れた。彼はこうして牢獄にいることになった。」（三九・七―二〇）

このエピソードにおける主役はヨセフではなく、ヨセフの主人であるエジプト人ポティファルの妻です。しかし主役である彼女の名前は書かれていません。

七節に、「主人の妻はヨセフに目をつけて」とありますが、これは直前の六節後半の「ヨセフは顔も美しく、体つきも優れていた」を受けています。続けて、彼女はヨセフに「私と寝なさい」と言います。この言い方は、彼女がヨセフを後に「ヘブライ人の男」とか「ヘブライ人の僕」と言っているように、主人が僕に命令する言い方で、ぶっきらぼうです、とてもヨセフを誘惑しようとか、いわんや愛に基づいてヨセフに愛されたい、と願っている表現ではありません。

彼女のこのぶっきらぼうな命令に対して、ヨセフは言葉を尽くして三つの理由をあげて拒んでいます（八―九節）。第一の理由は、ヨセフの主人ポティファルがヨセフに対して持っている大いなる信頼に背くことはできないということです。第二の理由は、彼女が主人ポティファルの妻であること、そのゆえに、第三の理由として、神に罪を犯すことになる（三九・九）と言って結んでいます。それは、後にモーセに与えられた十戒で、「姦淫してはならない」（出エ二〇・一四）とあるからです。この考え方は古代オリエントで広く行き渡っていました。[11] たとえば、ゲラルの王アビメレクが他人の妻を自分の後宮に入れることを罪と考えていたことからも分かります（二〇・三、二六・一〇）。

なお、この部分はヤハウェ資料ですが、ヨセフがエジプト人である彼女に対しては、普通名詞「神（エル）」の尊称の複数形「エロヒム」を使い、イスラエル人の神の名である、「主（ヤハウェ）」を使っていません。「ヤハウェ」というのは、イスラエル人にとっての神の名前（固有名詞）だったからです。

一〇節に、「彼女は毎日ヨセフに言い寄ったが、彼は彼女のそばで寝ることも、一緒にいることも聞き入れはしなかった」とあり、このような状態が相当期間続いたことが分かります。なお、「彼女のそばで寝る」という表現、つまり「寝る」の後に、「そばで」という前置詞（ヘブライ語「エツェル」）がついた形は、他には見当たらないということです[12]。たしかに、七節の「私と寝なさい」は、「寝る」の後に、「と共に」という前置詞（ヘブライ語「イム」）がついています。それで、「彼は彼女のそばで寝ることも、一緒にいることも聞き入れはしなかった」ということは、彼女が命令を弱めて、「せめて私と一緒にいて欲しい」とヨセフに言ったことを示唆しています[13]。しかし、その弱めた命令をもヨセフは拒んでいたことが分かります。

そのような日々が続いた後のある日のこと、「その日もいつものように、ヨセフが仕事をしようと家に入ると、家の中には家の者は誰もいなかった。主人の妻はヨセフの服をつかんで言った。『私と一緒に寝なさい。』ヨセフは服を彼女の手に残し、外へ逃げ出した」（三九・一一―一二）とあります。今までと違うのは、その日は家の者が誰

（11）Wenham. Word Biblical Commentary Genesis 16–50, p. 375.
（12）Wenham. Word Biblical Commentary Genesis 16–50, p. 375.
（13）同右。

もおらず、ヨセフはポティファルの妻と二人だけになってしまったことです。そして彼女がヨセフの服をつかんで寝床に引っ張り込もうとしたので、ヨセフがつかまれた服をそのまま彼女の手に残して、家の外に逃げ出したことです。家には他に誰もいなかったので、証人になる人がおらず、ヨセフの服だけが物証として残りました。ここでは、彼女は大声で叫んでいません。しかし後に、彼女は大声で叫んだと嘘を言っています（三九・一四）。

この結果、彼女はヨセフに恨みを持ち、「家の者を呼び寄せて言った。『見てごらん。主人がヘブライ人の男を連れて来たから、私たちが弄《もてあそ》ばれるのです。』」（三九・一四前半）ここで注目されるのは、ヨセフのことを名前で呼ばないで、「ヘブライ人の男」と言っていることです。「ヘブライ人」とは、「元来、寄留の民や奴隷など一種の社会的アウトサイダー」を指していた言葉です。「後にイスラエル人の別名になった」と月本昭男訳『創世記』にあります。(14) ヨセフの場合は、主人ポティファルに買われた奴隷ですから、蔑称と言ってよいと思います。彼女は、主人がヨセフに家や財産すべての管理を任されたので、「私たちが弄ばれるのです」と家の者に言って、彼らの同感を得ようとしています。続けて、「あの男が私と寝ようと私のところに来たので、私は大声で叫びました。私が声を上げて叫んだのを聞いて、男は私のそばに服を残したまま外へ逃げて行きました」（三九・一四後半―一五）と、事実と異なる嘘を物的証拠であるヨセフの服を示して言いました。実際には彼女がヨセフの服をつかんだので、ヨセフの服は彼女の手に残されたのですが、彼女は「私のそばに服を残し」と、あたかもヨセフが自分で服を脱いで彼女をレイプしようとしたと暗示するような言葉づかいをしています。巧妙な言い換えです。

彼女は、主人ポティファルが家に帰って来るまで、その服をそばにとっておいて、主人が帰ってくると、彼に同じことを次のように言いました。「あなたが私たちのところに連れて来たあのヘブライ人の僕は、私のところへやってきて私を弄ぼうとしました。」ここで注目されるのは、「あなたが私たちのところに連れて来た」と言って、責任の一端が主人にあるかのような言い方をしているところです。さらに家の者には、「私たちが弄ばれる」と言っているところを、主人には、「私を弄ぼうとしました」と単数で言っています。つまり主人が家や財産すべての管理をヨセフに任せたことには言及しないで、主人の妻である私を、と強調しています。相手によって少しずつ変える言い方も巧妙です。

妻からこの話を聞かされた主人は怒りました。そして、「ヨセフの主人は彼を捕らえ、王の囚人がつながれている牢獄に入れた。彼はこうして牢獄にいることになった。」（三九・二〇）と続きます。ここで、ヨセフが死刑に処せられないで、牢獄に入れられたのは、意外です。というのは、ヨセフは奴隷の身でありながら、主人の妻を強姦しようとした、と訴えられたのですから、その刑罰は死刑となってもおかしくないものでした。たとえば、申命記に次のような規定があります。

「ある男が野において、婚約している娘と出会い、彼女を力づくで捕まえて、彼と寝た場合、彼女と寝たその男だけが死ななければならない。娘には死に当たる罪はない。これは男が隣人に向かって襲いかかり、これを殺したのと同じである。野で彼が彼女と出会ったとき、娘は叫んだが、救う者がいなかったからである。」（申命二二・二五―二七）

これはもちろん、後のイスラエルにおける規定ですが、当時の古代オリエントの諸国においても、同じような考え方があったことが想像されます。というのは、ポティファルの妻が「声を上げて叫んだ」ことをことさらに強調しているからです。

ヨセフが死刑にならなかったのには、おそらくヨセフを信頼していた主人ポティファルがヨセフを呼んで、彼の申し開きを聞いたのだろう、そして妻の言うことが事実ではないかも知れないと考えたのだろう、という補足

(14) 月本昭男訳『創世記』四〇頁、注五。

が一つの註解書にありました。[15]もしそうであれば、「主がヨセフとともにおられたので」という主のなんらかの介入があったことになります。というのは、ヨセフは牢獄に入れられたことがきっかけとなり、後にエジプトの王ファラオの面識を得て、エジプトの宰相にまでなったのですから、まさに、「これは主がなさったことで、私たちの目には不思議なこと」(マタイ二一・四二)です。

この牢獄には、次の四〇章で分かるように王に対する罪を犯した者が入れられていました。それはファラオの「親衛隊長の屋敷にある監獄」(四〇・三)でしたから、ポティファルが管理していました。この牢獄(ヘブライ語「ソーハル」)は、「地下牢」(ヘブライ語「ボール」)でした(四〇・一五)。このヘブライ語「ボール」は、かつてヨセフが兄弟たちに投げ込められた荒れ野の「穴」(三七・二二)と同じ言葉です。このようにヨセフはかつては兄弟たちにより「穴(ボール)」に投げ入れられ、今またポティファルによって「地下牢(ボール)」に入れられたのでした。

ポティファルは「ファラオの役人」(三七・三六、三九・一)とありますが、ここで「役人」と訳されたヘブライ語「サリス」は、アッカド語の「シャレシ(宦官)」に由来することはすでに一節の説明で述べました。ポティファルが「宦官」であったとすれば、妻がいることはおかしいことになります。この矛盾を関根正雄訳『創世記』は、その註釈で、三九章一節はヤハウェ資料ではなく、「三七章終わりのエロヒム資料との調和のために編纂者が加えたものと思われる」としてこの矛盾を説明しています。[16]

コラム 16-1

ポティファルは、「宦官」であったか？

聖書協会共同訳で「役人」と訳されたヘブライ語「サリス」は、アッカド語の「シャレシ（宦官）」に由来するので、「宦官」であったとされます。[17] 一方、月本昭男訳『創世記』では、注で、ヘブライ語「サリス」はアッカド語の「シャレシ（宦官）」に由来、とあるだけでエジプトの廷臣（役人）が実際に宦官であったとは明言していません。[18]

ポティファルの妻とヨセフに関する話から、私は次の二つの可能性があるのではないかと考えました。

一つは、ヘブライ語で「サリス」と表され、「役人」あるいは「廷臣」と日本語に訳された言葉は、エジプトにおいては、必ずしも「宦官」を意味しないという可能性です。そうすれば、ポティファルに妻がいてもおかしくないことになります。月本昭男訳『創世記』もその注で、「エジプトの廷臣とその妻」というルーヴル美術館所蔵の彫刻を写真で示しています。[19]

二つ目の可能性は、エジプトにおいても「宦官」であることを意味したということです。なぜ宦官

(15) Wenham. Word Biblical Commentary Genesis 16–50, p. 377.
(16) 関根正雄訳『創世記』註釈、二〇〇頁。
(17) 同右二〇〇頁。
(18) 月本昭男訳『創世記』一二五頁、注一三。
(19) 同右一三〇頁、注欄の▼印の説明。

であったポティファルが妻を持つことになったのかは分かりませんが、そうだとすると、ポティファルは妻とは性的な関係を持たなかった可能性が大いにあり、「彼女は毎日ヨセフに言い寄った」（三九・一〇）という背景が理解できます。さらにポティファルが「自分が食べる物のほかは何も気を遣うことはなかった」（三九・六）という文で、妻にも気を遣わなかったことが暗にほのめかされている、という The New Interpreter's Bible の説明も納得できます。[20]

結論的には、ポティファルがエジプトの「役人」であり、ファラオの宮廷の「廷臣」であったことは確かですが、彼が実際に「宦官」であったか否かはわからない、ということになります。

16・3　牢獄におけるヨセフ（その1　牢獄長との関係）（三九章二一―二三節）

三九章二一節からは牢獄におけるヨセフの様子が語られます。三九章二一―二三節は次のとおりです。

「二一しかし、主はヨセフと共におられ、慈しみを示し、牢獄長の目に適うようにされた。二二牢獄長は、牢獄にいる囚人をすべてヨセフの手に任せ、そこでなされることはすべて、ヨセフが取りしきるようになった。二三牢獄長は、ヨセフの手に任せたことには何ら目を配る必要がなかった。主がヨセフと共におられたからである。主は、彼のなす事が順調に運ぶようにされた。」（三九・二一―二三）

この三節の短い記述の中に、「主（ヤハウェ）」という言葉が三回も出てきます。二一節に出てくる「慈しみ」のヘブライ語は「ヘセッド」で、変わらぬ慈しみを表します。英訳のＲＳＶでは、「steadfast love」と訳されています。つまり、ヨセフが牢獄にいるときでも、相変わらず主が彼と共にいて、愛を注いでいたことを強調しています。主の変わらぬ愛は、ヨセフを単に元気づけたというのでなく、牢獄長の目に適うようにしたことです。

その結果、囚人すべてがヨセフの手に任されたというように、ヨセフの対人関係が円滑になりました。こうして主は、ヨセフのなす事が、ポティファルの家の中だけでなく（三九・三）、牢獄の中でさえも、順調に運ぶようにされました（三九・二三）。

コラム 16-2

牢獄のヨセフ「置かれたところで咲きなさい(21)」

ここまでのヨセフの人生は、アップ・アンド・ダウンの連続でした。父親ヤコブの下で最愛の息子とし甘やかされ、他の兄弟から羨まれるほどの寵愛を受けていました。しかし一転して、兄弟から水の涸れた穴に投げ入れられ、エジプトに行く商人たちに奴隷として売られました。

この後のヨセフの心情は、ヘブライ文学の特徴ですが、全く描かれません。推測してみましょう。穴の中で、あるいはエジプトに連れられて行く途中で、初めは兄弟を恨んで復讐を誓っていたのかも知れません。しかし、間もなく自分の今の状況を直視して父ヤコブが信じていた神である主（ヤハウェ）に頼らざるを得ないことに気付いていったのではないかと思います。あるいは、次の四〇章、四一章がエロヒム資料であり、その特徴は夢をとおして神が自分の計画を人に知らせることですので、神は穴の中に投げ入れられ、その後エジプトに連れられて行くヨセフの夢に現れて、「恐れるな。私

(20) Fretheim. The New Interpreter's Bible Vol. 1, p. 609.
(21) カトリックのシスター渡辺和子さんの著書、『置かれた場所で咲きなさい』幻冬舎、二〇一二年からの引用。

はあなたと共にいる」と語りかけていたのでしょうか。

いずれにせよ、父親から甘やかされて育った自分中心の少年ヨセフは、一七歳にして（三七・二）苦難を味わい、その苦難の中で主に出会ったことは確かなようです。それはポティファルの家に売られてからの彼の変貌ぶりから分かります。

ポティファルの家に奴隷として買われた後は、共にいて、見守り、祝福してくださる主を信じて、その場その場で自分に与えられた仕事に最善を尽くしました。その結果、ついに主人の家と財産をすべて管理する主人の個人的な秘書役にまでなりました。彼は、「置かれたところで咲いた」わけです。[22]

しかし、ポティファルの妻の連日にわたる誘惑を断固として拒んだため、彼女の恨みを買って、彼女の造った嘘の話によって、ヨセフは一転して牢獄に入れられました。このような場合、普通の人なら、懸命に自らの無実を主張するか、あるいは心が折れてしまうのではないでしょうか。しかし、ヨセフは主が共にいたために、牢獄という「置かれたところで咲き」ました。つまり、不平を言わずに置かれたところで、最善を尽くしたので、牢獄長の目に適い、牢獄長は他の囚人たちをヨセフの手に任せるようになりました。

このようにヨセフは、ポティファルの家でも、牢獄に入れられた後も、それぞれのところで最善を尽くしました。渡辺和子さんが言われる「置かれた場所で咲きなさい」を実践したわけです。それができたのは、主が自分と共におられて、変わらぬ愛（ヘセッド）をもって見守ってくださっている、という確信があったからではないでしょうか。その確信を得たのは父ヤコブから学んだ神を心に留め、考え、日々祈ることを通してではなかったでしょうか。

このような気持ちを持っていたから、ヨセフはこれらのすべてのことが神のご計画のうちにあったと確信できだのではないでしょうか。それは後に出てくることですが、かつて彼を穴に投げ入れ、エジプトの商人に売った兄弟たちに、彼が次のように言う言葉からも分かります。

「あなたがたは私に悪を企てましたが、神はそれを善に変え、多くの民の命を救うために、今日のようにしてくださったのです。」（五〇・二〇）

同じことを新約聖書では使徒パウロが次のように述べます。

「神を愛する者たち、つまり、ご計画に従って召された者のためには、万事が共に働いて益となるということを、私たちは知っています。」（ローマ八・二八）

コラム
16-3

ヨセフの苦難　多くの民の命を救うための神のご計画

ヨセフは、これから後の話で分かるように、豊作の七年の期間の穀物を貯めたので、その後に来た飢饉の七年の間、エジプト人だけでなく、イスラエル人を含む多くの民の命を救いました。

しかし、それに至るには、兄弟たちに穴に投げ入れられて、エジプトに奴隷として売られるという苦難が必要でした。さらにポティファルの家では、無実の罪を着せられ、二年余の長きにわたり（四一・一）、牢獄に入れられるという苦難を経験しました。特にこの牢獄での苦難は、彼がポティファルの妻の誘惑を神の名において断固として拒否したのですから、義人が無実の罪で苦難を受けたという

(22) 同右。

ことになります。

このように、神の義人に対する守りと祝福は、苦難を来たらせないためではなく、苦難の中にあって義人を守り祝福することです。これにより、義人の本来の目的であり祈りであった「多くの民の命を救う」ことを、神は人の目には不思議な方法で実現してくださるのです。このことはまた、神がアブラハムに与えた約束、「地上のすべての氏族は、あなたによって祝福される」(一二・三)を実現することにもなります。

新約聖書では、「多くの民の命を救うために」主イエスが十字架の苦難を受けられました。それはイザヤ書五三章の「苦難の僕」と言われる箇所にある次の言葉が預言していました。

「彼が受けた懲らしめによって
私たちに平安が与えられ
彼が受けた打ち傷によって私たちは癒された。」(イザヤ五三・五)

このように、世の人が、彼は神によって懲らしめられた、神によって打たれたと考えたこと、実はそれこそが、神の意図であり、また主イエスがこの世に来た本来の目的であり、祈りであったのです。なぜならそれによって私たちの罪が許され、神さまによって受け入れられ「多くの民の命を救う」ようにしてくださったからです。なおこの場合の命とは、「永遠の命」のことです(ヨハネ三・一六)。

このように義人は苦難を受けますが、それは神のご計画のうちにあり、多くの民の命を救うためである、ということを旧約聖書も新約聖書も伝えています。

コラム 16-4

三九章における「主（ヤハウェ）」と「神（エロヒム）」の使い分け

三九章における「主（ヤハウェ）」と「神（エロヒム）」の使い方を整理してみたいと思います。エジプトに売られたヨセフがポティファルの家にいたとき、「主（ヤハウェ）がヨセフと共におられたので」（三九・二）事が順調に運び、「主（ヤハウェ）はヨセフのゆえに」（三九・五）、エジプト人ポティファルの家をさえ祝福しました。さらにエジプト人の主人ポティファルでさえ、ヨセフのすることすべてにおいて、ヨセフが信じる神である「主（ヤハウェ）が彼と共におられ」（三九・三）ことを認識せざるを得ませんでした。

ヨセフが牢獄に入れられてからも、「しかし、主（ヤハウェ）はヨセフと共におられ」（三九・二一）たので、牢獄長の目に適うようにしました。さらに、「主（ヤハウェ）がヨセフと共におられたから」（三九・二三）、牢獄長は、すべての囚人をヨセフの手に任せました。

一方、ヨセフはエジプト人であるポティファルの妻に言い寄られたときには、「一体どうしてそのように大それた悪事を働き、神（エロヒム）に罪を犯すことができましょうか」（三九・九）と言って、ここはヤハウェ資料ですが、「神（エロヒム）」を使っています。一方、同じエジプト人のポティファルについては、「主人は、主（ヤハウェ）が彼と共におられ」（三九・三）と「主（ヤハウェ）」を使っています。同じように、エジプト人の牢獄長についても、「主（ヤハウェ）がヨセフとともにおられたからである」（三九・二三）と「主（ヤハウェ）」を使っています。

以上から、前一〇世紀頃に書かれたヤハウェ資料は、神の名として「ヤハウェ」を使い、前八世紀頃に書かれたエロヒム資料は神の名として「エロヒム」を使う、という説明だけでは不十分なことが分かります。

すでに「コラム13-8　ヤハウェ（日本語訳「主」）とエロヒム（日本語訳「神」）の使い分け」で、私が考える使い分けを次のように整理しました。すなわち、エロヒム（日本語訳「神」）は、自然の力の背後にある神の力を表すとき、あるいは客観的にものごとを述べるときに使われます。一方、「ヤハウェ（日本語訳「主」）」は、神を固有名詞である名前をもって呼ぶ人格的な存在として捉える場合、たとえば個人的な関係や個人的な色彩が強いときに使われます。

この整理で、三九章に出てくる「主（ヤハウェ）」の使われ方を見てみましょう。「主がヨセフと共におられたので」（二節、三節、二一節、二三節）、および「主はヨセフのゆえに」（五節）というときには、主（ヤハウェ）とヨセフの間に人格的な関係があることが分かります。主はヨセフを慈しみ、変わらぬ愛（英語 steadfast love）をもって祝福し守っているので、「主（ヤハウェ）」が使われています。一方、ポティファルの妻に誘惑されたとき、ヨセフは、「一体どうしてそのように大それた悪事を働き、神（エロヒム）に罪を犯すことができましょう」（九節）と言いました。これは、他人の妻と関係を持つということは、ヨセフに限らず、すべての男にとって罪ですから、ヨセフあるいはポティファルの妻との個人的な関係ではなく、客観的なことだという認識です。したがって、「主（ヤハウェ）」でなく、「神（エロヒム）」が使われています。

ということで、コラム13-8で述べた使い分けは三九章でもあてはまっていると言えます。

16・4　牢獄におけるヨセフ（その2　献酌官と料理長の夢）（四〇章）

牢獄におけるヨセフの物語は、四〇章に続きます。四〇章はエジプトの王ファラオに仕える献酌官と料理長が見た夢と、その夢をヨセフが解く話が中心になっています。夢の話ですから、全体がエロヒム資料からということは理解できます。四〇章一—四節は次のとおりです。

「一これらのことの後、エジプト王の献酌官と料理長が主君であるエジプト王に過ちを犯した。二ファラオは、この二人の宮廷の役人、献酌官と料理長に対して憤り、三親衛隊長の屋敷にある監獄に入れた。そこはヨセフがつながれている牢獄であった。四親衛隊長は彼らをヨセフに委ねたので、ヨセフは彼らの世話をした。監獄で幾日か過ぎた頃、」（四〇・一—四）

一節で「エジプト王」はヘブライ語で、「メレク（「王」）＋ミツライム（エジプトの）」です。一方、二節の「ファラオ」は、すでに三九章一節についての説明で述べたとおり、エジプト語で「王」の称号でした。つまりここでは、「エジプト王」と「ファラオ」は全く同一の人物です。

一節の「献酌官」は、「（酒を）飲ませる人」、「料理長」は「（パンを）焼く人」がもともとの意味です。献酌官はこの章の一一節に出てくるように、ワインを選び、王の杯に注ぐ人でした。料理長は王の料理の責任者です。献酌官も料理長も、それぞれ王の杯や食事に毒がもられていないことを確認する立場にあったので、王が信頼していた側近でした。[23] この二人が王に対してどのような過ちを犯したのかの説明はなく、ただファラオが彼らに対して憤った、と書いてあるだけです。この「憤った」と訳されたヘブライ語「カーツァフ」はあまり使われない

（23）月本昭男訳『創世記』一三一頁、注六。

言葉で、すぐに収まる一時的な怒りを言うそうです。[24] 日本語の口語では「カッとなって」という表現が近いと思います。このファラオの憤りの原因をコラム16-6で私なりに推測してみます。

三節に、「監獄」と「牢獄」という言葉が出てきます。これら二つの言葉は違う意味で使われています。「監獄」はヘブライ語で「ベミシュマル」であり、「監視下に置く」という意味です。ですから、三節は「彼らを親衛隊長の家で監視下においた」という意味です。すぐ続けて「そこはヨセフがつながれている牢獄（ヘブライ語「ソーハル」）であった」とありますから、三節は、「献酌官と料理長は、ヨセフがつながれていた牢獄で、監視下に置かれた」という意味になります。

四節前半では、親衛隊長であるポティファル自身が、献酌官と料理長をヨセフに委ねたとしています。献酌官と料理長は、王の側近であり、ファラオの宮廷での高官たちです。そこで侍従長であるポティファル自身が、彼らの扱いに遺漏がないように、信頼していたヨセフに彼らの扱いを委ねたのだと思います。このことからもポティファルは妻の言い分を完全に信じていたわけでなく、ヨセフを死刑に処さなかった理由が分かります。妻に恥をかかせないように、彼はヨセフを軟禁状態に置いたのでしょう。こうしてヨセフはファラオの側近の高官たちと知り合いになったわけです。このように神のご計画が静かに進行していきます。

四節後半は、聖書協会共同訳聖書では、「監獄で幾日か過ぎた頃、」となって、文章は終わらず、次の五節に入っていきます。新共同訳聖書でも、「幾日かが過ぎたが、」と次の五節に続く形になっています。しかしヘブライ語の原文では、四節の終わりに英語のピリオドに相当する終止符が打たれているので文章が終わる形になっています。[25] 月本昭男訳『創世記』では、四節後半は、原文のヘブライ語どおり、「彼らは幾日も監禁所に置かれた。」と、文章に終止符が打たれた形で訳されています。[26] 関根正雄訳『創世記』、および口語訳聖書でも同じです。

続く五節から一五節は次のとおりです。

「[五]牢獄につながれていたエジプト王の献酌官と料理人は、二人とも同じ夜にそれぞれ夢を見た。その夢にはそれぞれ意味が隠されていた。[六]朝になって、ヨセフが二人のところに行って見ると、彼らは困惑していた。[七]ヨセフは、主人の屋敷にある監獄に自分と一緒に入れられていたファラオの宮廷の役人に尋ねた。『どうして今日は、そんなに顔色が悪いのですか』[八]彼らは答えた。『私たちは夢を見たのですが、それを解き明かしてくれる人がいないのです。』ヨセフは、『解き明かしは神によることではありませんか。どうぞ話してみてください』と言った。[九]献酌官長はヨセフに自分の見た夢を話し、彼に言った。『夢の中で、一本のぶどうの木が目の前にありました。[一〇]そのぶどうの木には三本のつるがあり、それが芽を出し、花を咲かせ、ぶどうの房が熟しました。[一一]私の手にはファラオの杯がありましたので、私はぶどうを取って、ファラオの杯に搾り、その杯をファラオの手に献げました。』

[一二]ヨセフは言った。『その解き明かしはこうです。三本のつるは三日のことです。[一三]三日のうちに、ファラオはあなたの頭をあげて、元の仕事に戻してくれるでしょう。あなたは先に献酌官であったときの慣例に従って、ファラオの杯を、その手に献げるでしょう。[一四]そこで、あなたが幸運に恵まれたときには、私を思い出し、どうか私に慈しみを示してください。ファラオに私のことを話し、この獄から私が出られるようにしてください。[一五]私は実はヘブライ人の地からさらわれてきたのです。またここでも、私が地下牢に投げ込まれるようなことは何もしていないのです。』」（四〇・五―一五）

（24）Wenham. Word Biblical Commentary Genesis 16–50, p.382.
（25）Biblia Hebraica Stuttgartensia. A Reader’s Edition, p.75.
（26）月本昭男訳『創世記』一三一頁、本文四節後半。

牢獄につながれていた献酌官と料理長は、ある夜、それぞれ夢を見ました。四〇章および四一章は、全体としてエロヒム資料なので、その特徴として神意が夢の形で人に伝えられます。

五節後半に、「その夢にはそれぞれ意味が隠されていた」とあります。五節後半のヘブライ語の原文を直訳すると、「それぞれは、解釈を必要とする夢であった」となります。王の側近であった二人は、ある日突然に牢獄に入れられて、自分のこれからはどうなるのだろうか、と心配していたのでしょう。そういうときに、その内容を人に語れるほどにはっきりと覚えていることのできる夢を見たので、その夢には何か意味があるのではないかと二人は考えたのだと思います。当時のエジプトには夢の解き明かしをする専門家がいました。それは四一章でファラオが見た夢を解き明かすために「人を遣わしてエジプトの魔術師と賢者をすべて呼び集めた」(四一・八)と書いてあることから分かります。

しかし献酌官と料理長は、今は牢獄にいるので、解き明かしをしてくれる人がおらず、「彼らは困惑していた」(四〇・六)わけです。そこに彼らの世話を任されていたヨセフがきて、「どうして今日は、そんなに顔色が悪いのですか」(四〇・七)と尋ねました。四節にあるように、ヨセフは彼らの世話を任されていました。ヨセフはきっと誠意をこめて彼らの世話をしたので、彼らもヨセフを信頼するようになっていたのでしょう。ヨセフの心のこもった真摯な質問に、彼らは率直に答えました。「私たちは夢を見たのですが、それを解き明かしてくれる人がいないのです。」

するとヨセフは言いました。「解き明かしては神によることではありませんか。どうぞ話して見てください。」(四〇・八)このヨセフの言葉が意味することは、夢を解き明かすことができるのは、彼が信じている神である、とヨセフが言っている、と私は考えました。続けて、「どうぞ話して見てください」と言っています。つまり、私なら神から示されて、その夢の解き明かしができるだろう、と言っています。エロヒム資料はこのようにヨセフを夢の解き明かしができる人と描いています。ただし、それはヨセフ自身の力ではなく、神がヨセフに示すのだ、つまり神に栄光を帰しているところが普通の魔術師と違うところです。

そこで献酌官はヨセフに彼が見た夢の内容を詳しく説明しました（四〇・九―一一）。その夢をヨセフは解き明かして、「三日のうちに、ファラオはあなたの頭を上げて、元の仕事に戻してくれるでしょう」（四〇・一三）と言いました。ここで「頭を上げて」は、ヘブライ語で「ナーサー（上げる）＋エト（を）＋ローシュ（頭）」です。この熟語の主な意味は二つあります。一つは頭を数える、すなわち人口調査（センサス）をする（民数一・二など）、二つ目は自信をもって行動する（詩編二四・九など）です。[27] しかしここでは、そのいずれでもなく、「許す」、「恩赦を与える」という意味で使われています。[28]

ヨセフはこの献酌官に続けて次のように言いました。「そこで、あなたが幸運に恵まれたときには、私を思い出し、どうか私に慈しみを示してください。ファラオに私のことを話し、この獄から私が出られるようにしてください。」（四〇・一四）

ヨセフは、「そこで、あなたが幸運に恵まれたときには」と自分の夢の解き明かしが、必ず起こることとして自信を持っています。続けて、ヨセフは献酌官に、ファラオの側近というもとの立場に戻ったら、自分を思い出し、自分に慈しみを示して、ファラオに自分のことを話してください、と頼みました。そして自分のことを、「私は実はヘブライ人の地からさらわれて来たのです。またここでも、私が地下牢に投げ込まれるようなことは何もしていないのです」と献酌官に告げました。ここでヨセフが自分のことをヘブライ人と言っていますが、こ

（27）Wenham. Word Biblical Commentary Genesis 16–50, p. 383.
（28）同右。

の場合の「ヘブライ人」は、低い社会階層の者というよりは、「川向うの人」という、外国の地から来た人間としての意味で言っていると思います。ただ実際には、さらわれて来たのでなく、兄弟から奴隷として売られて来たのです。しかしヨセフにとって、意に反してエジプトに連れて来られたという意味では同じことだったので、このような表現になったのかもしれません。

ヨセフの献酌官の夢の解き明かしが良かったので、料理長も、恐らく期待を持って、ヨセフに彼が見た夢の解き明かしを次のように頼みました。

「一六料理長は、ヨセフの解き明かしが良かったのを聞いて言った。『私も夢を見たのですが、なんと三つのパン籠が私の頭の上にあったのです。一七いちばん上の籠には、料理人がファラオのために造ったあらゆる料理がありました。しかし鳥が私の頭の上で、籠からそれをついばんでいたのです。』一八ヨセフは答えた。『その解き明かしはこうです。三つの籠は三日のことです。一九三日のうちに、ファラオはあなたの頭を上げて切り離し、あなたを木に掛けます。そして、鳥があなたの肉をついばむでしょう。』」（四〇・一六—一九）

良い解き明かしを期待した料理長にとっては、このヨセフの解き明かしは最高に厳しい内容です。ヨセフの答えのうち、「頭を上げて」は前の献酌官について言ったときの「頭を上げて」とヘブライ語で全く同じ表現の、「ナーサー（上げる）＋エト（を）＋ローシュ（頭）」です。ですからここまで聞いた料理長は朗報を期待したでしょう。しかし続けて、「切り離し、あなたを木に掛けます」とヨセフが言ったので、一瞬にして天国から地獄に落とされた気がしたことでしょう。「頭を上げて」は、ここでは文字通り、頭を体から切り離して上げるという意味になります。「木に掛ける」とは、死刑にされたあと、さらしものにするという意味です。あるいは、「頭を上げて木に掛ける」で首つりの刑に処する、という意味になるかも知れません。そのさらしものにされた料理長の肉を鳥がついばむでしょう、というイメージまでも、ヨセフは描き出しました。

続く二〇―二三節は次のとおりです。

「二〇三日目はファラオの誕生日であったので、ファラオはすべての家臣のために祝宴を催した。そして、家臣の集まる真ん中で献酌官長の頭と料理長の頭を上げさせた。二一ファラオは、献酌官長をその献酌の仕事に戻したので、彼は杯をファラオの手に献げるようになった。二二しかし、料理長は木に掛けた。ヨセフが彼らに解き明かしたとおりである。二三ところが、献酌官長はヨセフのことを思い出さず、忘れてしまった。」（四〇・二〇―二三）

ヨセフが言った三日目は、ファラオの誕生日でした。その祝いの中で、ファラオは牢獄にいた「献酌官長の頭と料理長の頭を上げさせた」（四〇・二〇）とあります。同じ「頭を上げさせた」という表現を使っていますが、すでに述べたように、献酌官長の場合は恩赦で許されたという意味、料理長の場合には頭を体から切り離されて上げた、つまり死刑に処したという意味でした。こうしてヨセフが解き明かしたとおりに、献酌官長は献酌の仕事に戻り、杯をファラオの手に献げるようになりました（四〇・二一）。しかし、料理長は木に掛けられました（四〇・二二）。

最後に一言、「ところが、献酌官長はヨセフのことを思い出さず、忘れてしまった」（四〇・二三）が付け加えられて四〇章は終わります。献酌官長がヨセフから頼まれたことはすっかり忘れて、ヨセフはさらに二年間牢獄にいたことが、「それから二年経って」という四一章一節の言葉で分かります。ヨセフにとっては長い牢獄の忍耐の期間でした。

コラム 16-5

ヨセフのさらに二年間の牢獄生活の意味

ヨセフは、献酌官長の夢を解いた後、「私は実はヘブライ人の地からさらわれてきたのです。またここでも、私が地下牢に投げ込まれるようなことは何もしていないのです」（四〇・一五）と言って、正直に自分の苦しい胸の内を吐露しています。しかし、ヨセフと共にいた主は、ヨセフにさらに二年間の投獄を課しました。こうしてヨセフはさらに二年間の苦しい忍耐を経験させられました。ヨセフのこの時の気持ちは、「いつまでですか、主よ。私をとこしえにお忘れになるのですか。いつまで御顔をかくされるのですか」（詩編一三・二）とうたった詩編作者と同じ気持ちだったでしょう。このように忍耐して待つことを、アブラハムとサラもイサクの誕生まで長い間経験しました（一五・二など）。主イエスも、ゲッセマネの園で、「私は死ぬほど苦しい」（マタイ二六・三八）と言われ、耐えられました。使徒パウロも、「私たちは、耐えられないほどひどく圧迫されて、生きる望みさえ失い、私たちとしては、死の宣告を受けた思いでした。それで、自分を頼りにすることなく、死者を復活させてくださる神を頼りにするようになりました」（二コリント　一・八―九）と言っています。

このように、主はヨセフをさらに二年間牢獄に置いて訓練し、一層の人間的成長および成熟を期待したのです。事実、ヨセフは二年後に牢獄を出て、ファラオの夢を解き、さらにファラオの下で賢い宰相となって、「多くの民の命を救う」（五〇・二〇）使命を負わされることになります。その結果、彼はエジプト人、イスラエル人だけでなく、多くの近隣の民を飢餓から救ったのです。そのような人間に成熟するために、この牢獄のさらなる二年間が必要であった、と私は解釈したいと思います。

コラム
16-6

献酌官長と料理長にかけられた嫌疑を推測してみる

ともにエジプトの王ファラオの側近だった献酌官長と料理長が、ファラオの憤りによってヨセフの入っていた牢獄に送られてきました。その後、二人は同じ夜に夢を見て、その夢解きをヨセフに頼みました。三日後に、献酌官長は許され、元通りの仕事に就きましたが、料理長は首をはねられ、その死体は木に掛けられるという対極的な結末になりました。この物語の目的は、ヨセフの夢解きの力を示して、結局はファラオの夢を解くに至る過程を面白く描くことなので、二人の対照的な結末について、どうしてそういうことになったのかと詮索する意味はないかもしれません。しかし、私はこの場面の解説を書きながら、なぜそういうことになったのだろうと考えてみたくなりました。

前にも言ったように、ヘブライ文学の特徴は骨格となる筋を述べるだけなので、行間を読む可能性は残っています。そこで私も勝手に行間を読んでみました。それは次のような推測です。もちろん全くの推測であることをお断りします。

ファラオの献酌官長と料理長と言えば、ファラオの口に入るものを用意する責任者です。ですから、毒を盛られないように最善の注意をする必要があります。あるとき、ファラオが食後、体調を崩したことがあって、ファラオはカッとなって、監督不行き届きで二人を罰して牢獄に入れたのではないでしょうか。その後、調査の結果、その原因が献酌官にはなく、料理長にあることが分かりました。料理長は、ファラオの暗殺を企てたグループに、成功した場合の多額の報酬と役職を約束されて、ファラオの食事に毒を盛ったということが、このグループを逮捕後、発覚した、という推測です。そうでないと料理長の厳罰の意味が説明できません。しかし、その毒の量が十分でなかったので、ファラオは一時体調を崩しましたが、その後体調を回復しました。そして、その敵対するグループを厳罰に処しただけでなく、その勢力に加担した料理長も頭をはねられた上、木に掛けられてさらしものにされ、その肉を鳥がついばむという結果に終わった、というのが私の推測です。

洋の東西を問わず、昔の王朝では、王位にある者やその継承者となる者に対する毒殺の例は多くあります。

16・5 ヨセフ、ファラオの夢を解く（四一章一―三六節）

続く四一章も四〇章と同じエロヒム資料からです。四一章一―一三節は次のとおりです。

「一それから二年経って、ファラオは自分がナイル川のほとりに立っている夢を見た。二すると七頭の美しく肥えた雌牛が川から上がって来て、葦の原で草を食んでいた。三すると、その後から、今度は醜く痩せ細った別の七頭の雌牛が川から上がって来て、岸辺の雌牛のそばに立った。四そして、醜く痩せ細った雌牛が、美しく肥えた七頭の雌牛を食い尽くした。そこでファラオは目を覚ました。五ファラオは再び眠ってまた夢を見た。今度は、よく実った七つの穂が、一本の茎から伸びていた。六すると、その後から、痩せ細って東風で干からびた七つの穂が生えてきて、七痩せ細った穂が、よく実った七つの穂を呑み込んでしまった。ファラオはそこで目を覚ました。それは夢であった。八朝になって、ファラオは胸騒ぎがして、人を遣わしてエジプトの魔術師と賢者をすべて呼び集めた。ファラオは自分の見た夢を彼らに話したが、ファラオにそれを解き明かすことができる者は誰もいなかった。

九その時、献酌官長がファラオに申し出た。『私は今日になって自分の過ちを思い出しました。一〇かつてファラオが僕どもに対して憤られ、親衛隊長の屋敷にある監獄に私と料理長を入れられました。一一同じ夜に、私も彼も夢を見ました。私たちが見た夢にはそれぞれ意味が隠されていました。一二そこには、私たちと一緒に、親衛隊長の僕であるヘブライ人の若者がおりましたが、彼に話をしたところ、私たちの夢を解き明かしました。それぞれの夢に応じて解き明かしたのです。一三そして彼が解き明かしたとおりになりました。ファラオは私を元の仕事に戻し、料理長を木に掛けました。』」（四一・一―一三）

一節の「それから二年経って」というのは、ファラオが献酌官と料理長の頭を上げてから（四〇・二〇）、二年経ってという意味で、ヨセフが牢獄にその後さらに二年置かれていたことを意味します。、続いてファラオが見た最初の夢の話が出てきます。エジプトではファラオは、神々に近い者とされていたので、ファラオの見た夢は、神々からのメッセージと理解されていた、という註釈がありました。[29] さらにナイル川はエジプトの富と力の源泉でしたので、ファラオが見たナイル川が関係する夢は重要でした。[30]

ファラオが見た第二の夢（五節以降）に出てくる「東風」は、砂漠から来る熱い乾いた風のことです。エジプトの場合は、南部のサハラ砂漠から吹いてくるので、実際には「南風」となりますが、ここではイスラエルの読者を想定して、「東風」と言っています。[31] イスラエルの場合は、ヨルダン川のはるか東のアラビア砂漠から吹いてくる東風が同じように熱く乾いた風となります。

（29）Wenham. Word Biblical Commentary Genesis 16–50, p. 390.
（30）同右 p. 390。
（31）同右 p. 391。

八節で、一夜に非常に意味がありそうな二つの夢を見たので、ファラオは胸騒ぎがしました。つまり、神々からの重要なメッセージがこれらの夢に隠されているのではないかと直感したわけです。このファラオは国のことを思う、鋭敏で責任感のある国王であったと思います。そこでファラオはエジプトの魔術師と賢者をすべて呼び集めました。しかし、「ファラオにそれを解き明かすことができる者は誰もいなかった」（四一・八）とあります。この節の解釈として、それぞれの魔術師や賢者は、それぞれの解き明かしを述べたが、一つとしてファラオを納得させなかった、と読む方がよい、とありました。[32]私もその方がよいと思います。彼らはそれぞれに自分の魔術や知識を用いて一生懸命に自説を述べたに違いありません。ファラオは、それぞれの解き明かしが真実であるか否かを見分ける見識と洞察力を持っていたということができると思います。あえて付け加えるならば、彼らはエジプトの最高権力者であったファラオにおもねった夢解きをしたのではないでしょうか。ですから後にヨセフの解き明かしをすぐに正しいと見分けることができたのだと思います。

九節でそうした状況を見ていた献酌官長が、ようやくヨセフのことを思い出しました。献酌官長はファラオに申し出ました。「私は、今日になって自分の過ちを思い出しました。」この言葉は、ファラオに言っているのですからファラオが二年前に憤る原因になった彼の過ちのことを言っていると思います。しかし、合わせてヨセフに頼まれたことを忘れたという意味も含まれているかも知れません。そして、ヨセフが彼と料理長の夢を解き明かし、そのとおりになったことを告げました。

続く四一章一四―二四節は、次のとおりです。

「一四そこで、ファラオは人を遣わしてヨセフを呼んだ。ヨセフは直ちに地下牢から引き出され、ひげをそって衣服を着替え、ファラオの前に出た。一五ファラオはヨセフに言った。『私は夢を見たのだが、それを解き明かす者がいない。聞くところによれば、あなたは夢の話を聞いて、解き明かすことができるそうだが。』

一六ヨセフはファラオに答えた。『私ではありません。神がファラオに平安を告げられるのです。』
一七ファラオはヨセフに話した。『夢の中で、私はナイル川の岸辺に立っていた。一八すると、七頭の肥えた
美しい雌牛が川から上がって来て、葦の原で草を食んでいた。一九すると、その後から、今度は貧弱で大変
醜く痩せた別の七頭の雌牛が上がって来た。あれほどひどいものは、エジプトの地のどこでも見たことがな
い。二〇そして、その痩せた醜い雌牛が、初めの肥えた七頭の雌牛を食い尽くしてしまった。二一ところが、
腹の中に入れたのに、腹の中に入れたのがまるで分からないほど、最初と同じように醜いままなのだ。そこ
で私は目を覚ました。二二私はまた夢の中で、今度は、よく実った七つの穂が、一本の茎から伸びているの
を見た。二三すると、その後から、痩せ細って実が入っておらず、東風で干からびた七つの穂が生えてきた。
二四そして、痩せ細った穂が、よく実った七つの穂を呑み込んでしまった。私は魔術師たちに話したが、そ
の意味を告げる者は誰もいなかったのだ。』」（四一・一四―二四）

献酌官長の申し出を受けて、ファラオは早速人を遣わしてヨセフを呼びました。ヨセフは、「ひげをそって」とありますが、これには、ひげだけでなく髪の毛を整えるという意味もあるそうです。(33) 二年以上も地下牢に閉じ込められていたのですから、確かにひげだけでなく髪の毛も相当伸びていたと思います。

ヨセフはファラオから「あなたは夢の話を聞いて、解き明かすことができるそうだが」と聞かれました。これに対してヨセフは、「私ではありません。神がファラオに平安を告げられるのです」と答えました。「私ではなく、神が」と言っているのは、ヨセフ自身が夢を解くのではなくて、神ご自身が夢を解いてくださったことを私は告

（32）同右 p. 391。
（33）Wenham. Word Biblical Commentary Genesis 16–50, p. 392.

げるだけです、という意味です。これは、神に栄光を帰すると同時に、神の夢解きなのだからもっと信頼ができる、ということも意味していると思います。

ここで「神がファラオに平安を告げられるのです」というヘブライ語の文章は、「神がファラオの平安に関することについて告げられるのです」と訳することもできます。単に「平安を告げる」というよりは、「平安に関することについて告げる」という方がよいと思います。というのは、ヨセフは単にファラオに、「安からざるに安し安し[34]」と言おうとしているのではありません。真実を知って、それに対する対応策を講じることが、ファラオの平安につながるのだ、と言っているのです。

続く一七節からのファラオ自身の言葉による彼が見た夢の話は、すでに一―七節に出てきた話とは微妙に異なっています。一番異なっているのは、ファラオ自身がヨセフに語った夢の話では、痩せた醜い雌牛が、「あれほどひどいものは、エジプトの地のどこでも見たことがない」(四一・一九)と強調されていることです。さらにそれらの雌牛が、「腹の中に入れたのに、腹の中に入れたのがまるで分からないほど、最初と同じように醜いままなのだ」(四一・二一)という表現が続きます。まさにこのイメージがファラオの心に不安を起こさせたので、ファラオはなんとしてでもこの夢解きを誰かにしてほしいと思ったのでしょう。

続く、二五―三六節は次のとおりです。

「二五ヨセフはファラオに言った。『ファラオの夢は一つです。神がこれからなさろうとしていることを、ファラオにお告げになったのです。二六七頭のよく太った雌牛は七年のことで、七つのよく実った穂も七年のことです。夢は一つです。二七その後から上がってきた七頭の痩せた醜い雌牛も七年のことで、痩せて東風で干からびた七つの穂も同じです。これらは七年の飢饉のことです。二八これは、ファラオに申し上げましたように、神がこれからなさろうとしていることを、ファラオにお示しになったのです。二九今から七年の間、エジプト全土に大豊作が訪れます。三〇しかしその後、飢饉が七年続き、エジプトの地に豊作があったことなど、すっかり忘れられてしまうでしょう。飢饉がこの国を滅ぼしてしまうのです。三一この地に豊作があったことなど、その後に来る飢饉のために、忘れられてしまいます。飢饉はそれほどひどいのです。三二ファラオにこうした夢が二度も繰り返されたのは、このことが神によって定められ、神が速やかに実行しようとされているからです。三三ファラオは今すぐ、聡明で知恵のある人物を探し出し、エジプトの地を治めさせるとよいでしょう。三四そしてファラオが指示して、国中に監督を任命し、豊作の七年の間、エジプトの地で産物の五分の一を徴収なさいますように。三五これから訪れる豊年の間に食料をすべて集めさせ、町の食料として、ファラオの管理の下に穀物を蓄え、保管させるのです。三六その食料は、エジプトの地に起こる七年の飢饉に備えての国の蓄えとなり、飢饉によって国が滅びることはないでしょう。』」（四一・二五―三六）

ヨセフはファラオに、「神がこれからなさろうとしていることを、ファラオにお告げになったのです」と言ってから、ファラオの夢を解きます。このヨセフの夢解きで特徴的なことは、七頭の痩せた醜い雌牛および東風で干からびて痩せた七つの穂の方に重点が置かれて、それらが七年間の飢饉の象徴であると告げていることです。そのあと来る七年間の豊作のことは二九節の一文で触れているだけです。他方、飢饉については、「しかしその後、飢饉が七年続き、エジプトの地に豊作があったことなど、すっかり忘れられてしまうでしょう。飢饉がこの国を滅ぼしてしまうのです。この地に豊作があったことなど、その後に来る飢饉のために、忘れられてしまいます。飢饉はそれほどひどいのです」（四一・三〇―三一）といくつもの文節を畳みかけるようにして、飢饉のひど

（34）エレミヤ書八章一一節の文語訳聖書からの引用。聖書協会共同訳では、「『平和、平和』と言うが、平和などはない。」と訳されている。

さを強調しています。神はファラオに平安を告げたというよりは、七年の豊作の後に、ひどい飢饉が来るという警告を与えたのです。

ヨセフは、「ファラオにこうした夢が二度も繰り返されたのは、このことが神によって定められ、神が速やかに実行しようとされているからです」（四一・三二）と述べた後、すぐ続けて、神の与えたこの警告に対して、ファラオはどうすべきかの助言を述べます。その助言とは、まず、「今すぐ、聡明で知恵のある人物を探し出し、エジプトの地を治めさせること」（四一・三三）でした。「聡明で」というのは、まわりの状況や他人が話すことをよく理解していることです。「知恵のある」というのは、神が与える判断力のことです。「主が知恵を授け」（箴言二・六）とあるとおり、知恵は主から授けられるものです。次の助言は、国中に複数の監督を任命し、豊作の七年間の間、エジプトの地の産物の五分の一を徴収することでした。その徴収した食料を蓄え、保管すれば、七年の豊作の後に来る、七年のひどい飢饉を乗り越えることができて、国が滅びることはない、というのがヨセフの助言でした。

コラム 16-7

ヨセフのファラオに関する助言はどうしてできたか

ヨセフのファラオに対する夢解き（四一・二五―三二）は、神がファラオにあたえた夢を解いたものでした。しかしそれに基づく、ファラオに対する具体的な行動に関する助言をどうしてヨセフはすることが出来たのでしょうか。結論から言えば、このアドバイスも神からヨセフに与えられたものと言えます。新約聖書で、主イエスが次のように言われたとおりです。「会堂や役人、権力者のところに連れて行かれたときは、何をどう弁明しようか、何を言おうかと心配してはならない。言うべきことは、聖霊がその時に教えてくださる」（ルカ一二・一一―一二）とあります。このように、ヨセフと共にいた主が、時にかなった言葉をヨセフに与えたのだと思います。

とはいえ、そのためには神がヨセフに与えた言葉を理解するための素地が必要です。この素地は、ヨセフがポティファルの家と財産のすべての管理を任されていたときに培われたものだと思います。ポティファルの家の管理は、国の管理に通じるところがありました。人はその時々に与えられたことを全力を尽くしてやっていくことで、将来その人が別のところで役立つ素地を作っている、とも言えます。「置かれたところで咲く」ことが、神がその人を別の所で用いる器にするための鍛錬になっているわけです。

16・6　ヨセフ、エジプトを治める（四一章三七―五七節）

前日までポティファルの家の地下牢に入っていた奴隷のヘブライ人ヨセフが、ファラオの右腕となってエジプトの総理大臣の地位に一気に取り立てられる話が以下に続きます。三七―四六節は次のとおりです。

「三七 このヨセフの提言は、ファラオとその家臣に快く受け入れられた。三八 ファラオは家臣に言った。『このように神の霊が宿っている人をほかに見つけられるであろうか。』三九 そしてファラオはヨセフに言った。『神があなたにこうしたことをすべて知らされたということは、あなたのように聡明で知恵のある者はほかにはいないということだ。四〇 あなたは宮廷を治める者となる。民は皆、あなたの言葉に従うであろう。ただ王座にあるということにおいてのみ、私はあなたにまさっている。』四一 ファラオは続けてヨセフに言った。『見よ、私はあなたにエジプト全土を治めさせる。四二ファラオは指から印章の指輪を外し、ヨセフの指にはめた。また上質の亜麻布の衣服を着せ、金の首飾りをその首に掛けた。四三そしてファラオが自分の第二の車に彼を乗せると、人々はヨセフの前で、『ひざまずけ』と叫んだ。こうしてファラオは彼にエジプト全土を治めさせた。四四ファラオはヨセフに言った。『私はファラオである。あなたの許しなしには、このエジプト全土で、誰も手足をあげることはできない。』四五ファラオはヨセフの名をツァフェナト・パネアとし、オンの祭司ポティ・フェラの娘アセナトを妻として与えた。ヨセフはエジプトの地に知れ渡った。四六ヨセフがエジプトの王ファラオの前に立ったのは、三十歳の時であった。ヨセフはファラオの前を去って、エジプト全土を巡回した。」（四一・三七―四六）

ヨセフの解き明かしは、ひどい飢饉が来ることを強調した暗いものでしたが、それへの具体的な対処方法を含むものでした。このヨセフの解き明かしと対処方法が、ファラオに「快く受け入れられた」（四一・三七）のは、ファラオが自分の栄光や安寧だけを求めていたのでなく、本当に国のことを考えていたから、ファラオに伝わったのです。このように聡明なファラオを王に持ったエジプトは幸いでした。そのような王に見いだされ取り立てられたヨセフも幸いでした。すべては神の導きの結果でした。

ファラオは家臣たちに、ヨセフのことを「このように神の霊が宿っている人」と形容しました。ファラオがヨセフの夢解きとそれに基づく行動の提案を、神の霊によるものだ、と考えていたことに注目すべきでしょう。ファラオはヨセフの提案がヨセフ自身の人間的な知識や欲得から出た言葉でないことを理解したのでした。そしてヨセフが言った、聡明で知恵のある者とはまさしくヨセフ自身だとしました。ファラオはまずヨセフを宮廷を治める者としました（四一・四〇）。次いで、エジプト全土を治める者としました（四一・四一）。このようにヨセフはファラオを王とするエジプト全土の総理大臣になったのです。昨日まで土牢にいた奴隷のヘブライ人という位置付けからの飛躍的な抜擢です。ファラオは、総理大臣としての役目を果たすに必要な王の印章がついた指輪をヨセフの指輪にはめさせました。これによりファラオは統治の全権をヨセフにに委任したのでした。さらに総理大臣にふさわしい上質の亜麻布の衣服を着せ、金の首飾りを首にかけさせ、ファラオ用の第二の馬車をヨセフの専用車としました。上質の亜麻布とはエジプトの宮廷で高官たちが着ていた半透明のものです。ここに出てくる「衣服」は複数形なので、いくつかのピースからなる服で、総理大臣用のものではないかと推測されるとのことです。(35) ファラオはヨセフの首に金の首飾りをかけました。これは臣下の功績に報いるためであって、古代エジプトの絵画にはそのような光景が描かれているそうです。(36) ファラオはヨセフの夢解きと助言の功績にこのような形で報いたことになります。

四三節に、「人々はヨセフの前で、『ひざまずけ』と叫んだ」とあります。ここで「ひざまずけ」と訳されたヘブライ語は「アブレク」です。正確な意味は不明で、「敬礼！」とか「ひざまずく」という意味とされます。(37) 四四節に、「誰も手足をあげることができない」とあるのは、勝手に行動できないという意味です。(38)

四五節に「ファラオは、ヨセフの名をツァフェナト・パネアとし」とあります。このヨセフのエジプト語での名の意味は正確には分からないそうですが、「彼は生きる、と神は語った」ではないかと推測されています。(39) 同じ四五節に、ファラオはヨセフに、「オンの祭司ポティ・フェラの娘アセナトを妻として与えた」とあります。

(35) Wenham. Word Biblical Commentary Genesis 16–50, p. 396.
(36) 同右p. 396。
(37) 月本昭男『創世記』一三八頁、注三。
(38) 同右一三八頁、本文および注四。
(39) 同右一三八頁、注五および Wenham. Word Biblical Commentary Genesis 16–50, p. 396.

「オン」は太陽神ラー崇拝の中心地ヘリオポリスのことで、ポティ・フェラとはかつて奴隷ヨセフが売られた親衛隊長のポティファル（三九・一）と同じ名前ですが、別の人物です。ポティ・フェラが正式な名前で、ポティファルはその略称です。ポティ・フェラの意味はすでに三九章一節の説明で述べましたが、エジプト語で、「神ラーが与えた者」という意味です。[40] ヨセフの妻となったアセナトの名前の意味はエジプト語で、「女神ネイトに属する者」という意味です。[41]

こうしてヨセフはエジプトの最上流階級の娘と結婚してエジプトの総理大臣となり、その名は、「エジプトの地に知れ渡った」（四一・四五）のでした。

四一章のここまでは、エロヒム資料とヤハウェ資料が組み合わされて用いられていましたが、四六節前半に至って祭司資料が、「ヨセフがエジプトの王ファラオの前に立ったのは、三十歳の時であった」とヨセフの年令を明記します。ヨセフが兄弟たちに穴に投げ込まれて奴隷として売られたのは、一七歳（三七・二　祭司資料）の時でしたから、苦節一三年を経て、ヨセフはエジプトの総理大臣になったのでした。そして総理大臣として、「ヨセフはファラオの前を去って、エジプト全土を巡回した」（四一・四六後半　ヤハウェ資料）のでした。

続く四七―五七節は次のとおりです。

「四七 豊作の七年の間、地は豊かな実りをもたらした。四八 ヨセフはエジプトの地での七年の間に食料をすべて集め、それぞれの町の食料とした。町の周囲の畑でできた食料を、その町の中に蓄えさせたのである。四九 ヨセフは、海辺の砂ほど多くの穀物を蓄えた。しかし、ついには量りきれないほどになったので、量ることをやめた。

五〇 飢饉の年がやって来る前に、ヨセフに二人の息子が生まれた。産んだのは、オンの祭司ポティ・ファラの娘アセナトである。五一 ヨセフは長男をマナセと名付けて言った。『神は、私の労苦と父の家のことをす

べて忘れさせてくださった。』五二また次男をエフライムと名付けて言った。『神は、苦難の地で私に子孫を
増やしてくださった。』
五三さて、エジプトの地にあった豊作の七年が終わり、五四ヨセフが言ったとおり、飢饉の七年が始まった。
飢饉はすべての国々に及んだが、エジプト全土には食物があった。五五やがて、エジプト全土にも飢饉が広
がり、民衆はファラオに食料を叫び求めた。ファラオはすべてのエジプト人に言った。『ヨセフのもとに行
け。彼が言うことはそのとおりにせよ。』五六飢饉は地の全面に及んだ。ヨセフはすべての穀倉を開いて、エ
ジプト人に穀物を売ったが、エジプトの飢饉は激しくなった。五七諸国の人々はエジプトに向かい、穀物を
買いにヨセフのところにやって来た。全地で飢饉が激しかったからである。」（四一・四七―五七）

ヨセフが総理大臣になった後の七年間は、豊作が続きました。その豊作の間、ヨセフは食料をそれぞれの町に蓄えさせました。その食料は「海辺の砂ほど多く」（四一・四九）なりました。「海辺の砂」というのは、多くて数えきれないという意味で、アブラハムの子孫についても（二二・一七）、ヤコブの子孫についても（三二・一三）、使われています。蓄えた食料が海辺の砂ほどに多くなったので、「量ることをやめた」（四一・四九）とあります。

その豊作の間に、ヨセフに妻アセナトによって二人の息子マナセとエフライムが生まれました。「マナセ」は、「忘れさせる（ナッシェ）」に由来します[42]。この名前を付けるにあたって、ヨセフは、「神は、私の労苦と父の家のことをすべて忘れさせてくださった」と言っています。このことは彼は、それまでは自分の一三年の労苦と父ヤ

(40) 月本昭男訳『創世記』一二五頁、注一三。
(41) 同右一三八頁、注六、および Wenham. Word Biblical Commentary Genesis 16–50, p. 397.
(42) 月本昭男訳『創世記』一三九頁、注一〇。

コブの家のことを忘れることができなかったことを示しています。また「エフライム」は、「子孫を増やす（ヒフラー）」に由来します。[43] この名前を付けるにあたって、ヨセフは「神は、苦難の地で私に子孫を増やしてくださった」と言っています。ヨセフは、総理大臣の地位に就きましたが、なおエジプトの地を苦難の地と呼んでいることに気が付きます。二人の息子の名を付けるにあたって、「神は」と言って、自分が総理大臣になったことも、二人の息子を授かったことも、すべてが神の導きの結果であるとして、神に栄光を帰し自分の才能や努力の結果でないとしている謙虚さが伝わってきます。

五三節からは、ヨセフが言ったとおり、いよいよ飢饉の七年が始まったことが述べられます。五四節に「飢饉はすべての国々に及んだ」とあり、五六節にも「飢饉は地の全面に及んだ」とあります。聖書以外の記録では、古代オリエントの文書に大きな飢饉があったことが記録されているそうです。[44] 一つは、前二六〇〇年頃に七年間の大飢饉があったと述べる、南エジプトの前二世紀の記録です。その他にも、ギルガメシュの叙事詩にも、「穀物の殻に実が入っていない七年間」とあり、同じような記述がウガリトの叙事詩などにもあるそうです。したがって、古代エジプトからメソポタミアにかけて七年間の大きな飢饉があったことは確かなようです。なお、七年間というのは、正確に七年ではなく、相当長期間という意味だと解釈してよいでしょう。

こうして七年間の飢饉が始まりましたが、エジプトにはその前の七年の豊作の間に蓄えた多くの穀物がありました。ですからエジプトの民衆がファラオに食物を叫び求めたとき、ファラオはヨセフのもとへ行けと言い、ヨセフは穀倉を開いて穀物を売りました。さらに諸国の人々まで、エジプトに向かい、ヨセフのところに穀物を買いにやって来ました（四一・五七）。この記述は、次の四二章への橋渡しとなっています。以上で四一章は終わります。

コラム 16-8

ヨセフが仕えたファラオとは

アブラハム、イサク、ヤコブそしてヨセフが生きた時代は、前一八世紀から前一六世紀頃であると言われています[45]。この時代は、エジプトではちょうど「第二中間期」（前一七八五―前一五七〇頃）と呼ばれる時代にあたります。前一七二〇年頃、エジプトの政治的混乱に乗じてシリア・パレスチナ地方に起源を持つ雑多な人々の集団であった「ヒクソス」（古代エジプト語で、「異国の支配者たち」という意味）がナイル川下流のデルタ地域に、第一五王朝（前一六六三年頃―一五五五年頃）を樹立し、エジプト史上初の異民族王朝が開かれました。その首都は、ナイル川下流のデルタ地域の東にあったアヴァリス（Avaris）でした。前一六八〇年頃には別のヒクソスのグループが、第一五王朝よりは南のナイル川上流に第一六王朝（首都テーベ（Thebes））（前一七世紀頃―前一六世紀頃）を開きました[46]。（図16－1を参照）

ここからは、私の推測も少し混じってきますが、ヨセフが仕えたファラオは、この第一五王朝（前一六六三年頃―一五五五年頃）のファラオであった可能性が高いようです。というのは、ヨセフのような

(43) 同右一三九頁、注一一。
(44) Wenham. Word Biblical Commentary Genesis 16–50, p. 393.
(45) 加納貞彦『創世記に学ぶ（上）21世紀の共生』一八頁、表1-1。
(46) 古代エジプトの「第二中間期」に関する記述の出典は、次のとおりです。笈川博一『古代エジプト』三九－四一頁、Nahum Sarna. Understanding Genesis, p. 224 および Wikipedia の以下に関する記述（「古代エジプト史略年表」、「エジプト第一五王朝」、「エジプト第一六王朝」、「ヒクソス」）。

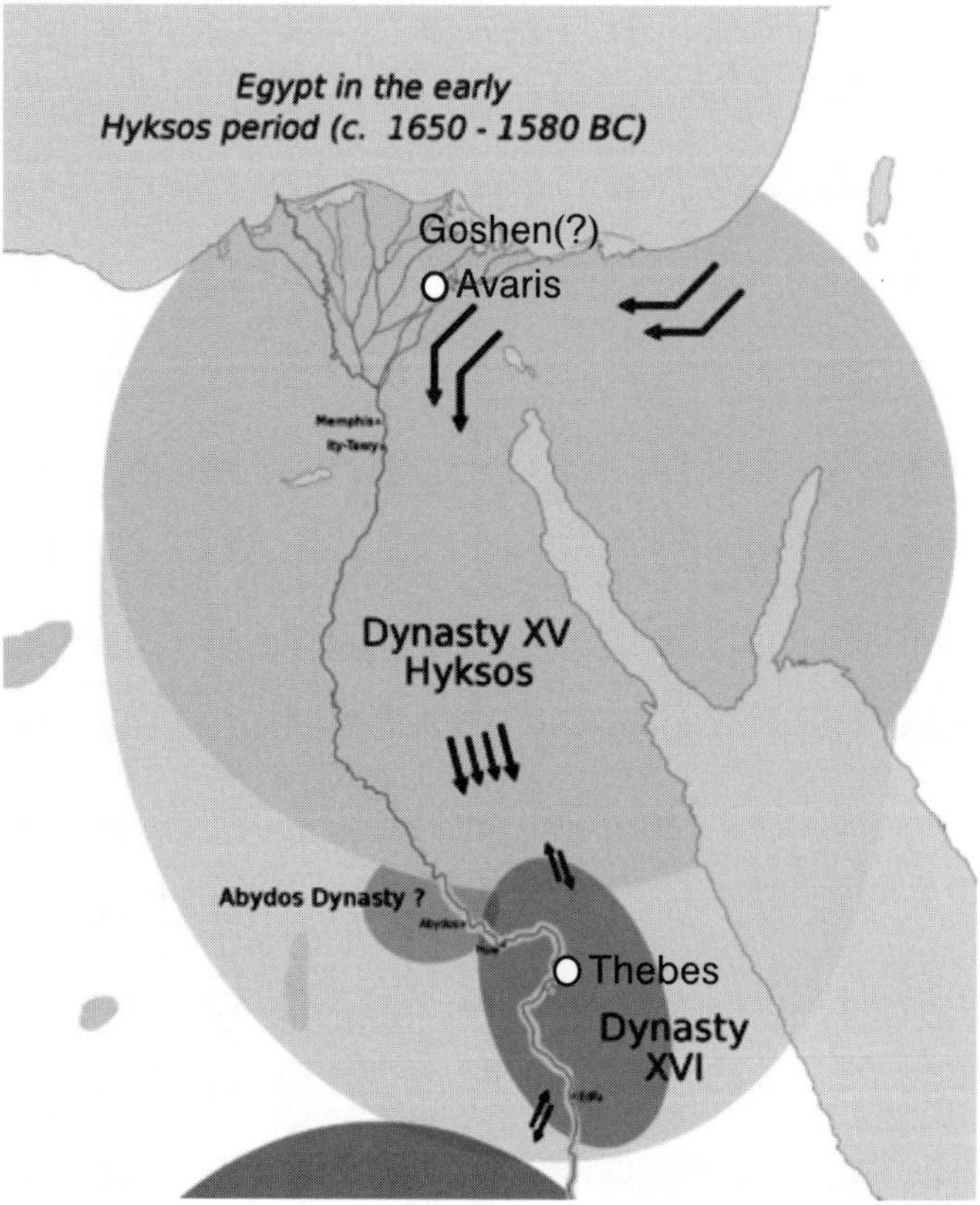

図16-1　初期ヒクソス王朝時代のエジプト（約前1650-1580年）
注：Dynasty XV Hyksos: 第15王朝ヒクソス、Dynasty XVI：第16王朝
［出典：Iry-Hor, https://commons.wikimedia.org/w/index.php?curid=34922151に筆者が Goshen（？）を挿入し、Avaris および Thebes の文字を拡大した］

パレスチナ人を総理大臣につけるというのは、やはりシリア・パレスチナ地方に起源をもつヒクソスの王朝のファラオだったからこそと思われるからです。そうすると、ヨセフとそのパレスチナにいた家族への心遣い（四五・一七以下）も納得できます。ヨセフが、父ヤコブと兄弟たちに、「ゴシェンの地に住んで、私の近くで暮らしてください」（四五・一〇）と言っていることは、ヨセフが第一五王朝のファラオに仕えていた可能性を示します。というのはその王朝の首都アヴァリスはゴシェンの近くにあったからです。

同じヒクソスの王朝の第一六王朝（前一六八四年頃―一五八二年頃）の首都はテーベですが、図16－1に示すように、ナイル川の上流にあり、ゴシェンに地に近いとは言えません。

「ゴシェンの地」の正確な位置は不明ですが、ナイル川下流の東方デルタ地帯にあったとみられています。[47]

このように、ヨセフに関する記述は史実そのものとは言えないにしても、相当史実を踏まえたものであると言ってよいのではないでしょうか。

コラム16-9　夢、幻（ビジョン）、神意と人意

ヨセフがファラオの夢を解く四一章一―三二節は、エロヒム資料です。エロヒム資料では、夢や幻

(47) 月本昭男訳『創世記』一五三頁、注七。

（ビジョン）を通して神が人に語りかけるのが特徴です[48]。

新約聖書では、主イエスがこの世に弟子たちと一緒におられたときは、主イエスをとおして、神のみ心が人に伝えられました。主イエスが十字架にかかって復活した後も、弟子たちに表れ、神のみ心を伝えました。主イエスが昇天された後は、いわば霊体となって天から、たとえばサウロ（回心前の使徒パウロの名前）に現われ、み心を伝えました（使徒九・一―九）。さらにパウロは夜の幻の中で、一人のマケドニア人の懇願によりマケドニア人に福音を宣教することになりました（使徒一六・九）。「夜の幻の中で」というのは、必ずしも睡眠中の夢の中でとは限らないようです。おそらく、一人夜の静けさの中で沈思黙考していたときに、パウロの心の中にある幻（英語ではビジョン）が現れ、それが確信に変わったということもあるのではないでしょうか。

それでは、現代において、人はどうして神を信じることができるようになり、またある思いが神からのものであるか、あるいは人の思いだけなのかを知ることができるのでしょうか。

まず人が神を信じることができるようになるのは、私自身の経験では、目を覚ましているときに、すでに信仰を持ち、聖書を知っている人から、神さまのことや主イエスについての話を聞き、それを心に留めておくことから始まりました。そしてそれに思いを巡らしているときに、私の心の中に静かな確信が生まれ、本当にそうだと思ったり、あるいは私の心が燃えたりしたときに、私は信じることができるようになったと思います。その後は、自ら聖書を読み、また神に祈ることによって、心の目が次第に開かれて、信仰が深まっていったように思います。このようなときに、心に留めておいたことや思いめぐらしていたことが、ああ、そういうことだったのか、と納得がいくことがしばしばありました。それが私自身が信仰を持つに至った体験でした。

次に人の心に浮かんだある思いが、神からでたものであるか、あるいは人の思いだけなのかをどうして知ることができるのでしょうか。その問題について、矢内原忠雄先生は「神意と人意」という短文を書いておられます[49]。その短文の後半の部分を抜粋します（新かなづかいに変更（著者））。

「人は己の心に臨んだある思いが人意にあらずして神意なることをば、何によって知るを得るか。それが神意である場合には、何よりもまず圧倒的なる畏怖厳粛感が我が心を支配して、一切の遊戯的なる『笑い』を禁ずるであろう。第二に自己の利益・欲望の打算から出たものでなく、単純素直なる心にしみ出た思いであることが必要である。第三にそれは時の経過によって緊張を失うことなく、かえって益々純化せられて行くであろう。第四に己が心の思いを自ら秘めて、慎みをもって日を過ごす中、それの成就せられて行く道が客観的に開かれること、以上のごとき場合には、その事が神意として我らの服従を要求しつつあるものと考えてよかろう。そうでない場合は、自己中心的な主観的欲望を美化粉飾するために『神意』の名をもってし、己と人とを欺く危険に陥ることなしとせず、深き注意を要する。主観的に強い欲求を持っただけでは、信仰的には当てにならないのである。」

(48) 加納貞彦『「創世記に学ぶ（上）21世紀の共生」一五頁。
(49) 矢内原忠雄全集一七巻、一七六頁、『嘉信』短言（昭和一七年＝一九四二年）第一一号（一一月）。

第一七章　ヨセフ物語（その3）（創世記四二章―四六章）

ヨセフがエジプトの総理大臣になった後、ひどい飢饉がエジプトだけでなく、周辺の諸国にも広がりました。カナンにいたヨセフの父ヤコブの一族も同じように飢饉に悩まされていました。

17・1　ヨセフの兄弟たち、エジプトに下る（四二章一―三八節）

四二章には再びヨセフの父ヤコブおよび兄弟たちが出てきます。初めの一―一六節は次のとおりです。

「一ヤコブは、エジプトに穀物があるということを知った。そこでヤコブは息子たちに、『どうしてお前たち
は顔を見合わせてばかりいるのだ』と言い、さらに続けた。二『聞くところによると、エジプトには穀物が
あるというではないか。エジプトに下って行って穀物を買ってきなさい。そうすれば、私たちは生き延び、
死ぬことはないだろう。』三そこでヨセフの兄弟十人は、エジプトから穀物を買うために下って行った。四し
かしヤコブは、ヨセフの弟ベニヤミンを兄弟と一緒に行かせなかった。危険な目に遭うのではないかと恐れ
たからである。五イスラエルの息子たちは、人々に交じって穀物を買いに出かけた。カナンの地にも飢饉が
起こったからである。

六ヨセフは国を治める者として、国のすべての民に穀物を売る責任者であった。ヨセフの兄弟はやって来
て、顔を地に付けてヨセフにひれ伏した。七ヨセフは兄弟を見て、彼らに気付いたが、そしらぬ振りをし、
厳しい口調で言った。『お前たちどこからやって来たのか。』彼らは答えた。『食料を買うためにカナンの地
から来ました。』八ヨセフは兄弟だと気付いていたが、彼らはヨセフだとは気づいていなかった。九ヨセフは、
かつて兄弟について見た夢を思い出して言った。『お前たちはこの国の内情を探りにやって来た回し者だ。』
一〇彼らは答えた。『いいえ、ご主人様。僕どもは食料を買いにやって来たのです。一一私たちは皆、一人の男

の息子で、正直な人間です。僕どもは回し者などではございません。』

一二しかしヨセフは言った。『いや、お前たちはこの国の内情を探りにやって来たに違いない。』

一三彼らは答えた。『僕どもは一二人兄弟で、カナンの地の一人の男の息子です。末の弟は今、父と一緒におりますが、一人はもうおりません。』

一四すると、ヨセフは言った。『お前たちは回し者だと私が言ったとおりだ。

一五そのことで、お前たちを試すことにする。ファラオにかけて誓う。末の弟がここに来るまでは、お前たちはここから出ることはできない。

一六お前たちのうち、誰か一人を行かせて、弟を連れて来なさい。それまでは、お前たちは、つながれ、言ったことが本当かどうか試される。もしそのとおりでなかったら、ファラオにかけて誓う。お前たちは回し者だ。』」

（四二・一一―一六）


ひどい飢饉はエジプトだけでなく、「地の全面に及んだ」（四一・五六）ので、当然ヨセフの父ヤコブと兄弟たちがいるカナンにも食料はなくなっていました。父ヤコブは息子たちにエジプトに穀物があると聞いているから、エジプトに下って行って穀物を買ってきなさい、と言いました。父ヤコブが、ヨセフがいなくなってから二〇年余経っても、まだ家長としての実権を握っていたことが分かります。(1) しかし父ヤコブは、ヨセフの弟ベニヤミンがヨセフと同じように途中で危険な目にあっていなくなると困るので、兄弟たちと一緒に行かせませんでした。まだ愛妻ラケルとその子供たちを偏愛するヤコブの心持は変わっていません。

こうして「イスラエル」の息子たち一〇人は、諸国の人々に混じって、穀物を買いにエジプトに行きました（四二・五）。ここで、「ヤコブ」と言わずに「イスラエル」と言っているのは、関根正雄訳『創世記』では、四二

（1）ヨセフが一七歳で父ヤコブの前からいなくなり（三七・二）、三〇歳でエジプトの総理大臣になり（四一・四六）、七年間の豊作の後に、飢饉が来たことから（四一・五三）、少なくとも二〇年が経っていることが分かります。

章が、全体としてはエロヒム資料だが、ところどころヤハウェ資料が混在しており、この五節もヤハウェ資料なので、「イスラエル」と言っている、とします。[2] 一方、Wenham は、ヤコブの息子たちは、「(諸国の) 人々に混じって」エジプトに来たのだから、民族としての名前である「イスラエル」を使ったのだろうという説明がありました。[3] 私には後者の方が説得力のある説明のように思えます。

続けて八節に、「ヨセフは兄弟だと気付いていたが、彼らはヨセフだとは気づいていなかった」とあります。ヨセフはファラオからもらったエジプト風の上質の亜麻布の衣服を着て、金の首飾りをかけ、指にファラオの印章の指輪をして (四一・四二)、名前も「ツァフェナト・パネア」と名乗っていたので (四一・四五)、兄弟たちがヨセフと気づかなかったのは当然です。

九節前半に、「ヨセフは、かつて兄弟たちについて見た夢を思い出して言った」とあります。この夢とは、一七歳の少年時代に、ヨセフが見て、兄弟たちに語った夢で、「すると兄さんたちの束が周りに集まり、私の束にひれ伏しました」というものです (三七・七)。

しかし、ヨセフは昔の夢のことには触れずに、九節後半で兄弟たちに、「お前たちはこの国の内情を探りにやって来た回し者だ」と決めつけます。ここで「内情」と訳されたヘブライ語「エルヴァー」は「裸」という意味です。また「回し者」と訳されたヘブライ語「ムラッグリーム」は、「偵察する」という動詞に由来する名詞の複数形で、「スパイたち」という意味になります。ヨセフがこのような質問をした背景については、コラム16-8で概略を述べました。要約すると、ヨセフが仕えたファラオはシリア・パレスチナ地方に起源を持つヒクソスの第一五王朝 (前一六六三年頃―一五五五年頃) でナイル川下流のデルタ地域を中心に治めていたと言われています。同じ時代に同じヒクソスの第一六王朝 (前一七世紀頃―前一六世紀頃) が、ナイル川上流に王朝を開いていました。ですから、いかにもシリア・パレスチナ地方から来たという顔をした兄弟たちを、ヨセフが第一六王朝に関連したスパイではないかと他のエジプト人たちが聞いている前で問いただしたことは、単なる言いがかりではなく、ちゃんと理由のあることだと理解できます。

これに対して兄弟たちは否定し、ヨセフは兄弟たちが否定する度に、お前たちは回し者だと四回も言いました。この尋問の中で、兄弟たちは、「僕どもは十二人兄弟で、カナンの地の一人の男の息子です。末の弟は今、父と一緒にいますが、一人はもうおりません」（四二・一三）と言いました。このように詳細に兄弟たちが言わされたのは、ヨセフが兄弟たちに、「お前たちの父親はまだ生きているのか」、「お前たちには弟がいるのか」などとしきりに尋ねたからだったのです（四三・七）。ヨセフは尋問の機会を利用して、父ヤコブおよび弟ベニヤミンの安否を尋ねていたのでした。あわせて、彼らが正直に答えるかどうか、試していたのです。一方、兄弟たちは、自分たちがスパイならば、こんなに一〇人一緒に行動するわけはないということを言って、スパイでないことを証明しようとしています[4]。

このやり取りの結果、ヨセフは彼らに、「ファラオにかけて誓う。末の弟がここに来るまでは、お前たちはここから出ることはできない。お前たちのうち、誰か一人を行かせて、弟を連れて来なさい」と言い渡しました（四二・一五―一六）。ここで「ファラオにかけて誓う」というのは、自分はファラオに権限を与えられているのだから、自分が言うことは、ファラオが言うことに等しいという意味です。

どうしてヨセフがベニヤミンを連れて来るように言ったのかについての説明はありません。ヨセフは、兄弟た

（２）関根正雄訳『創世記』註釈、二〇三頁。
（３）Wenham. Word Biblical Commentary Genesis 16–50, p. 406.
（４）同右 p. 407。

ちが自分にひどい扱いをしたように、自分と同じ母ラケルの息子で父親から偏愛されているベニヤミンの安否を確認するためではないかと推測されます[5]。

続く四二章一七―二八節は次のとおりです。

「一七ヨセフは、こうして彼らを三日間、監獄に入れた。一八三日目になって、ヨセフは彼らに言った。『こう
すれば、命は助けてやろう。私は神を畏れる者だ。一九お前たちが本当に正直な人間だというのなら、兄弟
の一人を監獄につなぐから、ほかの者は、飢えている家族に穀物を持って行きなさい。二〇そして末の弟を
私のところに連れてきなさい。お前たちの言ったことが本当なら、死は免れる。』彼らはそうすることにし
て、二一互いに言った。『ああ、私たちは弟のことで罰を受けているのだ。弟が私たちに助けを求めたとき、
その苦しみを見ながら、聞こうともしなかった。それでこうした苦しみが降りかかったのだ。』二二すると、
ルベンが答えた。『あのとき私は、〈あの子に害を加えるな〉と言ったではないか。しかしあなたがたは耳を
貸そうともしなかった。だから、あの子の血の報いを受けているのだ。』二三彼らはヨセフが聞いて理解して
いるとは思わなかった。彼らの間には通訳がいたからである。二四ヨセフは彼らから遠ざかって泣いた。や
がて戻って来て、話をした上でシメオンを捕らえ、彼らの目の前で縛った。二五それからヨセフは、袋に穀
物を満たし、それぞれの袋に彼らの銀を返し、道中の食料を与えるように命じ、そのとおりに実行された。
二六彼らは穀物をろばに積んでそこを立ち去った。二七彼らの一人が道中の宿で、ろばに飼い葉を与えようと
して、自分の袋を開けて見ると、布袋の口に自分の銀があった。二八そこで兄弟に言った。『銀が返されてい
る。しかも私の布袋の中に。』彼らは非常に驚き、互いに身を震わせて言った。『神は一体私たちに何という
ことをされたのだろう。』」（四二・一七―二八）

ヨセフは兄弟たちを三日間、監獄に入れました。ヨセフは彼らが、二〇年余前に彼を穴に投げ入れた頃と同じ

冷酷な人間なのか、それとも変わったのかを見たかったのではないでしょうか。それには三日程度の反省の時間が必要と考えたようです。三日後に、ヨセフは少し調子を変えて、「こうすれば、命を助けてやろう。私は神を畏れる者だ」とまず言いました。かつて、アブラハムは、アビメレクに「この地には神を畏れるということが全くありませんので」と言いました（二〇・一一）。兄弟たちも異国のエジプトという地で、いきなりスパイの嫌疑をかけられて、同じように「この地には神を畏れることがない」のではないかと恐れていたのではないでしょうか。ですから、ヨセフの「私は神を畏れる者だ」という言葉を聞いて安心したと思います。そして監獄につなぐ人間を一人にして、残りの九人は飢えている家族に穀物を持って行くように言いました。そうすれば、より多くの穀物を持って帰ることができるというヨセフの配慮です。しかし、ちゃんと次に来るときには末の弟ベニヤミンを連れて来るようにと付け加えることを忘れませんでした（四二・二〇）。

兄弟たちはそうすることにした後、自分たちの言葉で、互いに言いました。「ああ、私たちは弟のことで罰を受けているのだ。弟が私たちに助けを求めたとき、その苦しみを見ながら、聞こうとしもしなかった」（四二・二一）。このことから、兄弟たちの心の中に、あれから二〇年余たってもヨセフを穴に投げ入れ、奴隷として売ったことが、重く良心の呵責として残っていたことが分かります。なお、そのとき、ヨセフが助けを求めたことは、当時の状景を描いた三七章には書かれたいなかったことです。

すると長兄のルベンが言いました。「あのとき私は、『あの子に害を加えるな』と言ったではないか。しかしあなたがたは耳を貸そうともしなかった。」このルベンの言葉については、すでに「コラム15－4　ヤコブの長男ルベンの人となり」で述べました。要するに、二〇年余経ってもルベンは、良かれと思って提案はするのですが、

（5）Wenham. Word Biblical Commentary Genesis 16–50, p. 407.

途中で妥協して、長兄として最後までその考えを実現する確信を持っていなかったことが分かります。同時に、そのことをいつまでも根に持ち、自分を正当化しようとする性格であることも分かります。実際に兄弟の中でこの件についてリーダーシップを持っていたのはユダであったことが、三七章二六―二七節の記述でわかります。なおルベンが、「だから、あの子の血の報いを受けているのだ」と付け加えているのは、神が言われた、「私はあなたがたの命である血が流された場合、その血の償いを求める。人に、その兄弟に、命の償いを求める」(九・五)とあることに基づいています。ルベン自身はヨセフが穴に投げ入れられて、獣に食い殺されたと、父ヤコブ同様に考えていたことが分かります(三七・二九―三〇)。

兄弟たちがこのような言葉を交わしているのをヨセフは聞いて理解していました。しかし、ヨセフは通訳を通して彼らと話していたので、彼らはヨセフが聞いて理解しているとは思ってもみませんでした(四二・二三)。ヨセフは彼らから遠ざかって一人で泣きました(四二・二四)。というのは、二〇年余前の苦労を思い出したと同時に、兄弟たちが彼のことで悔い改めていることを知って感動したからだと思います。ヨセフは、聡明で知恵のある総理大臣というだけでなく、このように柔らかい感受性を持った涙もろい人物でもありました。

ヨセフはやがて戻って来て、話をした上で、兄弟たちの目の前でシメオンを捕らえ、縛りました(四二・二四)。一〇人の兄弟たちのうち、誰か一人を残して、とヨセフは言いましたが、その一人の人質としてヨセフはシメオンを選んだのです。人質としては長男のルベンが最有力候補になりますが、ルベンがヨセフを助けようとしたことを、ルベンの言葉から今知って、彼は次男のシメオンを選んだのではないかという説明がありました[6]。それからヨセフは、袋に穀物を満たし、それぞれの袋に彼らの銀を返し、道中の食料も与えるように、彼の部下に命じ、そのとおりに実行されました(四二・二五)。ヨセフはなぜそれぞれの袋に彼らの銀を返したのでしょうか。

この説明には註解者によって諸説があって、ヨセフの兄弟たちへの思いやりとする説、兄弟たちを盗人と仕立てようとしたという説、さらにはかつてヨセフをお金で奴隷として売ったように、人質とされたシメオンを奴隷として売った代金だと兄弟たちが考えるかどうかを見ようとした、などの説などがあります[7]。

こうして兄弟たちは、シメオンを人質として残して、帰途に着きました。帰りの道中の宿で、ろばに飼い葉を与えようとして一人が、自分の袋を開けて見ると、袋の口に自分の銀があったので、驚いて他の兄弟たちに伝えました。そこで兄弟たちは、「非常に驚き、互いに身を震わせて言った。『神は一体私たちに何ということをされたのだろう。』」（四二・二八）と言いました。ここで「神は一体私たちに何ということをされたのだろう」とは、直接的には、困ったことになった、という意味ですが、同時に、兄弟たちがこのエジプト行きで遭遇した不思議な展開に対する驚きの気持ちが出ていると思います。

続く二九―三八節は次のとおりです。

「二九彼らはカナンの地にいる父ヤコブのところへ帰って来て、自分たちの身に起こったことをすべて報告し
て言った。三〇『あの国を治める人が、私たちを厳しく問い詰め、私たちが国を探りに来た回し者だと言う
のです。三一そこで、『私たちは正直な人間で、回し者などではありません。三二私たちは十二人兄弟で、同じ
一人の父の息子です。一人はいなくなりましたが、末の弟は今、カナンの地に父と一緒におります』と答え
ました。三三するとあの国を治める人が言いました。『あなたがたが正直な人間かどうかは、こうしてみれば
分かる。あなたがたの兄弟の一人を私のもとに残し、飢えている家族に必要なものを持って行くがよい。三
四そして末の弟を私のところに連れて来るのだ。そうすれば、あなたがたが回し者ではなく、正直な人間で

（6）Wenham. Word Biblical Commentary Genesis 16–50, p. 409.
（7）同右 p. 409。

あると分かるから、あなたがたに兄弟を返し、この地で自由に行き来できるようにしてやろう。』

三五彼らが袋を空にしてみると、それぞれの袋の中には、めいめいの銀の包が入っていた。銀の包を見て、兄弟も父も怖くなった。三六父のヤコブは息子たちに言った。『お前たちは、私から子どもを奪ってしまった。ヨセフがいなくなり、シメオンがいなくなった。そして今度はベニヤミンを私から取り上げようとする。すべて私にばかり降りかかる。』三七ルベンは父に言った。『もし、お父さんのところにベニヤミンを連れて帰らないようなことがあれば、私の二人の子どもを殺してもらってもかまいません。私に任せてください。私がお父さんのところに連れて帰ります。』

三八しかし、ヤコブは言った。『いや、この子をお前たちと一緒に下って行かせるわけにはいかない。この子の兄は死んで、この子だけが残されている。旅の途中で、この子が危険な目に遭いでもしたら、お前たちは、白髪のこの私を、悲嘆のうちに陰府へと下らせることになるのだ。』」（四二・二九―三八）

兄弟たちはカナンの地に帰り、エジプトで起こったことを父ヤコブに報告しました。ヨセフのことを「あの国を治める人」と言って、まさかヨセフであるとは考えていません（四二・二九―三四）。

その後、彼らが、それぞれ自分の袋を空にしてみると、めいめいの銀の包が出てきました。それを見て、兄弟たちも父を怖くなりました。彼らが怖がったのは、「かの国を治める人」から彼らが代金を支払わなかった、と次回行ったときに、問い詰められるのではないかと恐れたのではないでしょうか。

白髪の老人になったヤコブが息子たちに愚痴をこぼしました。ヤコブが、災難が「すべて私にばかり降りかかる」（四二・三六）と言ったのです。実際に災難にあったのは、いなくなったヨセフであり、今エジプトに捉われているシメオンであって、ヤコブ自身ではないのです。ここにヤコブの自分中心の考えが色濃く出ていると思います。しかしヤコブは、自分の思い通りにならなかった人生を振り返っているのだと思います。このヤコブの思いは、後に、ファラオに謁見したときに、「私の生きた年月は短く、労苦に満ち」（四七・九）と言ったことにも表れています。

こうしてヤコブは、ベニヤミンをエジプトに連れて行くことに強く反対しました。ここにもヤコブの妻ラケル、およびラケルが産んだヨセフとベニヤミンへの偏愛が強く出ています。兄弟たちも、すでに父ヤコブのこの偏愛には慣れたようです。

ルベンが、恐らく長男としての責任から、「もし、お父さんのところにベニヤミンを連れて帰らないようなことがあれば、私の二人の子どもを殺してもらってもかまいません。私に任せてください。私がお父さんのところに連れて帰ります」（四二・三七）と強く自分に任せてください、と言いました。ようやく確信をもって話したルベンですが、これまでの経緯から、父ヤコブは長男ルベンを信用していないようです。ルベンの提案は、すぐヤコブに、「旅の途中で、この子が危険な目に遭いでもしたら、お前たちは、白髪のこの私を、悲嘆のうちに陰府へと下らせることになるのだ」（四二・三八）と言って、拒絶されてしまいました。

コラム17-1

ヤコブの言葉から見る創世記の死後の世界

ルベンの提案に対するヤコブの言葉の最後に、「お前たちは、白髪のこの私を、悲嘆のうちに陰府に下らせることになるのだ」と言っています。ヤコブは血のついたヨセフの長袖の上着を息子たちに見せられた時にも、「嘆き悲しみつつ、わが子のもとに下って行こう」（三七・三五）と言いました。ここに創世記の死後の世界に対する考え方が端的に表れています。つまり、人は死ぬと陰府（ヘブライ語「シェオール」）に行くということで、天国という考え方はありません。陰府とは、当時、地下にある死者がとどまる世界で、神との応答が断たれ、生の世界には戻ることができないと考えられたところで、正しい人も悪人も等しく、死後は陰府に下る、とされました。[8] ですから、現世が大切で、正しい人は現世で良い報いを受け、悪人は現世で罰を受けるという、現世での因果応報の考え方が基本になります。ヤコブは創世記では、最終的に、現世で愛する息子ヨセフに再会し、ベニヤミンを失わず、さらにシメオンとも会うことができたというふうに、ハッピーエンドで物語は今後展開します。

一方、新約聖書では、主イエスにより、天国があることが示されました。[9] そして、信仰を持って正しく生きている人間が必ずしも現世で物質的に恵まれた人生を送るとは限らないと、次のように述べています。「あなたがたには、キリストを信じることだけでなく、キリストのために苦しむことも、恵みとして与えられているからです。」（フィリピ一・二九）しかし、あわせて次のようにも言います。「死に至るまで忠実であれ。そうすれば、あなたに命の冠を授けよう。」（黙示録一・一〇）

こうして私たちは命の冠を受けて、天国で生きるので、そこで愛する者と再び会うことができるという希望を持つことができます。創世記のヤコブのように愛する者の死に遭った者も、その愛する者と天国で再び会うことができるという希望を与えてくれるのが新約聖書の信仰です。この点が旧約聖書の信仰と新約聖書の信仰の違いの一つです。

17・2　ヨセフの兄弟たち、再びエジプトへ（四三章一―三四節）

続く四三章で、父ヤコブを四男ユダが説得して、末の弟ベニヤミンを連れて、兄弟たちは再びエジプトに下ります。四三章一―一〇節は次のとおりです。
「一その地の飢饉は激しかった。二エジプトから持ち帰った穀物を食べ尽くすと、父は息子たちに言った。『も
う一度行って、食料を僅かでも買って来なさい。』三しかしユダは答えた。『あの方は私たちに厳しく命じら
れたのです。〈弟が一緒でないなら、私の顔をみることはできない。〉四もし弟を一緒に行かせてくださるな
ら、私たちは下って行って、あなたのために食料を買ってきます。五しかし、もし一緒でなければ、下っ
て行きません。〈弟が一緒でないなら、私の顔を見ることはできない〉とあの方がおっしゃったのですか
ら。』六イスラエルが、『なぜお前たちは、もう一人の弟がいるとその方に言って、私を苦しめるようなこと
をしたのか』と言うと、七彼らは答えた。『あの方は、私たちのこと、家族のことについて、〈お前たちの父
親はまだ生きているのか〉、〈お前たちには弟がいるのか〉などとしきりに尋ねたのです。ですから私たちは
問われるままに答えました。お前たちの弟を連れて来いなどと言われようとは思いも寄りませんでした。』
八ユダは父のイスラエルに言った。『あの子を私と一緒に行かせてください。すぐにでも出かけます。そう
すれば、私たちも、あなたも、幼い子どもたちも死なずに生き延びることができます。九あの子のことは私
がその安全を請け合います。その責任は私が取ります。あの子をお父さんのもとに連れ帰らず、あなたの前
に立たせることができなければ、私は生涯あなたに対してその罪を負い続けます。一〇こんなにためらって
いなければ、今頃はもう二度も行ってこられたはずです。』」（四三・一―一〇）

（8）岩波キリスト教辞典、一一六七頁、「陰府」の項。
（9）たとえば、「宝は、天に積みなさい」（マタイ六・二〇）、「体を殺しても命を殺すことのできない者どもを恐れるな」（マタイ一〇・二八）などの主イエスの言葉は天国を前提としています。

父ヤコブが末の息子ベニヤミンをエジプトに連れて行くことに反対している間にも、カナンの地の飢饉は激しく続いていました。そこでヤコブは再び息子たちに、「エジプトに行って、食料を僅かでも買って来なさい」と言いました。「僅かでも」という表現に、まるで近所のスーパーマーケットに行って買って来ると言うようなニュアンスがあります。[10] しかし、今度はユダが答えました。前の章では長男ルベンが答えました（四二・三七）。しかし、これまでのことからルベンは父の信用を得ていません（四九・四）。次男シメオンはエジプトにいていないし、三男レビは前のシェケムの出来事から分かるように乱暴者なので（三四・二五、四九・五）、父ヤコブは彼も信用していません。だから四男ユダが責任を持って答える必要があったのです。このようにユダは兄弟たちのリーダーになっていました。

ユダは、二度も「あの方は弟が一緒でなければ私の顔を見ることはできない」と言ったと繰り返して、ベニヤミンを一緒に連れて行くことを主張しました。ユダは、ベニヤミンが安全に戻って来ることについて、「私がその安全を請け合います」と言いました。ここで、「請け合います」と訳されたヘブライ語「アーラブ」は、「（担保を与えて）保証する」という意味です。洋の東西を問わず、古今、他人に保証することは注意を要することです。箴言に「他人の保証をすると災難が降りかかり、手を打って誓うことをいとえば安心していられる」（箴言一一・一五）という言葉もあります。しかしユダは、事は一族の「幼い子どもたち」の生死にかかわることですから、「あの子をお父さんのもとに連れ帰らなければ、私は生涯あなたに対してその罪を負い続けます」（四三・九）と言って父に約束しました。若いときの打算的で冷たいユダとは人が変わったようです。ここに、三七章で始まったヨセフ物語をすぐに中断して、三八章でユダの話を持って来た創世記の編纂者の伏線が生きてきます。そしてユダは、「こんなにためらっていなければ、今頃はもう二度も行って来られたはずです」（四三・一〇）、と付け加えて父に迫りました。

続く一一—一四節は次のとおりです。

「一一すると、父のイスラエルは息子たちに言った。『それではこうしなさい。この地の名産を入れ物に入れて、その方への贈り物として携え、下って行きなさい。少しばかりの香油と蜜、樹脂とシスタス香、ピスタチオとアーモンドなどだ。一二また、二倍の銀を持って行きなさい。布袋の口に戻されていた銀は持って行ってお返しするのだ。恐らくそれは何かの間違いであったのだろう。一三さあ弟を連れて、すぐにその人のところに戻りなさい。一四どうか、全能の神がその人の前でお前たちを憐れみ、もう一人の兄弟とベニヤミンを返してくださるように。子どもを失わなければならないのなら、失うまでだ。』」（四三・一一—一四）

父イスラエルが一番信用していた息子のユダの必死の嘆願に父はついに決心しました。ルベンの嘆願のとき（四二・三七）と違うのは、ユダが、「幼い子どもたちも死なずに生き延びることができます」と一族の生死がかかわっていることを強調して説得したことです。この点は、族長としてイスラエルも無視するわけにはいきません。ここで、ヤコブの代わりに「イスラエル」という言葉が使われているのは、四三章が基本的に、ヤハウェ資料からであるとされます。[11]そのことと合わせて、創世記の編集者が、「イスラエル」を使ったのは、ことがイスラエルという民族の生死に関することだったからではないかと私は推測します。

ヤコブが自分に危害を与える可能性がある人に、贈り物を送って、相手の心を和ませようとしたことは、先に兄エサウに会う前に、多くの贈り物をした（三二・一四）のと同じです。このようにできるたけの準備をした上で、ベニヤミンを含む息子たち一行を彼が信じているアブラハムの神、イサクの神である「全能の神（ヘブライ語エ

（10）Wenham. Word Biblical Commentary Genesis 16–50, p. 420.
（11）関根正雄訳『創世記』註釈、二〇四頁。

ル・シャッダイ)」の手に委ねました。ヤコブにはこれまでも何度も危機がありましたが、その度に出来るだけの準備をした上で、後は「全能の神」の手に委ねました。ヤコブは直情径行の人ではなく、熟慮をして「人事を尽くして天命を待つ」というタイプの人でした。ヤコブは、若いときからのいくつかの体験を経て、神に信頼して、すべてを委ねることを学びました。たとえば、ベテルで主(ヤハウェ)を実感し(二八・一六)、その後も神からの呼びかけによって力を得て、義父ラバンのもとを去り(三一・一三)、追跡するラバンに神が顕れたことを知り(三一・四二)、兄エサウに会う前にペヌエルで神のみ使いと格闘した経験(三二・三一)などがあります。

こうした体験を経て、ヤコブは「全能の神」にすべてを委ねることにして、「どうか、全能の神がその人の前でお前たちを憐れみ、もう一人の兄弟とベニヤミンとを返してくださるように」(四三・一四前半)と祈りました。ここで「もう一人の兄弟」とは、エジプトに拘留されているシメオンを指します。その上で、「子どもを失わなければならないのなら、失うまでだ」(四三・一四後半)と言って決心したのでした。

こうしてヤコブは一族の生き残りのために、自分の我を捨てて、「全能の神」にすべてを委ねて、息子たちをエジプトに送り出すことにしました。ここに人間的に成熟したヤコブの姿を私は見ます。

続く一五—二五節は次のとおりです。

「一五そこで、息子たちは贈り物を携え、二倍の銀を手に取り、ベニヤミンを連れて、直ちにエジプトへと下って行った。そして彼らはヨセフの前に立った。一六ヨセフはベニヤミンが一緒にいるのを見て、家の管理者に言った。『この人たちを屋敷に連れて行きなさい。そして、家畜を屠って、食事の支度をしなさい。この人たちは私と一緒に昼の食事をするからだ。』一七その人はヨセフが言ったとおりにして、一行をヨセフの屋敷に連れて行った。一八一行はヨセフの屋敷に連れて来られ、怖くなって言った。『これは、最初の時に私たちの布袋に戻されていたあの銀のせいだ。それでここに連れて来られているのだ。私たちを陥れて襲い、ろばと共に捕らえて僕にするためだ。』一九彼らはヨセフの家の管理者に近づき、屋敷の入り口で話しかけた。
二〇『失礼ですが、ご主人、前に私たちは食料を買うために下って来たことがあります。二一ところが帰りに
宿に着いて布袋を開けてみると、めいめいの銀がそれぞれの布袋の口にあったのです。銀の重さは元のまま
でした。それで、それをお返ししよう持って来ました。二二食料を買うためには、別の銀を持って下って来
ました。私たちの布袋に誰が銀を入れたのかは分かりません。』二三その人は言った。『安心しなさい。恐れ
ることはありません。あなたがたの神、あなた方の父の神が、布袋に宝を隠してあなたがたにくださったの
でしょう、あなたがたの銀は私のところに届いています。』そしてシメオンを彼らのところに連れて来た。
二四その人は一行をヨセフの屋敷に招き入れ、水を与えて足を洗わせ、ろばに飼い葉を与えた。二五彼らは、
ヨセフが戻って来る昼までに贈り物を用意した。そこで一緒に食事をすることになっていると聞いたからで
ある。」（四三・一五―二五）

一六節でヨセフが家の管理者に言ったときに使った言葉は、エジプト語だったのでしょう。ですから、兄弟たち一行は、ヨセフが彼の家の管理者に言った言葉を理解していませんでした。ですから兄弟たちは、その管理者に連れられて、ヨセフの屋敷に行ったときに、その意図が分からず、怖くなって、その理由は前回来た時にそれぞれの布袋に返されていた銀のせいだと思ったわけです。そして兄弟たちは、屋敷の入り口で、思い切って家の管理者に近づき、前回来た時に、支払った銀がめいめいの布袋に返されていたことを話し、誰が銀を入れたのかわかりません、と言いました。

これに対して、ヨセフの家の管理者は、恐れることはありません、と言った上で、「あなたがたの神、あなた方の父の神が、布袋に宝を隠してあなたがたにくださったのでしょう」と言いました。前回兄弟たちが来たときに、ヨセフが、それぞれの袋に彼らの銀を返すようにと誰に命じたのかは書いてありませんでしたが（四二・二

五)、それは、このヨセフの家の管理人に対してであった可能性が十分にあります。もしそうだとすれば、その管理人は、彼自身がやったことを、「あなた方の神、あなた方の父の神がやったのでしょう」と言っているわけです。どうやら彼は、ヨセフの神を敬う態度に日頃から接していて感化されて、ヨセフの命令を、神から来たものと理解していたようです。

その後すぐに、彼はシメオンを彼らのところに連れて来ましたから、兄弟たちは彼の言うことを、おそらく半信半疑ながら、信じて安心したでしょう。

そして兄弟たちは、ヨセフの屋敷に招き入れられて、足を洗う水を与えられ、またろばには飼い葉が与えられました。旅人を家に招き入れるときに、足を洗う水を用意し、乗って来た家畜に飼い葉を与えることは、当時の習慣でした(二四・三二)。道が舗装されていなかった昔の日本でも、旅人が宿についたら、足を洗う水が用意されたのは同じでした。

屋敷に招き入れられてはじめて、兄弟たちはそこでヨセフと一緒に食事をすることになっている、と聞かされました(四三・二五)。

続く四三章二六―三四節は次のとおりです。

「二六ヨセフが屋敷に戻って来ると、彼らは屋敷に持って来た贈り物を差し出し、ヨセフに向かって地にひれ
伏した。二七ヨセフは彼らの安否を尋ねて言った。『お前たちが話していた年老いた父は元気なのか。まだ生
きておられるか。』二八彼らは、『あなたの僕である父は元気で、まだ生きております』と答えてひざまずき、
ヨセフにひれ伏した。二九ヨセフは同じ母の子である弟ベニヤミンを見つめ、『この子が話していた末の弟
か』と言い、また『子よ、神があなたを恵まれるように』と声をかけた。三〇ヨセフは弟懐かしさに胸が熱
くなり、泣きそうになったので、急いで奥の部屋に入って泣いた。三一やがてヨセフは顔を洗って出て来て、

心を静めて言った。『さあ、食事を出しなさい。』三二食事は、ヨセフにはヨセフの、兄弟には兄弟の、またヨセフと一緒に食事をするエジプト人にはエジプト人のものと、別々に出された。エジプト人はヘブライ人と一緒に食事をすることができなかったからである。それはエジプト人が忌み嫌うことであった。三三彼らはヨセフを前にして、長男は長男の、末の子は末の子の席に座ることになったので、皆驚いて互いに顔を見合わせた。三四料理はヨセフの前から皆のところに配られたが、ベニヤミンの取り分はほかの誰の取り分より五倍多かった。彼らはヨセフと共に飲んで酔いしれた。」（四三・二六—三四）

ヨセフが兄弟たちと接見した前回のシーン（四二・六—一六）では、ヨセフは厳しい態度で彼らに接しました。しかし、今回は初めから「お前たちが話していた年老いた父は元気なのか。まだ生きておられるのか」と彼らの安否を聞くなどして、やさしい態度で接していることに気が付きます。そして、同じ母の子である弟ベニヤミンを見て、「子よ、神があなたを恵まれるように」とやさしく声をかけた後、弟懐かしさに胸が熱くなり、泣きそうになったので、急いで奥の部屋に入って泣きました。ヨセフのやさしい柔らかい心を表す描写です。

その後、ヨセフは顔を洗って出てきて、「さあ、食事を出しなさい」と言ったので、食事が始まりました。この状景は、二〇年以上も前に、兄弟たちが、ヨセフを穴に投げ込んでから、ヨセフの助けを求める声を聞きながら（四一・二二）、食事をした状景（三七・二五）と対比されます。しかし兄弟たちは、まさか目の前にいるエジプトの総理大臣がヨセフであるとは、もちろん知りませんでした。

その後、そこにいた人々が食事の席に着きますが、ヨセフと兄弟たち、さらにそこにいたエジプト人たちは、それぞれ別の食卓に座らされました。というのは、当時のエジプトでは、エジプト人がヘブライ人と食事を共にすることは、忌み嫌うもの（タブー）だったからです。このことは、ヘロドトスなどの文献にも出ているそうです。[12] ヨセフがヘブライ人であることはエジプト人の間では知られていたはずです。というのは、ファラオの側近であった献酌官長が、ファラオに、「親衛隊長の僕であるヘブライ人の若者」と言ってヨセフを紹介したからです（四一・一二）。ですから普段からヨセフは、エジプト人とは食卓を共にしていなかった、と想像されます。一方、兄弟たちもヘブライ人（川向うから来た人々）であることは、エジプト人には自明だったと思います。しかし、ヨセフはエジプトの総理大臣であったので、ヨセフにはヨセフ用の食卓が別途設けられ、さらに兄弟たち用にもう一つの食卓が用意されていたことが、「ヨセフにはヨセフの、兄弟には兄弟の」という表現に出ています。

兄弟たちが席に座るときに、「ヨセフを前にして、長男は長男の、末の子は末の子の席に座ることになったので、皆驚いて互いに顔を見合わせた」（四三・三三）とあります。さらにベニヤミンには他の兄弟の五倍の量が配られました（四三・三四前半）。これはヨセフのベニヤミンに対するひいき（偏愛）と言えますが、兄弟たちは気付かなかったか、気付いてもなんとも思いませんでした。昔、父親に偏愛されたヨセフを憎んだときとは大違いです。

こうして彼らはヨセフと共に飲んで、酔いしれました（四三・三四後半）。

17・3　銀の杯（四四章一―一七節）

エジプトに下ったヨセフの兄弟たちが、ヨセフであるとは知らずに、エジプトの総理大臣の屋敷に招かれ、共に食事をして、飲んで酔いしれた後、ヨセフは再び兄弟を試します。

四四章一―九節はつぎのとおりです。

「一ヨセフは家の管理者に命じた。『あの者たちの布袋を、運べるかぎりの食料でいっぱいにし、めいめいの銀をそれぞれの布袋の口に入れておきなさい。二それから。私の杯、あの銀の杯を、末の弟の布袋の口に、穀物の代金と一緒に入れておきなさい。』彼はヨセフの言葉どおりにした。
二 次の朝、明るくなった頃、一行はろばと共に送り出された。四 彼らが町を出て、まだ遠くに行かないう
ちに、ヨセフは家の管理者に命じた。『すぐにあの者たちの後を追いかけ、追いついたら彼らに言いなさい。
〈どうしてあなたがたは悪をもって善に報いるのだ。五 あの銀の杯は、私の主人が飲むときや、まじないを
するときお使いになるものではないか。あなたがたがしたことは、悪いことだ。〉』
六 彼が一行に追いついて、この言葉を告げると、七 彼らは言った。『あなた様はどうしてそのようなことを
おっしゃるのですか。僕どもがそのようなことをするはずがありません。八 布袋の口に見つけた銀でさえ、
私たちはカナンの地から持ち帰って、お返ししたではありませんか。どうして、私たちがご主人様のお屋敷
から銀や金を盗んだりするでしょうか。九 僕どもの誰からでも杯が見つかれば、その者は死なければなら
ず、私たちはご主人の僕になります。』」（四四・一―九）

前夜の宴会の後、兄弟たちが心地よく眠りについた後、ヨセフは兄弟たちを試すために、一つの罠をしかけました。まず兄弟たちの袋に穀物を一杯に詰め、めいめいの銀をそれぞれの袋に返したことは前回と同じです。今回の罠は、ヨセフが大切にしていた銀の杯を、ベニヤミンの袋に入れるように命じたことです。これがどのような意味を持つかは、いずれ分かります。そのことは知らずに、兄弟たちは、袋一杯の穀物と、さらに捕らえられていたシメオンおよび父が心配していたベニヤミンも一緒に連れて、互いに喜び合いながら帰途につきました。

するとヨセフは家の管理者に命じて彼らの後を追いかけ、追いついたら言うべき言葉さえも伝えて、送り出しました。その言葉の中に、「まじないをするとき」とありますが、杯に持った液体（ワイン、油および水など）でま

（12）Wenham. Word Biblical Commentary Genesis 16–50, p. 423.

じないをすることはエジプトを含む古代オリエントではよく行われていたようです[13]。しかし、ヨセフ自身が、まじないをしたとは考えられません。レビ記一九章二六節や申命記一八章一〇節で、まじないは禁じられていたからです。ヨセフがエジプト人である家の管理者にこう言わせて、兄弟たちへの脅しがより強い意味を持つようにしたのだと思います。

家の管理者は、兄弟たち一行に追いついて、ヨセフに言われた通りに、彼らに言いました。兄弟たちはこれを聞いて、激しく抗議をし、前回来た時に布袋に入れられていた銀を今回持って来て返したことを述べ、ご主人様の屋敷から銀や金を盗んだりするわけがない、と言いました。そして、「僕どもの誰からでも、杯が見つかれば、その者は死ななければならず、私たちはご主人の僕となります」と付け加えました。

続く四四章一〇―一八節は次のとおりです。

「一〇すると家の管理者は言った。『それではまたあなたがたの言うとおりにしよう。杯が見つかれば、その者は私の僕となるのだ。しかしほかの者は罪なき者としよう。』一一彼らは急いでそれぞれの布袋を地面に降ろし、自分の布袋を開けた。一二家の管理者が年上の者から調べ始め、年下の者で終えたところ、杯はベニヤミンの布袋の中から見つかった。一三彼らは衣服を引き裂き、それぞれろばに荷を積んで、町へと引き返した。

一四ユダと兄弟がヨセフの屋敷に着くと、ヨセフはまだそこにいた。一同は彼の前で地に伏した。一五ヨセフは彼らに言った。『お前たちのこの仕業は何なのだ。私のような者はまじないをするということを知らないのか。』一六ユダが答えた。『ご主人様に何を申せましょう。何を語れましょう。神が僕どもの罪を暴かれたのです。私たちはご主人様の僕となります。私たちも、杯が見つかった者もです。』一七ヨセフは言った。『そのようなことは考えてもいない。杯が見つかった者だけが私の僕になるのだ。お前たちは、安心して父

のもとへ上って行くがよい。』」（四四・一〇―一八）

家の管理者は、主人ヨセフが彼に命令しなかったことを言いました。それは、「杯が見つかれば、その者は私の僕となるのだ。しかしほかの者は罪なき者としよう」（四四・一〇）という言葉です。この言葉は、ヨセフの罠の意図を表しているので、ヨセフが家の管理者に話していたのかもしれません。というのは、ヨセフの罠は、ベニヤミンだけをエジプトに残して、兄弟たちが父のもとに帰るかどうかを試してみることでした。二十余年前は、兄弟たちはヨセフを隊商の商人に奴隷として売り渡しました。その時と同じように、兄弟たちは、父に偏愛されているベニヤミンを見殺しにして、父のところに帰ってしまうかどうかをヨセフは試したのです。

兄弟たちがヨセフの屋敷を出立したのが、朝早かったので、「ユダと兄弟がヨセフの屋敷に着くと」、ヨセフはまだ屋敷にいました。ヨセフが彼らに言った言葉に、「私のような者はまじないをするということを知らないのか」があります。これは銀の杯がなくなったことに気付いた後、誰が盗んだのかをまじないをして、お前たちだと分かったのだ、と言っているのです。実際は、ヨセフが指示してベニヤミンの布袋に入れたのですから、ヨセフが兄弟たちに心理的なプレッシャーを与えているわけです。

これに対して、ユダが兄弟たちを代表して、「ご主人様に何を申せましょう。何を語れましょう。身の潔白を何をもって明かせましょう。神が僕どもの罪を暴かれたのです」（四四・一六）と完全に自分たちの非を認めており、言い訳を一切言っていません。特に、「神が僕どもの罪を暴かれたのです」とのユダの言葉は、今の場合、直接的には銀の杯がベニヤミンの袋に入っていることが見つけられたことを指します。しかしユダは、これまでの自分たちの人生、とくにかつて弟ヨセフを荒れ野の穴に投げ入れた後、隊商の商人たちに奴隷として売ったこ

（13）Wenham. Word Biblical Commentary Genesis 16-50, p.424

となどを含めて、過去の自分たちの罪を神とヨセフの前で告白していることになります。和解はこのような罪の告白と悔い改めの後に与えられるものだと思います。

続けてユダは言いました。「私たちはご主人様の僕となります。私たちも、杯が見つかった者もです」(四四・一六)と杯が見つかったベニヤミンだけでなく、兄弟たちすべてが僕になると言います。このように、ユダが兄弟たちのリーダー役をつとめています。二十余年前に、ヨセフを奴隷として売った時も、リーダーはユダでした(三七・二六)。

これに対して、ヨセフは言いました。「そのようなことは考えてもいない。杯が見つかったものだけが私の僕になるのだ。お前たちは安心して父のもとへ上って行くがよい。」(四四・一七)このヨセフの言葉は、このヨセフの罠の目的が何であったかをはっきりと示しています。つまり、父ヤコブが偏愛していたベニヤミンをエジプト人の奴隷として残して、自分たちだけが父ヤコブのもとに帰るという行動に出るならば、兄弟たちは二十余年前に、ヨセフを奴隷として売った上で、父にうその報告をした時と全く変わっていないことになります。それをヨセフは確認したかったのでした。

コラム 17-2

兄弟たちを窮地に陥れるヨセフの目的は何か

ヨセフは、穀物を求めてエジプトに下ってきた兄弟たちを、すぐに兄弟たちだと分かりましたが(四二・七)、そしらぬ振りをして彼らを何度か窮地に陥れました。なぜそのようなことを彼らにしたのでしょうか。

この疑問に対して、私をもっとも納得させる解答を与えてくれたのは、矢内原忠雄先生の「聖書講義創世記」でした。[14] 先生は言います（原文は文語体ですが、著者が口語体にしました）。

「始（原文ママ）め兄弟が穀物を買うためエジプトに来た時、ヨセフは直ちに自分を明かさず、難題を吹きかけて彼らを苦境に立たせることをあえてした。これは決して報復ではない。却って愛に基く遠望深慮であった。それは第一に、兄弟たちの良心を覚醒して、ヨセフに対して為した悪を想起させて罪の赦しを神に求める、砕けた悔いた心を彼らに持たせるためであった。[15] 全き和らぎを成就するためには、悔い改めが根本的に必要である。ヨセフは兄弟たちの心にこの条件を準備するため、自分の愛情を抑えてわざと荒々しい態度を示したのである（四二・二一参照）。

ヨセフがこの態度を取った第二の目的は、兄弟たち相互の間、ならびに父ヤコブと兄弟たちとの間に愛の一致を固くすることであった。彼が部下に命じて、シメオンを捕縛して人質としたこと、ベニヤミンをエジプトに連れて来るべきことを兄弟たちに要求したこと、ベニヤミンを奴隷として留置する旨の宣言をしたことなどは、いずれも兄弟たち相互の間、および父ヤコブと兄弟たちの間の愛による一致を固くした。このことによって、兄弟たちは自己犠牲による愛ということを知ったのである（四二・三七、四四・三三など参照）。

このようであったから、ついにヨセフが自分を兄弟たちに打ち明け、父ヤコブとその一族全部を招き寄せたとき、彼と兄弟たちとの間にも、また兄弟たち相互の間にも、容易に完全な平和が

(14) 矢内原忠雄「聖書講義創世記」二〇六―二〇七頁。
(15)「砕けた悔いた心」は、詩編五一編一九節からの引用。

成ったのである。」

矢内原忠雄先生は続けて次のように言います[16]（原文は文語体ですが、著者が口語体にしました）。

「兄弟が食物に乏しいとき、私たちは躊躇なく直ちにこれを与えなければならない。しかし食物よりもさらに重要なのは霊魂である。そして霊魂の救いは安売りすべきではない。それは罪の自覚に基く悔い改めに導いて後、与えるべきものである。さらにまた、救いの終局目標は個人にあるのではなく、社会を愛と平和の一体に結合することにある。ヨセフが老父ヤコブとその全一族をエジプトに招き寄せてゴシェンの地に住まわせるに至るまでの記事は、興味津々たる文学であって、時に手に汗を握らせ、時に胸に熱きものを感じさせるが、その全体を貫いて流れているものは、ヨセフの愛と知恵の美しい結合である。そして全き知恵によらない愛は盲愛であり偏愛であって、真の愛ではないから、一言にして言えばヨセフは愛の人であったと言えよう。」

私は以上に引用した矢内原忠雄先生の解釈と説明に、すべて同意するものです。他の註解書を見ても、これほど見事にヨセフが兄弟たちを窮地に陥れた目的を説明するものはありませんでした。愛の人、また知恵の人は多くいますが、ヨセフにおいては愛と知恵が美しく結合して、忍耐強く兄弟たちの悔い改めを計り、かくして兄弟たち相互、および父ヤコブと兄弟たちの愛の一致が成就されたのです。これこそが、後の一二部族からなるイスラエル民族の団結の基礎を作ったものです。

17・4　ユダの嘆願（四四章一八―三四節）

ヨセフが、ベニヤミンだけを僕として残して、他の兄弟たちは安心して父のもとへ上って行くがよい、と言ったことに対して、ユダは心からの嘆願を次のように述べました。
「一八ユダはヨセフの前に進み出て言った。『ご主人様、お願いです。どうか僕の申し上げることに耳を傾け
てください。どうかお怒りになりませんように。あなたはファラオのようなお方です。一九ご主人様は僕ど
もに、〈父や兄弟がいるのか〉とお尋ねになりました。二〇その時、私たちはご主人様に申し上げました。〈年
老いた父と、父が年を取ってからもうけた子、末の弟がいます。その兄は亡くなりましたが、同じ母の子で、
残っているのはその子だけですから、父はかわいがっております。〉二一すると、あなたは僕どもに言われま
した。〈その子を私のところに連れて来なさい。この目で確かめたい。〉二二私たちは、ご主人様に申し上げ
ました。〈あの子は父と離れることはできません。父と離れたら、父は死んでしまいます。〉二三しかし、あ
なたは僕どもに言われました。〈その末の弟が一緒に来るのでなければ、あなたがたは再び私の顔を見るこ
とはできない。〉二四私たちは、あなたの僕である父のところに上って行ったとき、ご主人様のお言葉を伝え
ました。二五すると父は申しました。〈もう一度行って、食料を僅かでも買って来なさい。〉二六私たちは言い
ました。〈下って行くことはできません。末の弟が一緒であれば、下って行くことはできます。しかし末の
弟が一緒でない限り、あの方の顔を見ることはできないのです。〉
二七すると、あなたの僕である父は申しました。〈知ってのとおり、妻は私に二人の男の子を産んだ。二八と
ころが、一人は私のところから出て行ったきりだ。きっとかみ裂かれたのだと思う。いまだに会っていない
のだ。二九それなのに、お前たちはこの子までも、私から取り上げようとする。だがこの子が危険な目に遭
いでもしたら、お前たちは白髪のこの私を、苦しみのうちに陰府へと下らせることになる。〉三〇今、私があ

（16）矢内原忠雄「聖書講義創世記」二〇七—二〇八頁。

なたの僕である父のところに帰っても、この子が一緒でなければ、父の命はこの子の命にかかっていますから、三一この子がいないと分かれば、父は死んでしまうでしょう。あなたの僕である白髪の父を、僕どもは悲嘆のうちに陰府に下らせることになります。三二僕は父にこの子の安全を請け合って言いました。〈もし、この子をあなたのもとに連れ戻さないようなことがあれば、私は生涯、父に対してその罪を負います。〉三三それでどうか僕をこの子の代わりに、ご主人様の僕としてここにとどめ置き、この子は兄弟と一緒に上らせてください。三四この子が一緒でないかぎり、どうして私は父のもとへ上って行けるでしょう。父に降りかかる災いを見るにしのびません。』」(四四・一八―三四)

このユダの嘆願は、創世記の中で、もっとも長いスピーチで、次の三部からなります。

一八―二三節　第一回の会見でのやりとりの要約

二四―三二節　カナンでの父ヤコブと息子たちのやりとりの報告

三三―三四節　ユダがベニヤミンの代わりに僕となるとの申し出

第一部の第一回の会見でのやりとりの要約では、今回ベニヤミンを一緒に連れて来ることになったやりとりだけを強調して、スパイであることを疑われたことや監獄に三日間入れられたこと、シメオンを人質として残していったことなどには言及していません。

第二部の父とのやり取りで、注目されるのは、父ヤコブが、「知ってのとおり、妻は私に二人の男の子を産んだ」と言った、とユダが報告していることです。白髪の老人になったヤコブにとって、本当の妻はやはりラケルだけだったと言っています。ヤコブの本音を言ったものでしょう。この発言を、もう一人の妻レアの子であるユダが言っているのですから、二十余年前、父ヤコブがヨセフを偏愛するのを、ユダや他の兄弟たちは受け入れることができずに、ヨセフを恨んで殺そうとしました。このことを考えると、ユダも二人の息子の父となって(三八・二九―三〇）、ずいぶんと人間的に成長したものだと言えます。さらにユダが、ベニヤミンについて、「この子がいないと分かれば、父は死んでしまうでしょう。あなたの僕である白髪の父を、僕どもは悲嘆のうちに陰府へと下らせることになります」（四四・三一）と言って、ユダが老いた父ヤコブのベニヤミンに対する偏愛に理解を示していることも注目されます。

またユダが父ヤコブの言葉として伝えた、「一人は私のところから出て行ったきりだ。きっとかみ裂かれたのだと思う」は、ヨセフにとっては初めて聞く、自分に関する父ヤコブの理解でした。

第三部のユダの告白が彼のスピーチのクライマックスです。今やユダは、父ヤコブに約束した、「あの子のことは私がその安全を請け合います。その責任は私が取ります」（四三・九）の言葉どおりに、自分がベニヤミンに代わってヨセフの家の僕となってエジプトに留まるから、ベニヤミンを兄弟と一緒に父のもとに上らせてください、と言いました。そうでなければ、父に降りかかる災いを見るに忍びません、と付け加えました。ユダが心底、老いた白髪の父を愛していることを示す言葉であり、自分がベニヤミンの身代りとなるとの申し出と合わせてユダの人間的成熟を表していると私は思います。

コラム 17-3

ユダの嘆願に見られる彼の人間的な成熟

二十余年前のユダは、兄弟を殺しても何の得にもならない、さあイシュマエル人に売ってしまおう、と他の兄弟たちに言うような、兄弟愛のない、損得を第一とする若者でした（三七・二六―二七）。そしてヨセフの上着を殺した雄山羊の血に浸して父のもとに持ち帰り、「こんなものを見つけました。

あなたの息子の上着かどうか、確かめてください」と父ヤコブにうその報告しました[17]。

その頃のユダと比べると、このユダの嘆願のスピーチに見られるユダは人が変わったようです。

第一に、白髪の父ヤコブを思う、息子ユダの親孝行の心が、スピーチのいたるところにあふれ出ています。次に、末の弟ベニヤミンに対する兄弟の絆を大切にする心も、二十余年前のヨセフに対する気持ちとは全く逆です。さらに、ユダの母親が夫ヤコブに愛されなかったレアであることを考えると、若いときのユダなら口にしないような言葉、すなわち父ヤコブの言葉として、「知ってのとおり、妻は私に二人の男の子を産んだ」と引用していることは注目されます。父ヤコブが妻ラケルだけを偏愛し、それがラケルが産んだ息子ヨセフとベニヤミンへのひいきになっていることを、ユダも他の兄弟たちも、若いときには受け入れられませんでした。しかし、今、人間的に成熟した彼らは受けいれています。こうして父親から愛されていなくても、父親を愛する心を持つに至ったユダを代表する兄弟たちは、父親ヤコブの息子ベニヤミンへの偏愛も受け入れているのです。

そして最も感動的なクライマックスは、ユダが、末の弟ベニヤミンの代わりに、自分を僕としてここにとどめ置き、ベニヤミンは兄弟たちと一緒に父のもとへ帰らせてくださいとヨセフに嘆願したことでした。ユダが自分を犠牲にしても、年老いた父親に悲しい思いをさせたくない、という親孝行な気持ちが伝わってきます。

さらに心に残るのは、ユダがかつて雄山羊を殺して、その血にヨセフの上着を浸したというような嘘の工作を、今回は全くしなかったことです。すべて本当のことを話していることが、結局、「正直こそ、最良の策」であり、ヨセフを納得させ、感動させた理由だったと思います。

このようにユダの人が変わり、人間的に成熟したきっかけを作ったのは、前にも、コラム15-6で述べたように、カナン人の女タマルの勇気ある行動の結果でした。
ユダは、すでに兄弟の中でリーダーシップをとっていますが、後に死の床にあった父ヤコブの祝福の言葉のなかでも、ユダの子孫であるユダ族がイスラエルの一二部族の中で、リーダーシップを取ることが述べられています（四九・八―一二）。

17・5　ヨセフ、身を明かす（四五章一―二八節）

ユダの嘆願のスピーチを聞いたヨセフの感極まった反応が四五章で述べられます。四五章一―八節は次のとおりです。

「一ヨセフは、そばに立っていた皆の前で、自分を抑えきれなくなり、『皆をここから出してくれ』と叫んだ。それで、ヨセフが兄弟に自分のことを打ち明けたときには、そばに立っている者は誰もいなかった。二しかしヨセフが声を上げて泣いたので、エジプト人はそれを聞き、ファラオの宮廷の者も聞いた。三ヨセフは兄弟に言った。『私はヨセフです。お父さんはまだ生きておられますか。』兄弟はヨセフを前にして驚きのあまり、答えることができなかった。四ヨセフは兄弟に言った。『さあどうか近寄ってください。』彼らがそばに近づくと、ヨセフは言った。『私はあなたがたがエジプトへ売った弟のヨセフです。五しかし今は、私をここへ売ったことを悔やんだり、責めあったりする必要はありません。命を救うために、神が私をあなたがた

（17）三七章三二節には、これらの言葉をユダが言ったとは書いてありませんが、この頃から兄弟の間でリーダーシップを取っていたのはユダだったので、ここではユダが言ったとしました。

より先にお遣わしになったのです。六この二年の間、この地で飢饉が起こっていますが、さらに五年、耕すことも刈り入れることもないでしょう。七神が私をあなたがたより先にお遣わしになったのは、この地で生き残る者をあなたがたに与え、あなたがたを生き長らえさせて、大いなる救いに至らせるためです。八私をここへ遣わしたのは、あなたがたではなく、神です。神が私をファラオの父、宮廷全体の主、エジプト全土を治める者とされました。』」（四五・一―八）

ユダの嘆願のスピーチの中にあった老いた父を思う心、さらに父ヤコブが愛した妻ラケルの子である末の弟のベニヤミンへの配慮を聞いて、ヨセフは兄弟たちが、かつてヨセフを穴に放り入れ、奴隷として売ったことを悔やみ、すっかり人が変わり人間的に成熟したことを知りました。これまでも兄弟たちの話を聞いて二回泣きましたが、[18]二回とも兄弟たちには泣いたことを悟られないように、席を外しました。しかし今回は、周りのエジプト人たちに席を外させて、兄弟たちと自由に互い話しあうことができるようにしたのです。余計なうわさ話をエジプト人たちが広めないようにするためでした。

その上で、ヨセフは自分を打ち明ける前に大声で泣きました。そして言いました。「私はヨセフです。お父さんはまだ生きておられますか。」（四五・三）これには兄弟たちは、驚きのあまり、答えることができませんでした。ここで「驚きのあまり」（四五・三）と訳されたヘブライ語「バーハル」は、麻痺させるような驚きを感じる、という意味で、聖書の他の箇所では、「おののく」（出エ一五・一五）、「おびえる」（サム上二八・二一）などと訳されています。兄弟たちは、突然に今までファラオの代理人と恐れていたエジプトの総理大臣が、自分たちの弟のヨセフであると聞かされて、驚きのあまりに口もきけなくなってしまったのでした。

ここでヨセフが、「お父さんはまだ生きておられますか」と聞いたのは、ヨセフはすでにユダの嘆願のスピーチから父が生きていることは知っていますが、ヨセフが言った、次回来るときには末の弟を連れて来るようにという要求が、どれほど父を苦しめたかを知ったので、その苦しみの結果、父は今どのような様子であるかを聞いたのだと思います。

兄弟たちが驚きのあまり口もきけなくなっていたので、ヨセフは兄弟たちに、「どうか近寄ってください」と言った後、再度、「私はあなたがたがエジプトに売った弟のヨセフです」と言いました（四五・四）。このヨセフの言葉は、ヨセフの身分を明かすと同時に、兄弟たちには過去の過ちを思い出させるもので、ヨセフが復讐するのではないかとの恐れを抱かせる言葉です。そこでヨセフは続けて、「しかし今は、私をここへ売ったことを悔やんだり、責めあったりする必要はありません。命を救うために、神が私をあなたがたより先にお遣わしになったのです」と彼らを安心させる言葉を言いました（四五・五）。

そしてヨセフは、ファラオの夢を解いて得られた神からの啓示である七年の飢饉に言及して、「この二年の間、この地で飢饉が起こっていますが、さらに五年、耕すことも刈り入れることもないでしょう」（四五・六）と述べました。そしてこの飢饉の間でも、「この地で生き残る者をあなたがたに与え、あなたがたを生き長らえさせて、大いなる救いに至らせるためです」と言いました（四五・七）。ここで、「生き残る者」とは、この飢饉のような大きな災難でも神は必ず自分を信じる「生き残る者」を備えて「救いに至らせる」という考え方です。たとえばノアの洪水のときにも、神は、ノアとその家族、そして動物たちを一つがいずつ箱舟に入れて、「生き残る者」として「救いに至らせました」（六・一八―二〇）。またこの「残りの者が救われる」という考え方は預言書にも出てきます。たとえば、「イスラエルの残りの者」という言葉で、最後まで主に忠誠を尽くした人々が救われる、

（18）一回目は、兄弟たちがヨセフを奴隷として売ったことを互いに責め合ったとき（四二・二四）、二回目は弟ベニヤミンに会って懐かしさから（四三・三〇）。

という意味で使われます（イザヤ一〇・二〇、エレミヤ六・九など）。
このように、ヨセフは大飢饉という災難から「生き残る者」を残すために、神から遣わされたノアのような人物だということになります。
ヨセフは繰り返し、「私をここへ遣わしたのは、あなたがたではなく、神です。神が私をファラオの父、宮廷全体の主、エジプト全土を治める者とされました」（四五・八）と言いました。ここで、「ファラオの父」という表現は、ファラオの助言者（アドバイザー）という意味で、士師記（一七・一〇、一八・一九）、列王記下（六・二一、一三・一四）にも出てきます。[19]
エジプトの総理大臣ヨセフは、よく泣く人でした。第一回目に兄弟たちが来たときには、兄弟たちに悟られないように別室で二回泣き、二回目の兄弟たちのエジプト下りにあたっては、自分を明かす前に大泣きをし（四五・二）、また自分を明かして、まだ飢饉が五年続くから家族をあげてエジプトに来るようにとの計画を兄弟たちに告げてから、今度は兄弟たちと一緒に泣きました。ヨセフは、エジプトの総理大臣として、将来を見通して具体的な計画を立てる冷静さと実行力を持っています。しかしそれだけでなく、ヨセフはよく泣く柔らかい心と細かい気遣いをもった人でした。
続く四五章九―一五節は次のとおりです。ヨセフの言葉が続きます。
「九『急いで父のもとに上り、言ってください。〈息子のヨセフがこう言っています。神は私を全エジプトの
主とされました。どうかためらわずに、私のところに下って来てください。一〇ゴシェンの地に住んで、私
の近くで暮らしてください。あなたも、息子も孫も、羊も牛も、そのほかのすべてのものもです。一一飢饉
はまだ五年続きますから、あなたも家族も、その他のすべてのものも困らないように、そこでのお世話は私
がいたします。〉一二あなたがたと弟のベニヤミンがその目でみているとおり、私自身があなたがたに語って

いるのです。一三エジプトで私がいかに重んじられているかということ、またあなたがたが見たすべてのことを父に知らせてください。そして、急いで父を連れて、ここへ下って来て下さい。』一四ヨセフは、弟ベニヤミンの首を抱いて泣いた。ベニヤミンもヨセフの首を抱えて泣いた。一五ヨセフは兄弟皆に口づけし、彼らを抱いて泣いた。その後、兄弟はヨセフと語り合った。」（四五・九―一五）

ヨセフは自分の身を明かしたあと、すぐに続けて兄弟たちに、父ヤコブへの伝言を依頼しました。その伝言の内容は、まず神がヨセフを全エジプトの主としたこと、そして飢饉はまだ五年続くから、彼が世話をするから、一族すべてを連れて、全財産をもってエジプトに下り、彼が近くで暮らすゴシェンの地に住むようにということでした。ヨセフは続けて、「あなたがたと弟のベニヤミンがその目でみているとおり、私自身があなたがたに語っているのです」（四五・一二）と言いました。ここで、「私自身があなたがたに語っているのです」と訳された原文のヘブライ語を直訳すると、「あなたがたに語っているのは、この私の口ですよ」という意味で、ヨセフが兄弟たちと同じヘブライ語を使っていることが暗示されています[20]。

そしてヨセフは、ヘブライ語で兄弟たちに、エジプトで自分がいかに重んじられているか、および兄弟たちがエジプトで見たことすべてを父に語り、急いで父を連れて来るようにと頼みました。「急いで」と付け加えたことに、ヨセフの父なつかしさの感情があふれてきていることがうかがい知れます。その感情の高まりの中で、ヨセフはまず弟ベニヤミンの首を抱いて泣き、ベニヤミンも同じようにヨセフの首を抱えて泣きました。そしてヨセフはそのまま兄弟たち皆に口づけして彼らを抱いて泣きました。ヨセフは兄弟たちの人がすっかり変わり、人

（19）Wenham. Word Biblical Commentary Genesis 16–50, p. 428.
（20）月本昭男訳『創世記』一五三頁、注八。

間的に成長したのを見て安心し、今や彼らを信頼して緊張が解けて、なつかしさのあまり感動的な涙を流したのでした。その後、兄弟たちはヨセフと語り合いました。

続く四五章一六―二四節は次のとおりです。

「一六ヨセフの兄弟がやってきたという知らせがファラオの宮廷に伝わると、ファラオも家臣たちも喜んだ。一七ファラオはヨセフに言った。『兄弟に、こうするように言いなさい。〈家畜に荷を積んでカナンの地に戻って行きなさい。一八そして父と家族を私のもとに連れて来なさい。エジプトの地の最良の地を与えるから、その地の最上のものを食べなさい。〉一九また、こうするように命じなさい。〈幼い子どもや妻たちのための車をエジプトの地から引いて行き、父を乗せて戻って来なさい。二〇家財道具などには未練を残してはならない。エジプト全土の中で最良の地があなたがたのものになるのだから。〉』二一イスラエルの子らはそのとおりにした。ヨセフはファラオの命令に従って、彼らに車を与え、また道中の食料を与えた。二二さらに、全員にそれぞれ晴れ着を与え、ベニヤミンには銀三百シェケルと晴れ着五着を与えた。二三また父には、次のようなものを贈った。すなわち、エジプトの最上のものを積んだ雄ろば十頭と、穀物と食料、それに父の道中に必要な食料を積んだ雌ろば十頭である。二四こうしてヨセフは兄弟を送り出し、彼らは出発した。ただその時ヨセフは言った。『道中で争ったりしないでください。』」（四五・一六―二四）

ヨセフの兄弟の来訪に、「ファラオも家臣たちも喜んだ」という文章に、ファラオと彼の家臣たちがヨセフに感じている親しみと尊敬の念を感じます。大帝国の人々はふつう周辺の弱小民族を見下して尊大な態度を取るものですが、このファラオと家臣たちは違います。すでにコラム16-8で見たように、このファラオと家臣たちは、シリア・パレスチナ地方に起源を持つ、いわゆるヒクソスの王朝であったと推測されています。つまり、同じ人種としての親近感を持っていたのだと思います。でないとファラオのヨセフの一族についての豪勢な贈り物やエジプトの最良の地を与えるという配慮は説明がつきませんし、納得し難いものです。ファラオは、「幼い子どもたちや妻たちの車をエジプトの地から引いて行き、父を乗せて戻って来なさい」と弱い者たちへの配慮もしました。さらに「家財道具などには未練を残してはならない」とぐずぐずと出発を遅らせることがないように付け加えました。そして再度、「エジプト全土の中で最良の地があなたがたのものになるのだから」（四五・二〇）と念を押しました。ファラオのヨセフに対する信頼と敬意に溢れる心遣いです。

ヨセフ自身もファラオに命令された以上の配慮をして、まず兄弟たちに晴れ着を与えました。これは昔父ヤコブがヨセフだけに、長袖の上着を作ってやったことが兄弟たちの嫉妬を招いたことを想起させます。そういうことがないようにヨセフはすべての兄弟に「晴れ着」を与えたのでした。しかし、同じ母の弟ベニヤミンだけは特別待遇をして銀三〇〇シェケルを与えました。アブラハムがマクペラの土地を埋葬地として相手の言い値であった銀四〇〇シェケルで買ったこと（二三・一六）に匹敵する大きな額です。ヨセフは、さらにたくさんの贈り物を父ヤコブに用意しました。贈り物の中に、「道中に必要な食料を積んだ雌ろば十頭」とありますが、雌ろばは道中で食料と共に必要となる飲み物である乳を出すので、特に雌ろばと書いたという説明がありました。[21]

ヨセフは最後に、「道中で争ったりしないでください」（四五・二四）と兄弟たちに注意を付け加えました。ここで「争う」のヘブライ語「ラーガズ」は、「色々な激情を表し、心配、怒り、その他と解しうる」と関根正雄訳『創世記』註釈にありました。[22]このヨセフの言葉を、多くのキリスト教の註解書は、兄弟たちが互いに争ったりしないように注意したと説明します。しかし、ユダヤ教のラビたちの間では、たくさんの贈り物があるので、

（21）Wenham. Word Biblical Commentary Genesis 16–50, p.430.
（22）関根正雄訳『創世記』註釈、二〇五頁。

途中で強盗に遭わないように気を付けてください、あるいは、途中の話し合いで、エジプトに戻るのはやめようなどと争わないでください、とヨセフが言っているという解釈もあるとのことです[23]。

四五章の最後の二五―二八節は次のとおりです。

「二五兄弟はエジプトから上って行き、カナンの地、父ヤコブのもとに着いて、二六報告した。『ヨセフがまだ生きています。しかも、エジプト全土を治める者になっています。』父は茫然とした。彼らの言うことが信じられなかったからである。二七彼らは、ヨセフが語ったことをすべて父に話した。父ヤコブは、ヨセフが自分を乗せるために送った車を見て、気を取り直した。二八イスラエルは言った。『うれしいことだ。息子のヨセフがまだ生きていたとは。さあ行って、死ぬ前に顔をみたいものだ。』」（四五・二五―二八）

過去二回、兄弟たちがそろって父ヤコブのところ来ましたが、二回とも良くない報告のためでした。一回目は兄弟たちが雄山羊の血に浸した長袖の上着を持って来て、「こんなものを見つけました」と言ったとき、ヤコブは、ヨセフが悪い獣にかみ裂かれてしまったのだ、と言って、「嘆き悲しみつつ、わが子のもとに、陰府に下って行こう」と言いました（三七・三五）。二回目は、兄弟たちが初めてエジプトで穀物を買って来て帰って来たときでした。兄弟たちは父に、エジプトを治める人が、次に来るときには必ず末の弟ベニヤミンを連れて来るように、そうでなければその人は私たちに会ってくれない、と報告したときでした。そのときも、もし旅の途中で、ベニヤミンが危険な目にでも遭いでもしたら、「お前たちは、白髪のこの私を、悲嘆のうちに陰府へと下らせることになるのだ」と言いました（四二・三八）。

しかし今回の兄弟たちの父への報告は、「ヨセフはまだ生きています。しかも、エジプト全土を治める者になっています」という父がとても信じられない嬉しい報告でした。「父は茫然として」とありますが（四五・二六）、原文のヘブライ語を直訳すると、「彼の心臓は止まった、あるいは、彼の心は感覚を失った」です。その後、兄弟たちは、エジプトでヨセフが語ったことをすべて父に話しましたが、父の心は感覚を失っていたので、ほとんど耳に入らなかったと思います。わずかにヨセフが自分を乗せるために送った車をみて、「気を取り直した」とあります。この「気を取り直した」（四五・二七）の原文のヘブライ語の直訳は、「（ヤコブの）霊が生き返った」です。父ヤコブが、まさに一度気を失うほどに驚いて、また生き返った様子を表しています。それほどヤコブにとっては衝撃的な報告でした。ですから彼が、「うれしいことだ。息子のヨセフがまだ生きていたとは。さあ行って、死ぬ前に顔を見たいものだ」（四五・二八）と言ったときには、死んだと思っていた愛する息子に会いたい一心だったのです。

コラム 17-5

人間ヨセフの成熟――我執を離れて神の視点でものを見る

少年のときのヨセフは、父親に甘やかされた、ませた生意気な子どもとして描かれていました（三七章）。しかし、成人してからのヨセフは、忠実で、賢く、将来を見通すことができ、エネルギッシュな、神を畏れる人間として描かれています。

このようにヨセフが人間的に成熟した契機は、すでにコラム16－3で、ヨセフの二度の試練にあったのではなかったか、と言いました。一度目は、ヨセフが兄弟たちに穴に投げ入れられ、その後、奴隷として売られてエジプトに行く道の中で、神に頼らざるをえない自分の運命を悟ったときでした。

(23) Wenham. Word Biblical Commentary Genesis 16–50, p.430.

二度目の試練は、奴隷として売られたエジプトの親衛隊長ポティファルの家で、ポティファルの妻の誘惑を断ったため、無実の罪を着せられて二年以上も牢獄に入れられたことでした。この時も、「主はヨセフと共におられて、慈しみを示し」ました（三九・二一）。こうしてヨセフは主に頼ることを徹底的に学ばされ、悟りました。

つまり自分の人生を自分中心の視点でみるのでなく、すなわち「我執」を離れて、神の導きを信じて、神の視点で上から自分を含めた世の中を俯瞰するというビッグ・ピクチャー（いわば鳥観図）からものごとを見る習慣を、ヨセフはこの二度の試練で得たのではないかと思います。

そのように、我執を離れて、神の視点でものを見るようになるためには、試練の中にあっても、自分は神に見放されたのではない、神が慈しみをもって自分を見守ってくださっている、という確信を持つことがまず必要です。次にその確信をもとに、軽挙妄動するのでなく、忍耐強く、試練の間はそこで、自分が謙虚にできるたけのことを他人に愛をもってして接して（つまり置かれたところで咲いて）神の時を静かに待つ、ということが必要ではないでしょうか。ヨセフはまさに牢獄の中にいた二年間余り、同じ獄にいた人々に対して愛をもって接して、夢を解くなどして、忍耐強く、謙虚に神の時を待ったのでした。

こうして人間ヨセフは、神の眼で世の中を見ることを学び、我執を離れることができて人間的に成熟したと思います。我執を人間的な努力だけで捨てるのは非常に困難なことです。個々の人間を離れた一段高い上の視点から、つまり神の視点からものを捉え、考えないと、我執を離れることはできないと思います。

このように人間的に成熟したヨセフだからこそ、兄弟たちの昔の行動について、「私をここへ売ったことを悔やんだり、責めあったりする必要はありません。命を救うために、神が私をあなたがたより先にお遣わしになったのです」（四五・五）と言うことができたのだと思います。

17・6　ヤコブ、エジプトへ下る（四六章一―二七節）

ヤコブは、ヨセフからの勧めの言葉のとおり、一族を連れてエジプトに下ります。四六章一―七節は次のとおりです。

「一イスラエルは、自分の持ち物すべてを携え、旅立った。そしてベエル・シェバに着くと父イサクの神にいけにえを献げた。二その夜、幻の中で神がイスラエルに呼びかけられた。『ヤコブ、ヤコブ。』彼が、『はい』と答えると、三神は言われた。『私は神、あなたの父の神である。エジプトに下ることを恐れてはならない。私はそこであなたを大いなる国民とする。四私はあなたと共にエジプトに下り、また必ずあなたを導き上る。ヨセフがその手であなたのまぶたを閉じるであろう。』五ヤコブはベエル・シェバをたった。イスラエルの子らは、ファラオがヤコブを乗せるために送ってくれた車に、父のヤコブ、それに幼い子どもたちと妻たちを乗せた。六また家畜を伴い、カナンの地で蓄えた財産を携え、ヤコブとその子孫は皆、共にエジプトにやって来た。七こうしてヤコブは、息子や孫、娘や孫娘、子孫を皆連れてエジプトに来た。」（四六・一―七）

このときヤコブが住んでいたのは、ヘブロンでした（三七・一四）。そこからヤコブは一族を連れて、エジプトに行く道の途上にある、父イサクが祭壇を築いたベエル・シェバ（二六・二五）にまず行きました。それは約束の地であるカナンの地を離れるにあたって父イサクの神にいけにえを捧げて、旅路の安全と一族の今後のことを神

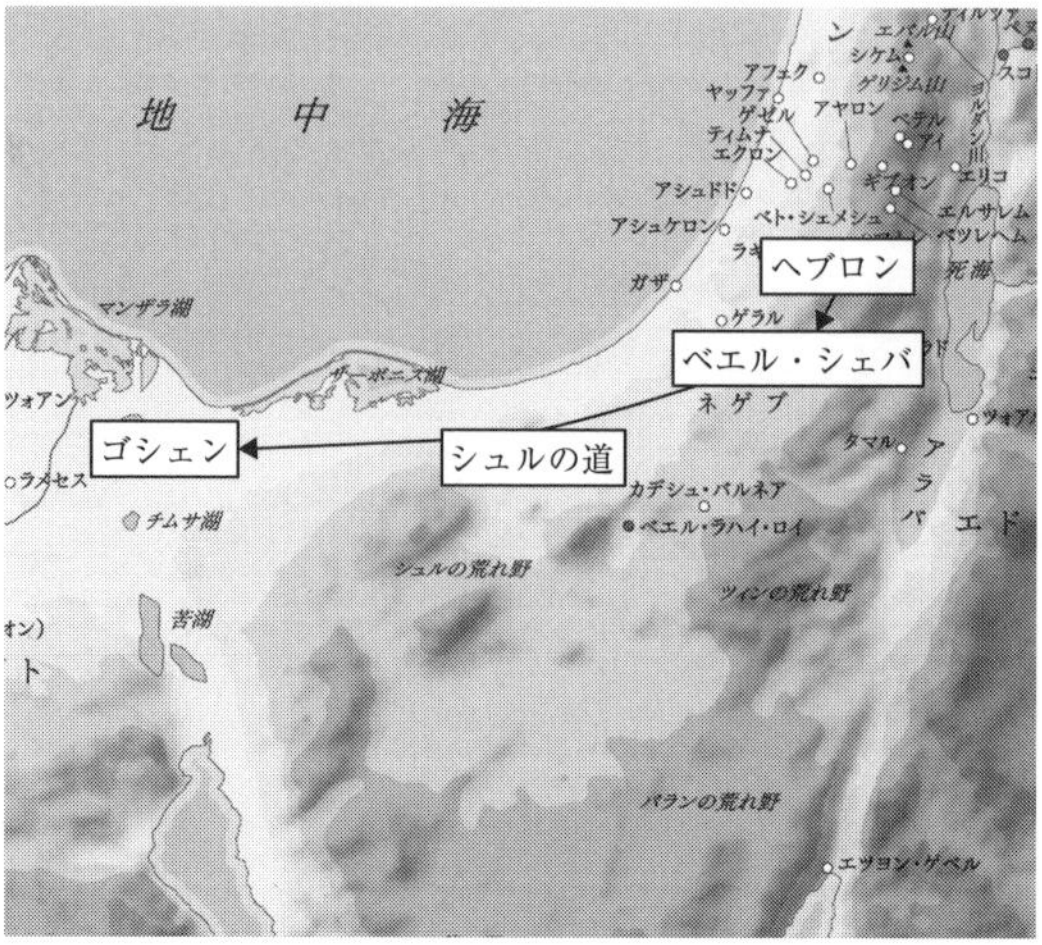

図17-1　ヤコブのエジプトへの旅（ヘブロン→ベエル・シェバー（シュルの道）→エジプト）

［出典：『地図と絵画で読む聖書大百科』p.128に著者追加記入］

に委ねるためであっただろうと思います。ヘブロンからベエル・シェバを経由してエジプトに行ったヤコブがたどった道は、ベエル・シェバからエジプトに行くシュルの道であったにちがいありません（一六・七）。ヤコブのエジプトへの旅を図17－1に示します

するとその夜、幻の中で神がイスラエルに呼びかけられました。ここで、「ヤコブ」でなく「イスラエル」の名前が使われているのは、一節前半がヤハウェ資料からだからと説明されます。それとともに、一族を連れてエジプトに行くという意味で、民族に係る話なので、イスラエルを使ったのだと思います（四二・五と同じ）。二―五節までは、「夜の幻の中で」神が人に呼びかけられた、という表現で、エロヒム資料であることが分かります。

神はまず「私は神、あなたの父の神である」（四六・三）と言って、自分が父イサクの神であることを告げます。次いで神は言いました。「エジプトに下ることを恐れてはならない。」ここに出てくる「恐れてはならない」は、旧約聖書および新約聖書によく出てくる言葉で、人がいままで自分が経験したことのないことをするとか、行ったことがないところ

に行く場合、必ず心配や恐れを感じるのですが、そのときに、「恐れてはならない」と恐れを感じた人を安心させる言葉が神から与えられます。ここでは、「エジプトに下ることを恐れてはならない」と神は言いました。ヤコブは、祖父アブラハムおよび父イサクに約束の地として与えられたカナンを離れて、一族を連れてエジプトに下るということに心配や恐れがあったのだと思います。

新約聖書でも、「恐れてはならない」はよく使われる言葉です。たとえば十字架にかけられて葬られ三日後に復活された主イエスが、墓を見に来た女性たちの行く手に立って、「恐れることはない。行って、きょうだいたちにガリラヤに行くように告げなさい。そこで私に会えるだろう」（マタイ二八・一〇）と言いました。まさか主イエスが復活するとは考えていなかった女性たちが恐れたの当然ですから、主イエスは「恐れることはない」と言って安心させたのでした。

創世記四六章に戻ります。「恐れてはならない」とおっしゃった後に神は言われました。「私はそこであなたを大いなる国民とする。」（四六・三）事実、次の出エジプト記に、「イスラエルの人々は多くの子を産み、おびただしく増えて多くなり、ますます強くなって、国中に溢れた」（出エ一・六）とあります。

さらに神は、「私はあなたと共にエジプトに下り、また必ずあなたを導き上る」（四六・四）と、まず神はカナンの地だけの地縁の神ではなく、共にエジプトに下ると言いました。そして、「必ずあなたを導き上る」と続けました。これは、イスラエルの民が、後にエジプトを出て、カナンに戻る「出エジプト」を示唆しています。こうしてヤコブは、イスラエルの民がやがて約束の地のカナンに帰るのだということを知って、安心したと思います。最後に、「ヨセフがその手であなたのまぶたを閉じるであろう」（四六・四）とヤコブ自身はエジプトで死ぬことを伝えました。

神はこのように、人生の節目となる新たな出発点でヤコブに語りかけ、自分が共にいることを約束しました。

これはアブラハムがカルデヤのウルを出立したときや（一二・一―三）、ヤコブが兄エサウを逃れて、パダン・アラムに行くとき（二八・一〇―二二）、さらにヤコブが叔父ラバンのもとからカナンに戻る決心をしたとき（三一・一一―一三）と同じです。

こうしてヤコブはベエルシェバを、ファラオが送ってくれた車（四五・一〇）に、息子の妻たちや幼い孫たちと共に乗りました。この場合の「車」はヘブライ語では複数形です。英訳でも wagons（ＫＪＶ、ＲＳＶ）あるいは carts（ＮＩＶ）と複数形で訳されています。

ファラオの「家財道具などには未練を残してはならない」（四五・二〇）という忠告にもかかわらず、「また家畜を伴い、カナンの地で蓄えた財産を携え、ヤコブとその子孫は皆、共にエジプトにやって来た」（四六・六）とあります。これは約束の地カナンを一旦離れて、エジプトに住むことを覚悟したヤコブ一家の用心深い（英語で prudent な）、賢さの表れだと私は思います。

続く四六章八―二七節は、このときヤコブと一緒にエジプトに下ったヤコブの一家の名前を息子別にすべて書き上げます。このように歴史的な記録をきちんと書くことから、この部分は祭司資料からだと分かります。[24]

一例を、四六章八―一〇節にある長男ルベンの場合と次男シメオンの場合について次に示します。

「八エジプトへ行ったイスラエルの子ら、ヤコブとその子らの名は次のとおりである。ヤコブの長男はルベン、
九ルベンの息子はハノク、パル、ヘツロンカルミ。一〇シメオンの息子はエムエル、ヤミン、オハド、ヤキン、
ツォハル、そしてカナンの女が産んだシャウル。」（四六・八―一〇）

まずレアが産んだ子らとその子孫の名前が書かれ、彼らの総数が、カナンの地で死んだユダの息子たち、エルとオナンを除外して三三名であることが述べられます（四六・一五）。次にレアの仕え女ジルパがヤコブに産んだガドとアシェルの子孫一六名の名前があげられます。

次に妻ラケルが産んだヨセフおよびベニヤミンとその子孫の名前が、四六章一九―二二節に次のように書かれます。

「一九ヤコブの妻ラケルの息子はヨセフ、ベニヤミン。二〇ヨセフには、エジプトの地で息子が生まれた。オンの祭司ポティ・ファルの娘アセナトが彼に産んだマナセとエフライムである。二一ベニヤミンの息子はベラ、ベケル、アシュベル、ゲラ、ナアマン、エヒ、ロシュ、ムピム、フピム、アルド。二二以上が、ヤコブに生まれたラケルの子らで、すべて合わせて十四名である。」（四六・一九―二二）

なおここでは、ラケルだけが「ヤコブの妻」とされ、レアはそう言われていないことが注目されます。その昔、ヤコブは叔父ラバンにだまされて、レアを妻としましたが（二九・二三）、彼の心の中では、ラケルだけが妻でした。老年になったヤコブは、益々その思いが強まり、レアの息子であるユダに対しても、「知ってのとおり、妻は私に二人の男の子を産んだ」といって、彼にとっての妻はラケルであることをあらわに言いました。そのヤコブの気持ちをここを書いた祭司資料の祭司は反映しています。

続いてヤコブの妻ラケルの仕え女ビルハがヤコブに産んだダン、ナフタリと彼らの子らの名前、合計七名があげられます（四六・二三―二五）。

続けてヤコブから生まれた者で、エジプトにいた一族についてのまとめが次のように書かれます。

「二六ヤコブから生まれた者で、彼に付き従って、エジプトに行った者は、ヤコブの息子の妻たちを別にして、すべて合わせて六十六名であった。二七エジプトで生まれたヨセフの息子は二人である。エジプトへ行ったヤコブの家の者は、総勢七十名であった。」（四六・二六―二七）

---

(24) 関根正雄訳『創世記』註釈、二〇六頁。

ここで、「エジプトに行ったヤコブの家の者は総勢七十名であった」という表現は、出エジプト記一章五節の、エジプトにやって来た「ヤコブから生まれた者は全部で七十名」と微妙な表現の違いがあります。それは、「ヤコブの家の者」と「ヤコブから生まれた者は」という表現の違いで、息子たちや孫たちの妻を含むか含まないかの違いがあります。さらに申命記一〇章二二節には、「あなたの先祖は七十人でエジプトに下ったが、今や、あなたの神、主はあなたを空の星のように多くされた」とあります。これらのことから、「七十人」という表現は、きりのよい概数（ラウンド・ナンバー）と理解した方がよいとのことです。[25]

このことを理解した上で、四六章八―二五節に書いてあることから、まとめの二六節の「ヤコブから生まれた者で、彼に付き従って、エジプトに行った者は、ヤコブの息子の妻たちを別にして、すべて合わせて六十六名であった」を著者が整理すると、次のようになります。

ヤコブの妻ごとにそこから生まれた子孫の数は、妻レアからが合計三三名（四六・一五。なおこの数にはカナンの地で死んだユダの息子エルとオナンは入っていません）、妻レアの仕え女ジルパからが合計一六名（四六・一八）、妻ラケルからが合計一四名、妻ラケルの仕え女ビルハからが合計七名とあります。これらの数の合計は七〇名となり、「エジプトへ行ったヤコブの家の者は、総数七十名であった」（四六・二七）が一応説明がつきます。

この七〇名の中から、ヨセフとその二名の子どもたちは、最初からエジプトにいました。さらにユダの孫たち、すなわち息子ペレツの二人の息子ヘツロンとハムル（四六・一二）はエジプトで生まれた可能性が高いです。というのは、ユダは息子の嫁であったタマルにより、相当高年令になってから息子ペレツを得たので（三八・二九）、ペレツの子である孫たちヘツロンとハムルはエジプトで生まれたと考える方が自然だからです。ということで、最初からエジプトにいたヨセフの子どもたち二名（マナセとエフライム）、およびエジプトで生まれたと考えられるユダの孫たち二名（ヘツロンとハムル）を、七〇名から引けば、「ヤコブと共にエジプトに下った者は六十六名」

（四六・二六）の説明がつきます。

しかし、ヤコブがエジプトに行ったときには、ベニヤミンはまだ子どもだったので、その息子たち一〇名、が入っているのは問題です。さらに「ヤコブの家の者」とする場合には、息子や孫の妻たち（合計一一名）も加えるとなると六六名に一一名を加えて、合計七七名になってしまいます。

もう一つの解釈は、エジプトには最初からヨセフとその家族（妻アセナトおよび二人の息子マナセ、エフライム）の合計四名がいますから、七〇人から四名を引いた六六名という見方もできます。

以上をまとめると、結論としては、この四六章二六—二七節にでてくる六六名と七〇名の説明が、その前の八—二五節に出てくる人名だけでは説明が付かないことになります[26]。したがって、七〇名はきりのよい概数（ラウンド・ナンバー）であって、「あなたの先祖は七十人でエジプトに下ったが、今や、あなたの神、主はあなたを空の星のように多くされた」（申命一〇・二二）と言うために七〇人という概数としたと考えられます。同じような「七十人」の使い方は、大きなグループや家族の数を言う概数として使われています（例、出エ二四・一、士師記八・三〇、一二・一四など）。

（25）Fretheim. The New Interpreter's Bible Vol.1, p.652およびWenham. Word Biblical Commentary Genesis 16–50, p. 442.

（26）同右。

コラム 17-6

数より一人一人が大切である

ここで「ヤコブと共にエジプトに下った者は六十六名」と「エジプトへ行ったヤコブの家の者は、総勢七十名であった」について、書いてあることとの整合性を見ましたが、普通の常識では整合性がないことがわかりました。註解書の中には、ベニヤミンの一〇名の息子について、彼らは父となるべニヤミンの「腰の中にいた」（ヘブライ七・一〇）を引用して、ヤコブと共にエジプトに来たと考えてよいと言っています[27]。私はこれは苦しい説明だと思います。

創世記の編纂者は、恐らく数が不整合であることに気が付いていたと思います。しかし、創世記の編纂者は数の整合性よりも、昔から伝承されてきた数である六六名と七〇名をそのまま記したのだと考えます。このような細かい内容的な整合性にこだわらずに、昔からの伝承を大切にする創世記の編纂者の編集方針については、すでに上巻で述べました[28]。

創世記の編纂者にとって、もっと大切なことは、一人一人の名前でした。ですから、一人一人の名前を歴史的な記録として、丁寧に書き上げることの方が、数の整合性よりは大切だと、創世記の編纂者は考えたのだと思います。

災害などに関するマスメディアのニュースでは、被災者の数や死者の数だけを報道します。しかし、一人一人の被災者や死者には、その人の人生があり、それを代表するのが名前です。沖縄県糸満市にある平和祈念公園にある「平和の礎《いしじ》」には、国籍や軍人、民間人の区別なく、第二次世界大戦における沖縄戦などで亡くなられたすべての人々の氏名が刻まれています。沖縄に行って初めてそれを見たときに、合計何人の人の名前が刻まれているかという数より、刻まれた一人一人の名前を見て、それらのお一人お一人の人生に思いを馳せて、深い感慨を覚えたことを思い出します。歴史の記録として大切なことは数は概数でよく、一人一人の人生であり、それを代表する名前なのだと思います。

17・7　ゴシェンでの再会（四六章二八―三四節）

こうして一族を引き連れてエジプトに来たヤコブは、息子ヨセフとゴシェンで再会します。四六章二八―三四節は次のとおりです。

「二八イスラエルは、ユダを前もってヨセフのところに遣わした。ゴシェンへと先導させるためであった。やがて一行はゴシェンの地に着いた。二九ヨセフは車に馬をつないで、父のイスラエルに会いにゴシェンへ上って来た。ヨセフは父に会うなり、その首に抱きつき、その首にすがってしばらく泣いた。三〇イスラエルはヨセフに言った。『これでもう死んでもよい。お前がまだ生きていて、お前の顔を見ることができたのだから。』三一ヨセフは兄弟と父の家族に言った。『私はファラオのところに報告のために上り、次のように申します。〈カナンの地にいた私の兄弟と父の家族が私のところにやって来ました。三二この人たちは羊を飼う者、家畜を飼う者です。羊や牛、持ち物すべてを携えてやって来ました。〉三三それでファラオがあなたがたを呼んで、〈仕事は何か〉と尋ねるときには、三四次のように答えてください。〈あなたの僕どもは、幼い頃から

（27）Wenham. Word Biblical Commentary Genesis 16-50, p. 444.
（28）加納貞彦『創世記に学ぶ（上）21世紀の共生』1・6節（二四頁）およびコラム2-3（五八頁）など。

今に至るまで、家畜を飼う者です。私たちも先祖もそうです。〉そうすれば、あなたがたはゴシェンの地に住むことができるでしょう。羊飼いはすべて、エジプト人が忌み嫌うものだからです。』」(四六・二八―三四)ヤコブはユダを先にヨセフのところに先に遣わして、指定されたゴシェンの地に着きました。ユダは若いときには、ヤコブからヨセフを引き離しましたが(三七・二七)、今や成熟した彼はヨセフをヤコブに会わせるために動いています。ヨセフはエジプトの総理大臣にふさわしく馬車に乗ってやって来ました。恐らく彼の付き添いの者たちも一緒だったと思います。ヨセフは、そのような総理大臣としての威儀を正してやって来ましたが、「ヨセフは父に会うなり、その首に抱きつき、その首にすがってしばらく泣いた」(四六・二九)とあります。ヨセフは有能な総理大臣でしたが、同時に柔らかい心をもった人間的な人でした。

ヤコブはヨセフに会って、「これでもう死んでもよい。お前がまだ生きていて、お前の顔を見ることができたのだから」(四六・三〇)と言いました。ヤコブはすっかり年を取って、エジプトでの生活についての心配などは一切言わないで、死ぬ前にヨセフに会えた喜びで一杯な、ある意味で幸福な老人になっていました。

しかし、ヨセフは、兄弟たちと父の家族が無事にエジプトで暮らせるように、明日ファラオに会うときに言うべき言葉のコーチをしました。つまりまずヨセフが、兄弟たちと父の家族について、「この人たちは羊を飼う者、家畜を飼う者です。羊や牛、持ち物すべてを携えてやって来ました」と報告します。続けてファラオに「仕事は何か」と尋ねられたら、「あなたの僕どもは、幼い頃から今に至るまで、家畜を飼う者です。私たちも先祖もそうです」と答えるように具体的な言葉までを懇切丁寧に教えました。兄弟たちが無事にエジプトに住むことができるようにと配慮するヨセフの注意深さが印象に残ります。ヨセフのこれらの言葉の背景には、すぐ後にあるように、「羊飼いはすべて、エジプト人が忌み嫌うものだからです」(四六・三四)があります。ナイル川流域の肥沃な土地での農耕を主とするエジプト人は、獣の糞尿やにおいを想起させる牧畜者を嫌いました。そこで、ヨセフは、エジプト人たちから、父や兄弟たちおよびその家族を引き離してゴシェンの地に落ち着かせるように考えているのです。さらに、ヨセフが、「あなたの僕どもは、幼い頃から今に至るまで、家畜を飼う者です。私たちも先祖もそうです」と言うように兄弟たちを指導したのは、総理大臣であるヨセフが自分の兄弟たちをエジプトの重要な役職に就ける意志がないことを間接的に表しています。(29) これでファラオの周りにいた廷臣たちも安心するでしょう。

コラム 17-7

ヨセフの人となり

ゴシェンでの再会の短い記事（四六・二八―三四）の中に、ヨセフの人となりがよく出ています。まず、「ヨセフは父に会うなり、その首に抱きつき、その首にすがってしばらく泣いた」とあるように、非常に柔らかい心を持った熱情的な人であることが分かります。父と離れて以来エジプトでの激しいアップ・アンド・ダウンの生活で抑えていた彼の感情が一挙に噴き出したという印象さえ与える描写です。

と同時にすぐ続けて、父や兄弟たちの家族がエジプトに安心・安定して住み続けるように、ファラオとの会見のときに、言うべき言葉などを丁寧に兄弟たちにコーチしています。このように、ヨセフはエジプトの総理大臣として、政治的に細かい配慮もできる人でした。

(29) Wenham. Word Biblical Commentary Genesis 16–50, p.445.

さらに神によって示されて、七年の豊作の後に七年の飢饉が来ることを見通して、それに対する大きな方策を立てることも出来る人でした。

最初の二つの資質、すなわち柔らかい心を持った熱情および政治的な細かい配慮は、人間としての成長の範囲内でできることだと思います。

しかし三つ目の資質である、将来を見通すことは、自分を無にして、神からの示しを心を開いて素直に受け入れる心がないと出来るものではありません。そういう意味でヨセフが、我執を離れて「多くの民の命を救うため」（五〇・二〇）という大義をもって神の前に歩んでいたからこそ神からの示しを受けて出来たことだと思います。すなわちヨセフが人間的に成熟したからこそ、できたことだと言えます。

第一八章　ヨセフ物語（その4）（創世記四七章―五〇章）

エジプトに下ったヤコブとその一族は、ファラオに謁見した後、ナイル川河口のデルタ地帯の東のゴシェンの地に落ち着きます。その後も飢饉は続き、ヨセフの政策が述べられます。ヤコブは最後に一二人の息子たちを祝福した後、死にます。ヤコブの亡骸を、ヨセフは祖父アブラハムが購入した一族の墓地であるマクペラの洞穴に運び、葬ります。その葬列は盛大なものでした。その後、ヨセフも死にました。こうして創世記は終わります。

18・1 ファラオとの会見（四七章一―一二節）

四七章一―六節は次のとおりです。

「[一]ヨセフはファラオのもとに行って報告した。『父と兄弟が、羊や牛、持ち物すべてを携え、カナンの地からやって来ました。そして今、ゴシェンの地におります。』[二]ヨセフは兄弟の中から五人を連れて、ファラオに引き合わせた。[三]ファラオは兄弟に尋ねた。『あなたがたの仕事は何か。』彼らはファラオに答えた。『僕どもは羊飼いです。私たちも先祖もそうです。』[四]さらに続けてファラオに言った。『私たちはこの地に一時、身を寄せるためにやって来ました。カナンの地での飢饉がひどく、僕どもの羊のための牧草がありません。そこでどうか僕どもをゴシェンの地に住まわせてください。』[五]ファラオはヨセフに向かって言った。『あなたの父と兄弟が、あなたのところにやって来ているのだ。[六]エジプトの地はあなたに任せてあるのだから、この地の最良の地に父と兄弟を住まわせなさい。ゴシェンの地に住むのがよいだろう。もし彼らの中に有能な者がいるのを知っているなら、その者を私の家畜を管理する者としなさい。』」（四七・一―六）

ヨセフは父や兄弟たちに約束したとおり（四六・三一）、ファラオのところに行って、父や兄弟たちが、カナンの地からエジプトのゴシェンの地にやって来たことを報告しました。ここでヨセフはファラオに、彼らがたまたまカナンの地に近いゴシェンにいることをさりげなく告げ、ファラオをそれとなく誘導しようとしています。

そしてまず兄弟五人を連れてファラオに引き合わせました。ヤコブの息子は一二人いて、ヨセフを除くと一一人です。その中から、ヨセフは五人だけを選びました。この五人は、ファラオの前でも臆することなく、きちんと話せる人を選んだのでしょう。

ヨセフがあらかじめ兄弟たちに言っておいたとおり、ファラオは彼らに「仕事は何か」と尋ねました。彼らは、ヨセフに言われたとおり、「僕どもは羊飼いです。私たちも先祖もそうです」（四七・三）と答えました。ここまではよかったのですが、さらに続けてヨセフが彼らには教えなかったことまでを、彼らの一人はファラオに次のように言いました。[1]「私たちはこの地に一時、身を寄せるためにやって来ました。カナンの地での飢饉がひどく、僕どもの羊のための牧草がありません。そこでどうか僕どもをゴシェンの地に住まわせてください。」（四七・四）ここで最後に「ゴシェンの地に住まわせてください」と付け加えたのは、ヨセフがあらかじめ教えたセリフ（四六・三四）にはない言葉でした。具体的な地名は、やはりファラオが指定しなくてはなりません。折角、ヨセフがじわじわとファラオに、彼らをゴシェンの地に住まわせるように、と言わせようとゆっくりと誘導しているのに、これではフライングです。ヨセフは内心、余計なことを言う、と思ったかもしれません。

「この地に一時、身を寄せるため」と言っていますが、実際には四三〇年にわたってイスラエルの民はエジプトにいることになります（出エ一二・四〇）。「一時、身を寄せる」と訳されたヘブライ語は一語で、「グール」です。彼らにとっての約束の地はカナンでしたから、この地エジプトには一時的に飢饉の間だけ滞在するために来た、

（１）兄弟たちを代表して語った「彼らのうちの一人」は、これまでも兄弟たちのリーダー格を務めてきたユダであると推測します。

と言う意味だと取れます。この言葉はファラオには安心感を与えたと思います。つまり、彼らがこの地に居座って、政権をとろうという意志のないことを示すからです。

ファラオはヨセフに対して、「エジプトの地はあなたに任せてあるのだから、この地の最良の地に父と兄弟を住まわせなさい。ゴシェンの地に住むのがよいだろう」（四七・六前半）と言いました。ファラオは「最良の地」を与えると言った約束（四五・一八）を守り、父と兄弟たちと彼らの家族を「ゴシェンの地に住まわせるのがよいだろう」と具体的な地名としてゴシェンの地を指定しました。ヨセフの兄弟のフライイングは結果的には、その通りになったのです。ファラオは、続けてヨセフに「もし彼らの中に有能な者がいるのを知っているなら、その者を私の家畜を管理する者としなさい」（四七・六後半）と言いました。ファラオの家畜は当然多くいただろうし、牧畜はエジプト人が忌み嫌うものでしたから（四六・三四）、ヨセフはきっと兄弟たちの一人をファラオの家畜を管理する者としただろうと推測します。こうして、兄弟たちの一人がファラオの官吏としてゴシェンの地で職を得て、彼らはゴシェンの地に安定して住むことができるようになりました。

続く四七章七―一二節は次のとおりです。

「七それから、ヨセフは父のヤコブを連れて来て、ファラオの前に立たせた。ヤコブはファラオに祝福の言葉を述べて挨拶した。八ファラオがヤコブに、『何歳になったのか』と尋ねると、九ヤコブはファラオに答えた。『異国の地に身を寄せた年月は百三十年になります。私の生きた年月は短く、労苦に満ち、先祖たちが異国の地に身を寄せて生きた年月には及びません。』一〇ヤコブは祝福の言葉を述べて挨拶し、ファラオの前から退出した。一一ヨセフはファラオが命じたように、エジプトに所有地を与え、父と兄弟を住まわせた。それはラメセスの地にある最良の地であった。一二ヨセフはまた、家族の数に応じて食料を与え、父と兄弟と父の家の者すべてを養った。」（四七・七―一二）

兄弟たちの後に、ヨセフは父ヤコブをファラオの前に立たせました。この部分の記述で印象に残るのは、一つは、「ヤコブはファラオに祝福の言葉を述べて挨拶した」という文章が、始めに謁見する時と退出する時の二回も出てくることです（四七・七および一〇）。創世記で「祝福する」の使い方を見ると、神が人を祝福する場合（例：一・二二、九・一など）と、年長者が年下の者を祝福する場合（二四・六〇、二七・四など）があります。これらの例から推測すると、「ヤコブはファラオに祝福の言葉を述べた」ということは、彼が信じている主なる神の祝福をファラオに伝えたか、あるいは年長者のヤコブが、年下のファラオを祝福したかのいずれかと考えられます。いずれにせよ、ヤコブはファラオに祝福を与えるものとして、先の兄弟たちのように、自分のことを「（あなたの）僕どもは（ヘブライ語「アヴァデーハ」）」（四七・三）と言わずに、「私の生きた年月は短く」（四七・九）と自分のことを「私の（ヘブライ語の接尾辞「イ」）」と堂々と言っています。飢饉で故郷カナンの地を逃れてきた、いわば落ちぶれた難民である一人の老人が、大エジプト帝国の王であるファラオを「祝福して」挨拶したことは神だけを畏れる境地にヤコブが達していたことを示します。

ファラオがヤコブに「何歳になったのか」と尋ねたのは、大エジプト帝国の王であるファラオが、飢饉を逃れて難民になった一老人とは言え、信頼する部下ヨセフの父親であるヤコブに対する尊敬の念を表しています。「白髪の老人の前では起立し、年配者を重んじなさい」（レビ一九・三二）という敬老の精神は、この当時の中東地方に共通の習わしであり、ファラオもこの習慣を持っていたことが分かります。

年令を訪ねたファラオに対して、ヤコブの答えは意外なものでした。というのは、単に一三〇歳と答えるのでなく、自分の苦難に満ちた人生をファラオに示唆するものだったからです。

コラム 18-1

ファラオの「何歳になったのか」に対するヤコブの答え

ファラオの「何歳になったのか」(四七・八)という問いに対して、ヤコブは、「異国の地に身を寄せた年月は百三十年になります。私の生きた年月は短く、労苦に満ち、先祖たちが異国の地に身を寄せて生きた年月には及びません。」(四七・九)と答えました。

一.「異国の地に身を寄せた年月は百三十年になります。」(四七・九前半)について

このヤコブの言葉から私は、次のことを連想しました。

まず第一に、祖父アブラハムが、「生まれた地と親族、父の家を離れ、私が示す地に行きなさい」(一二・一)と主に言われて、主の言葉に従順に従って以来、その子イサクも、孫ヤコブも、異国の地に身を寄せる者となりました。その上ヤコブは、青年になったときに、兄エサウの怒りを逃れるために、父イサクがいたベエル・シェバを離れ、遠路パダン・アラム地方にあったハランにいた叔父ラバンのところに行きました。そこでラバンの娘たちと結婚し、一二人の息子と娘一人を与えられて二十年余を過ごしたました(三一・四一)。ヤコブもまた父の家を離れて異国の地に身を寄せたのでした。その後、父イサクがいたベエル・シェバに戻って来た後(図12-1を参照)、ヤコブはヘブロンに移り住み(三五・二七、三七・一四)、その地が飢饉だったので、今エジプトに来たのです(図17-1を参照)。

このように、ヤコブのこれまでの人生は、最初は一人で旅をし、その後は家族を連れての異国における旅の連続でした。後にカナンに定着したイスラエルの民が、「私の先祖はさすらいのアラム人でした」(申命二六・五)というとおり、ヤコブはパダン・アラムから出てきたのでアラム人と考えられ

ていました。彼は、エジプトを含む「異国の地に身を寄せた」さすらいの人生を歩んだのでした。

彼らにとっての約束の地は、カナンの地ですが、その子孫であるユダヤ人も紀元後七〇年にエルサレムがローマ軍に滅ぼされてから、一九四八年にイスラエル国が建国されるまで、一九〇〇年にわたって、異国の地に身を寄せる生活をしてきました。

キリスト者も、「私たちの国籍は天にあります」（フィリピ三・二〇）と書いてあるように、私たちの故郷（ホーム、ふるさと）は天です。したがって、ふるさとである天に帰るまでは、「地上ではよそ者であり、滞在者であること」（ヘブライ一一・一三）を私たちは自覚しています。

日本では、キリスト者は、全くの少数派です。文化庁に登録されたキリスト者の数は、令和元（二〇一九）年に一九二万一千人で、文化庁の統計の全信者数（一億八一三〇万九千人）のわずかに一・一％に過ぎません。(2) なお、一人の人が複数の宗教（たとえば仏教と神道）を信じているとダブルにカウントされている場合もあり、全信者数は全人口数よりも多くなっています。二〇一九年の日本の全人口数は、一億二六一六万七千人だったので、日本のキリスト者の数は、全人口の一・五％となります。いずれにしても全くの少数派です。ということで、いわゆるキリスト教国にいるキリスト者に比べて、日本のキリスト者は、どこにいても常に少数派であったアブラハム、イサク、ヤコブ、ユダ、ヨセフらの族長たちの状況にずっと近いと思います。私が、彼ら少数派の記録として書かれた創世記の後半の族長物語に魅かれるのは、そのことも一因ではないか、と考えています。

二．「私の生きた年月は短く、労苦に満ち、先祖たちが異国の地に身を寄せて生きた年月には及びま

（2）文化庁『宗教年鑑（令和元年版）』三五頁。

せん。」（四七・九後半）について

この文でまず指摘したいのは、ヤコブが「先祖たちが異国の地に身を寄せて生きた」と言っていることです。ここでヤコブが「先祖たち」と言っているのは、曾祖父テラ、祖父アブラハム、父イサクを指していると思われます。というのは、まず曾祖父テラはカルデアのウルの地から出てハランに来ました（一一・三一）。次いで祖父アブラハムはハランから、主の召しに応じて行方も知らずに出て行きました（一二・四）。それ以来、父イサクとともに、唯一の神、主（ヤハウェ）を信じるものとしてヤコブは常に一家族だけの、この世における少数派で、彼の人生は労苦に満ちたものでした。

続く、「先祖たちの年月に及びません」については、曾祖父テラの生涯は、二〇五年であり（一一・三二）、祖父アブラハムは一七五年の生涯（二五・七）、父イサクのそれは一八〇年（三五・二八）でした。これに対して、ヤコブの生涯は一四七年でしたから（四七・二八）、確かにテラ、アブラハム、イサクの生涯の年数には及びません。そしてそれは「労苦に満ちた」（四七・九）ものであったと、ヤコブは言います。唯一、楽しかったはずの愛妻ラケルとの結婚でさえ、叔父ラバンにだまされて、まずレアと結婚させられた後に、ラケルと結婚させられて、二人の妻の嫉妬に悩まされて平穏な家庭生活を送ることができませんでした。これまでヤコブは人をだまし、また人からだまされてきましたが、ここで初めて、彼の正直な気持ちをファラオの前で吐露したのでした。

すでにコラム12－2で述べましたが、このヤコブの言葉から連想するのは、ユダヤ教の聖書学者サルナ（Sarna）教授の次のような言葉です。[3]「聖書に書かれたヤコブの後の人生の記述が、ヤコブが父イサクや兄エサウをだました行為に対する直接的な非難の言葉より、もっと雄弁に、かつ傷つける形でヤコブを非難をしている。」

このヤコブの晩年の言葉は、祖父アブラハムについて述べられた、「良き晩年を迎え」（二五・八）、およびサ父イサクについての「生涯を全うして息絶え」（三五・二九）という祝福の言葉とは大違いです。それだけ、彼の人生は、ペヌエルで彼と格闘した神の人が言ったように、「神と闘い、人々と闘って」（三二・二九）生きた人生でした。

　このヤコブの答えに、ファラオは驚くと同時に、その労苦が彼に与えた威厳のある老いた風貌に圧倒されたのではないでしょうか。


ファラオに謁見したヤコブは、この後、再びファラオに祝福の言葉を述べて、退出の挨拶をして、ファラオの前を去りました（四七・一〇）。

　続けて、「ヨセフはファラオが命じたように、エジプトに所有地を与え、父と兄弟たちを住まわせた。それはラメセスの地にある最良の地であった」（四七・一一）とあります。ここで注目する一つの点は、ヨセフがファラオの言葉である、「住まわせなさい」、「住むのがよいだろう」（四七・六）を拡大解釈して、「エジプトに所有地を与え、父と兄弟たちを住まわせた」（四七・一一前半）とあることです。イスラエルの民は、エジプトの最良の土地であるゴシェンの地に所有地を得たのでした。これは、約束の地カナンでは、アブラハムが所有地として購入したマクペラの洞穴の墓地、およびヤコブがハモルから買ったシェケムの前の天幕を張った土地の一部（三三・一九）しか所有地がなかったことと対比されます。ここでヨセフが拡大解釈したと言いましたが、前にファラオが言った、「最良の地を与える」（四五・一八）、「最良の地があなたがたのものになるだから」（四五・二〇）をその

（３）Nahum Sarna. Understanding Genesis, p. 184.

根拠だとすれば、拡大解釈ではありません。ヨセフの頭の中には、前にファラオが家臣たちの前で言った言葉を覚えていて、そのとおりにしたまで、ということになるでしょう。

もう一つ注目されるのは、「それはラメセスの地にある最良の地であった」(四七・一一後半)と、与えた土地が、ゴシェンでなく、ラメセスとされていることです。この場合は、ラメセス＝ゴシェンと理解してよいのですが、もう少し詳しく説明すると、次のようになります。まず「ゴシェンを与える」としているのはヤハウェ資料で、「ラメセス」を与えるとしているのは祭司資料です。[4]

ヨセフが仕えたエジプトのファラオは第一五王朝(前一六六三年頃—一五五五年頃)の王である可能性が高いことは、コラム16-8で述べました。ヨセフの死後、「ヨセフのことを知らない新しい王がエジプトに立ち」(出エ一・八)とありますが、それは第一九王朝のラメセス二世(前一二九二—一二二五年)であったとする説が有力です。[5] このラメセス二世はイスラエル人を使役して、ナイル川下流のデルタ地域の東方にラメセスの町を建設しました(出エ一・一一)。したがって、前六世紀に書かれた祭司資料は、イスラエルの民が住んでいたのは、ゴシェンでなく、ラメセスと書いたのではないかとされます。[6] しかし、それは時代錯誤(アナクロニズム)です。[7]

18・2 ヨセフの政策(四七章一三—二六節)

父ヤコブや兄弟たちと彼らの家族をエジプトに迎え入れたヨセフは、またエジプトの総理大臣として、飢饉に対する政策を実行する人でもありました。続く四七章一三—二六節は次のとおりです。

「[13]飢饉は極めて激しく、全地に食料がなかった。エジプトの地も、カナンの地も、飢饉のために衰え果てた。[14]ヨセフはエジプトの地とカナンの地にあった銀をすべて集めた。それは人々が食料を買うために支

払ったものであるが、ヨセフはその銀をファラオの宮廷に納めた。一五エジプトの地からも、カナンの地か
らも、銀が尽きると、エジプト人が皆、ヨセフのところにやって来て言った。『食料をください。銀が尽き
たからといって、どうしてあなたの前で死んでよいものでしょうか。』一六ヨセフは言った。『家畜を出しな
さい。銀が尽きたのなら、家畜と引き換えに食料を与えよう。』一七人々が家畜をヨセフのところに引いて来
ると、ヨセフは馬や羊の群れ、牛の群れやろばと引き換えに食料を与えた。こうしてヨセフはその年、すべ
ての家畜と引き換えに食料を与えて彼らを養った。一八その年も終わってしまい、次の年になると、人々は
ヨセフのところにやって来て言った。『ご主人様には何も隠しません。銀はすっかり尽きてしまい、家畜の
群れもご主人様のものとなっています。私たちの体と土地のほか、ご主人様の前には何も残っていません。
一九あなたの前で、私たちも土地も滅んでしまうのでしょうか。食料と引き換えに私たちと土地を買い取っ
てください。私たちは土地と共に、ファラオの僕となります。種をください。そうすれば、私たちは死なず
に生き長らえ、土地も荒れ果てないでしょう。』
二〇そこでヨセフは、エジプトの地をファラオのために買い取った。飢饉が激しくなり、エジプト人は皆
それぞれ自分の畑を売ったからである。こうして土地はファラオのものとなった。二一またエジプトの領土
の端から端まで、民を町に移動させた。二二ただ、祭司の土地は買い取らなかった。祭司にはファラオから
の決まった手当てがあり、ファラオが与える手当てで彼らは生活していたので、土地を売らなかったからで

（４）関根正雄訳『創世記』註釈、二〇六—二〇七頁。
（５）関根正雄訳『出エジプト記』註釈、一二〇頁。
（６）Wenham. Word Biblical Commentary Genesis 16–50, p. 447.
（７）関根正雄訳『創世記』註釈、二〇七頁。

ある。[二三]ヨセフは民に言った。『私は今日、あなたがたと土地を買い取ってファラオのものとした。さあここにあなた方の種がある。これを地に蒔くがよい。[二四]収穫の時になったら、五分の一はファラオに納めなさい。五分の四は自分たちのものとして、畑に蒔く種、ならびに自分たちと家族、そして幼い子どもたちの食料としなさい。』[二五]すると彼らは言った。『あなたは私たちの命を救ってくださった。ご主人様の目に適いますならば、私たちをファラオの僕にしてください。』[二六]ヨセフは、エジプトの土地について、収穫の五分の一をファラオに納めることを掟とした。それは今日まで続いている。ただ、祭司の土地だけは別で、ファラオのものとならなかった。」（四七・一三―二六）

ヨセフがファラオに語った七年間の飢饉（四一・三〇）はまだ激しく続いていました。エジプトの人々がヨセフのところに来て、食料を求めました。ヨセフは、食料を、まず銀と引き換えに渡し、銀が尽きると家畜と引き換えに渡しました。この場合、家畜をファラオのもとに引き取ったのか、単に抵当として登録して、家畜そのものは人々のもとでこれまでとおり労働力やミルクを提供していたのかは明確でない、と註解書にありました。[8]確かに、後者の方が実際的で有り得ることだと思います。

なお、「ヨセフは馬や羊の群れ」（四七・一七）と、ここで馬が出てきますが、これが聖書に「馬」が出てくる最初の箇所だそうです。[9]馬は前二千年紀に中東で使われ始め、エジプトには前一七世紀に来たと言われています。[10]イスラエルのソロモン王の時代（前一〇世紀）には、エジプトは軍馬の主要な供給源でした。[11]

家畜もなくなると、人々はヨセフのところに来て言いました。「食料と引き換えに、私たちと土地を買い取ってください。私たちは土地と共に、ファラオの僕となります。種をください。そうすれば、私たちは死なずに生き長らえ、土地も荒れ果てないでしょう。」（四七・一九）この申し出が人々からなされたということが重要です。みずから自分たちの土地をファラオのものとして差し出し、自分たちは小作人として土地を耕し種を蒔くというのです。そうすれば自分たちは死なずに生き長らえると言うのです。これに対してヨセフは、そのとおりにしよう、種をあげるからそれを蒔いて、五分の一はファラオに納め、五分の四は自分たちのものにしてよい」、と言いました（四七・二四）。これはまさに日本の農地改革（一九四七年）前の小作人制度とほぼ同じです。しかし違いは、日本の農地改革前には地主が多数いたのに対して、ヨセフの政策では、地主はファラオ一人です。つまり制度的には王であるファラオが、官僚制の下で、人々の労働と引き換えに、人々の取り分は五分の四と保証をしているわけです。しかも、ヨセフの時代の飢饉のときには、前の七年間の豊作で蓄えた食料がファラオのもとにたくさんありましたから、食料も保証されていました。飢饉のときには、今までの自作農（自分の土地をもって、そこからの収穫を自分の自由に処分できる）の場合よりは、農民たちは安定して、「自分たちと家族、そして幼い子どもたちの食料」（四七・二四）を確保できる仕組みにしました。

コラム
18-2

ヨセフがとった政策について

ヨセフの政策を、小作農（あるいは農奴）の仕組みを導入して民の収奪を制度化した、と批判するこ

（8）Wenham. Word Biblical Commentary Genesis 16–50, p. 448.
（9）同右p. 448。
（10）同右p. 448。
（11）列王記上一〇章に、「ソロモンの馬は、エジプトとクエから輸入されたものであった」（二八節）、「エジプトから輸入された戦車は、馬は一頭百五十シェケルであった」（二九節）とあります。

ともできます。しかし、私は当時の飢饉のときに、ヨセフがとった政策は、本文にも書いたように、民に食料を保証して、安心感を与えた良い制度ではなかったかと思います。問題は、飢饉のときが終わっても、そのままその制度を存続させて、本来は小作人（農奴）を助ける制度であったものを、彼らを収奪し続ける制度として存続させた点にあると思います。その時々の状況に応じて、「多くの民の命を救い」（五〇・二〇）、特に弱い立場にある人たちにしわ寄せがいかない制度を考え出し続けることが、重要だと思います。制度を固定的に考えるのでなく、目的を明確にして、すなわち、多くの民の命を救い、特に弱い立場にある人たちにしわ寄せがいかない、という目的のために、現在ないし近い将来の状況において、どのような制度が最適かを考え続けることが、私たちがこのヨセフの政策から学ぶべき点だと考えます。

18・3　ヤコブの最後の願い（四七章二七―三一節）

再び場面は変わって、ヤコブは最後の願いをヨセフに告げます。四七章二七―三一節は、次のとおりです。
「二七イスラエルはエジプトにあるゴシェンの地に住んだ。一族はその地で財をなし、子を産み、大いに数を
増した。二八ヤコブはエジプトの地で十七年生きた。ヤコブの生涯は百四十七年であった。二九イスラエルは
死ぬ日が近づいたとき、息子のヨセフを呼び寄せて言った。『もしお前が私の願いを聞いてくれるなら、ど
うか私の腿の下に手を入れて誓い、慈しみとまことをもって行ってほしい。私をエジプトに葬ることはせず、
三〇私が先祖たちと共に眠りに就く時には、私をエジプトから運び出し、先祖たちの墓に葬ってほしいの
だ。』ヨセフは答えた。『お言葉どおりにいたします。』三一イスラエルが、『では、私に誓いなさい』と言っ

たので、ヨセフは寝台の枕もとでひれ伏した。」（四七・二七―三一）

この部分では、ヤコブを指すのに、ヤコブとイスラエルが同じ意味で使われています。これは、祭司資料（ヤコブを使う）とヤハウェ資料（イスラエルを使う）が合わせて用いられているからです。こういうところを統一しないで、原資料を忠実に再現しているのが創世記編纂者の特徴です。

なお前に、「イスラエル」は民族に言及するときに使われ、「ヤコブ」は個人としてのヤコブについて述べるときに使われることが多いと言いました（コラム14-2）。このことは、二七―二八節にはあてはまりますが、二九―三一節にはあてはまらないので、注意が必要です。

二七節の「イスラエルはエジプトにあるゴシェンの地に住んだ。一族はその地で財をなし、子を産み、大いに数を増した」は、激しい飢饉が続いているにもかかわらず、ヨセフが、「家族の数に応じて食料を与え、父と兄弟と父の家の者すべてを養った」（四七・一二）結果です。これはまたヤコブに与えられた祝福（二八・三、三五・一一）が成就したことも示しています。「大いに数を増した」は、後の出エジプト記一章七節の「イスラエルの人々は多くの子を産み、おびただしく増えて多くなり、ますます強くなって、国中に溢れた」に通じる表現です。

続いて、ヤコブが自分の死が近いことを悟って、息子ヨセフに自分が死んだら、自分の遺体をエジプトに葬らないで、カナンの地にある先祖たちの墓に葬ってほしいと言いました。ここで不思議なのは、ヤコブはまだ死んでいないのに、「ヤコブはエジプトの地で十七年生きた。ヤコブの生涯は百四十七年であった」（四七・二八）とあたかも死んだかの如く書いてあることです。このようにきちんと年令を書いていますから、ここは祭司資料です[12]。一方、実際にヤコブの死の記事が出てくるのは、後の四九章二九―三三節で、ここも祭司資料ですが、ここ

(12) 関根正雄訳『創世記』註釈、二〇七頁。

にはヤコブの年令は書かれていません。アブラハムおよびイサクの死の記事と共に、それぞれの年令が書かれるのにならえば（二五・七および三五・二八、いずれも祭司資料）、この四九章二九―三三節にヤコブの年令が書かれるはずのものです。なぜそこではなく、四七章二八節に書かれたかは不明です。おそらくヤコブがエジプトで、愛する息子ヨセフと共に祝福された晩年を過ごすことができたことを強調したのだと推測します。

なお、ヤコブが息子ヨセフに、「もしお前が私の願いを聞いてくれるなら、私の腿の下に手を入れて誓い」（四七・二九）と言っているのは、祖父アブラハムが忠実な老僕に求めたのと同じです（二四・二）。

18・4　ヤコブ、ヨセフの子らを祝福する（四八章一―二二節）

死期が近いことを悟ったヤコブがヨセフの子らを祝福します。これは父イサクが、死の前に息子エサウを祝福しようとしたことと同じです（二七・四）。

四八章一―七節は次のとおりです。

「一これらのことの後、ヨセフに、『お父上がご病気です』との知らせがあった。そこでヨセフは二人の息子
マナセとエフライムを連れて行った。二ある人がヤコブに、『ご子息のヨセフ様がお見えになりました』と
告げると、イスラエルは力を振り絞って、寝台の上に座った。三ヤコブはヨセフに言った。『全能の神がカ
ナンの地、ルズで私に現れ、祝福して四言われた。私はあなたを子孫に恵まれる者とし、子孫を増やして、
多くの民の集まりとする。また、この地をあなたに続く子孫にとこしえの所有地として与える。』五そこで今、
私がエジプトにいるお前のところに来る前に、エジプトの地で生まれたお前の二人の息子を私の子どもとし
たいのだ。エフライムとマナセは、ルベンやシメオンと同じように、私の子どもとなる。六その後にもうけ

た子どもはお前のものとしてよい。ただその相続地は兄弟の名で呼ばれる。七かつて私がパダンから帰って来るときのこと、途中のカナンの地でラケルに死なれてしまった。エフラタに着くまでにはまだ道のりがあったので、私はラケルを、エフラト、すなわちベツレヘムに向かう道のそばに葬った。』」（四八・一―七）

ここはエロヒム資料からとされます。[13] 一方、四七章二七―三一節（ヤハウェ資料と祭司資料の組み合わせ）には、ヤコブが死の床にヨセフを呼び寄せた、とあります。それなのに、四八章一節で、「これらのことの後、ヨセフに『お父上がご病気です』との知らせがあった」とするのは、もとになる資料の違いとして説明されます。[14] 二節に、「ある人がヤコブに、『ご子息のヨセフ様がお見えになりました』と告げると」とあります。この「ある人」とは、エジプトの総理大臣だったヨセフの従者、またはヨセフが父の介護のために付き添わせた世話人でしょう。[15]

三節で、ヤコブは昔、全能の神がルズ（これは二八・一九にあるとおり、ベテルの別名）で彼に現れ、この地、すなわちカナンの地を自分の子孫にとこしえの所有地として与えると言ったこと（三五・一二）を話します。そしてその約束が成就されたときのことを考えて、ヨセフの二人の息子にも相続地を与えようとして、五節で、エジプトでヨセフに生まれた二人の息子マナセとエフライムを、ヤコブはルベンやシメオンと同じように、自分の子としたいと言いました。このように老人が自分の孫を子どもとしたいと望む例は、古代オリエントのウガリットでもあったことが記録されているそうです。[16] その意味は、本当は孫なのに子どもとすると、その孫は、老人の財産の

（13）関根正雄訳『創世記』註釈、二〇八頁。
（14）同右。
（15）Wenham. Word Biblical Commentary Genesis 16–50, p. 463.
（16）同右。

直接の相続人になるということです。すなわち、イスラエルの一二部族の中に、マナセ族とエフライム族が入り、「相続地は兄弟の名前で呼ばれる」（四八・六）ことになります[17]。

このことが実際に起こるのは、出エジプトした後、イスラエルの民が再びカナンの地に入った四〇〇年以上も後のことになります（ヨシュア一六章および一七章）。

しかし、創世記が編纂された前六世紀にはすでにこのことは起こったことですので、いわば先取りして書いていると言えます。

この大事な話をした後、ヤコブはまたパダン・アラムからカナンの地に帰ってくる途上で、愛妻ラケルに死なれてしまったことを嘆き、途中の道のそばに葬ったことを述べます。これは、私が推測するに、ヤコブはヨセフに自分をカナンにある先祖たちの墓、すなわちマクペラの洞穴に葬ってほしいと言ったのですが、同じ墓に愛妻ラケルとともに入れないことを嘆いたのだと思います。

この話をヤコブが語る四八章七節を見ると、本書が採用している聖書協会共同訳聖書では、同じ場所をエフラタとまず言い、次にエフラトと言っています。原文のヘブライ語で見ると、確かに違う表現になっています[18]。その理由は私には分かりません。聖書協会共同訳聖書には、「エフラト」に注が付いて、サマリア五書には「エフラタ」となっているとあります。新共同訳聖書では両方とも「エフラト」に、口語訳聖書では両方とも「エフラタ」になっています。英語訳聖書ではＫＪＶ、ＲＳＶ、ＮＩＶのいずれも、「Ephrath」（エフラトに相当）となっています。聖書協会共同訳聖書が、ヘブライ語聖書の原典を忠実に訳していることがわかります。

続く四八章八―一六節は次のとおりです。

「八イスラエルは、ヨセフの子らを見て言った。『この子らは誰か。』九ヨセフが父に、『神がここで私に授けてくださった息子たちです』と答えると、父は言った。『私のもとに連れて来なさい。子どもたちを祝福しよう。』一〇イスラエルの目は老齢のためかすんでよく見えなかった。そこでヨセフが二人の息子を父のもとに近寄らせると、父は口づけして抱き締めた。一一イスラエルはヨセフに言った。『お前の顔を見ることができるとは思わなかったのに、こうして神はお前の子どもたちまで見させてくださった。』一二ヨセフは彼らを父の膝から離し、顔を地に付けてひれ伏した。一三ヨセフは二人の息子のうち、エフライムを右手でイスラエルの左側に、マナセを左手でイスラエルの右側に向かわせて近寄らせた。一四ところが、イスラエルは右手を伸ばして弟であるエフライムの頭の上に置き、左手をマナセの頭の上に置いた。マナセが長男であるのに、彼は手を交差させたのである。一五そしてヨセフを祝福して言った。

『父祖アブラハムとイサクが
　その御前に歩んだ神よ
今日に至るまで
　生涯を通して私の牧者であられた神よ。
一六あらゆる災いから私を贖われた御使いよ
この子どもたちを祝福してください。
私の名と、父祖アブラハムとイサクの名が
　子どもたちによって呼び続けられますように。

（17）イスラエルの一二部族に、マナセ族とエフライム族が加わりますが、レビ族は祭司の族として、他の部族の相続地の中に複数の町が与えられるという形をとるので（ヨシュア二一章）、土地を相続するのは、やはり一二部族になります。
（18）Biblia Hebraica Stuttgartensia, p. 92.

子どもたちがこの地上に
増え広がりますように。』」(四八・八―一六)

一二節に、「ヨセフは彼らを父の膝から離し、顔を地に付けてひれ伏した」とあります。ヤコブがすでに「子どもたちを祝福しよう」(四八・九)と言っているのに、ヨセフは自分の子どもたちを父ヤコブに正式に祝福してもらうために、敬意を表する恭しい態度を示しています。[19]なお、「父の膝から離し」というのは、父ヤコブがヨセフの二人の息子を自分の息子とするために、一度膝の上に抱いたことを示しています。これは子どもを自分の養子とするための儀式でした。この儀式は、二人の頭の上に手を置いて祝福することで完成します(四八・一四)。ヨセフは、父ヤコブが長男マナセを右手で祝福するように、マナセとエフライムを並ばせますが、ヤコブはわざわざ手を交差して、エフライムを右手で、マナセを左手で祝福し始めます。旧約聖書および新約聖書を通じて、右手の方が栄誉と祝福を与える側であるとされます。たとえば、詩編一一〇編一節に、「私の右に座れ」とあり、マタイによる福音書二五章三四節に、「そうして、王は右側にいる人たちに言った。『さあ、私の父に祝福された人たち』」とあります。

一五節に、「そしてヨセフを祝福して言った」とあるように、ヤコブは、ヨセフの息子たちを祝福する前に、ヨセフをまず祝福しました。

一五―一六節にあるヤコブの祝福の言葉で注目するのは、「父祖アブラハムとイサクがその御前に歩んだ神よ」と言って、アブラハムとイサクが信じた神に祈っていることです。ついで、その神を「私の牧者」と呼んでいることとです。神を「牧者」として譬えるのは、創世記ではここが初めてです。この譬えは、その後も旧約聖書および新約聖書で数多く使われます。たとえば、詩編二三編一節の「主は私の羊飼い」とある「羊飼い」はヘブライ語では四八章一五節の「牧者」と同じ言葉です。

新約聖書では、ヨハネによる福音書一〇章一一節で、主イエスが、「私は良い羊飼いである」と言っておられます。

ヤコブはまた、「あらゆる災いから私を贖われた御使いよ」と言っています。ここで、「贖《あがな》う」とは、人が借金を負って返済できないとき、あるいはその結果、奴隷となったとき、あるいは先祖伝来の土地を売ったときなどに、代価を払って救い出したり、買い戻すことです。[20] それは近親者に課せられた責任でした。（レビ二五・二五、四八など）ヤコブには、そのような近親者がいなかったので、御使いを頼るほか、ありませんでした。新約聖書では、主イエスが私たち人間の罪の身代わりとなって十字架で神の罰を受けて、罪に打ち勝って、私たちを罪から救い出してくださったので、主イエスを私たちの贖い主ということがあります（ローマ三・二四など）。

続く四八章一七―二二節は次のとおりです。

「一七ヨセフは、父が右手をエフライムの頭の上に置いているのを見て間違っていると思い、父の手をつかんでエフライムの頭からマナセの頭に移そうとした。一八ヨセフは父に言った。『お父さん、そうではありません。こちらが長男ですから、右手はこちらの頭の上に置いてください。』一九しかし父は拒んで言った。『分かっている。息子よ、分かっている。この子もまた一つの民となり、大きくなるであろう。しかし弟のほうが彼より大きくなり、その子孫は国々に満ちるものとなる。』二〇その日、父は彼らを祝福して言った。

『あなたの名によってイスラエルの子らは
　人を祝福するであろう。

(19) Wenham. Word Biblical Commentary Genesis 16–50, p. 464.
(20) 岩波キリスト教辞典、一一三頁。

『どうか、神があなたを
エフライムとマナセのように
してくださるように。』』

このように、彼はエフライムをマナセの先にした。
二一 イスラエルはヨセフに言った。『私は間もなく死ぬ。だが神はお前たちと共にいてくださり、先祖の地に連れ戻してくださる。
二二 私はお前に、兄弟よりも一つ多く分け前を与える。それは私が剣と弓によってアモリ人の手から奪ったものである。』」(四八・一七―二二)

父ヤコブがヨセフを祝福した後(四八・一五―一六)、いよいよヨセフの子どもたち、エフライムとマナセを祝福しようとしたところ、「ヨセフは、父が右手をエフライムの頭の上に置いているのを見て間違っていると思い、父の手をつかんでエフライムの頭からマナセの頭に移そうとした」(四八・一七)とあります。ヨセフは、マナセが長男なので、マナセを父の右手で、エフライムは弟なので父の左手で祝福してもらおうとしたのです。しかし、父ヤコブは言いました。「分かっている。息子よ、分かっている。この子もまた一つの民となり、大きくなるであろう。しかし弟のほうが彼より大きくなり、その子孫は国々に満ちるものとなる。」(四八・一九)これは、後にエフライム族がマナセ族よりも大きく強くなった歴史的事実を踏まえて書かれたと言えます[21]。あわせて創世記では、約束の担い手は兄とは限らず、弟がなる場合もあることを反映しているのかも知れません。つまり世間一般の常識では、兄が弟に優先するのですが、聖書ではカインとアベルに始まり、イシュマエルとイサク、エサウとヤコブというように(前者が兄、後者が弟)、弟が信仰の伝統を継ぐケースが多く見られます。

エフライムとマナセに対するヤコブの祝福の言葉は、弟エフライムが兄マナセより大きくなるが、しかし両者とも大きくなるということを意味しています。ですから、後のイスラエルの子孫が他の人にたいして、「どうか、神に祝福されて共に大きくなったように、あなたを祝福してくださるように、という意味です。

ヨセフの二人の息子を祝福した後、父ヤコブはヨセフに言いました。「私は間もなく死ぬ。だが神はお前たちと共にいてくださり、先祖の地に連れ戻してくださる。」（四八・二一）。これは、後にイスラエルの民がエジプトを脱出して、先祖の地であるカナンに行くことを示しています。続いて、ヤコブはヨセフに、「私はお前に、兄弟よりも一つ多く分け前を与える」（四八・二二前半）と言いました。これは後にイスラエルが出エジプトしてカナンに戻ったときに、ヨセフの二人の子を祖とするエフライム族とマナセ族にそれぞれ相続地が与えられたことと関連しています。つまり歴史的には、ヤコブの子でなく孫のエフライムとマナセの子孫であるエフライム族とマナセ族に、それぞれカナンの地の中で、相続地が与えられたことを（ヨシュア一六―一七章）を反映しています。

四八章二二節に、「私はお前に、兄弟よりも一つ多く分け前を与える」とあります。このことから、ヤコブがヨセフを長子とみなしていることが分かります。これはヤコブが長男ルベンを退け（四九・四）、「これらの祝福がヨセフの頭に、兄弟から選ばれた者の頭にあるように」（四九・二六）と言っていることからも分かります。したがってヤコブは、ヨセフに兄弟よりも一つ多く分け前与えると言っています。それは、「長子には他の子の二倍を相続させることになっているからです（申命二一・一七）。

ここで「分け前」と訳された原語のヘブライ語は、「シェケム」です。三三章および三四章に出てきた地名の「シェケム」を指している可能性もあります。その場合、四八章二二節は、「私はお前に、兄弟よりも一つ多くシェケムを与える」となります。実際、シェケムは後にヨセフの子エフライムの子孫であるエフライム族に与え

⑵1）月本昭男訳『創世記』一六六頁、注六。

られ、そこにヨセフの遺骨は納められました（ヨシュア二四・三二）。

続いてイスラエルは、「それは私が剣と弓によってアモリ人の手から奪ったものである」（四八・二二後半）と言いました。ヤコブ自身について、このような話は伝えられていません。[22] したがって、この文の意味するところは、ヤコブがシェケムで土地の人から、シェケムの土地の一部を買った話（三三・一九）が、口伝の伝承で伝えられる中で、このような話に変化した可能性があります。[23] あるいはこれを語っているのが「ヤコブ」でなく、「イスラエル」とありますから、後にイスラエルの民が出エジプトをして、カナンの地に入った後、カナンの原住民と戦って、彼らの土地を奪ったことに関係している可能性もあります。[24] このとき、シェケムの土地はエフライム族に与えられました（ヨシュア一六・五―八）。なお、三四章のシメオンとレビがシェケムで行った略奪行為に言及しているとする説は、註解書によって否定されています。[25] それは、シメオンとレビのあの略奪行為をヤコブは認めていないからです（三四・三〇および四九・五―七）。

いずれにしても、ヤコブが生きたのが前一六世紀頃、出エジプトをしたイスラエルの民がカナンの地に入ったのが前一三世紀であり、エロヒム資料が書かれたのは前八世紀ですから、[26] いわゆる「アナクロニズム」、つまり時代錯誤が入っている可能性があります。

18・5　ヤコブの祝福（四九章一―二八節）

ヤコブは死に際して一二人の息子たちを呼び、一人一人、生まれた順に、後の日に起こることを告げました。内容的には、祝福もありますが、呪いと考えられるものも多くあります。

このヤコブの言葉が書かれた歴史的な背景を述べます。まずヤコブが生きたのは、前一六世紀頃ですが、これらの言葉が書かれたのは、イスラエルの民が出エジプト後、カナンに定着し、一つの王国に統一された前一〇世紀頃、ユダ族の人々により書かれたとされています[27]。それはユダ族出身のダビデ王、ソロモン王の時代であり、ユダ族が優勢の時代でした。ユダ族の人が、その時代のイスラエルの一二部族に関する言葉や物語を集めて、これまで口伝で語られてきた創世記の物語と関連させながら書き記しているとされます。その意味でここの記述は、ユダ族の間で伝承されたとするヤハウェ資料の系統に属すると考えてよいとされます[28]。

四九章一―七節は次のとおりです。

「一ヤコブは息子たちを呼び寄せて言った。『集まりなさい。後の日にお前たちに起こることを告げよう。

二ヤコブの子らよ、集まって、聞きなさい。

父イスラエルに耳を傾けなさい。

三ルベンよ、お前は私の長子。

私の力、強さの初め。

---

(22) 月本昭男訳『創世記』一六七頁、注七。
(23) Wenham. Word Biblical Commentary Genesis 16–50, p. 466.
(24) Fretheim. The New Interpreter's Bible Vol. I, p. 660.
(25) Wenham. Word Biblical Commentary Genesis 16–50, p. 466およびFretheim. The New Interpreter's Bible Vol. I, p. 660.
(26) 加納貞彦『創世記に学ぶ（上）』一八頁、表1-1を参照してください。
(27) 関根正雄訳『創世記』四九章註釈、二〇九頁。
(28) 同右。

堂々とした威厳、卓越した力量がある。
四 だが水のように奔放で
もはやほかにまさる者でない。
お前は父の寝台に上って汚した。
私の床に上った。

五 シメオンとレビは兄弟。
彼らの剣は暴虐の武器。
六 私の魂よ、彼らの謀議に加わるな。
私の心よ、彼らの集会に連なるな。
彼らは怒りに任せて人を殺し
ほしいままに雄牛の足の筋を切った。
七 激しい彼らの怒りは呪われよ。
すさまじい彼らの憤りは呪われよ。
私は彼らをヤコブの中に分け
イスラエルの中に散らす。」（四九・一―七）

一節の「後の日」は、イスラエルの民がエジプトでの奴隷状態から脱出してカナンの地に定着し、一二部族の統一王国を形成した前一〇世紀頃を指しています。[29]
二節から韻文、すなわち詩の形式になります。旧約聖書における韻文の一つの大きな特徴は、文章が簡潔で、かつ同じ内容のことを言葉を変えて繰り返し述べて読者に強い印象を残すことです[30]。日本語や英語のように母音（シラブル）の数や、英詩の場合の脚韻（ライム）はありません。たとえば二節では、二つの短い文章で同じ内容のことを言っています。

「ヤコブの子らよ、集まって、聞きなさい。
父イスラエルに耳を傾けなさい。」（四九・二）

三—四節は、長子ルベンに対する言葉です。「私の力、強さの初め。堂々とした威厳、卓越した力量がある」と褒めますが、すぐに「だが水のように奔放で、もはやほかにまさる者でない」と批判されます。これは後にイスラエルの民がカナンの地に定着したとき、ヨルダン川の東側の土地を相続地として与えられたルベン族が次第に歴史の舞台に登場しなくなったことを反映しているとされます[31]。実際、ルベン族からは一人の預言者も士師も王も出ませんでした。

四節最後の、「お前は父の寝台に上って汚した。私の床に上った」は、「ルベンが父の側女ビルハのところに行って寝た。このことはイスラエルの耳に入った」（三五・二二）と関係するものです。そのときは、ただ「イスラエルの耳に入った」とだけあって、イスラエル（＝ヤコブ）は何のアクションもしていません。ただし、彼の記憶にはずっと残っていたのでしょう。死の床にある最後の言葉で、「もはやほかにまさる者ではない」と容赦なく切り捨てています。ヤコブの執念深さが印象に残ります。この言葉で、ルベンは長子とは認められなかった

---

(29) Wenham. Word Biblical Commentary Genesis 16–50, p.471.
(30) Berlin. The New Interpreter's Bible Vol. IV　Introduction to Hebrew Poetry, p.303.
(31) Wenham. Word Biblical Commentary Genesis 16–50, pp.472–473.

ことを示します。ヤコブは代わりにヨセフを長子としました。それはヨセフに長子として他の一一人の兄弟の二倍の財産を与えたことから分かります。具体的にはヤコブは、ヨセフの二人の子ども、マナセとエフライムを自分の子として、それぞれの子孫であるマナセ族とエフライム族に嗣業としての土地が与えられるようにしました（ヨシュア一六―一七章）。

ただし、すでに「コラム14‐13　ルベンの醜行の記事に関するユダヤ教のミドラーシュの解釈」で示したように、ルベンがしたことは、父ヤコブが愛妻ラケルの死後、自分の寝台をラケルの仕え女であったビルハのテントにに移したのを知ったルベンが、父の寝台を自分の母親であるレアのテントに移したのだ、とする解釈がありま す。そうであるとすればヤコブは、ルベンを死に至るまで誤解していたことになります。なおルベンの人となりについては、「コラム15‐4　ヤコブの長男ルベンの人となり」で述べました。

五節にシメオンとレビは兄弟とあります。もともと彼らの母レアは、彼らのの他に、ルベン、ユダ、イッサカル、ゼブルンを産んでいますから（表13‐1を参照）、彼ら二人だけが「兄弟」なのではありません。しかしそう言われのは、彼ら二人が結託してシェケムで暴虐な行為を行ったことが強調されているのです（三四章）。

ヤコブはシメオンとレビについて、続けて次のように言いました。「彼らの剣は暴虐の武器。私の魂よ、彼らの謀議に加わるな。私の心よ、彼らの集会に連なるな。彼らは怒りに任せて人を殺し、ほしいままに雄牛の足の筋を切った。激しい彼らの怒りは呪われよ。すさまじい彼らの憤りは呪われよ。」（四九・五―七）ここからヤコブが、暴虐や殺人、激しい怒りやすさまじい憤りを嫌っていることが分かります。実際、ヤコブは平和を愛する人でした。彼は人生の難局を、暴力でなく知恵を使って切り抜けた人でした。彼が暴力を使ったという記事は、一つの例外を除いて、ありません。その一つの例外が、四八章二二節の最後にある「それは私が剣と弓によってアモリ人の手から奪ったものである」です。しかし、このような話がヤコブについて伝えられていないことは、すでにその節の解説のところで述べました。

五節の最後で、ヤコブは、「私は彼らをヤコブの中に分け、イスラエルの中に散らす」と言いました。これはイスラエルの民が出エジプトをした後、カナンに定着し相続地が与えられたときに、レビ族については、まとまった相続地が与えられずに、他の部族の相続地の中に分散して住んだこと（ヨシュア二一・四一）を示しているとされます。[32] 一方シメオンについては、彼の子孫のシメオン族の相続地はユダ族の相続地の一部でした（ヨシュア一九・一、九）。彼らの数は他の部族ほど増えていません。しばらくはシメオン族として民数記などに出てきますが、最終的にはユダ族に吸収されたようです。というのは、申命記三三章の「モーセの祝福」の記事の中に、シメオン族への言及がないことがこの推測のもとになっています。[33]

ところでこの怒りと憤りに任せて暴虐を働き、ヤコブから嫌われたレビの子孫がレビ族として祭司を出す氏族になりました。これを私は初めは不思議に思っていました。その後、出エジプト記を読んで、レビの子孫であるレビ族から、出エジプトのリーダーであったモーセとその兄アロンが出たこと（出エ六・一六―二〇）、および主はモーセに、アロンをイスラエルの民の祭司とするように命じこと（出エ二八・一）から、アロン以来、その子孫であるレビ族から祭司が出るようになったことが分かり、納得しました。

続く四九章八―一〇節は、四男ユダについてのヤコブの言葉で、次のとおりです。

「八ユダよ、兄弟はお前をほめたたえる。
お前の手は敵の首を押さえ

（32）Wenham. Word Biblical Commentary Genesis 16–50, p.475.
（33）同右 p.475。

父の子らはお前にひれ伏す。
九ユダは獅子の子。
息子よ、お前は獲物を捕って上って来た。
そしてうずくまって、身を伏せた。
雄獅子のように、雌獅子のように。
誰がこれをおこすことができようか。
一〇王笏はユダから離れず
統治者の杖は足の間から離れない。」（四九・八―一〇）

四男ユダへの言葉になって、ようやく父ヤコブの口から祝福と言える言葉が発せられました。このユダへの言葉が全体として言おうとしていることは、八節の「ユダよ、兄弟はお前をほめたたえる。お前の手は敵の首を押さえ、父の子らはお前にひれ伏す」で明らかなように、イスラエルの一二部族の中でユダ族が優勢となり、ユダ族が中心となって、周辺の諸民族と戦うことになることです。一〇節の「王笏はユダから離れず、統治者の杖は足の間から離れない」も同じで、ユダ族出身のダビデとその子ソロモンが一二部族を統一した王国の王となって治めたことを示します。この結果、イスラエルを代表するのがユダとなり、ユダヤ人、ユダヤ教という言葉が生まれ、定着しました。

この後、一三―二一節まで、ヤコブが、五男から一〇男までの息子たち、すなわち、ゼブルン、イッサカル、ダン、ガド、アシェル、ナフタリについて述べた言葉が続きます。これらはいずれも後の時代（すなわち前一〇世紀頃）の各部族の状況を反映しています。これらは本書の副題とした「族長たちの人間的成熟」の範囲を越えるので、省略します。

続く四九章二二―二六節はヨセフについての言葉です。

「二二ヨセフは実を結ぶ若木
　泉のほとりで実を結ぶ若木
　枝は石垣を越えて伸びる。
二三矢を射る者は彼を激しく攻め
矢を放って悩ます。
二四しかし彼の弓は揺るぐことなく
その手と腕は素早い。
これは、ヤコブの力ある方の手によるもの
イスラエルの石である牧者の名によるものである。
二五お前を助ける父の神から
お前を祝福する全能者から
上は天の祝福
下は横たわる深淵の祝福
乳房と胎の祝福があるように。
二六お前の父の祝福は
とわの山の祝福にまさり
とこしえの丘の賜物にまさる。
これらの祝福がヨセフの頭に

兄弟から選ばれた者の頭にあるように。」（四九・二二―二六）

ヨセフについては読んで分かるとおり、ユダと同じようにすべて祝福の言葉になっています。まず二二節で、ヨセフは「泉のほとりで実を結ぶ若木」にたとえられています。他の兄弟が、たとえばユダは獅子にたとえられたように動物にたとえられることが多いのに、ヨセフは植物にたとえられていて例外的です。「泉のほとりで実を結ぶ若木」は、詩編一編三節で、「その人は流れのほとりに植えられた木のよう。時に適って実を結び」を連想させる表現です。なお二二節は「雌牛の子」、「『ユーフラテス河のタマリスク」と読み替えることもできるそうです。[34]この読み替えを取った場合は、残りの節も同じように別の読み方ができるそうで、その例が註解書に載っていました。[35]

二三節の「矢を射る者は彼を激しく攻め」は、伝統的なユダヤ教の解釈によれば、ヨセフの人生の中にあったさまざまな仕打ち、たとえば荒れ野で兄弟たちに穴に投げ入れられたこと、その後、イシュマエル人により奴隷としてエジプトに売られたこと、ポティファルの妻から誘惑を受け断ったために牢獄に入れられたこと、ファラオの献酌官長がヨセフのことを忘れたため、さらに二年も牢獄にとどめられたことなどを指しているそうです。[36]しかし、それらのことがあっても、ヨセフが揺らぐことがなかったことが、「しかし彼の弓は揺るぐことなく、その手と腕は素早い」（四九・二四）に表現されている、とされます。「その手と腕は素早い」とは、ヨセフがそれらの「矢」にひるんで落ち込むことなく、その場その場で最善を尽くしてやるべきことに励んだことを意味しているのではないでしょうか。続く、「ヤコブの力ある方」と「イスラエルの石である牧者」は主なる神を表します。後者の「イスラエルの石である牧者」は、主を表す「イスラエルの石」と「イスラエルの牧者」の両方が一つの表現になったものです。「イスラエルの石」という表現はめったになく、多くの場合、「イスラエルの岩」と表現されます（イザヤ三〇・二九など）。しかし、ここで「石」と言ったのは、ヤコブがベテルで立てた石（二八・

一八）に呼応する表現かもしれない、とある註解書にありました。[37]「イスラエルの牧者」という表現は、詩編八〇編二節に見られます。

二五節の祝福の言葉に、「上は天の祝福、下は横たわる深淵の祝福」とありますが、これはすべての場所での祝福を表します。「深淵」とは一章二節に出てきた、地ができる前から存在していた、地下にあると考えられていた原初の水のことです。続く、「乳房と胎の祝福があるように」というのは、多くの子孫が与えられるように、という祝福です。

二六節は、ヤコブが自分で、「お前の父の祝福は、とわの山の祝福にまさり、とこしえの丘の賜物にまさる」と述べています。このヤコブの祝福は、「お前を助ける父の神」から、「お前を祝福する全能者」からの祝福です（四九・二五）。ここでの「全能者」はヘブライ語で「シャッダイ」であり、アブラハムが信じた「全能の神（エル・シャッダイ）」を示します（一七・一）。またヤコブの父イサクもヤコブを「全能の神」の名によって祝福しました（二八・三）。ですから、父ヤコブの祝福は、アブラハムの神、イサクの神であった「全能の神（エル・シャッダイ）」の祝福となります。したがって、「とわの山の祝福にまさり、とこしえの丘の賜物にまさる」のです。二六節の終わりの、「これらの祝福がヨセフの頭に、兄弟から選ばれた者の頭にあるように」をもってヨセフへの祝福は終わります。ここで、ヤコブがヨセフを、「兄弟から選ばれた者」と言っているので、ヨセフを長子と見なしていることが分かります。このため、ヨセフには他の兄弟の二倍の相続地が、一つはエフライムに、もう一

（34）月本昭男訳『創世記』一七一頁、注一〇。
（35）Wenham. Word Biblical Commentary Genesis 16-50, pp. 484-487.
（36）同右 p. 485。
（37）同右 p. 486。

つはマナセにという形で、与えられました。

ヨセフに対する祝福に続いて二七節にベニヤミンに対する言葉があり、一二人の息子たちに対するヤコブの言葉は終わります。

四九章二八節は次のとおりです。


「二八これらすべてがイスラエルの一二部族である。これが、彼らの父が語り、祝福した言葉である。父は彼らをそれぞれにふさわしい祝福をもって祝福した。」（四九・二八）

ここで初めて、聖書で「イスラエルの一二部族」という言葉が出てきます。このヤコブの祝福は、「息子たちを呼び寄せて言った」（四九・一）とあるように、もともと息子たちに語りかけた形で始まりました。しかし実際は、すでに述べてきたように、それぞれの息子たちを祖とする部族に関する言葉が主な内容でした。それで最後に創世記の編纂者は、「これらすべてがイスラエルの一二部族である」とまとめたわけです。

18・6　ヤコブの死（四九章二九―三三節）

ヤコブの息子たちへの死の床での祝福の言葉の後に、彼の死の記事が、次のように続きます（四九章二九―三三節）。


「二九ヤコブは息子たちに命じた。

『私は間もなく先祖の列に加えられる。その時は、私をヘト人エフロンの地にある洞窟に、先祖と共に葬ってほしい。三〇それはカナンの地にあり、マムレの向かいにあるマクペラの畑地の洞窟で、アブラハムがヘト人エフロンから墓地として所有するために買った畑地である。三一そこには、アブラハムと妻のサラが葬られている。またイサクと妻のリベカもそこに葬られている。そこに私はレアを葬った。
三二 畑地とそこにある洞窟は、ヘトの人々から買い取られたものである。』
三三 ヤコブは息子たちに命じ終えると、足を寝台に収め、息絶えて、先祖の列に加えられた。」（四九・二九―三三）

ヤコブは死ぬにあたって、カナンの地にあるマクペラの畑地の洞窟に葬ってほしいと言いました。彼がこれを言うのは、実に三度目です（一度目は四七・三〇、二度目は四八・二一）。それほど、ヤコブはカナンの地に葬られることを望んでいました。これは、彼がカナンの地を離れるにあたって、神が言われた言葉の実現を切望していたからです。すなわち、神は彼に言われました。「私はあなたと共にエジプトに下り、また必ずあなたを導き上る。」（四六・四）

なお、アブラハムがヘト人エフロンから墓地として買い取ったマクペラの畑地の洞窟に、アブラハムとサラが葬られていることはすでに述べられました（二三・一九、二五・九）。しかし、ヤコブの父イサクと母リベカ、および妻レアが同じマクペラの畑地の洞窟に葬られていることを書いてあるのは、ここが初めてです(38)。なお、イサクについては、「息子のエサウとヤコブが父を葬った」（三五・二九）と書いてありますが、そこではどこに葬ったかは明記されていませんでした。

そして、「ヤコブは息子たちに命じ終えると、足を寝台に収め、息絶えて、先祖の列に加えられた」（四九・三三）とあり、波乱にとんだヤコブの生涯は終わりました。

(38) Wenham. Word Biblical Commentary Genesis 16-50, p.487.

コラム 18-3

ヤコブの生涯を振り返る

ヤコブの生涯を振り返ってみて見ると、次のことが言えます。まず第一にイスラエル民族の祖となったことです。本意であったとはいえませんが、妻たちおよび彼女らの仕え女を通して一二人の息子たちを与えられ、自らもイスラエルと名前を変えるように言われた結果です。ヤコブは、パダン・アラムの地で与えられた妻たちと息子たち全員を責任をもって守りとおして、旅を続け、七年続くひどい飢饉に襲われたときも、エジプトに行って穀物を買うようにして一族の生き残りに配慮した結果、イスラエル民族の祖となりました。これが妻ハガルとその息子イシュマエルを荒れ野に追い出した祖父アブラハムと違う、ヤコブの偉いところでした。その結果子孫は、ヤコブの名であるイスラエルをもって呼ばれる民となりました。

次に、ヤコブは偏愛する人でした。妻ラケルをレアよりも愛し、レアを悲しませました。さらに愛妻ラケルが産んだ息子たち、ヨセフとベニヤミンを偏愛したので、他の息子たちは若い頃には、ヨセフに敵意さえ抱いていました。この偏愛の結果、ヨセフを途中で失うことになり、ヤコブは大いに嘆き悲しみました。しかし、他の息子たちも自分の家族を持つようになって、父の妻ラケルおよび彼女が産んだベニヤミンへの偏愛を受け入れるようになっていったのは幸いでした（四五・二七―三二）。ヤコブは妻ラケルが産んだ子どもたちを偏愛したとはいえ、他の妻たちや彼女らの息子たちを見捨てず、最後まで責任をもって守り通したのは立派でした。

さらにヤコブは平和を愛する人でした。ヤコブは族長としての責任をもって、周りの世界から見たら全くの少数派であった一族を安全に導くために、周辺の民との争いを避け、平和な関係を守りとおした人でした。たとえば兄エサウと会うときには、知恵と贈り物で難局を切り抜けようとしました。また息子シメオンとレビがシェケムの民に暴虐を働いたことを知った後の彼の言葉、「厄介なことをしてくれたものだ。お前たちは私を、この地に住むカナン人やペリジ人の憎まれ者にしてしまった。こちらはごく僅かなのだから、向こうが集まって攻撃してきたら、私も家族も滅ぼされてしまうだろう」（三四・三〇）も、戦いたくないというヤコブの気持ちの表すものです。そしてヤコブは、シェケムの周りの民からの復讐を恐れ、神の示しもあって、ベテルに逃げて行きます。これは力による対決を避けたからでした。当時のヤコブ一族は、息子たちも若く少数派でしたから、武装せずに、平和に徹したのでした。ヤコブはこのように少数派の一族を責任を持って守りとおした人でした。その苦労は並大抵のものではなかったと思います。ですから、ファラオの「何歳になったのか」の問いに対して、思わず口に出たヤコブの言葉、「異国の地に身を寄せた年月は百三十年になります。私の生きた年月は短く、労苦に満ち、先祖たちが異国の地に身を寄せて生きた年月には及びません」は、ファラオの敬老の念にほだされた、本音であったと思います（四七・八）。

最後に、そして最も大切だと私が考えることは、ヤコブは若いときにベテルで神に会ってから、そのときは、多くの条件付きで神を信じたのでしたが、その後、たびたび彼に現れた神を深く無条件で信じるようになったことです。こうして最後は、エジプトにベニヤミンを送るにあたり、「どうか、全能の神がその人の前でお前たちを憐れみ、もう一人の兄弟とベニヤミンとを返してくださるように。子どもを失わなければならないのなら、失うまでだ」（四三・一四）と言って、すべてを全能の神に託してベニヤミンを彼の息子たちとともに送り出したのでした。これは、祖父アブラハムが、神にイサクを犠牲として献げよと言われたときに、潔く献げようとしたことに通じる、「主は備えてくださる（ヤハウェ・イルエ）」の信仰にヤコブが達していたことを示すものと考えてよいのではないでしょうか。

こうして、ヤコブがカナンの地を離れるにあたって、神が言われた言葉、「私はあなたと共にエジプトに下り、また必ずあなたを導き上る」（四六・四）は、ヤコブの死後、ヨセフと息子たちが彼をカナンの地のマクペラの洞穴の墓地に葬ることにより実現されました。

このことは大変示唆的です。つまりヤコブが約束の地に帰ることが出来たのは、死んだ後でした。約束は死んで初めて成就したのです。

私たちもまた、死んだ後に、私たちの約束の地である天国に帰ることができるのではないでしょうか。それまでは、死んだ後に天国に導き上ってくださる神を信じて、「主、備えたもう（ヤハウェ・イルエ）」の信仰を持って、異国の地における短く、労苦に満ちた人生を、ヤコブのように、また使徒パウロのように、立派に走り抜きたいと思います。使徒パウロは言いました。「私は闘いを立派に戦い抜き、走るべき行程を走りつくし、信仰を守りとおした。今や義の冠が私を待っているばかりである。かの日には、公平な審判者である主が、それを授けてくださるであろう。私ばかりでなく、主の出現を心から待ち望んでいたすべての人にも授けてくださるであろう。」（二テモテ四・七―八）

18・7　ヤコブの埋葬（五〇章一―一四節）

父ヤコブが亡くなったあと、ヨセフはエジプトの総理大臣として壮大な葬列をもって、父に言われたとおりに、父ヤコブをカナンの地にあったマクペラの洞穴に葬ります。五〇章一―六節は次のとおりです。

「一ヨセフは父に取りすがって泣き、口づけをした。二ヨセフは僕である医者たちに、父のなきがらをミイラにするように命じた。そこで医者たちは、イスラエルをミイラにした。三そのために四十日が費やされた。ミイラにするためにはそれだけの日数が必要だったからである。エジプト人は七十日間、泣いて喪に服した。四喪が明けると、ヨセフはファラオの宮廷の者に言った。『願いを聞いてもらえるなら、ファラオに次のように伝えてほしい。五「父は私に誓わせて言いました。私は間もなく死ぬが、その時には、カナンの地に掘っておいた墓に私を葬りなさい、と。ですから、どうか上って行かせてください。父を葬ればまた帰ってきます。」』六ファラオは答えた。『上って行き、父があなたに誓わせたように葬りなさい。』」（五〇・一―六）

すでに「コラム17－7　ヨセフの人となり」で述べたようにヨセフはよく泣く、心の柔らかい、やさしい人でした。ですから「ヨセフは父に取りすがって泣き、口づけをした」（五〇・一）というのは、ヨセフの父ヤコブに対する愛情を表した、ヨセフにふさわしい表現です。ヤコブはヨセフを愛し、またヨセフもヤコブを愛していたのです。そしてこれは、神がヤコブに与えた、「ヨセフがその手であなたのまぶたを閉じるであろう」（四六・四）という約束の成就を意味するものでもありました。

同じコラム17－7で述べたように、ヨセフはエジプトの総理大臣として、政治的に細かい配慮もできる人でした。ですから二節で、すぐにヨセフは僕である医者たちに父のなきがらをミイラにするように命じました。エジプトでミイラにされるのは、位の高い人だけでした。ですから、ヨセフが亡き後、彼のなきがらもミイラにされました（五〇・二六）。ミイラにするのに四〇日かかったとあります。エジプト人は七〇日間、泣いて喪に服したとありますが、七〇日間の中に、四〇日が含まれているのか否かは定かではありません。[39] しかし後にアロンが死

(39) Wenham. Word Biblical Commentary Genesis 16–50, p.488.

んだとき（民数記二〇・二九）、そしてモーセが死んだとき（申命三四・八）、それぞれ三〇日間の喪に服したとあることから、ミイラにするのに四〇日かかり、さらに三〇日間、喪に服したので合計七〇日間、喪に服した、という可能性があるとのことです[40]。

喪が明けるとヨセフは、ファラオの宮廷の者に、ファラオに取り次いでほしいと、伝言を伝えました。なぜヨセフが直接ファラオに話さなかったかというと、喪が明けたとはいえ、近親者を亡くした者には、なんらかの禁忌があって、ある一定期間、直接ファラオに話すことができなかったのではないか、という説明がありました[41]。

ファラオへの伝言というのは、「父は私に誓わせて言いました。私は間もなく死ぬが、その時には、カナンの地に掘っておいた墓に私を葬りなさい、ですから、どうか上って行かせてください。父を葬ればまた帰ってきます」（五〇・五）というものでした。このヨセフの伝言には、政治家としてのヨセフの注意深さが見られます。その一つは、父をエジプトではなく、カナンの地に葬るのは、父がすでにカナンの地に自分の墓を掘っていたからだ、と言って、別にエジプトに葬られるのを嫌っていたわけではない、ということを暗に伝えています。もう一つは、「父を葬ればまた帰ってきます」と、ファラオに対する忠誠を誓っている点です。

その結果、ファラオはヨセフに、「上って行き、父があなたに誓わせたように葬りなさい」と許可を出しました。

続く五〇章七―一四節は次のとおりです。

「七そこでヨセフは父を葬るために上って行った。ヨセフと共に上って行ったのは、ファラオのすべての家臣たち、宮廷の長老たち、そしてエジプトの国のすべての長老たち、八それにヨセフの家族すべて、彼の兄弟、および父の家族であった。ただ幼い子どもと羊と牛の群れはゴシェンの地に残した。九また戦車も騎兵も共に上って行き、それは実に堂々とした一行であった。一〇一行はヨルダン川の向こうにあるゴレン・アタドに着き、そこで非常に荘厳な葬儀を執り行った。ヨセフは父のために七日間、追悼の儀式を行った。一一その地に住むカナン人たちは、ゴレン・アタドでの追悼の儀式を見て言った。『あれは、エジプト風の荘厳な追悼の儀式だ。』こうして、その場所の名はアベル・ミツライムと呼ばれた。それはヨルダン川の向こうにある。一二ヤコブの息子たちは、父が命じたとおりに行った。一三すなわち、息子たちは父のなきがらをカナンの地に運び、マクペラの畑地の洞窟に葬った。それはアブラハムがヘト人エフロンから墓地として所有するために買った畑地であり、マムレの向かいにある。一四ヨセフは父を葬った後、兄弟たちをはじめ、父を葬るために一緒に上ってきたすべての人々と共にエジプトに帰った。」（五〇・七—一四）

ファラオの許しを得て、ヨセフは父を葬るために、カナンの地に向かって上って行きました。ヨセフがエジプトの総理大臣というファラオの次に位が高いことを反映して、会葬者の行列には、「ファラオのすべての家臣たち、宮廷の長老たち、そしてエジプトの国のすべての長老たち、それにヨセフの家族すべて、彼の兄弟、および父の家族」（五〇・七—八）および「戦車も騎兵も共に上って行き、それは実に堂々とした一行であった」（五〇・九）とあります。時の権力者の父親の葬儀はこのように盛大に執り行われるものです。それはまた、イスラエル民族の祖としてのヤコブの葬列にふさわしいものであった、と言えます。「ただ幼い子どもと羊と牛の群れはゴシェンの地に残した」とあります。「幼い子ども」と共に彼らの母親たちもゴシェンに地に残っていたでしょう。財産である羊と牛の群れもゴシェンに地に残していました。これはヨセフと兄弟たちがまたエジプトに戻って来ることを保証するものともなっていました。この点が後のイスラエルの民の出エジプトの場合と異なっています。

(40) 同右。
(41) 同右。

出エジプトのときには、幼い子どもも、彼らの母親たちも、そして羊と牛の群れも一緒にエジプトを出て行ったのでした（出エ一二・三七―三八）。

こうして会葬者の「一行はヨルダン川の向こうにあるゴレン・アタドに着き、そこで非常に荘厳な葬儀を執り行った」（五〇・一〇）とあります。ここで、「ヨルダン川の向こうにある」の意味が、ヨルダン川の東なのか、西なのか、あるいはヨルダン川の渓谷地帯なのか不明です。[42] ゴレン・アタドとここに書かれたヘブライ語は、正確には、「ゴレン・ハ・アタド」で、「とげ草のある麦打ち場」という意味ですが、具体的な場所は不明です。[43] いずれにせよ、カナンの地にあったことは、「その地に住むカナン人たちは」（五〇・一一）とあることから、確かです。このカナンの地にあったゴレン・アタドで、一行は非常に荘厳な儀式を七日間行いました（五〇・一〇）。続いて、「その地に住むカナン人たちは、この儀式を見て言った。『あれは、エジプト風の荘厳な追悼の儀式だ。』こうして、その場所の名はアベル・ミツライムと呼ばれた」（五〇・一一）とあります。ここで「アベル」とはもともと草地の意味ですが、ここでは「エベル」（葬儀の意）と関連させています。[44]「ミツライム」とはヘブライ語で、エジプトの意なので、「アベル・ミツライム」はエジプト人の葬儀という意味になります。

このアベル・ミツライムでの七日間の追悼の儀式の後は、父ヤコブの息子たちだけで、父が命じたとおり、父のなきがらをマクペラの畑地の洞窟に葬りました。この洞窟の墓地は、かつてアブラハムがヘト人エフロンから墓地として所有するために買い取ったものであることが念のために付け加えられています（二三・一七―二〇）。

そしてヨセフと兄弟たちは、再びエジプトから上って来たすべての人々と合流してエジプトに帰りました（五〇・一四）。こうしてヨセフは、ファラオに対する、「父を葬ればまた帰って来ます」（五〇・五）という約束を守りました。

コラム 18-4

ヤコブの葬列がカナンの地に入ったルートについて

ヤコブの葬列の「一行はヨルダン川の向こうにあるゴレン・アタドに着き、そこで非常に荘厳な葬儀を執り行った」（五〇・一〇）とあります。ヨルダン川の向こうの意味やゴレン・アタドの位置は不明とありましたが、[45] 同じ註解書は「説明」（Explanation）という別のページで、次のような推測をしています。[46]「ヨルダン川の向こう」という表現は、イスラエルが後にカナンの地に定着した後は、ヨルダン川の東側を意味します。とすれば、ヤコブの葬列の一行は、エジプトから死海の南を回って、ヨルダン川の東にあるゴレン・アタドで七日間の壮大な追悼の儀式を行ったと考えられます。その後、ヤコブの息子たちは父の棺を、ヨルダン川の東から、ヨルダン川を渡り、西側にあるエリコの近辺からカナンの地に入ったものと思われます。その後、彼らは父の棺をヘブロンのマムレの向かい側にあるマクペラの畑地の洞穴に運び、そこで葬ったと考えられます。このようにして、主がヤコブに約束されたこと、そしてヤコブが息子たちに誓わせたことは成就しました。

このルートというのは、後にヤコブの子孫であるイスラエルの民が、出エジプトをした後に、カナ

（42）Wenham. Word Biblical Commentary Genesis 16–50, p. 489.
（43）同右 p. 489。
（44）関根正雄訳『創世記』五〇章註釈、二一三頁。
（45）Wenham. Word Biblical Commentary Genesis 16–50, p. 489.
（46）同右 p. 492。

ンの地に入ったルートとも重なります（ヨシュア二―三章）。
その意味で、主がヤコブに言われた、「私は神、あなたの父の神である。エジプトに下ることを恐れてはならない。私はそこであなたを大いなる国民とする。私はあなたと共にエジプトに下り、また必ずあなたを導き上る」と言われた約束は、まずヤコブ自身について成就し、ついでヤコブの子孫で大いなる国民となったイスラエルの民についてもほぼ四〇〇年後の出エジプトの後に実現することになります。

18・8　ヨセフ、兄弟を慰める（五〇章一五―二一節）

父ヤコブが死んだ後のヨセフの兄弟たちの言葉とそれに対するヨセフの応答が、五〇章一五―二一節に書かれます。

「一五ヨセフの兄弟は父が亡くなったので、ヨセフが自分たちを恨み、昔ヨセフにしたすべての悪に仕返しをするのではないかと思った。一六そこで人を介してヨセフに伝えた。『父は亡くなる前に、こう命じていました。一七『ヨセフにこう言いなさい。確かに兄弟はお前に悪いことをした。だがどうかその背きの罪を赦してやってほしい。』それでどうか今、あなたの父の神に仕える僕どもの背きの罪を赦してください。』この言葉を聞いてヨセフは泣いた。一八やがて、兄弟もやって来て、ヨセフの前にひれ伏して言った。『このとおり、私たちはあなたの僕です。』一九ヨセフは言った。『心配することはありません。私が神に代わることができましょうか。二〇あなたがたは私に悪を企てましたが、神はそれを善に変え、多くの民の命を救うために、今日のようにしてくださったのです。二一ですからどうか心配しないでください。あなたがたと幼い子どもは私が養いましょう。』ヨセフは兄弟を慰め、優しく語りかけた。」（五〇・一五—二一）一五節で、ヨセフの兄弟たちは、ヨセフが兄弟たちに仕返しをしないのは父ヤコブが生きていたからだ、と考えていたことが分かります。逆に言えば、父ヤコブが死んだ以上、ヨセフの兄弟たちは、彼らが昔ヨセフに対して行ったすべての悪に対して仕返しをするのではないかと恐れたわけです。それはちょうど、昔、ヤコブの兄エサウが「父の喪の日もそう遠くない。その時には、弟のヤコブを殺してしまおう」（二七・四一）と考えたのと似ています。

そこで、兄弟たちは、直接ヨセフのところに行って、罪を認め、詫びて赦しを乞うのではなく、まず人を介して、父ヤコブの伝言という形をとって、ヨセフに自分たちが悪いことをした、どうかその罪を赦してほしいと伝えました（一六節）。この父ヤコブの言葉は兄弟たちの作り話だったと思われます。というのは、父ヤコブは、兄弟たちがヨセフをエジプトに行く商人に奴隷として売ったことを知らなかったはずです。ヤコブは、「知ってのとおり、妻は私に二人の男の子を産んだ。ところが一人は私のところから出て行ったきりだ。きっとかみ裂かれたのだと思う。」（四四・二七—二八）とユダがヨセフに語っているからです。ヨセフも兄弟たちが彼にしたことを父ヤコブに話したということはどこにも書いてありません。兄弟たちは、このように作り話をしましたが、言っている内容、すなわち兄弟たちがヨセフに悪いことをした、罪を犯した、どうかその罪を赦してください、と言っていることは本心からだと考えてよいと思います。

ここで聖書協会共同訳で「背きの罪」と訳された原語のヘブライ語は、「ペシャア（咎、すなわち罪となる行為）」と「ハッタート（罪）」という二つの言葉が並列に置かれています。[47] つまり、「背きの罪」とまとめて訳すことは分かりにくいと思いました。さらに同じ節に二度目に出てくる「背きの罪」は、ヘブライ語の原文では、「ペシャア（咎）」の一語だけですので、同じように「背きの罪」と訳すことは適当でないと考えます。事実、月本

昭男訳『創世記』では、五〇章一七節を次のように訳しています。(48)

「『お前たちはヨセフに言うがよい、「どうか、あなたに災いを加えたあなたの兄弟たちの罪咎をぜひ赦してほしい」と。』ぜひとも今、あなたの父の神に仕える僕たちの咎をゆるしてほしい。」自分に語られたこの言葉を聞いて、ヨセフは泣いた。」（月本昭男訳『創世記』五〇・一七）

すなわち、最初は「兄弟たちの罪咎」と「罪」と「咎（罪となる行為）」を二つ並べています。二度目は、「僕たちの咎（罪となる行為）」だけになっています。つまり兄弟たちが具体的にやったこと、すなわち、かつてヨセフを荒れ野の穴に投げ入れた（三七・二四）後、ミデヤン人の商人たちに彼を奴隷として銀二〇枚で売り（三七・二八）、彼が助けをを求めても聞こうともしなかったこと（四二・二一）を「咎」と言い、そのこと全体を指して「罪」であると言っているのです。

一七節の最後には、「この言葉を聞いてヨセフは泣いた」とあります。ヨセフはよく泣く人ですが、この場合、ヨセフはなぜ泣いたのでしょうか。それは、兄弟たちが初めてはっきりと、彼らの悪しき行為（すなわち咎）を罪と認め、悔い改めて反省し、罪の赦しを彼に求めてきたからではないでしょうか。つまり兄弟たちの人が変わったこと、言い換えれば、兄弟たちが人間的に成長したことを知り、これまでの苦労が報われたと考え、神に感謝したゆえに出た感謝の涙だったのだろうと思います。それに加えてヨセフは、荒れ野で穴に投げ入れられてからエジプトに連れられて来るまでの苦しかった思い、ポティファルの家で、無実の罪を着せられて二年以上も牢獄で過ごした苦労、兄弟たちが食料をエジプトに買いに来てから、彼らが自分たちの罪を認めて悔い改めるように、懐かしさを抑えて、心を鬼にしていろいろ兄弟たちに仕掛けたことなどを一挙に思い出して、感無量になっての涙だったのではないでしょうか。

この後、「兄弟もやって来て、ヨセフの前にひれ伏して言った。『このとおり、私たちはあなたの僕です』」（五〇・一八）と言いました。兄弟たちがヨセフの前でひれ伏したのは、これで四回目です（四二・六、四三・二六、四四・一四、そして五〇・一八）。まさにヨセフが若いときに見た夢（三七・六―七）がそのとおりになりました。しかし若いときのヨセフと今のヨセフは全く違い、今ではすっかり人間的に成熟していましたから、高ぶることは微塵もありませんでした。

ヨセフは、「あなたがたは私に悪を企てましたが、神はそれを善に変え、多くの民の命を救うために、今日のようにしてくださったのです」（五〇・二〇）と答えました。私はこの言葉に、創世記後半の族長物語のエッセンスがあると思います。すなわち、人間的にはいろいろな確執がありましたが、それぞれの人の思いや行動を、悪い思いや行動さえも、神はそれらを導いて「多くの民の命を救うために」用いたということです。

そしてヨセフは兄弟たちに言いました。「ですからどうか心配しないでください。あなたがたと幼い子どもは私が養いましょう」（五〇・二一）。このようにエジプトの総理大臣だったヨセフは兄弟を慰め、優しく語りかけたのでした。こうして長年、兄弟たちが気にかけていたヨセフに対する罪は赦され、兄弟たちは安心したのでした。罪が赦されて兄弟たちは心から自由になったと感じたことでしょう。こうして父イスラエルの亡き後、その一二人の息子たちは、悔い改めに基く愛により固く結び付きました。彼らは後にイスラエルの一二部族の祖となりますが、ここにイスラエルの一二部族の団結の基礎ができた、と言うことができます。

---

(47) ヘブライ語は、Biblia Hebraica Stuttgartensia で調べ、日本語の「咎」については、大槻文彦『大言海』冨山房、一九五六年で調べました。

(48) 月本昭男訳『創世記』一七五頁。

18・9　ヨセフの死（五〇章二二―二六節）

創世記全体は、ヨセフの死に関する五〇章二二―二六節の次の記事で終わります。

「二二ヨセフは父の家族と共にエジプトに住み、百十歳まで生きた。二三ヨセフはエフライムの三代の子孫を見ることができ、マナセの息子マキルの子どもたちも生まれてヨセフの膝の上に置かれた。二四ヨセフは兄弟に言った。『私は間もなく死にます。しかし神は必ずあなたがたを顧み、この地からアブラハム、イサク、ヤコブに誓われた土地に導き上ってくださいます。』二五ヨセフはさらにイスラエルの子らにこう言って誓わせた。『神は必ずあなたがたを顧みてくださいます。その時には、私の骨をここから携え上ってください。』
二六ヨセフは百十歳で亡くなった。人々はエジプトで彼をミイラにし、棺に納めた。」（五〇・二二―二六）

ヨセフの寿命は、一一〇歳でした。この一一〇歳という寿命はエジプト人の理想とする寿命だったそうです。[49]それはヨセフの息子エフライムの三代の子孫、およびもう一人の息子マナセの息子マキルの子どもたち、つまりヨセフから見れば孫たちだけでなく、ひ孫たちをも見ることができる年令でした。なお、「ヨセフの息子エフライムの三代の子孫」という表現はあいまいで、ヨセフの息子エフライムの三代の子孫（つまりヨセフから見てひ孫）なのか、ヨセフから見て息子エフライムを通して与えられた三代の子孫（つまりヨセフから見て孫）なのか、両方の意味にとれるそうです[50]。いずれにせよ、ヨセフのもう一人の息子であるマナセの側については、マナセの息子マキルの子どもたちとありますので、ヨセフから見てひ孫にあたります。

なお、マナセの息子マキルだけその名が挙げられているのは、マナセ部族の中の一支族であるマキル族の名前が、他のいくつかのイスラエルの部族と共に、カナン人の将軍シセラに対して戦ったと書かれているからだ（士師記五・一四）、という説明がありました[51]。

ヨセフは死にあたって兄弟たちに言いました。「私は間もなく死にます。しかし神は必ずあなたがたを顧み、この地からアブラハム、イサク、ヤコブに誓われた土地に導き上ってくださいます。」（五〇・二四）エジプトで総理大臣になったヨセフもやはり、その心は約束の地であるカナンにあり、神があなたがた兄弟を、この地からアブラハム、イサク、ヤコブに誓われた土地に導き上ってくださいます、と告げました。なお、ここでヨセフは「兄弟に言った」とありますが、ヨセフは一二人兄弟のうちの一一番目で、兄たちの多くは恐らくすでに死んでいたでしょう。したがって、「兄弟」とは続く二五節にある「イスラエルの子ら」と同じ意味で、イスラエルの民という意味だろう、ということです。[52]

続けて、「ヨセフはさらにイスラエルの子らにこう言って誓わせた。『神は必ずあなたがたを顧みてくださいます。その時には、私の骨をここから携え上ってください』」（五〇・二五）とあります。これは、神がイスラエルの民をエジプトから約束の地であるカナンに導き上る、ということを指しており、次の「出エジプト記」への橋渡しをしていると言えます。さらにここで、「その時には、私の骨をここから携え上ってください」とヨセフはイスラエルの民に誓わせました。このことは、後にイスラエルの民がエジプトを脱出するときに、「モーセはヨセフの骨を携えていた」（出エ一三・一九）と書いてあり、実行されました。さらにその後、「イスラエルの人々は、エジプトから携え上って来たヨセフの骨を、シェケムの野の一角に埋葬した。そこは、ヤコブが百ケシタで、シェケムの父ハモルの息子たちから買い取った土地であり、ヨセフの一族の相続地となっていた」（ヨシュア二

(49) Wenham. Word Biblical Commentary Genesis 16–50, p. 490.
(50) 同右p. 491。
(51) 同右p. 491。
(52) 同右p. 491。

四・三二）とあるとおり、ヨセフの骨は、シェケムの野の一角に葬られました。

続く五〇章二六節の、「ヨセフは百十歳で亡くなった。人々はエジプトで彼をミイラにし、棺に納めた」で創世記は終わります。ヨセフはエジプトの総理大臣として、エジプトの習慣にならいミイラにされ、棺に納められました。

父ヤコブの葬儀に比べて、ヨセフの死の記述は簡単で、葬儀の記述もありません。その理由を推測すると、一つはヨセフを総理大臣として重用したファラオがすでに亡くなっていたからではないかと思われます。彼が生きていたら、あれほどの功績があった総理大臣の死を悼み、盛大な葬儀を行ったでしょうから。もう一つは、そのことにも関係するのですが、ヨセフの息子たちのマナセやエフライムが、エジプトの中でそんなに高官の地位には上らなかったと推測されることです。これに対して、父ヤコブの場合は息子ヨセフがエジプトの総理大臣だったので、葬儀が盛大に行われたのでした。

このようにして、創世記はヨセフの死の記事をもって終わります。それはまたすでに本文中で述べたように、次の出エジプト記に自然に続く形にもなっています。

コラム 18-5

族長たちの人間的成熟

兄弟たちが、ヨセフの若いときに彼になした悪に対して赦しを乞うたときに、ヨセフは言いました。

「あなたがたは私に悪を企てましたが、神はそれを善に変え、多くの民の命を救うために、今日のようにしてくださったのです。」（五〇・二〇）

私がこの言葉をここに繰り返して書いたのは、創世記の後半の族長物語のエッセンスが、このヨセフの言葉によって表されていると考えるからです。人間の悪やあるいは誤りをも、神はそれを善に変えてくださる、それは多くの民の命を救うためである、というメッセージがここに明確に出ています。確かに、創世記の後半の族長物語に出てくる族長たちは、若いときは弱くて脆く、欠点の多い人間でした。初めから正しく全き人間であったとは書かれていません。しかし彼らに対して、神はご自分がどのような方であるかを忍耐強くお示しになりました。それによって彼らは神に全き信頼を寄せるようになりました。このようにして神は彼らを作り変えられて、神を信じた多くの民の命を救われるようにしてくださったのです。それはまた族長たちの物語の初めで、神がアブラハムに与えた「地上のすべての氏族は、あなたによって祝福される」（一二・三）という約束を成就するものでもありました。

ここであらためて、若いときは弱く、脆く、欠点の多い人間であった族長たちが、どのようにして人間的に成熟し、神に全き信頼を寄せるようになったかを振り返ってみます。

【アブラハムの場合】アブラハムは、人生の旅路半ばで、「あなたは生まれた地と親族、父の家を離れ、私が示す地に行きなさい」（一二・一）という主の召しに従い、行方も知らずに出かけて行きました。彼のこの出立こそは、唯一の神を信じる信仰の道を開くものでした。その意味で彼は「信仰の父」と呼ばれます。

しかし、彼は共にいた妻サラと甥ロトとともに、羊を飼う牧畜者として羊のための草を求めて、他人の土地を移動しなければなりませんでした。飢饉のときに、エジプトに行ったとき（一二・一三）、またゲラルの地に滞在したとき（二〇・二）、それぞれの土地の権力者である王を恐れて、妻のサラを妹と偽り、自分の命を助けようとしました。また約束の子が与えられないので、妻サラの計らいで、妻サラの仕え女ハガルのところに入り、息子イシュマエルを得ました。しかし妻サラに子どもイサクが与えられると、サラの不平を正しくないと考えつつも、ハガルとイシュマエルをパンと革袋に入れた水を与えて荒れ野に追い出しました。一方、アブラハムは人のためにとりなしの祈りをする人でもありました（一八・二三、二〇・一七）。このようにアブラハムは、アップダウンを繰り返しながら人間的な成長をしました。

アブラハムの人間的な成熟は、神が彼に、「愛する独り子イサクを焼き尽くすいけにえとして献げなさい」（二二・二）と言ったときに、神のこの言葉に黙って粛々と従ったところに見られます。彼は長年望んでようやく与えられた愛する独り子イサクに対する彼の人間的な執着を離れて、神に全幅の信頼を置いて、神の言葉に従おうとしました。ここに彼の人間的な成熟をみます。

【イサクの場合】イサクは、息子ヤコブが兄エサウに扮装したのを見破ることができずに、誤ってヤコブを祝福しました（二七・二七）。その後、エサウ自身が来て祝福を求めたとき、自分の過ちに気付て、「激しく身を震わせて」（二七・三三）、神の導きの不思議に驚きました。このとき、イサクは自分が愛した息子エサウ（二五・二八）が泣いて懇願しても、ヤコブに与えた祝福を取り消して、エサウに与えることはしませんでした（二七・三九）。こうしてイサクは、自分が息子エサウをヤコブよりも愛していたという人間的な執着を離れさせられて、成熟したことを示しています。神は、ヤコブとリベカが企てた悪を利用して、イサクにヤコブを祝福するように仕向けたのでした。ここにも、人間の悪を利用してでも、それを善に変えて多くの民を救おうとする神の働き（五〇・二〇）が見出されると私は思います。

【ヤコブの場合】父イサクをだましたヤコブも、逃亡先のパダン・アラムでは、叔父ラバンにだまされました。彼はラケルと結婚するつもりで七年間働きましたが、姉レアと結婚させられる、その他のもろもろのことがありました。その結果、一二人の息子を持つことになりました。この一二人の息子たちが、後のイスラエルの一二部族の祖となりました。こうして神は、「主の聖なる民、ご自分の宝の民」（申命七・六）と呼ぶイスラエルの民を、ヤコブが父イサクをだましたこと、ラバンがヤコブをだましたことを通して用意されたのです。これを私は人間の悪を利用してでも、それを善に変えて多くの民を救おうとする神の働き（五〇・二〇）であると見ます。

ヤコブ自身の人間的な成熟は、ペヌエルで神の人と格闘した時点にあったと思います（三二・二三―三二）。神の人は、まずヤコブに名前を聞きました。すでにコラム14－2で述べましたが、名前を聞くということは、その名前で過ごしてきた過去の事績を本人に思い起こさせることになる、と註解書は言います[53]。つまり、ヤコブはこれから兄エサウに会うにあたり、自分がかつてエサウの弱点を利用して彼から長子の権利を奪ったこと（二五・三一）、また父の目が見えなくなったことを利用して、エサウになりすまして父をだまして祝福を奪った（二七・二七）過去を想い起させられました。エサウに会うにあたり、そのことが彼の一番の大きな懸案事項でした。すると神の人は、「あなたの名はもはヤコブではなく、これからはイスラエルと呼ばれる。あなたは神と闘い、人々と闘って勝ったからだ」と言いました（三二・二九）。この神の人の言葉も謎めいています。しかし、「あなたはこれまでエサウの弱点を利用したり、目の不自由になった父をだまして、エサウを押しのけてきたが、これか

(53) Wenham. Word Biblical Commentary Genesis 16–50, p.296 および Fretheim. The New Interpreter's Bible Vol. I, p. 568.

らは、今あなたが正々堂々と神と闘って勝ったように、正々堂々と正面からエサウに向かっていきなさい」という意味だと解釈することができます[54]。こうしてヤコブは、新しい名前「イスラエル」をもらって、彼の心の中の大きな人間的な執着事であった、人をだました過去と決別したのでした。

ヤコブが自分の人間的な執着を離れて成熟したことを示す、もう一つの例として、次のこともあります。飢饉で一族の食料がなくなり、エジプトの総理大臣が、ヤコブの特愛する息子ベニヤミンをエジプトに連れて来なければ、食料を与えないと言ったということをヤコブが聞いたときです。ヤコブは全能の神に祈った後に、「子どもを失わなければならないのなら、失うまでだ」（四三・一四）と言って、ベニヤミンに対する執着を捨てて、神に全幅の信頼を置いて、ベニヤミンをエジプトに連れて行くことを許したことです。

【ヨセフの場合】少年の頃のヨセフは、父親ヤコブが愛妻ラケルの子として偏愛した、頭は良いけれども甘やかされた生意気な子どもでした。兄弟の悪口を父親に告げたり（三七・二）、兄弟たちが自分にひれ伏した夢を見たと、兄弟たちがどう思うかへの配慮無しに、彼らに告げる子どもでした（三七・七）。

しかしヨセフは、兄弟たちに荒れ野で穴に投げ入れられた上、エジプトに行くミディアン人の商人に奴隷として銀二〇シェケルで売られました（三七・二四―二八）。このとき、兄弟たちは、ヨセフが助けを求めても、その苦しみを見ながら、聞こうともしませんでした（四二・二一）。

こうして愛してくれた父ヤコブから強引に引き離され、兄弟たちからも見離されて、天涯孤独の身となったヨセフは、エジプトに連れられて行く道中、どのような心境だったでしょうか。ヘブライ文学の特徴として、ヨセフのこのときの心境は全く描かれません。穴の中で、あるいはエジプトに連れられて行く途中で、初めは兄弟を恨んで復讐を誓っていたのかも知れません。しかし、間もなく自分の今の状況を直視して、父ヤコブが信じていた神である主（ヤハウェ）に頼らざるを得ないことに気付いたのではないでしょうか。あるいは、ヨセフは夢と縁のある人なので、エロヒム資料的に言えば、神がヨセフの夢に現れて、「私はあなたと共にいる」と語りかけたのかも知れません。

いずれにせよ、父親から甘やかされて育った自分中心の少年ヨセフは、一七歳にして（三七・二）、苦難を味わい、その苦難の中で主に出会ったことは確かなようです。この経験が、ヨセフの人間的な成熟のときであったと思います。それはポティファルの家に売られてからの彼の変わりようから分かります。たとえば、「主がヨセフと共におられたので」という言葉が二回繰り返されますし（三九・二、三）、「主はヨセフのゆえにそのエジプト人の家を祝福された」（三九・五）という表現も使われています。つまりヨセフは、父のもとで甘やかされたときとは全く異なり、ポティファルの家に奴隷として買われた後は、共にいて見守り祝福してくださる主を信じて、その場その場で最善を尽くしました。その結果、ついに主人の家と財産をすべて管理する主人の個人的な秘書役にまでなりました。

しかしポティファルの妻の執拗な誘惑を断ったため（三九・一〇）、彼女の嘘により、牢獄に入れられました（三九・二〇）。ヨセフは牢獄でも同じように、最善を尽くしたので、牢獄長は、牢獄にいる囚人をすべてヨセフの手に任せました（三九・二二）。牢獄の中でヨセフは、ファラオの献酌官長で

(54)　なお、ヤハウィストは、言葉遊びにより「イスラエル」という名を、「あなたは神と闘い、人々と闘って勝ったからだ」と説明していますが、語源的には、「イスラエル」は、エル（神）が主語で、「神は闘いたもう」という名前です。つまり、あなたのために「神が闘いたもう」という意味です。だからエサウに会うときも、「神が闘いたもう」から恐れるな、という意味であるということになります（Wenham. Word Biblical Commentary Genesis 16–50, p.296）。

あった人の夢を解きました。ヨセフは牢獄で二年以上を過ごしましたが、結局この献酌官長の知己を得たおかげで、ファラオの前に出ることができました。つまり神は、ポティファルの妻の嘘を利用して、愛するヨセフを牢獄でさらに二年間鍛錬して（ヘブル一二・六）、牢獄を出た後の彼のミッションであるエジプトの総理大臣になるのにふさわしい人間に鍛え上げたのでした。

ファラオの前に出たヨセフは、ファラオの夢を解いた上、その先の政策までファラオに提案したので、ファラオはヨセフをエジプトの総理大臣として、ファラオに次ぐ者としました。このようにしてヨセフは、エジプトおよび周辺の国々が飢饉に襲われたときに、エジプトが豊作であったときに蓄えてあった食料をもって、多くの民を救いました。

父ヤコブの死後、兄弟たちがヨセフの復讐を恐れて、ヨセフにひれ伏した時に、ヨセフは言いました。「あなたがたは私に悪を企てましたが、神はそれを善に変え、多くの命を救うために、今日のようにしてくださったのです」（五〇・二〇）。

ヨセフは、奴隷としてエジプトに売られて行った当初は確かに兄弟たちに復讐したいと考えたでしょう。しかし二〇年余経った今ではそのような人間的な執着は全くなく、人間的に成熟して、すべてを神の導きとして受け入れ、神に栄光を帰しています。

【ユダの場合】後にイスラエル民族の最大の部族となったユダ族の祖であるユダも、若いときには、弟ヨセフに対して冷たく、利益に目ざとい、打算的な若者でした。弟ヨセフを荒れ野で穴の中に投げ入れた後、「兄弟を殺し、その血を覆い隠したところで、何の得になると言うのだ。さあ、イシュマエル人に売ってしまおう」と言って、銀二〇シェケルでヨセフをイシュマエル人の商人に売りました。

その後ユダは、兄弟たちのもとから離れ、カナン人の中に住みました。そしてカナン人の女性をめとり、三人の息子をもうけました（三八・一―五）。一族の娘は妹のディナだけだったので、結婚をするなら一族以外の女性と結婚しなければならなかったのです。曾祖父アブラハムは息子イサクの嫁を彼の親族から探すように老僕に言いました（二四・四）。祖父母のイサクとリベカも、息子エサウが地元カナン人の娘を妻にしたことが「心の痛み」になりました（二六・三五）。ですからイサクは、息子ヤコブにカナンの娘を妻としてはならない、パダン・アラムに行って親族の娘を妻にするように言ったのです（二八・一―二）。ユダの父ヤコブは、息子ユダが一族から離れ、カナン人の地に住み、カナン人の娘を妻としたことを快くは思わなかったのではないでしょうか。

その後、ユダの長男エルは、カナン人の女性タマルを妻として迎えましたが、長男エルは死に、レビラート婚の規定により、タマルは次男オナンの妻となりました。しかし、次男オナンも子がないまま亡くなりました。そこでタマルの舅にあたるユダはタマルに、三男シェラが成人するまで待ちなさい、と言って実家に帰しました。しかし、ユダはシェラが成人してもタマルをシェラに与えませんでした。そこで一計を案じたタマルは、舅ユダが通る道に、遊女の姿で座りました。案の定、ユダはタマルを遊女だと思い、タマルの所に入りました。遊女に扮したタマルは報酬に対する保証として、ユダからひもの付いた印章と手にしていた杖をらもらいました。こうして遊女に扮したタマルは舅ユダによって妊娠しました。タマルが妊娠したという報せを聞いたユダは、「あの女を引きずり出し、焼き殺してしまえ」（三八・二四）と残酷に言い放ちました。しかしタマルが、ひもの付いた印章と杖を示して、「この持ち主によって自分は身ごもったのです」と伝えると、「ユダはそれらを確かめて言った。『彼女のほうが私より正しい。息子のシェラに彼女を与えなかったからだ』」と言いました。このカナン人タマルの決死の行動によって、ユダは自分の非を認めました。このことが彼の人生の転換点になったと思いました。このユダとタマルから生まれた子、ペレツとゼラからユダ族が生まれ、さらにペレツの子孫から、イスラエルの王となったダビデ、ソロモンが生まれました。（マタイ一・三―六）ここでも神は、ユダのあまり芳しくない行動を善に変えて、ユダ族に歴史の中で果たすべき重要な役割を与えたのでした。

その後、創世記には明記されていませんが、ユダは父ヤコブのもとに戻ったようです。飢饉のときにヤコブが息子たちをエジプトに穀物を買いに行かせたときには、一行の中にいました。最初にエジプトに行って買って穀物がなくなると、ヤコブは再び息子たちにエジプトに穀物を買いに行くように言いました。このときはユダは、息子たちのリーダー格になっていて、父ヤコブに末の弟ベニヤミンを一緒に連れて行く許可を求めました。ユダは父ヤコブに言いました。「あの子のことは私がその安全を請け合います。その責任を私が取ります。あの子をお父さんのもとに連れ帰らず、あなたの前に立たせることができなければ、私は生涯あなたに対してその罪を負い続けます。」（四三・九）こうしてユダは人間的に成長した責任を自覚した大人になりました。この後、末の弟ベニヤミンを連れてエジプトに下り、穀物を買って帰途につきましたが、エジプトの総理大臣だったヨセフの策略でベニヤミンの袋にヨセフが使っていた銀の杯が見つかり、ヨセフのもとに連れ戻されました。このとき、ユダはヨセフの前で次のように言いました。もし自分たちと一緒にベニヤミンが父ヤコブのところに帰れないのなら、白髪の父を悲嘆のうちに陰府へと下らせることになる。だからベニヤミンの代わりに、自分を奴隷としてここにとどめ置き、ベニヤミンは兄弟たちと一緒に父のもとに帰らせてください、と嘆願しました。

こうしてユダも自分を犠牲にして、自分の人間的な執着を捨てて、父のために自分がエジプトに残って、奴隷として働く、と申し出ました。ここに人間的に成熟したユダの姿を見ることができます。

コラム 18-6

「人の企てた悪をも善に変えて、多くの民の命を救う神」（五〇・二〇）（新約聖書における主イエス）

前のコラム18－5では、「人の企てた悪をも善に変えて、多くの民の命を救う神」の具体的な働きの例として創世記に出てきた人物について述べました。本コラムでは、新約聖書に出てくる主イエスを例に述べます。主イエスも、人が企てた悪、すなわち、サドカイ人を中心とする祭司階級やヘロデ王を中心とする当時のユダヤ人の政治的指導層、および律法学者やパリサイ人、さらに彼らにそそのかされた群衆の悪によって、ローマの兵士により十字架の刑に処せられて死にました。しかし、神は主イエスを墓の中で朽ちさせずに、十字架につけられて死んだ後、三日後に復活させて、天に上らせました。こうして、主イエスの生前の言葉や行動、さらに十字架に示された神の愛と罪の赦しを信じる多くの民の命を救う道を、神は備えてくださいました。このように、ヨセフの「あなたがたは私に悪を企てましたが、神はそれを善に変え、多くの民の命を救うために、今日のようにしてくださったのです」（五〇・二〇）という言葉は、創世記の中の人物だけでなく、新約聖書の主イエスにもあてはまる言葉になっています。それは主イエスと同時代のユダヤ人の悪だけでなく、今に生きる私たちの罪や悪をも赦して、多くの民の命を救う力です。

新約聖書のこの主イエスの救いの力を世界の多くの民が受け入れているという事実は、族長物語の初めで、神がアブラハムに与えた約束、「地上のすべての氏族は、あなたによって祝福される」（一二・三）が実現したものだと言えます。

あとがき

上巻のまえがきでも述べましたが、私は大学生時代に聖書を学び始めました。内村鑑三、矢内原忠雄の流れを汲む無教会キリスト者の三人の先生方が開いていた「柏蔭舎聖書研究会」に、たまたま顔を出したことがきっかけでした。三人の先生方というのは、西村秀夫先生（東京大学教養学部学生部厚生課長。なお上巻のまえがきで西村先生の肩書を学生部長と書きましたが、訂正します。）、杉山好《よしむ》先生（ドイツ語ドイツ文学）、鈴木皇《ただす》先生（物理学）でした。

以来、今日まで五五年余、杉山好先生が国立市の公務員住宅で開いていた家庭集会、そして私が住んだことのある東京都国立市の公民館で開かれていた国立聖書研究会、さらに勤務先のＮＴＴの聖書研究会、私の第二の職場だった早稲田大学で開いたバイリンガル（日本語・英語）聖書研究会を中心に、聖書を学んできました。このバイリンガル聖書研究会を私は早稲田大学退職後も早稲田奉仕園で続けました。新型コロナウイルスの感染拡大後は、遠隔ビデオ会議（Zoom）を利用して続けています。

聖書には旧約聖書および新約聖書をあわせて合計六六の書があります。最初の杉山先生の家庭集会を除いて、これらの聖書研究会では、六六の書のうちの一つを取り上げて、毎回一章ずつ、参加者の有志がレポートを分担する形で、註解書などで調べてきたことを発表し、他の参加者が意見や感想を述べあう形で勉強を進めてきました。いわば相互教育です。このような形で読むと、旧約聖書の第一書である創世記の五〇章は、月に一回のペースでは一回読み終わるのに五年ほどかかります。私はこのようにして創世記を合計五回読みました。

そういう意味で、創世記は私が最も好きで、かつ影響を受けた書です。こうして創世記に関して私が学んだことを、今回『「創世記」に学ぶ』（上巻、下巻）と題してまとめることができました。大変有り難いことだと感謝しております。

この機会に創世記全体を通して私が教えられたことや感じたことをまとめます。

その第一は、創世記を貫く楽観的な見方です。創世記を編集した前六世紀のユダヤ人の祭司が、捕囚という苦難の地バビロンで記した第一章に、神の天地創造を「神は造ったすべてのものを御覧になった。それは極めて良かった」（一・三一）と締めくくっています。最後の五〇章でヨセフは次のように言いました。「あなたがたは私に悪を企てましたが、神はそれを善に変え、多くの民の命を救うために、今日のようにしてくださったのです。」（五〇・二〇）このように、創世記は、「人が心に計ることは、幼い時から悪い」（八・二一）と知りながら、義にして愛である神が、統べ治めてくださっているから、最終的には、この世界は良いのだ、良くなるのだ、という楽観的な見方をとっています。それは約束とも言えます。そのことがきわめて印象的です。

その第二は、そのすべてが良くなるのだ、という約束の成就の仕方です。創世記では、アブラハムを始め族長たちに主がさまざまの約束をしますが、それが成就されるのは、いずれも彼らの死後だということです。それはヤコブの生涯と死に典型的に表れています。ヤコブは若いときに父イサクのもとを出た後は、「異国の地に身を寄せ」（四七・九）る生き方をさせられました。飢饉のためエジプトに下った晩年、息子ヨセフに二度も懇願して、ようやく約束の地にたどり着いたのは、死んだ後でした。ヤコブに与えられた約束は、ヨセフが彼を先祖伝来の墓地であるマクペラの洞穴に葬ったことにより達せられました。新約聖書では、「私たちの国籍は天にあります」（フィリピ三・二〇）とされます。つまり私たちの約束の地、あるいは故郷（ふるさと、ホーム）は天にあるとされ、「地上ではよそ者であり、滞在者である」（ヘブル一一・一三）と言います。私たちへの約束は、私たちが死んだ後に成就する、ということが共通しています。

その第三は、第二の点と深く関係することですが、創世記はその書の中で完結してはいないということです。なぜなら、その最終章である第五〇章は、次の出エジプト記につながる形で終わっています。実際、聖書の六六書のうち、最後の「ヨハネの黙示録」を除いて、その書の中で完結している書は一つもないように思います。新約聖書で言えば、初めにある四福音書は、次の使徒言行録に続きます。使徒言行録はパウロの手紙などの手紙類へ続きます。このように聖書に書いてあることは、いつの時代のものであっても次の時代につながり、そういう形で現在にまでつながっているのです。聖書は、いつの時代でも、その時代に合った読み方ができるのです。それが聖書が古典と言われるゆえんです。その完結は、いわゆる終わりの日（最後の審判の日）まで、待たなければなりません。

その第四は、アブラハムを始めとする族長たちが、それぞれが生きた時代で、自分の人間的な弱さや欠点をさらけ出しつつ、忍耐しながら約束の成就をめざして知力、体力を精一杯使って生きたことです。その過程で、彼らは自分の頭で考えて、それぞれの仕方で、人間的に成熟して、今まで知識として知っていた神に全幅の信頼をおき、自分のこの世における執着を捨てて、神にすべてを委ねました。約束が成就されるのは死んでからだ、と無気力になるのではありません。神に全幅の信頼を置いて、自分のこの世における執着を捨てて、神にすべてを委ねて生きるということは、「みこころの天になるごとく、地にもなさせたまえ」との祈りに重なります。それはこの世において何が神のみ心にかなったことなのかを自ら考えて、自分の神から与えられた使命（ミッション）を自覚して、それに基いて祈りつつ行動することが大切だ、ということを私に教えてくれました。

本書の下巻の出版にあたっても、上巻の出版のときと同じように、早稲田大学出版部の武田文彦氏に大変お世話になりました。ここに記して謝意を表します。

二〇二一年四月二九日

加納　貞彦

著者紹介

加納 貞彦（かのう　さだひこ）

早稲田大学名誉教授，英国エジンバラ大学客員教授。

1941年生まれ。

1958-59年　東京都立戸山高校在学中，アメリカの高校にAFS（American Field Service）留学。

1961年　東京大学教養学部理科一類入学。在学中，内村鑑三・矢内原忠雄の流れを汲む「柏蔭舎聖書研究会」で聖書を学ぶ。1964年より現在まで国立（くにたち）聖書研究会（無教会）に参加。

1967年　東京大学工学部電気工学科卒業。日本電信電話公社（のちの日本電信電話株式会社（NTT））入社，武蔵野電気通信研究所に配属。研究分野は交換・信号方式，通信ネットワーク。職場での聖書研究会にNTT 退職まで参加。

1973-74年　英国エセックス大学留学。修士（電気工学）。

1978年　工学博士（東京大学）。

1999年　NTT 退職。

1999-2001年　英国エジンバラ大学客員教授として，エジンバラに滞在。

2001-2012年　早稲田大学大学院国際情報通信研究科およびアジア太平洋研究科教授。在職中，留学生も対象にした日本語と英語のバイリンガル聖書研究会を開く。2012年同大学退職後も同研究会活動を継続。

主な著書　数冊の情報通信工学に関する専門書のほか，『平和と国際情報通信』（早稲田大学出版部，2010年），*Introduction to Global Healthcare Systems*（Waseda University Press, 2012），*Dismantling the Diving Walls*（Waseda University Press, 2013），『「創世記」に学ぶ（上）――21世紀の共生』など。

「創世記」に学ぶ（下）
――族長たちの人間的成熟

2021年 6 月20日　初版第 1 刷発行

著　者………………加 納 貞 彦
発行者………………須 賀 晃 一
発行所………………株式会社 早稲田大学出版部
169-0051 東京都新宿区西早稲田 1-9-12
TEL 03-3203-1551　http://www.waseda-up.co.jp
装　丁………………三 浦 正 已
印刷・製本…………精文堂印刷株式会社

ISBN978-4-657-21010-4

索　引

上は上巻の頁数を、下は本書の頁数を表す。

◆アルファベット

◆あ　行

◆か　行

◆さ　行

◆た　行

◆な　行

◆は　行

◆ら-わ　行